Manfred Görtemaker
Die unheilige Allianz

W0179795

Manfred Görtemaker

Die unheilige Allianz

Die Geschichte der Entspannungspolitik
1943–1979

Verlag C. H. Beck München

CIP-Kurztitelaufnahme der Deutschen Bibliothek

Görtemaker, Manfred:
Die unheilige Allianz: d. Geschichte d.
Entspannungspolitik 1943 – 1979 / Manfred
Görtemaker. – München: Beck: 1979.
ISBN 3 406 04454 9

ISBN 3 406 04454 9

Umschlagentwurf von Bruno Schachtner, München
Umschlagbild: Präsident Nixon und KP-Generalsekretär Breschnew nach
Unterzeichnung des SALT-I-Abkommens in Moskau im Mai 1972 (Südd. Verlag)
© C. H. Beck'sche Verlagsbuchhandlung (Oscar Beck), München 1979
Gesamtherstellung: C. H. Beck'sche Buchdruckerei, Nördlingen
Printed in Germany

Inhalt

Abkürzungsverzeichnis

ABM .... Anti-ballistic missiles (Raketenabwehrflugkörper)
ADN .... Allgemeiner Deutscher Nachrichtendienst (Presseagentur der DDR)
ALCM .... Air-launched cruise missiles (luftgestützte Marschflugkörper)
ARD .... Arbeitsgemeinschaft der öffentlich-rechtlichen Rundfunkanstalten der Bundesrepublik Deutschland
BBC .... British Broadcasting Corporation (britische Rundfunkgesellschaft)
BMWI .... Bundesministerium für Wirtschaft (Bonn)
BRD .... Bundesrepublik Deutschland
CDU .... Christlich-Demokratische Union
CIA .... Central Intelligence Agency (oberste Geheimdienstbehörde der USA)
COMECON ... Council for Mutual Economic Assistance (Rat für Gegenseitige Wirtschaftshilfe)
CSU .... Christlich-Soziale Union
DDR .... Deutsche Demokratische Republik
dpa .... Deutsche Presseagentur
EG .... Europäische Gemeinschaften
ERP .... European Recovery Program (Europäisches Wiederaufbau-Programm, Marshall-Plan)
EVG .... Europäische Verteidigungsgemeinschaft
EWG .... Europäische Wirtschaftsgemeinschaft
FDGB .... Freier Deutscher Gewerkschaftsbund (DDR)
FDP .... Freie Demokratische Partei
GATT .... General Agreement on Tariffs and Trade (Allgemeines Zoll- und Handelsabkommen)
GULAG .... Glavnoje Upravlenije Lagerej (Hauptverwaltung der Straflager in der Sowjetunion)
IAEA .... International Atomic Energy Agency (Internationale Atomenergie-Organisation)
ICBM .... Intercontinental ballistic missiles (Interkontinentalraketen)
IPW .... Institut für Internationale Politik und Wirtschaft (Ost-Berlin)

IRBM .... Intermediate-range ballistic missiles (Zwischenstrecken-raketen)
Kominform .... Kommunistisches Informationsbüro
Komintern ..... Kommunistische Internationale
KPCh .... Kommunistische Partei Chinas
KPD .... Kommunistische Partei Deutschlands
KPdSU .... Kommunistische Partei der Sowjetunion
KSZE .... Konferenz über Sicherheit und Zusammenarbeit in Europa
KT .... Kilotonne (1 000 Tonnen)
MBFR .... Mutual Balanced Force Reductions (Beiderseitige und ausgewogene Truppenreduzierung)
MIRV .... Multiple independently-targetable re-entry vehicles (Raketen mit mehreren, unabhängig voneinander in verschiedene Ziele lenkbaren Gefechtsköpfen)
MIT .... Massachusetts Institute of Technology
MLF .... Multilateral Force (Multilaterale Atomstreitmacht der NATO)
MPLA .... Movimento Popular de Libertação de Angola (Volksfront für die Befreiung Angolas)
MRBM .... Medium-range ballistic missiles (Mittelstreckenraketen)
MT .... Megatonne (1 000 000 Tonnen)
NATO .... North Atlantic Treaty Organization (Nordatlantikpakt-Organisation)
NPD .... Nationaldemokratische Partei Deutschlands
NV .... Nichtverbreitung (von Kernwaffen)
OECD .... Organization for Economic Cooperation and Development (Organisation für wirtschaftliche Zusammenarbeit und Entwicklung)
PPA .... Progreß-Presse-Agentur
RGW .... Rat für Gegenseitige Wirtschaftshilfe
RIAS .... Rundfunk im amerikanischen Sektor (Berlin)
RSFSR .... Russische Sozialistische Föderative Sowjetrepublik
SALT .... Strategic Arms Limitation Talks (Gespräche zur Begrenzung strategischer Rüstungen)
SED .... Sozialistische Einheitspartei Deutschlands
SFB .... Sender Freies Berlin
SIPRI .... Stockholm International Peace Research Institute
SLBM .... Submarine-launched ballistic missiles (U-Boot-gestützte ballistische Raketen)
SLCM .... Sea-launched cruise missiles (seegestützte Marschflugkörper)
SPD .... Sozialdemokratische Partei Deutschlands

SSSR .... Sojuz Sovetskih Socialističeskih Respublik (Union der Sozialistischen Sowjetrepubliken)
TASS .... Telegrafnoe Agenstvo Sovetskogo Sojuza (Presseagentur der Sowjetunion)
TNT .... Trinitrotoluol (militärischer Sprengstoff)
UdSSR .... Union der Sozialistischen Sowjetrepubliken
UKW .... Ultrakurzwellen
UNO .... United Nations Organization (Organisation der Vereinten Nationen)
USA .... United States of America (Vereinigte Staaten von Amerika)
USSR .... Union of Soviet Socialist Republics (Union der Sozialistischen Sowjetrepubliken)
ZDF .... Zweites Deutsches Fernsehen

Vorwort

Die vorliegenden Ausführungen behandeln die Geschichte und Wirkungen der Entspannungspolitik. Bedeutung und Aktualität der Thematik brauchen nicht betont zu werden. Dennoch sind einführende Überblicksdarstellungen in diesem Bereich immer noch außerordentlich rar – von umfassenden und grundlegenden Studien nicht zu reden. Allenfalls Aufsätze zu Einzelaspekten, Dokumentationen, Konstellationsanalysen und aktualitätsbezogene Problembeschreibungen sind verfügbar. Angesichts der Neuartigkeit und rasch wechselnden Perspektiven der Entspannungspolitik besteht offenbar wenig Neigung, sich zu einer umfassenden Behandlung der Thematik durchzuringen.

Nach zehn Jahren Entspannungspolitik, nach den Moskauer SALT-I-Abkommen, den Ostverträgen und der Berlin-Regelung, nach Abschluß der KSZE, nach Abhaltung der ersten KSZE-Folgekonferenz, nach mehr als sechs Jahren MBFR-Verhandlungen, nach der Wiener Unterzeichnung der SALT-II-Abkommen und nach Inkrafttreten einer beträchtlichen Zahl weiterer Ost-West-Vereinbarungen in Politik, Wirtschaft und Sicherheit scheint jedoch die Zeit gekommen, in größerem Umfang als bisher Bilanz zu ziehen und einen Überblick über Ereignisse und Probleme zu geben. Das vorliegende Buch richtet sich dabei nicht in erster Linie an den Experten, der mit den Zusammenhängen bereits vertraut ist und nun die Auseinandersetzung im Detail sucht. Vielmehr geht es darum, dem zeitgeschichtlich und allgemein politisch interessierten Leser erste Eindrücke und Grundkenntnisse zu vermitteln.

Dem Buch liegt die Einsicht zugrunde, daß der Ost-West-Konflikt durch die Entspannungspolitik nicht beendet oder gar ersetzt worden ist, sondern daß Kalter Krieg und Entspannungspolitik nur verschiedene Erscheinungsformen dieses Konflikts sind, der sich – idealtypisch gesprochen – zwischen den Extremen von Krieg und Frieden bewegt. Es beginnt deshalb mit einer kurzen Darstellung der Ursachen und des Verlaufs des Kalten Krieges, um zu zeigen, welche Mechanismen den Ost-West-Konflikt – über die Entspannungspolitik hinaus – bestimmt haben und welche Faktoren zum Kalten Krieg, welche zur Entspannung führten. Dadurch wird die These von der „Gesetzmäßigkeit" der Entwicklung sowohl hin zum Kalten Krieg als auch hin zur Entspannungspolitik relativiert. Danach erfolgt die Beschreibung der historischen Abläufe der entspannungspolitischen Bemühungen sowie die Analyse der verschiedenen Teilbereiche der Entspannungspolitik: des Verhältnisses zwischen den USA und der Sowjetunion, der Entwicklung der

Sicherheit und Zusammenarbeit in Europa, des Ost-West-Handels und der wirtschaftlichen Ost-West-Kooperation, der Freizügigkeit für Menschen, Informationen und Meinungen. Den Abschluß der Arbeit bilden eine Zusammenfassung der wesentlichen Schwierigkeiten und Probleme der Entspannungspolitik und eine Einschätzung ihrer Zukunftsaussichten.

Der Titel des Buches hat zwei Vorbilder. Er orientiert sich zum einen am Begriff der „Heiligen Allianz", diesem Bündnis der europäischen Mächte von 1815, mit dem die Monarchien Europas, an ihrer Spitze Rußland, Österreich und Preußen, sich dem Zeitgeist des Republikanismus und der Revolution widersetzten, um auf der Basis eines dynastischen Grundkonsenses und eines moralisch-religiösen Fundaments das Bestehende zu sichern, Vergangenes, soweit möglich, wiederherzustellen und den inneren und äußeren Frieden zu bewahren. Das zweite, unmittelbare Vorbild ist der Titel der 1964 im Hamburger Rowohlt-Verlag erschienenen, von Manfred Rexin eingeleiteten und erläuterten deutschen Ausgabe des Briefwechsels zwischen Josef W. Stalin und Winston S. Churchill 1941–1945. Darin wurde das Bündnis zwischen den beiden so ungleichen Realpolitikern aus England und der Sowjetunion, die ihre Länder 1941 im Angesicht der nationalsozialistischen Bedrohung gemeinsam mit den USA zur Anti-Hitler-Koalition zusammenschlossen, als „unheilige Allianz" bezeichnet, weil, wie Rexin in der Einleitung schrieb, die Geschichte selten zuvor zwei Männer zusammengeführt habe, „die einander so fremd, so gegensätzlich waren wie jene beiden", die „nach Herkunft, Lebensweg, Ziel und Traum ... zwei verschiedene Welten, zwei Zeitalter, zwei soziale Prinzipien, zwei Klassen" verkörperten. Dabei sei die Weltgeschichte reich an „Beispielen für Bündnisse und Koalitionen von Männern und Mächten, die einander gestern noch verabscheuten, heute ewige Freundschaft schworen, um sich schon morgen in Zwietracht und Haß zu trennen". Nicht Neigung noch Vertrauen seien zumeist das einigende Band entfernter Regime, „sondern Eigennutz, Zweckmäßigkeit und der gebieterische Zwang einer schicksalschweren Stunde", wie zwischen Stalin und Churchill. Wer den Ost-West-Konflikt und die ihm zugrundeliegende politische, militärische, wirtschaftliche und ideologische Konstellation betrachtet, mag zumindest fragen, ob dies nicht auch für die Entspannungspolitik gilt, um die es jetzt im folgenden geht.

Das Manuskript dieser Arbeit wurde – mit größeren Unterbrechungen – in den Jahren 1977 und 1978 geschrieben und Ende 1978 abgeschlossen. Das Teilkapitel über SALT-II wurde vor der Drucklegung noch einmal überarbeitet und auf den neuesten Stand gebracht.

Berlin, im Juni 1979   Manfred Görtemaker

Einleitung

Seit Ende der sechziger Jahre steht die Entspannungspolitik im Mittelpunkt des öffentlichen Interesses und der öffentlichen Auseinandersetzung. Die Urteile, die über sie gefällt werden, schwanken zwischen Ablehnung und Zustimmung, Skepsis und Hoffnung. Worum geht es?

Die Entspannungspolitik bemüht sich im Rahmen des Ost-West-Verhältnisses um eine Verbesserung der politischen Atmosphäre, um mehr Rationalität und Transparenz im Rüstungswesen, um eine verstärkte Zusammenarbeit im Bereich von Wirtschaft, Wissenschaft und Kultur sowie um Erleichterungen im humanitären Bereich und um mehr Freizügigkeit für Menschen, Informationen und Meinungen. Durch die Schaffung gegenseitiger Abhängigkeiten und durch Interessenverflechtung soll ein Netz von Beziehungen geknüpft werden, das beiden Seiten Vorteile bringt, an dessen Aufrechterhaltung deshalb beide Seiten interessiert sind und dessen Zerstörung von keiner Seite ohne Beeinträchtigung wichtiger eigener Interessen unternommen werden könnte. Anders als der Kalte Krieg, der den machtpolitischen und ideologischen Gegensatz zwischen Ost und West als gegeben, sogar als unvermeidlich hinnahm und lediglich den Gegner durch die Bereitstellung eines starken militärischen Drohpotentials von einem Angriff abzuschrecken suchte, ist also die Entspannungspolitik ein Versuch, den Spannungsgrad des Ost-West-Konflikts zu reduzieren und auf der Basis des *status quo* zu einer Zusammenarbeit zu gelangen, in der dem militärischen Faktor eine zunehmend geringere Bedeutung zukommt und die militärische Konkurrenz schrittweise durch andere, friedlichere Formen des Wettbewerbs ersetzt werden soll.

Die Entspannungspolitik seit Ende der sechziger Jahre unseres Jahrhunderts unterscheidet sich damit wenigstens ihrem Anspruch nach von friedenspolitischen Bemühungen früherer Jahrhunderte, bei denen es im wesentlichen immer nur um die Erhaltung oder Wiederherstellung einer Machtbalance zwischen den Staaten ging.

Das Prinzip des Machtgleichgewichts besagt, daß der Frieden nur erhalten werden kann, wenn zwischen den Akteuren der internationalen Politik – souveränen Staaten oder Allianzen, in denen souveräne Staaten miteinander verbündet sind – ein Gleichgewicht besteht und kein Staat die Vorherrschaft besitzt und die anderen Staaten dominiert. In einem System des Gleichgewichts herrscht Konfrontation, aber diese Konfrontation wird gezügelt durch den gemeinsamen Willen zur Erhaltung des Gleichgewichts, der die Bereitschaft zum Krieg einschließt, wenn die Wiederherstellung des Gleichgewichts es erfordert.

In nahezu allen Phasen der europäischen Politik der Neuzeit wurde um die

Erhaltung eines Gleichgewichts gerungen, und fast immer auch gab es eigensüchtiges Verhalten einzelner Mächte, das dieses Gleichgewicht störte. Der Westfälische Frieden beendete 1648 den Kampf gegen das 1492 begonnene Streben Spaniens nach Vorherrschaft, aber schon bald stellte der französische Sonnenkönig Ludwig XIV. durch seine Idee einer *monarchie universelle* und sein Streben nach französischer Vorherrschaft die deutsche und europäische Friedensordnung wieder in Frage. Der Kampf gegen die Hegemonialbestrebungen Frankreichs dauerte bis zum Wiener Kongreß 1814/15 und erreichte dabei seinen Höhepunkt in den Ausstrahlungen der Französischen Revolution von 1789 und den napoleonischen Kriegen zu Beginn des 19. Jahrhunderts, die das europäische Gleichgewicht zerstörten und mit dem Ziel der Befreiung der Völker Europas vom Absolutismus die politisch-soziale Struktur der Staatengemeinschaft auf dem Wege militärischer Eroberung und nachfolgender revolutionärer Umgestaltung zu verändern suchten.[1] Der Wiener Kongreß bemühte sich um Wiederherstellung der alten Ordnung und der dynastischen Legitimität und um präventive Eindämmung neuer Hegemonialbestrebungen, die vor allem vom zaristischen Rußland und den Ideen des Panslawismus ausgingen. Mit dem System der Pentarchie schufen der Wiener Kongreß und die Aachener Zusammenkunft von 1818 eine Gleichgewichtsordnung, die flexibel genug war, territoriale Veränderungen und territorialpolitische Zusammenschlüsse zuzulassen, wenn diese sich in das System integrieren ließen – etwa die Nationalstaatsgründungen Italiens und Deutschlands –, und territoriale Änderungen der europäischen Sanktion zu unterwerfen, wenn diese das Gleichgewicht gefährdeten, wie die russische Expansion auf dem Balkan und der daraus sich ergebende Interessenkonflikt zwischen Rußland und Österreich-Ungarn.[2] Das Jahrhundert zwischen 1815 und 1914 ist deshalb zu Recht als das Jahrhundert des europäischen Gleichgewichts bezeichnet worden und das System, das dieses Gleichgewicht trug, als das „Europäische Konzert". 1914 jedoch brach auch dieses Gleichgewicht zusammen, das schon seit etwa 1890 durch Imperialismus, Wettrüsten und übersteigerten Nationalismus zunehmender Erosion ausgesetzt gewesen war. Die Zeit von 1914 bis 1945 war vom Widerstand gegen das deutsche Vormachtstreben ausgefüllt. Nach 1945 kam es zu einer Wiederbelebung des Gleichgewichtsprinzips unter den Bedingungen der amerikanisch-sowjetischen Bipolarität, die zeitweise hegemoniale Züge annahm, ohne eine dritte Macht, die, wie zuvor England oder Österreich, Ausgleichsfunktionen wahrzunehmen vermochte, und ohne die Möglichkeit zu einem Machtausgleich durch Krieg, der im Atomzeitalter unweigerlich ein alles vernichtender Nuklearkrieg gewesen wäre.[3]

Erfolg und Mißerfolg lagen in der Geschichte der Gleichgewichtspolitik vom 17. Jahrhundert bis zur Gegenwart also nahe beieinander. Phasen der Stabilität folgte früher oder später der Zusammenbruch, und der Zusammenbruch führte regelmäßig zu umfassenden Groß-Kriegen, in die mit Ausnahme einiger Randstaaten und Neutrale alle Staaten einbezogen wurden, die vorher vom ordnungspolitischen Prinzip des Gleichgewichts profitiert hatten. Hegemoniestreben war eine wesentliche Ursache für Störungen der Gleichgewichtspolitik, führte aber niemals allein zu ihrem Zusammenbruch. In einem funktionierenden Gleichgewichtssystem handelten die *status-quo*-Mächte in ihrem eigenen Interesse, wenn sie sich gegen eine nach Vorherrschaft strebende Macht verbündeten, wie z. B. nach 1492 gegen Spanien, nach 1648 gegen Frankreich, nach 1815 gegen Rußland und nach 1890 gegen Deutschland. Hegemoniestreben war deshalb störend und gefährlich für das internationale System, aber doch bezwingbar. Erst wenn andere, die tragenden Säulen des Gleichgewichts zerstörende Faktoren im Verein mit Hegemoniestreben auftraten, wurde die Belastbarkeit der Gleichgewichtspolitik überschritten: soziale, militärische und wirtschaftliche Kräfteverschiebungen, die zu Kämpfen um die Herausbildung eines neuen Gleichgewichts führten, wie in der Französischen Revolution von 1789 und den napoleonischen Kriegen bis 1815; Fehleinschätzungen der eigenen Möglichkeiten und Bündnisautomatismen, die 1914 das Europäische Konzert zusammenbrechen ließen und zum Ausbruch des Ersten Weltkrieges führten; oder Hazardeure, wie Hitler, die das Gleichgewichtsprinzip nicht anerkannten und ohne Rücksicht auf die internationale Ordnung eigene Ziele durchsetzen wollten.[4] In solchen Fällen reichte auch der Regelungsmechanismus des *self-interest* – des Eigeninteresses der *status-quo*-Mächte, das internationale Gleichgewicht zu erhalten – nicht mehr aus, um z. B. durch bündnispolitischen Zusammenschluß das Gleichgewichtssystem zu stabilisieren und seinen Zusammenbruch zu verhindern. Dann mußte durch Krieg ein neues Gleichgewicht auf neuer Ebene und unter neuen Bedingungen herbeigeführt werden.[5]

Die Erfahrungen, die man in knapp vier Jahrhunderten mit der Gleichgewichtspolitik gemacht hatte, waren also nicht ermutigend, als die Welt 1945 vor der Aufgabe stand, eine neue internationale Ordnung zu errichten. Deshalb war es naheliegend, daß die Siegermächte des Zweiten Weltkrieges 1945 zunächst ein mit dem Gleichgewichtsprinzip konkurrierendes Konzept zur Friedenssicherung begünstigten: die Idee der kollektiven Sicherheit. Im Gegensatz zur Politik der *balance of power*, die einen Machtausgleich durch Stärkung der nationalstaatlichen Souveränität bei gleichzeitiger Zurückdrängung expansiven Hegemoniestrebens anstrebte und so den Frieden zu erhalten suchte, beruhte die Politik der kollektiven Sicherheit auf der Annahme, nur durch einen Abbau der Konfrontation und durch alle Staaten einschließende gemeinsame Sicherheitsgarantien auf der Basis des *status quo* sei dauerhafte Friedenssicherung möglich. Der Völkerbund nach dem Ersten Weltkrieg und die Organisation der Vereinten Nationen (UNO = *United Nations Organization*) nach dem Zweiten Weltkrieg waren Resultate dieser neuen sicherheitspolitischen Konzeption. Durch Schaffung völkerverbindender und die Völker übergreifende Institutionen hoffte man völkermordendes

Verhalten, wie es in den beiden Weltkriegen zutage getreten war, künftig zu verhindern. Sowohl der Völkerbund als auch die UNO hatten sich jedoch mit dem Phänomen auseinanderzusetzen, daß sich statt der anvisierten Einheit der „Völkerfamilie" wieder Regelungsmechanismen für die internationale Ordnung herausbildeten, die ein neues System des Mächtegleichgewichts entstehen ließen.

Der Völkerbund scheiterte und zerbrach an seiner mangelnden Universalität und an seiner Unfähigkeit, eine Versöhnung zwischen den Gegnern des Ersten Weltkrieges herbeizuführen. Der amerikanische Präsident Woodrow Wilson, der mit ersten Anregungen schon 1916 zu den geistigen und politischen Wegbereitern des Völkerbundes gezählt hatte, vermochte den Beitritt der USA gegen Widerstand in seinem eigenen Land nicht durchzusetzen. Deutschland wurde erst 1926 aufgenommen und trat, ebenso wie Japan, bereits 1933 wieder aus. Die Sowjetunion gehörte dem Völkerbund ebenfalls nur wenige Jahre an, von 1934 bis 1940, und wurde wegen ihres Angriffs auf Finnland ausgeschlossen. Italien kündigte 1937 seine Mitgliedschaft. Gerade die Staaten, die den territorial-politischen und sozialen *status quo* in Frage stellten, verweigerten sich somit einer kollektiven Friedenssicherung. Zumal Deutschland, das sich durch die wirtschaftlichen und finanziellen Bestimmungen des Versailler Vertrages von 1919 in seinem Lebensnerv getroffen und durch den Kriegsschuldartikel 231 zu Unrecht moralisch verurteilt und ins politische Abseits gedrängt fühlte, stand mit weiten Teilen seiner Bevölkerung und seiner politisch einflußreichsten Kreise jedem Versöhnungsgedanken fern. Die für eine dauerhafte Friedensordnung unentbehrliche Reintegration der Besiegten, wie sie 1814/15 auf dem Wiener Kongreß in vorbildlicher Weise Frankreich widerfahren war, war in den Pariser Verträgen 1919/20 vernachlässigt worden. Kriegsschuldartikel und Reparationsbestimmungen hatten den Versailler Vertrag zu einem Hindernis für den Frieden anstatt zu einem friedenstiftenden Dokument gemacht.[6] Der Völkerbund hätte zwar die Möglichkeit gehabt, unter Anwendung des Artikel 19 des Völkerbundsvertrages, des sogenannten „Revisionsartikels", seine Mitglieder aufzufordern, die „unanwendbar gewordenen Verträge und solche internationalen Verhältnisse ...., deren Aufrechterhaltung den Weltfrieden gefährden könnte", zu überprüfen.[7] Die geringe Chance, Deutschland auf diesem Wege frühzeitig aus der Isolation herauszuführen und von der erdrückenden wirtschaftlichen Last zu befreien und dabei gleichzeitig den Völkerbund politisch aufzuwerten, blieb jedoch ungenutzt. Als die Einsicht in die Notwendigkeit einer Reintegration des besiegten Deutschland in die Völkerfamilie und einer Revision der Reparationsbestimmungen des Versailler Vertrages endlich wuchs, war es zu spät, waren die Weichen für den wirtschaftlichen Niedergang Deutschlands und dessen Weg in den Nationalsozialismus schon gestellt.

Die am 24. Oktober 1945 auf einer Konferenz der Siegerstaaten des Zweiten Weltkrieges in San Francisco gegründete UNO wurde durch die politische Polarisierung ihrer Mitglieder, vor allem der Großmächte, und durch die Abstimmungsmodalitäten in Vollversammlung und Sicherheitsrat bald eingeengt und lahmgelegt. Mit dem einsetzenden Ost-West-Konflikt, der den Prozeß der Blockbildung, die Bipolarisierung der Weltpolitik und damit die Entstehung eines neuen Mächtegleichgewichts klassischen Zuschnitts förderte, wurden die idealistischen *one-world*-Vorstellungen des amerikanischen Präsidenten Franklin D. Roosevelt von den Ereignissen überholt. Die ursprüngliche Absicht, mit der Schaffung der Vereinten Nationen „das politische Ordnungsprinzip des Mächtegleichgewichts durch das juristische Prinzip der kollektiven Sicherheit zu ersetzen, wurde von Anfang an nicht erfüllt".[8] Aber in krassem Gegensatz zur Entwicklung nach dem Ersten Weltkrieg und ungeachtet des Hitlerschen Angriffskrieges und ungeheuerlicher nationalsozialistischer Verbrechen verhinderte der für die Lähmung der UNO mitverantwortliche Ost-West-Konflikt nicht die wirtschaftliche und politische und schließlich auch militärische Eingliederung der beiden Teile Deutschlands in die neu entstehenden Blöcke, sondern förderte sie sogar. Der Kalte Krieg und die Prinzipien der Gleichgewichtspolitik erzwangen, was im Interesse der Friedenssicherung notwendig war, wozu man sich aber nach dem Ersten Weltkrieg nicht hatte durchringen können. Einer der entscheidenden Fehler von 1919/20 wurde dadurch vermieden.

Gleichzeitig trug der Ost-West-Konflikt dazu bei, die mit vielen Mängeln behaftete Idee der kollektiven Sicherheit in der Diskussion zu halten. Die Gefahr, in der sich die Welt besonders durch die Entwicklung der Waffentechnologie befand, ließ die Staaten allen politischen, sozialen und ideologischen Gegensätzen zum Trotz zusammenrücken und neben den Elementen der Konfrontation auch solche der Kooperation entstehen. Verschiedene Vorschläge des Ostblocks in den fünfziger Jahren zielten auf die Schaffung eines gesamteuropäischen Systems der kollektiven Sicherheit, und auch die Entspannungspolitik der siebziger Jahre sowie insbesondere die KSZE 1972–75 enthielten Elemente einer kollektiven Friedenssicherung. Sieger und Besiegte des Zweiten Weltkrieges waren bereit, sich unter die Prinzipien einer am *status quo* orientierten gemeinsamen Friedensregelung zu stellen. Man suchte nun die Gleichgewichtspolitik, die – wie schon im 19. Jahrhundert und in der Zwischenkriegszeit – auch nach dem Zweiten Weltkrieg die politische und militärische Entwicklung bestimmte, durch Elemente einer kollektiven Friedenssicherung zu ergänzen, Gleichgewicht und kollektive Sicherheit zu kombinieren. Auf der Grundlage eines ausgeglichenen militärischen Kräfteverhältnisses und in dem Bewußtsein, den Ausbruch eines verheerenden Nuklearkrieges vermeiden zu müssen, begann man nach neuen Formen der Zusammenarbeit zu suchen, um ungeachtet der weiterbestehenden ideologischen Differenzen, machtpolitischen Rivalität und wirtschaftlichen Konkurrenz Koexistenz zu ermöglichen und praktische Regelungen für ein Zusammenleben der Völker zu finden. Ob dies gelingt, ist offen.

1. Ost-West-Konflikt und Kalter Krieg

Als sich am 25. April 1945 in Torgau an der Elbe amerikanische und sowjetische Soldaten die Hand reichten, glaubten viele Menschen in aller Welt, am Beginn eines neuen Zeitalters zu stehen, am Beginn einer Phase der Geschichte, die nicht durch Krieg und Gewalt, sondern durch Versöhnung, Frieden und Brüderlichkeit gekennzeichnet sein würde. Torgau war der sichtbare Ausdruck des alliierten Sieges über den Nationalsozialismus, ein Zeichen der Hoffnung, daß die Opfer des Zweiten Weltkrieges und die gemeinsame Verbundenheit im Kampf gegen das nationalsozialistische Deutschland auch nach Beendigung des Krieges zu einer gemeinsamen Politik der Großmächte unter dem neuen organisatorischen Dach der Vereinten Nationen führen werde.

Nur wenigen wohl war bereits damals bewußt, daß lange vor Kriegsende Entwicklungen begonnen hatten, die auf einen Konflikt zwischen den Siegermächten und auf einen baldigen Zerfall der Anti-Hitler-Koalition hindeuteten.

1.1. *Spannungen in der Anti-Hitler-Koalition*

Die Anfänge des Ost-West-Konflikts reichen bis in das Jahr 1943 zurück. Manche Beobachter meinen sogar, den Beginn noch früher datieren zu müssen, nämlich auf das Jahr 1917, als das Doppelereignis des Eintritts der USA in den Krieg der europäischen Mächte und die Revolution in Rußland die Konstellation schuf, die nach dem Zweiten Weltkrieg die internationale Politik beherrschte: das Engagement der USA auch außerhalb des amerikanischen Doppelkontinents und der ideologische Antagonismus zwischen dem kommunistischen Osten und dem parlamentarisch-demokratischen Westen.[1] Richtig daran ist, daß die Möglichkeit einer solchen Konstellation 1917 vorgezeichnet wurde. Die USA zogen sich jedoch schon bald nach dem Ende des Ersten Weltkrieges wieder hinter den Atlantik zurück. Und Rußland, später die Sowjetunion, war in den zwanziger und dreißiger Jahren noch schwach und viel zu sehr mit sich selbst beschäftigt, als daß es zu einer realen Gefahr für das übrige Europa hätte werden können.

Der Zweite Weltkrieg aber zerschlug die politischen Strukturen Europas so gründlich, daß – anders als nach dem Ersten Weltkrieg – eine völlige Neuordnung erfolgen mußte. In das machtpolitische Vakuum, das Hitlers geschlagene Armeen hinterließen, stießen die aufstrebenden Weltmächte USA und Sowjetunion. Allerdings war dies, jedenfalls von amerikanischer

Seite, weniger das Ergebnis einer langfristigen politischen Strategie als vielmehr das Produkt einer pragmatischen Politik des Augenblicks. Noch auf der Konferenz von Jalta im Februar 1945 teilte der amerikanische Präsident Franklin D. Roosevelt seinen Verhandlungspartnern Josef W. Stalin und Winston S. Churchill mit, die USA beabsichtigten, ihre Soldaten binnen achtzehn Monaten oder zwei Jahren wieder aus Europa abzuziehen.[2] Die amerikanische Regierung war sich bis dahin offenbar der großen Tragweite der Veränderungen, die sich mit dem Zweiten Weltkrieg vollzogen hatten, nicht voll bewußt. Anders dagegen Stalin und Churchill. Schon im Oktober 1944 hatten sie damit begonnen, in Osteuropa und auf dem Balkan Einflußsphären abzustecken: Rumänien und Bulgarien sollten überwiegend russischem Einfluß unterliegen, Griechenland britischem und amerikanischem, in Jugoslawien und Ungarn sollten sich der russische und westliche Einfluß die Waage halten.[3] Stalin erklärte im April 1945 in einem Gespräch mit Milovan Djilas, zu jener Zeit Mitglied des Zentralkomitees und des Politbüros der Kommunistischen Partei Jugoslawiens und Verbindungsmann Titos in Moskau, über den besonderen Charakter des Zweiten Weltkrieges: „Dieser Krieg ist anders als die früheren; wer ein Gebiet erobert, zwingt ihm auch sein eigenes Gesellschaftssystem auf, *so weit seine Armee kommt. Es kann nicht anders sein.*"[4]

Besonders deutlich wurde der sich anbahnende Konflikt zwischen den seit 1941 in der Anti-Hitler-Koalition zusammengeschlossenen Mächten USA, Großbritannien und Sowjetunion in der Polen-Frage. Polen war für England der Anlaß gewesen, in den Krieg gegen Deutschland einzutreten. Die polnische Exil-Regierung unter General Wladyslaw Sikorski hatte in England ihren Sitz genommen. Als jedoch die Sowjetunion im Rahmen der Anti-Hitler-Koalition zum Verbündeten Englands wurde und zugleich ihren Anspruch auf die Curzon-Linie als sowjetisch-polnische Grenze aufrechterhielt, kam es zum Konflikt zwischen der polnischen Exil-Regierung und der Sowjetunion. Churchill geriet dadurch in eine schwierige Lage, da er sich weder für die eine noch für die andere Seite vollständig engagieren konnte oder wollte. Sein vermittelnder Vorschlag einer „Westverschiebung" Polens mit einer Entschädigung für Gebietsverluste im Osten auf Kosten Deutschlands wurde von der Exil-Regierung abgelehnt.

Der Konflikt um Polen verschärfte sich, als im April 1943 von der deutschen Propaganda die Entdeckung der Massengräber offenbar von den Sowjets erschossener polnischer Offiziere bei Katyn bekanntgegeben wurde. Im August 1944 veranlaßte die Weigerung der Sowjetunion, den Aufständischen im Warschauer Ghetto Unterstützung zu gewähren, Churchill in einem Telegramm an seinen Außenminister Anthony Eden zu der Feststellung: „Wenn das Gerücht überhandnimmt, daß die polnischen Patrioten in Warschau im Stich gelassen werden, wird das für die Russen sehr unangenehm sein."[5] Und in einem Telegramm an die sowjetische Führung formulierte Churchill am 4. September 1944 noch schärfer: „Das (britische) Kriegskabinett ... findet es schwer verständlich, warum Ihre Regierung nicht die Verpflichtung in Rechnung stellen will, die die Regierungen Großbritanniens und der Vereinigten Staaten zur Hilfeleistung an die Warschauer Polen haben. Die Handlungsweise Ihrer Regierung, die diese Hilfeleistung verhindert, scheint uns nicht im Einklang mit dem Geist der alliierten Zusammenarbeit, auf den Sie und wir, sowohl jetzt als auch für die Zukunft, so großen Wert legen."[6]

Im Oktober 1944 gelang es Churchill zwar, Stalins Einverständnis zu freien Wahlen und zur Bildung einer neuen provisorischen Regierung in Polen, die je zur Hälfte aus Vertretern des Moskau-orientierten „Lubliner Komitees" und der Exil-Regierung in London zusammengesetzt sein sollte, zu erreichen. Doch dokumentierte Stalin mit seinem Entschluß, unmittelbar vor der Konferenz von Jalta das „Lubliner Komitee" als Provisorische Polnische Regierung anzuerkennen, für Churchill unmißverständlich seine Absicht, Polen in die sowjetische Einflußsphäre einzubeziehen.[7] Stalin argumentierte dagegen in Jalta mit dem Sicherheitsbedürfnis der Sowjetunion, das ihn dazu veranlaßt habe, in Polen die Provisorische Regierung anzuerkennen. Die Rote Armee bedürfe im Hinterland ihrer Operationen einer funktionsfähigen Verwaltung und freundschaftlicher Unterstützung durch Bevölkerung und Regierung. Roosevelt und Churchill erreichten in dieser Frage in Jalta nicht mehr als die Bestimmung, daß die Polnische Provisorische Regierung reorganisiert werden und durch die Einfügung von „demokratischen Führern in Polen und von Polen im Ausland" eine breitere Basis erhalten sollte.[8] Dieser Formelkompromiß, der keinerlei klare Richtlinien und Daten enthielt, wurde ergänzt durch Stalins Mitunterzeichnung der *Declaration on Liberated Europe*, die auf die Atlantik-Charta Bezug nahm, damit ein Bekenntnis zu den Idealen der Demokratie ablegte und alle provisorischen Regierungen in Europa verpflichtete, so früh wie möglich freie Wahlen abzuhalten.

Daß dieser Kompromiß die bestehenden Probleme nicht lösen konnte, wurde bald nach Jalta deutlich, als Churchill und Roosevelt mit Enttäuschung feststellen mußten, daß Stalin keine freien Wahlen abhalten ließ und westliche Beobachter nicht – wie verabredet – nach Polen einreisen durften.[9] Eigenmächtig übergab Stalin den Polen im Rahmen seiner von den Westmächten nur zum Teil mitgetragenen Entschädigungsaktion für die Abtretung der Gebiete östlich der Curzon-Linie an die Sowjetunion nicht nur den südlichen Teil Ostpreußens, sondern auch Stettin, Breslau und alle anderen Gebiete östlich der Oder und Görlitzer Neiße und ließ sie unter polnische Verwaltung stellen. Die Westmächte wurden damit auf der Potsdamer Konferenz im Juli 1945 vor vollendete Tatsachen gestellt.

Auch die Entwicklung in Rumänien und Bulgarien ließ erkennen, daß Stalins Bekenntnis zur Atlantik-Charta und zu den Idealen der Demokratie lediglich auf dem Papier stand. Churchill schrieb später über diese Phase der Beziehungen zwischen den Alliierten der Anti-Hitler-Koalition: „Die gemeinsame Gefahr, das Hauptband zwischen den drei großen Bundesgenossen, hatte sich über Nacht in nichts aufgelöst, und schon war in meinen Augen die kommunistische Gefahr an die Stelle des bisherigen Feindes getreten; nur hatte sich noch keine gemeinsame Front zu deren Abwehr gebildet."[10]

Fragt man nach den Motiven, die Stalin bewegt haben mögen, eine so offen gegen die Interessen der Westmächte gerichtete Politik zu betreiben, lassen sich drei Motive unterscheiden: Sicherheitsbedürfnisse der Sowjetunion, das ideologisch begründete Streben nach einer Ausdehnung des kommunistischen Machtbereichs und wachsendes Mißtrauen gegenüber den Absichten der Westmächte.

Seit der Revolution von 1917 war die Sowjetunion zweimal von ausländischen Truppen überfallen worden. Im Zuge der Gegenrevolution und des Bürgerkrieges zwischen „Weißen" und „Roten" hatten ausländische Mächte interveniert und die „Weißen" unterstützt, um das kommunistische Regime zu stürzen. 1941 hatten deutsche Armeen die Sowjetunion ungeachtet des erst zwei Jahre zuvor abgeschlossenen Hitler-Stalin-Paktes angegriffen und waren bis nach Leningrad und bis in die Vororte von Moskau gelangt. Stalins Bemühungen zielten deshalb darauf ab, an der Westgrenze der Sowjetunion einen *cordon sanitaire* zu schaffen – einen Gürtel von Staaten, der sowjetischem Einfluß unterlag und einen künstlichen Schutzwall gegen erneute Übergriffe aus dem Westen bildete. Diese Absicht ließ sich vorteilhaft mit dem Bestreben verbinden, den kommunistischen Machtbereich zu erweitern und damit die Sowjetunion aus der ideologischen und politischen Isolierung der zwanziger und dreißiger Jahre herauszuführen. Stalin verfolgte dabei ein Drei-Zonen-Konzept zur Abschirmung des sowjetischen Kernlandes. Die Abschirmung sollte erfolgen „durch direkte Annexionen (Baltische Staaten, Ostpolen u.a.), durch einen strukturell der Sowjetunion weitgehend, aber nicht vollständig angeglichenen ‚volksdemokratischen' Gürtel (zunächst Polen, Rumänien, Bulgarien) und eine – am weitesten westlich gelegene, in der Gesellschaftsordnung auf einer Zwischenstufe zwischen Kapitalismus und ‚Sozialismus' zu haltende – Pufferzone, die nach Stalins Vorstellung in breiter Front von Skandinavien über Mitteleuropa bis zu Teilen des westlichen Balkans und Italien den amerikanisch-britischen vom sowjetischen Machtbereich trennen sollte".[11]

Auch in diesem Drei-Zonen-Konzept kam Stalins tiefes Mißtrauen nicht nur gegenüber Deutschland, sondern vor allem gegenüber den Hauptmächten des kapitalistischen Westens – England und den USA – zum Ausdruck, obwohl diese doch in der Anti-Hitler-Koalition gleichzeitig Verbündete der Sowjetunion waren. Offenbar fühlte sich Stalin 1943 „isoliert, im Stich gelassen", wie Bodo Scheurig in der Einleitung zu den Erinnerungen des Generals Walther von Seydlitz schrieb: „England und Amerika zögerten, der Sowjetunion das Baltikum, Ostpolen und Bessarabien, also ihren Vorkriegsbesitzstand zu garantieren. Dafür duldeten London und Washington Pläne einer osteuropäischen Föderation, die an den antisowjetischen *cordon sanitaire* der Vorkriegszeit erinnerte. Noch mehr beunruhigte im Kreml, daß die ‚Zweite Front‘ ausblieb. Die Rote Armee mußte dem Druck der Wehrmacht allein widerstehen. Die alliierte Nordafrika-Landung, einzige Operation nach Moskaus ständigen Forderungen, entlastete Rußland nicht. Hilfe konnte nur eine Invasion in Frankreich bringen, die Deutschlands Reserven aufsog oder fesselte. Mochten England und Amerika inzwischen auch Kriegsmaterialien liefern: Es schien, als solle sich die Sowjetunion verbluten.‘‘[12]

Stalins Reaktion war ebenso kühn wie erfolglos. In der Zeit von Juni bis September 1943 ließ er über die Botschaft in Stockholm Möglichkeiten für Friedensverhandlungen mit dem Deutschen Reich sondieren. Kontaktperson war auf deutscher Seite Peter Kleist, Ministerialdirigent im Ostministerium, später Angehöriger des persönlichen Stabes von Reichsaußenminister Joachim von Ribbentrop. Der sowjetische Kontaktmann, Edgar Clauß, gab in einem Gespräch am 18. Juni 1943 zu erkennen, die Sowjetunion sei nicht länger als unbedingt nötig bereit, für die Interessen Englands und der USA zu kämpfen. Die Sowjetunion könne zwar unter Aufbietung aller Kräfte und mit amerikanischen Materiallieferungen die deutsche Wehrmacht schlagen, aber nur um den Preis der eigenen völligen Erschöpfung. Und in diesem Zustand wolle die Sowjetunion den Westmächten nicht gegenüberstehen.[13] In einem weiteren Gespräch am 4. September 1943 erläuterte Clauß die Verhandlungsziele des Kreml: Wiedererrichtung der deutsch-russischen Grenze von 1914, freie Hand in der Meerengenfrage, deutsches Desinteressement gegenüber sowjetischen Bestrebungen in ganz Asien und Entwicklung ausgedehnter Wirtschaftsbeziehungen zwischen Deutschland und der Sowjetunion. Zur Begründung der sowjetischen Friedensfühler gab Clauß an, die Verhältnisse in Osteuropa könnten nur gemeinsam mit Deutschland und nicht mit den Westmächten dauerhaft geordnet werden. Man glaube in Moskau auch nicht an einen schnellen, totalen militärischen Erfolg und noch weniger an eine Kapitulation Deutschlands; jeder militärische Teilerfolg der Sowjetunion verbessere nur das Verhältnis der Nachschublinien zugunsten Deutschlands, und je näher der Kampf an die deutschen Grenzen rücke, um so härter werde die Wehrmacht kämpfen.[14]

Ein Treffen zwischen Kleist und dem stellvertretenden sowjetischen Außenminister Wladimir G. Dekanosow kam auf Befehl Hitlers jedoch nicht zustande. Hitler war der Auffassung, ein Ausgleich zwischen der Sowjetunion und Deutschland sei nicht möglich, ein Rückzug der Wehrmacht werde nur den Sowjets einen strategischen Gewinn verschaffen. Mit der Konferenz von Teheran im Dezember 1943 gab auch die Sowjetunion diesen Strang ihrer Politik, der keinen Erfolg mehr versprach, auf und setzte ganz auf die militärische Niederringung Deutschlands im Bündnis mit den Westmächten.

1.2. Die Entstehung des Ost-West-Gegensatzes 1945–1947

1945 war noch keineswegs ein Zustand erreicht, der die Vermutung hätte aufkommen lassen können, ein Kalter Krieg zwischen Ost und West sei unvermeidlich. Das Mißtrauen der Sowjetunion gegenüber den Westmächten war zwar beträchtlich, die britische Regierung unter Churchill zeigte sich gegenüber dem sowjetischen Verhalten in Osteuropa enttäuscht und voller Argwohn, und sogar in der amerikanischen Öffentlichkeit wuchsen nach der Potsdamer Konferenz Unverständnis und schließlich Abneigung gegenüber den Methoden und dem politischen Verhalten der Sowjetunion.[15] Aber der in den unterschiedlichen Interessen, Absichten und Zielen der Alliierten angelegte Bruch wurde zunächst nicht vollzogen.

Einig war man sich jedenfalls in dem Bestreben, das militärische und wirtschaftliche Potential Deutschlands so weitgehend zu zerschlagen, daß Deutschland nie wieder zu einer Gefahr für seine europäischen Nachbarn werden konnte. Einig war man sich auch darin, eine Weltgemeinschaft der Vereinten Nationen zu bilden, in der zwischenstaatliche Probleme beraten und Konflikte beigelegt werden konnten. Selbst der Skeptiker Churchill riskierte in Jalta im Februar 1945 noch nicht den Bruch mit Stalin, und in den USA waren Presse, öffentliche Meinung und die Haltung der Regierung bis weit in das Jahr 1946 hinein überwiegend sowjetfreundlich. Als Churchill im März 1946 – inzwischen als Premierminister abgewählt – in Fulton im amerikanischen Bundesstaat Missouri eine ernste Warnung vor dem Vordringen der Sowjetunion in Osteuropa aussprach und in diesem Zusammenhang den Begriff des „Eisernen Vorhangs" prägte, der in der Mitte Europas niedergegangen sei, distanzierte sich die amerikanische Regierung noch von diesen Äußerungen. Erst die im September 1946 auf Drängen von Außenminister James F. Byrnes erzwungene Entlassung des rußlandfreundlichen Handelsministers Henry A. Wallace – wenige Tage nach der Stuttgarter Rede von Byrnes, worin dieser an den provisorischen Charakter der Oder-Neiße-Grenze erinnert hatte – war ein Zeichen für einen Meinungsumschwung im amerikanischen Kabinett.

Politischen Zündstoff gab es zwischen 1945 und 1947 aber genug: im Iran, wo die Sowjetunion die während des Krieges besetzte Grenzprovinz Aserbeidschan nicht vereinbarungsgemäß räumen wollte; in der Türkei, wo Stalin die Errichtung eines sowjetischen Stützpunktes an den Dardanellen forderte und Anspruch auf die Provinzen Ars und Kardahan erhob, die im 19. Jahrhundert an das Zarenreich gefallen waren und nach dem Ersten Weltkrieg wieder an die Türkei abgetreten werden mußten; in Nordafrika, wo der sowjetische Außenminister Wjatscheslaw Molotow eine sowjetische Beteiligung an den früheren italienischen Kolonien forderte; in Griechenland, wo im Norden des Landes kommunistische Guerillas operierten; und natürlich in Osteuropa und in Deutschland, wo Stalin sich über Vereinbarungen mit den Westmächten hinwegsetzte oder sie so interpretierte, daß sie sowjetischen Wünschen entsprachen. Überall in Osteuropa etablierten sich im Schatten der Roten Armee sowjetfreundliche Regierungen, obwohl die Kommunisten in den Staaten, in denen Wahlen durchgeführt wurden, nirgendwo eine Mehrheit erhielten, sondern nur Stimmenanteile zwischen 3 und 40 Prozent. In Polen und Rumänien wurden die Wahlen entgegen getroffener Vereinbarungen auf 1947 verschoben. In der sowjetischen Besatzungszone in Deutschland gelang es der in der Sowjetunion geschulten „Gruppe Ulbricht", entscheidende Führungspositionen mit ihren Kadern zu besetzen.

Stalin seinerseits glaubte sich in seinem Mißtrauen gegenüber den Westmächten bestätigt, als die USA im August 1945 das Pacht- und Leihabkommen *(lend-lease)* mit der Sowjetunion – wie auch mit England – kündigten und damit die materielle Hilfe entzogen, der die Sowjetunion zum Wiederaufbau ihres weithin zerstörten Landes so dringend bedurfte. Darüber hinaus setzten die Westmächte den sowjetischen Forderungen im Iran, in der Türkei, auf dem Balkan und in Osteuropa zunehmenden Widerstand entgegen. Aus westlicher Sicht stellten diese Forderungen – so verständlich sie im einzelnen sein mochten – ein expansionistisches sowjetisches Vorgreifen dar und verstießen gegen das Selbstbestimmungsrecht der Völker und gegen Freiheitsrechte des einzelnen; aus sowjetischer Sicht waren sie berechtigt und legitim.

Wie sehr sich die politischen Systeme in Ost und West auch begrifflich voneinander unterschieden, wurde deutlich, als der amerikanische Außenminister Byrnes seinem sowjetischen Amtskollegen Molotow im Herbst 1945 auf der Londoner Außenministerkonferenz unter Anspielung auf das sowjetische Vorgehen in Osteuropa die rhetorische Frage stellte: „Was versteht der sowjetische Außenminister unter Demokratie?"[16] Es war klar, daß beide darunter etwas völlig Verschiedenes verstanden, daß das westliche und das sowjetische Demokratieverständnis in zentralen Punkten so sehr voneinander abwich, daß eine Übereinstimmung nicht zu erzielen war.

Der Kalte Krieg bahnte sich also langsam an. Erst die Summe vieler Einzelereignisse führte dazu, daß der Bruch zwischen den Kriegsalliierten immer offenkundiger wurde und einen unvermeidbaren Charakter annahm. Die politische Entwicklung bewirkte allmählich ein Umdenken auf beiden Seiten. Waren Stalins Nachgeben im Iran und sein vorsichtiges Taktieren in der Triest-Frage, wo er Titos Annexionsforderungen nicht unterstützte, noch von der Absicht bestimmt, es nicht zum Konflikt mit den USA kommen zu lassen, und waren auch die USA zunächst noch bemüht, den offenen Bruch mit der Sowjetunion zu vermeiden – deutlich geworden z.B. an den weitgehenden Zugeständnissen, die Außenminister Byrnes den Sowjets auf der Moskauer Konferenz im Dezember 1945 hinsichtlich des Balkans und Koreas machte –, so verhärteten sich die Standpunkte im Laufe des Jahres 1946 immer mehr. Objektiv gesehen kam hier die Konstellation zum Durchbruch, die 1917 vorgezeichnet und durch die Zerschlagung der politischen Strukturen in Europa 1945 vollendet worden war. Daß es dennoch fast zwei Jahre dauerte, bis sich die Fronten klärten, lag an den Erfahrungen des gemeinsamen Bündnisses gegen den Nationalsozialismus, das erst durch eine Reihe von Negativerfahrungen erschüttert werden mußte, bevor es zusammenbrach, vor allem aber an beträchtlichen Widerständen in den USA, die sich aus einer sowjetfreundlichen Grundstimmung ergaben und den Aufbau einer antisowjetischen Front des Westens lange verhinderten.[17]

1.3. *Bipolarität und Ideologisierung*

Ab 1947 nahm der Kalte Krieg immer klarer die Form eines amerikanisch-sowjetischen Gegensatzes an. In dem Maße, in dem sich die Fronten begradigten, wurde die internationale Politik nun in ein bipolares System gezwängt, das den Staaten unterhalb der Ebene der beiden Weltmächte nur noch begrenzten Spielraum beließ. Parallel dazu wurde der Konflikt, der bis dahin vor allem ein Konflikt um Macht und Einfluß gewesen war, zu einer ideologischen Auseinandersetzung zwischen dem „freien Westen" und dem „totalitären, kommunistischen Osten".

Markierungspunkte dieser neuen Entwicklung waren auf westlicher Seite die Verkündung der Truman-Doktrin am 12. März 1947 und auf östlicher Seite die Schdanow-Rede vom 30. September 1947. Die Truman-Doktrin war eine Reaktion auf Entwicklungen in Griechenland und der Türkei, wo nach westlicher Ansicht die Gefahr bestand, daß die Sowjetunion mit Unterstützung kommunistischer Minderheiten und äußerem Druck in die Lage versetzt würde, ihren Machtbereich über jenes Maß hinaus auszudehnen, das von den Truppen der Roten Armee im Zweiten Weltkrieg besetzt worden war. In Griechenland wurde die Lage kritisch und drohte westlicher Kontrolle zu entgleiten, als Großbritannien aus finanziellen Gründen mit dem sofortigen Entzug seiner Unterstützung für die dortige Regierung drohte und sich hilfesuchend an den amerikanischen Präsidenten Harry S. Truman wandte. Truman richtete daraufhin an die Mitglieder des Kongresses die dringende Aufforderung, Griechenland und die Türkei zu unterstützen und damit ein Zeichen zu setzen, allen freien Völkern in ihrem Kampf gegen den Kommunismus zu helfen. Truman erklärte:

„Eines der obersten Ziele der amerikanischen Außenpolitik ist die Schaffung von Bedingungen, unter denen wir und andere Nationen in die Lage versetzt werden, ein Leben frei von Zwang und Nötigung zu führen ...

Ich glaube, daß es die Politik der Vereinigten Staaten sein muß, freie Völker zu unterstützen, die sich dem Versuch einer Unterjochung durch bewaffnete Minderheiten im Innern oder durch Druck von außen widersetzen. Ich glaube, daß wir den freien Völkern helfen müssen, ihre eigenen Ziele in freier Selbstbestimmung zu erreichen. Ich glaube, daß unsere Hilfe vorrangig durch

wirtschaftliche und finanzielle Unterstützung geschehen sollte, die Voraussetzung ökonomischer Stabilität und geregelter politischer Prozesse ist."[18]

Was Truman forderte, war eine Politik der Stärke, der George F. Kennan
als der geistige Vater dieser Politik den Namen *containment* verlieh: „Eindämmung" der kommunistischen Machtausdehnung.[19] Sie beendete alle Bemühungen um eine Wahrung bzw. Wiederherstellung der Gemeinschaft der
Anti-Hitler-Koalition und bedeutete praktisch eine Anerkennung der weltpolitischen Veränderungen, die sich seit Kriegsende vollzogen hatten. Truman unterschied in seiner Rede dichotomisch zwischen den Völkern einer
freien Welt einerseits und autoritären und totalitären Regimen andererseits
und nahm damit eine ideologische Abgrenzung und Zweiteilung vor, die sich
mit der bipolaren machtpolitischen Wirklichkeit genau deckte. Wörtlich hieß
es in der Truman-Rede:

> „Die eine Art zu leben beruht auf dem Willen der Mehrheit und zeichnet
> sich durch freie Institutionen, eine repräsentative Regierung, freie Wahlen,
> die Garantie der Rechte des Individuums, die Freiheit der Rede und der
> Religion und die Freiheit von politischer Unterdrückung aus.
>
> Die andere Art zu leben beruht auf dem Willen einer Minderheit, der der
> Mehrheit aufgezwungen wird. Er beruht auf Terror und Unterdrückung,
> einer kontrollierten Presse, manipulierten Wahlen und der Unterdrückung
> persönlicher Freiheiten."[20]

Wenn man dieser Argumentation Trumans folgte, mußte man sich künftig
nicht mehr nur der Verbesserung der Beziehungen zwischen den Staaten
widmen, sondern auch auf eine Änderung der innerstaatlichen Herrschaftsverhältnisse drängen. Der Ost-West-Konflikt wurde somit ideologisch ver-
tieft. Eine gemeinsame Gesprächsgrundlage gab es vorerst nicht mehr.

Am deutlichsten zeigte sich dies in Deutschland. Es war mehr als bezeich-
nend, daß Truman seine Rede zu einem Zeitpunkt hielt, als sich in Moskau
die Außenminister der Vier Mächte versammelt hatten, um über das weitere
Schicksal Deutschlands zu beraten. Das Scheitern der Moskauer Konferenz
vom März/April 1947, das die Gegensätzlichkeit der Standpunkte noch einmal deutlich machte, hatte zwei wichtige Konsequenzen: Frankreich wurde
gezwungen, seine Sonderrolle aufzugeben, die es bis dahin bei der Behandlung Deutschlands gespielt hatte, und sich der Politik der USA und Großbritanniens anzuschließen. Und der amerikanische Außenminister George C.
Marshall ordnete nach seiner Rückkehr aus Moskau die Bildung eines *ad-
hoc*-Stabes an, der einen Bericht über die Lage in Europa erarbeiten und
Empfehlungen für die weitere amerikanische Europa-Politik geben sollte.
Der Stab nahm am 5. Mai 1947 seine Arbeit auf und entwarf innerhalb
von drei Wochen, bis zum 28. Mai, Grundzüge des später nach Marshall be-
nannten Plans zur Sanierung der europäischen Wirtschaft im Rahmen
eines europäischen Wiederaufbau-Programms (ERP = *European Recovery
Program*).

Der Marshall-Plan wurde am 5. Juni 1947 in einer Rede Marshalls in Harvard der Öffentlichkeit vorgestellt und richtete sich an alle europäischen Länder, sofern sie zur Zusammenarbeit bereit waren und entsprechende Verpflichtungen eingingen. Die Sowjetunion, die nicht zu Unrecht befürchtete, daß sich ihre Einflußmöglichkeiten in Osteuropa verringern könnten, wenn die Länder dort Marshall-Plan-Hilfe erhielten, sprach für den gesamten Ostblock ein Verbot aus, sich am Marshall-Plan zu beteiligen, und reagierte im September 1947 mit der Gründung des Kommunistischen Informationsbüros (Kominform), einer Nachfolgeorganisation der 1943 aufgelösten Kommunistischen Internationale (Komintern). War die Auflösung der Komintern nicht zuletzt aus Rücksicht auf die mit der Sowjetunion in der Anti-Hitler-Koalition verbündeten Westmächte erfolgt, so war die Neugründung einer in ihren Zielsetzungen ähnlichen Institution ein unübersehbares Zeichen für die erneute Zuspitzung des Ost-West-Verhältnisses. Auf der Gründungstagung des Kominform hielt der Leningrader Parteisekretär der KPdSU, Andrej Schdanow, ein vielbeachtetes Grundsatzreferat, das als Pendant zur Truman-Rede vom März 1947 angesehen werden kann. Schdanow formulierte in seinem Referat die sogenannte „Zwei-Lager-Theorie" und führte dazu aus:

„Je größer die Periode ist, die uns vom Kriegsende trennt, desto krasser treten zwei Hauptrichtungen in der internationalen Nachkriegspolitik hervor, die der Teilung der in der Weltarena aktiven politischen Kräfte in zwei Hauptlager entspricht: das imperialistische und antidemokratische Lager einerseits und das antiimperialistische und demokratische Lager andererseits. Die führende Hauptkraft des imperialistischen Lagers stellen die USA dar ... Das Hauptziel des imperialistischen Lagers stellt die Festigung des Imperialismus dar, die Vorbereitung eines neuen imperialistischen Krieges, der Kampf gegen Sozialismus und Demokratie sowie die Unterstützung reaktionärer und antidemokratischer profaschistischer Regimes und Bewegungen ...
Das antiimperialistische Lager stützt sich auf die Arbeiterbewegung und auf die demokratische Bewegung in allen Ländern, auf die brüderlichen kommunistischen Parteien in allen Ländern, auf die Kämpfer der nationalen Befreiungsbewegung in den Kolonial- und in den abhängigen Ländern sowie auf die Hilfe aller fortschrittlichen demokratischen Kräfte, die in jedem Lande vorhanden sind. Das Ziel dieses Lagers ist der Kampf gegen die Gefahr neuer Kriege und gegen die imperialistische Expansion, die Festigung der Demokratie sowie die Ausrottung der Überbleibsel des Faschismus ... Bei der Lösung dieser Hauptaufgabe der Nachkriegsperiode fällt der Sowjetunion und ihrer Außenpolitik die führende Rolle zu."[21]
Auch Schdanow diagnostizierte also eine Zweiteilung der Welt, eine ideologische und politische Spaltung, mit den Hauptgegnern USA und Sowjetunion, die jeweils ihr „Lager" anführten. Dies war die klassische Beschreibung der Konstellation des Kalten Krieges, der sich jetzt auch zunehmend

institutionell ausprägte und mehr als zwei Jahrzehnte den Grundtenor der internationalen Politik bestimmte.

Die Auswirkungen des Kalten Krieges wurden zuerst in Deutschland spürbar. Im November 1947 trafen sich die Außenminister der Vier Mächte im Rahmen des in Potsdam eingesetzten Außenministerrats in London, um vor allem über die Frage der Reparationen zu beraten. Die Fronten waren jedoch starr und feindselig. An Einigung war nicht mehr zu denken. Die Deutschland-Politik der Vier Mächte war – mit allen Konsequenzen, die dies für die Teilung Deutschlands haben mußte – gescheitert. Das nächste Opfer war die Tschechoslowakei, wo am 25. Februar 1948 die Demokratische Partei durch einen kalten Staatsstreich ausgeschaltet wurde und die Kommunisten endgültig die Macht im Lande an sich rissen. Die Dubiosität dieses Vorgangs wurde noch verstärkt durch den Tod Jan Masaryks, der bis zur Machtübernahme der Kommunisten Außenminister der Tschechoslowakei gewesen war und am 10. März 1948 unter mysteriösen Umständen ums Leben kam. Ende März begann die erste Berlin-Krise. Der freie Zugang wurde eingeschränkt, teilweise blockiert. Und als im Zusammenhang mit der Vergabe der Marshall-Plan-Gelder in den drei Westzonen Deutschlands im Juni 1948 eine Währungsreform durchgeführt und auf die drei Westsektoren Berlins ausgedehnt wurde, kam es zu einer Verschärfung der Verkehrsblockade der Stadt und zur ersten wirklich großen Konfrontation des Kalten Krieges, wobei die Versorgung Berlins nur über eine Luftbrücke der Alliierten sichergestellt werden konnte.

Die Erfahrungen des Kalten Krieges verstärkten im Westen den Wunsch, sich politisch und auch militärisch enger zusammenzuschließen. Am 17. März 1948 sicherten sich Großbritannien, Frankreich und die Benelux-Länder im Brüsseler Pakt gegenseitigen Beistand für den Fall zu, daß es zu einem Angriff auf einen dieser Staaten kommen sollte. Mit der Gründung der NATO am 4. April 1949 legten sich auch die USA militärisch in Europa fest, nachdem sie sich bereits 1947 und 1948 immer stärker von neo-isolationistischen Vorstellungen der unmittelbaren Nachkriegszeit losgesagt hatten und unter dem Eindruck der Ereignisse in Europa und Asien mit der Truman-Doktrin und dem Marshall-Plan bereits eindeutige politische und wirtschaftliche Verbindlichkeiten eingegangen waren.

Am Ende des Jahres 1949 konnte man von der Existenz zweier festgefügter Blöcke sprechen, die von den USA und der Sowjetunion angeführt wurden, wobei die Dominanz der beiden Weltmächte so übermächtig war, daß der Dualismus der Blöcke praktisch identisch war mit dem Dualismus der USA und der Sowjetunion. In der Weltpolitik hatte sich damit ein ideologisch überhöhter Bipolarismus durchgesetzt, der von nun an für lange Zeit das Grundmuster der internationalen Beziehungen darstellte und sowohl den Kalten Krieg als auch den Übergang zur Entspannungspolitik maßgeblich prägte.

1.4. *Zusammenfassung*

In der zweiten Hälfte der vierziger Jahre entwickelte sich ein Kalter Krieg, dessen Ursprünge bis in das Jahr 1943 zurückreichen. Der Ausbruch des Kalten Krieges war weder ein plötzlicher Akt noch eine unabweisbare Notwendigkeit; er vollzog sich allmählich als die Summe vieler Einzelentscheidungen und Konflikte, die das politische Klima zwischen Ost und West in den Jahren 1945 bis 1947 abkühlen ließen. Erst 1947 erhielt der Kalte Krieg mit der Verkündung der Truman-Doktrin und der Schdanow-Rede eine ideologische Begründung, die den Dialog zwischen den Gegnern abreißen ließ und der Auseinandersetzung eine entscheidende neue Qualität verlieh. Die Zwei-Lager-Theorie sprach offen aus, daß es in der Weltpolitik nicht nur einen machtpolitisch-militärischen und ökonomischen, sondern auch einen ideologischen Bipolarismus gab, dessen Hauptmächte die USA und die Sowjetunion waren.

In den vierziger Jahren wurde so nahezu das ganze Spektrum der Möglichkeiten des Ost-West-Verhältnisses durchschritten: von der Gemeinsamkeit der Anti-Hitler-Koalition zum Antagonismus des Kalten Krieges, mit einer mehrere Jahre dauernden Übergangsphase vom Bündnis zur Gegnerschaft. Ein heißer Krieg wurde aber – wenn überhaupt – selbst in dieser schwierigen Phase überaus angespannter Ost-West-Beziehungen wohl kaum je ernsthaft in Betracht gezogen. Für Entspannung war in der politischen Weltlage Ende der vierziger, Anfang der fünfziger Jahre allerdings gleichfalls kein Platz, obwohl die Anti-Hitler-Koalition bewiesen hatte, daß eine begrenzte Verständigung zwischen Ost und West sehr wohl denkbar war.

2. Lockerung des Kalten Krieges in den fünfziger Jahren

2.1. *Die Welt nach dem Tode Stalins*

Mit dem Korea-Krieg, der am 25. Juni 1950 begann, erreichte der Ost-West-Konflikt nach der Berliner Blockade 1948/49 einen zweiten Höhepunkt. Der Angriff der Streitkräfte des kommunistischen Nordkorea auf das von amerikanischen Truppen eben erst geräumte Südkorea war für den Westen der geradezu klassische Beweis für die Aggressivität des internationalen Kommunismus und für dessen Absicht, überall dort expansiv vorzugehen, wo westliche Schwäche dies zuließ. Korea war deshalb kein beliebiger regionaler Konflikt weitab in einem entfernten Winkel der Welt, sondern eine Auseinandersetzung von exemplarischer Bedeutung. Der Westen insgesamt fühlte sich herausgefordert. Von der sowjetischen Expansion im Gefolge des Zweiten Weltkrieges in Osteuropa über die kommunistische Revolution in China 1949 bis zum Korea-Krieg wurde eine gerade Linie gezogen.

Und hinter allem, so schien es, stand der mächtige Mann im Kreml: Josef W. Stalin. An ihm war für viele im Westen etwas Unberechenbares, geradezu Dämonisches. In den dreißiger Jahren hatte er im Zuge der sogenannten „Säuberungen" Millionen Sowjet-Bürger in den Tod geschickt, hatte ein dichtes, später von Alexander Solschenizyn als „Archipel GULAG" beschriebenes Netz von Konzentrations- und Arbeitslagern anlegen lassen, hatte eine unbarmherzige Industrialisierungspolitik betrieben, hatte 1939 einen Pakt mit Hitler geschlossen und damit dessen Angriff auf Polen erleichtert, hatte Teile Finnlands annektiert, ebenso große Teile Osteuropas und den Rest sowjetischer Kontrolle unterworfen und damit die Teilung Deutschlands heraufbeschworen. Härte und Unnachgiebigkeit wurde seiner Verhandlungsführung nachgesagt, Nichteinhaltung von Vereinbarungen und die Schaffung vollendeter Tatsachen, wo immer dies militärisch möglich war, wurde ihm von westlichen Politikern vorgeworfen.

Im März 1953 starb Stalin. Das Erbe, das er seinen Nachfolgern hinterließ, waren der Kalte Krieg und eine Sowjetunion, die trotz aller Machterweiterung in Osteuropa und Asien isolierter war als je zuvor. Die Sowjetunion war vom Eismeer bis zur Türkei, vom Iran bis Japan durch einen dichten Ring von Militärstützpunkten eingekreist, und der Westen war dabei, mit der Wiederbewaffnung der Bundesrepublik und ihrer Einbeziehung in das westliche Bündnissystem die letzte noch verbliebene Lücke zu schließen. Stalins expansive Macht- und Sicherheitspolitik hatte die Sowjetunion zu einer Weltmacht aufrücken lassen, zugleich jedoch ihre Glaubwürdigkeit und Koalitionsfähigkeit zerstört und damit den Handlungsspielraum der sowjetischen Außenpolitik eingeengt. An eine Wiedergewinnung der Flexibilität und an die Schaffung neuer Einflußmöglichkeiten war angesichts der bestehenden extremen Spannung und Konfrontation nicht zu denken.

Die Nachfolger Stalins unternahmen deshalb zwischen 1953 und 1957/58 den Versuch, den Kalten Krieg zu entspannen und den Dialog mit dem Westen neu zu beginnen.[1] Eine Geste in dieser Richtung war im Sommer 1953 das chinesische und sowjetische Einlenken in der Korea-Frage. Am 27. Juli kam es zum Waffenstillstand von Panmunjon, der zur Feuereinstellung, zur Rückgabe der Gefangenen und zur Stabilisierung des Frontverlaufs am 38. Breitengrad führte, der *de facto* zur Staatsgrenze wurde und damit den Zustand wiederherstellte, der vor dem nordkoreanischen Angriff in Korea bestanden hatte. Auch hinsichtlich der Türkei zeigte sich die Sowjetunion zum Einlenken bereit. Die unter Stalin nach dem Zweiten Weltkrieg erhobene Forderung nach einer Revision der Konvention von Montreux über die Meerengen und der Anspruch der Sowjetunion auf die türkischen Provinzen Ars und Kardahan wurden fallengelassen.

Daß diesem sowjetischen Rückzug eine Veränderung der außenpolitischen Strategie zugrundelag, zeigte sich im August 1953, als der neue sowjetische Ministerpräsident Georgij M. Malenkow vor dem Obersten Sowjet erklärte: „Wir stehen fest auf dem Standpunkt, daß es gegenwärtig keine strittige oder ungelöste Frage gibt, die nicht auf friedlichem Wege aufgrund gegenseitiger Verständigung der Beteiligten gelöst werden könnte. Dies bezieht sich auch auf die strittigen Fragen, die zwischen den Vereinigten Staaten von Amerika und der Sowjetunion bestehen. Wir sind nach wie vor für ein friedliches Nebeneinanderbestehen beider Systeme. Wir sind der Ansicht, daß es keinen objektiven Grund für Zusammenstöße zwischen den Vereinigten Staaten von Amerika und der Sowjetunion gibt."[2]

Weitere Belege für diese neue und unter Stalin lange Zeit unbekannte Bereitschaft der Sowjetunion zur einvernehmlichen Regelung internationaler Konflikte waren im Januar/Februar 1954 die Berliner Konferenz, auf der die Vier Mächte erstmals seit dem Scheitern der Pariser Außenministerkonferenz von 1949 wieder über die Deutschland-Frage berieten, und vom April bis Juli 1954 die erste Genfer Indochina-Konferenz, die zwar der französischen Präsenz in Indochina ein Ende setzte und die kommunistische Regierung unter Ho Tschi-minh in Nordvietnam bestätigte, auf der aber die Sowjetunion entscheidend dazu beitrug, den Süden des Landes bis zur Abhaltung freier Wahlen einer antikommunistischen Regierung zu unterstellen und Laos und Kambodscha einen neutralen Status zu geben.

Die Genfer Indochina-Konferenz ließ jedoch auch einen zweiten Strang der sowjetischen Außenpolitik in dieser Zeit sichtbar werden. Die sowjetische Bereitschaft zum Nachgeben in Indochina war eng verbunden mit dem Bemühen, auf Frankreich einzuwirken, um das Projekt einer Europäischen

Verteidigungsgemeinschaft (EVG) zu torpedieren, das die Eingliederung der Bundesrepublik in das militärische Bündnissystem des Westens regeln sollte. Tatsächlich brachte das Veto der französischen Nationalversammlung im August 1954 das EVG-Projekt zu Fall. Das Motiv der Verhinderung der Wiederbewaffnung der Bundesrepublik und ihrer Einbeziehung in das westliche Verteidigungssystem hatte zuvor schon dem sowjetischen Vorschlag zur Errichtung einer kollektiven Sicherheitsordnung für Europa zugrunde gelegen, der auf der Berliner Konferenz Anfang 1954 unterbreitet worden war.[3]

Der Westen reagierte auf die sowjetischen Entspannungsangebote zunächst vorsichtig und zurückhaltend. Die Erfahrungen, die man während der Stalin-Ära hatte sammeln müssen, wirkten nach, und man war auch unentschieden, ob es sich bei der neuen Linie der sowjetischen Außenpolitik um einen Kurs von Bestand oder nur um eine vorübergehende Veränderung als Folge der ungelösten Nachfolgefrage im Kreml handelte. Man entschloß sich deshalb, die Herausbildung einer neuen Kontinuität der sowjetischen Außenpolitik abzuwarten und im übrigen die Politik und die Projekte weiterzuverfolgen, deren Weichen noch zur Zeit der Stalin-Herrschaft gestellt worden waren. Dies betraf vor allem den Aufbau der NATO und die Einbeziehung der Bundesrepublik in das westliche Allianzsystem. Nach dem Veto Frankreichs gegen die EVG im August 1954 wurde entsprechend der allgemeinen Linie der westlichen Politik, die eine Wiederbewaffnung der Bundesrepublik zur Stützung der westlichen Verteidigungsfähigkeit für unabdingbar hielt, der Beitritt der Bundesrepublik zur NATO vorbereitet, der am 5. Mai 1955 mit dem Inkrafttreten der Pariser Verträge erfolgte.

Wie berechtigt die vorsichtige und abwartende Haltung des Westens war, geht aus den Spannungen hervor, denen sich die sowjetische Außenpolitik als Folge interner Machtkämpfe in der sowjetischen Führungsspitze um die Stalin-Nachfolge ausgesetzt sah. Nikita S. Chruschtschow wies 1963 rückblickend darauf hin, Ministerpräsident Malenkow und Lawrentij P. Berija, unter Stalin langjähriger Chef des sowjetischen Staatssicherheitsdienstes, von 1946 bis 1953 stellvertretender Ministerpräsident und nach Stalins Tod Innenminister und Minister für Staatssicherheit, hätten 1953 vorgeschlagen, „die Deutsche Demokratische Republik als sozialistischen Staat zu liquidieren";[4] sie hätten der SED empfohlen, auf die Losung des Kampfes für den Aufbau des Sozialismus zu verzichten, aber das Zentralkomitee der KPdSU habe seinerzeit diese „verräterischen Vorschläge" abgelehnt und „den Provokateuren eine vernichtende Abfuhr erteilt".[5] Inwieweit die Malenkow/Berija-Pläne ernst gemeint waren, blieb ungeklärt. Jedenfalls sollte offenbar das Tempo des sozialistischen Aufbaus in der DDR verlangsamt und eine Wiedervereinigung Deutschlands angestrebt werden. Daß es gerade zu dem Zeitpunkt, als diese Pläne auf dem Tisch lagen, am 16. und 17. Juni 1953 zu einem „Volksaufstand" in der DDR kam, der nur mit Hilfe sowjetischer Panzer niedergeschlagen werden konnte, war ein unglückliches Zusammentreffen, das den

Plänen jede Realisierungschance nahm, dokumentierte der Aufstand doch die innere Schwäche eines Regimes, das man soeben noch den Unwägbarkeiten eines Wiedervereinigungsexperiments aussetzen wollte. Man kann deshalb der Meinung sein, daß „der 17. Juni, den man bald in der Bundesrepublik als ‚Tag der deutschen Einheit‘ feiern sollte, mit einem hohen Grade von Wahrscheinlichkeit zum Schlußstrich unter die einzige Chance für eine Wiedervereinigung nach westlichen Vorstellungen, die jemals existiert hat", geworden ist.[6] Berija wurde schon am 10. Juli 1953 gestürzt und am 23. Dezember 1953 erschossen. Malenkow konnte sich noch bis zum 8. Februar 1955 als Ministerpräsident halten und wurde dann durch Nikolai Bulganin ersetzt. Von einer Kontinuität der sowjetischen Außenpolitik konnte zumindest bis zu diesem Zeitpunkt keine Rede sein.

Dennoch ist die Diskussion bis heute nicht verstummt, ob der Westen in dieser labilen innenpolitischen Situation der Sowjetunion 1953–55 nicht eine Chance zur Wiedervereinigung Deutschlands ungenutzt verstreichen ließ und ob die Richtungskämpfe innerhalb der sowjetischen Führung nicht durch eine maßvolle Antwort auf die östlichen Entspannungsinitiativen im westlichen Sinne zu beeinflussen gewesen wären. Tatsächlich ist ein solcher Versuch damals nicht unternommen worden.

2.2. *Der Geist von Genf*

Mit dem Inkrafttreten der Pariser Verträge am 5. Mai 1955 wurde die politische und militärische Konsolidierung des Westens abgeschlossen. Die Bundesrepublik wurde als souveräner Staat anerkannt und erklärte sich bereit, einen angemessenen Beitrag an den westlichen Verteidigungslasten zu übernehmen. Damit war zugleich die nach dem Scheitern der EVG für kurze Zeit aufgekeimte Hoffnung der Sowjetunion verflogen, die Aufrüstung der Bundesrepublik und ihre Eingliederung in das westliche Bündnis ließen sich in letzter Minute noch verhindern. Das Scheitern der EVG führte im Gegenteil dazu, daß der Bundesrepublik mehr nationalstaatliche Rechte zugestanden wurden, als sie politisch und militärisch im Rahmen einer EVG-Regelung erreicht hätte. Im Gegenzug zum NATO-Beitritt der Bundesrepublik wurde am 14. Mai 1955 der Warschauer Vertrag über Freundschaft, Zusammenarbeit und gegenseitigen Beistand abgeschlossen, der die Errichtung eines Bündnisses zwischen Albanien, Bulgarien, Ungarn, der DDR, Polen, Rumänien, der Sowjetunion und der Tschechoslowakei beinhaltete. Die politische und ideologische Spaltung Europas war damit auch militärisch institutionell vollzogen, die Blockbildung vollendet.

Dies hatte jedoch keineswegs eine Rückkehr zu Formen des Kalten Krieges zur Folge, wie sie für die Zeit nach Verkündung der Truman-Doktrin und nach der Schdanow-Rede typisch gewesen waren. Es schien im Gegenteil „die umgekehrte Entwicklung einzutreten, denn mit der Konsolidierung der Blöcke brach auf der Basis des Erreichten unwiderstehlich die Tendenz zur Entspannung durch".[7] Die wichtigsten Ursachen für diese weltpolitische Veränderung waren in der Sowjetunion die Festigung der Position Chruschtschows, die dieser durch die Ausschaltung Malenkows Anfang 1955 erreicht hatte, und im Westen die weitverbreitete Einsicht, daß man nach der erfolgreichen Konsolidierung des eigenen Bündnisbereichs und der zunehmend deutlicher werdenden Konturen der neuen Führungsgruppe im Kreml den Versuch wagen müsse, die Ernsthaftigkeit der östlichen Entspannungsabsichten zu testen.

Im Vorfeld der Gipfelkonferenz der Vier Mächte, die für Juli 1955 nach Genf einberufen war, unterstrich Moskau noch einmal seine Verständigungsbereitschaft, indem es überraschend die Möglichkeit einer Regelung der Österreich-Frage offerierte. Dabei zeigte sich wiederum eine bemerkenswerte Koinzidenz zwischen Abschluß der Blockbildung und sowjetischer Kompromißbereitschaft: Gut eine Woche nach Inkrafttreten der Pariser Verträge und einen Tag nach Abschluß des Warschauer Paktes wurde am 15. Mai 1955 der österreichische Staatsvertrag unterzeichnet, der Österreich Neutralität, Souveränität und den Abzug der Besatzungstruppen brachte. Als eine weitere Geste der Sowjetunion, die Verständigungswillen signalisierte, konnte die Räumung der sowjetischen Flottenbasis Porkkala in Finnland verstanden werden. Außerdem übermittelte die Sowjetunion am 7. Juni eine Einladung an Bundeskanzler Konrad Adenauer, zu politischen Gesprächen nach Moskau zu kommen. Die Flurbereinigung der stalinistischen Politik wurde schließlich auch innerhalb der kommunistisch-sozialistischen Staatengemeinschaft in Angriff genommen, als Chruschtschow im Mai 1955 zusammen mit dem neuen Ministerpräsidenten Bulganin einen Canossa-Gang nach Belgrad antrat, um sich mit Tito auszusöhnen, der sich 1948 Stalins Forderung nach Unterwerfung unter die Politik des Kreml widersetzt hatte und daraufhin aus dem Kominform ausgeschlossen worden war.

Der materielle Gehalt der Genfer Gipfelkonferenz vom 18. bis 23. Juli 1955 wird oft überschätzt. Das gemeinsame Lächeln der Staats- und Regierungschefs aus den USA, der Sowjetunion, Frankreich und Großbritannien vor den Kameras der Wochenschauen und des Fernsehens hatte nach der jahrelang angespannten Atmosphäre des Kalten Krieges zwar etwas so Befreiendes, daß bald das Wort vom „Geist von Genf" die Runde machte und der französische Ministerpräsident Edgar Faure schon vom „Ende des Kalten Krieges" sprach.[8] Inhaltlich bot Genf jedoch kaum Grund zu solchem Optimismus. Die alten Probleme der deutschen Teilung und der militärischen Konfrontation blieben ungelöst und wurden zur weiteren Beratung einem Treffen der Außenminister übergeben, das im Herbst 1955, ebenfalls in Genf und gleichfalls ohne Ergebnis, stattfand. Der Westen beharrte auf seiner Forderung nach Abhaltung freier Wahlen in ganz Deutschland, während die

Sowjetunion nun die deutsche Frage auszuklammern suchte und auf eine Verminderung der Rüstungen drängte.

Bei seiner Rückkehr nach Moskau machte Chruschtschow in Ost-Berlin Zwischenstation und bekannte sich hinsichtlich der deutschen Frage indirekt noch einmal zu den alten Zielen der sowjetischen Außenpolitik, die auch unter Stalin schon sowjetisches Minimalprogramm gewesen waren: „Erhaltung und Stärkung der DDR, sofern ein gemäß den Wünschen der Sowjetunion strukturiertes und neutralisiertes Gesamtdeutschland nicht durchzusetzen war."[9] Damit war klar, daß eine Wiedervereinigung zu westlichen Bedingungen auch gegenüber einer führungsschwachen Sowjetunion nicht durchzusetzen war und daß die inzwischen in beiden Teilen Deutschlands geschaffenen Realitäten und die politische Konstellation in Ost und West eine rasche Lösung der deutschen Frage ausschlossen. Die in Genf von den Sowjets aufgeworfene Frage einer Verdünnung der militärischen Potentiale in Europa blieb jedoch in der Diskussion und war vor allem in den Jahren 1957 und 1958 Gegenstand politischer Erörterungen innerhalb des Westens und zwischen Ost und West.

2.3. *Sowjetische Koexistenz-Doktrin und westliche Außenpolitik*

Wie nach Stalins Tod die sowjetischen Entspannungsinitiativen zwischen 1953 und 1955 die Vollendung der westlichen Einheitsfront gegenüber der Sowjetunion nicht hatten verhindern können, so war auch die Genfer Gipfelkonferenz trotz des Vorleistungspolsters, mit dem Chruschtschow nach Genf gereist war, im Grunde gescheitert. Dennoch konnte die sowjetische Politik einen Erfolg verbuchen, wenn auch nur im politisch-atmosphärischen Bereich: Die Stimmungslage zwischen Ost und West hatte sich verbessert; man sprach wieder miteinander und erkannte an, daß es allen Gegensätzen zum Trotz eine gemeinsame Verantwortung für den Frieden in der Welt gab, daß darüber hinaus sogar politische und wirtschaftliche Interessen bestanden, die eine Koexistenz der Staaten sinnvoll und nutzbringend erscheinen ließen. Anlaß zur Sorge gab die Entwicklung der Waffentechnik mit der Möglichkeit eines nuklearen Groß-Krieges, doch auch hier bestand Hoffnung, daß die Westmächte den Zwang zur Koexistenz respektieren würden.

Der XX. Parteitag der Kommunistischen Partei der Sowjetunion im Februar 1956 bestätigte Chruschtschows Politik der Entspannung. Innenpolitisch war dies der Parteitag der Entstalinisierung und der Beginn eines „Tauwetters", das den Intellektuellen und dem freien Denken, Sprechen und Schreiben größeren Spielraum einräumte. In Ungarn und Polen führten die Enthüllungen und die Verurteilung der Stalin-Ära jedoch zu einer Verstärkung des Unabhängigkeitsstrebens und zur Auflehnung gegen die Vorherrschaft Moskaus. In Ungarn bedurfte es sogar des massiven Einsatzes sowjetischer Truppen und Panzer, um den Aufstand niederzuschlagen und die

Blockdisziplin wiederherzustellen. Im Hinblick auf den Westen enthielt der Rechenschaftsbericht Chruschtschows auf dem XX. Parteitag vor allem zwei wichtige Aussagen mit weitreichender Bedeutung: die eine bezog sich auf die Erweiterung der sowjetischen Koexistenz-Doktrin, die andere – in enger Verbindung damit – auf die Revision der These von der Unvermeidbarkeit von Kriegen.

Die Entstehungsgeschichte der Koexistenz-Doktrin reicht zurück bis in die zwanziger Jahre, als die erwartete kommunistische Weltrevolution ausblieb, die Sowjetunion sich zum „Aufbau des Sozialismus in einem Lande" entschloß und klar wurde, daß es für längere Zeit ein Nebeneinander unterschiedlicher Gesellschaftsordnungen geben werde. Ob die Koexistenz-Doktrin ein „Leninsches Prinzip" ist, wie die Sowjets behaupten, oder auf Stalin zurückgeht, wofür einiges spricht, kann hier dahingestellt bleiben.[10] Unbestritten ist, daß die Koexistenzvorstellungen in der Sowjetunion lange Zeit relativ vage blieben und erst zwischen 1956 und 1959 zu einer geschlossenen Doktrin ausgebaut wurden. Unbestritten ist auch, daß Chruschtschow dafür 1956 mit seinem Referat auf dem XX. Parteitag die Richtung wies, indem er erklärte: „Das Leninsche Prinzip von der friedlichen Koexistenz war und bleibt die Generallinie der Außenpolitik unseres Landes ... Wir sind der Ansicht, daß Länder mit verschiedenen sozialen Systemen nicht nur einfach nebeneinanderstehen können, sondern darüber hinaus eine Verbesserung der Beziehungen, eine Festigung des Vertrauens und gegenseitige Zusammenarbeit anstreben müssen."[11]

In der ideologischen Begründung dieser Feststellung gab sich Chruschtschow nicht mit der Berufung auf Lenin zufrieden, sondern äußerte die Überzeugung, daß im Wettbewerb der zwei Systeme – des kapitalistischen und des sozialistischen – das sozialistische System siegen werde, da die sozialistische Produktionsweise gegenüber der kapitalistischen entscheidende Vorzüge besitze. Eine bewaffnete Einmischung der sozialistischen Länder in die inneren Angelegenheiten der kapitalistischen Länder sei deshalb nicht erforderlich.[12]

Die sowjetische Koexistenz-Doktrin besteht aus folgenden Hauptthesen:[13]

(1) Ein friedliches Nebeneinanderleben von Staaten mit unterschiedlicher Gesellschaftsordnung sei nicht nur möglich, sondern angesichts der Gefahren eines mit Kernwaffen geführten Krieges auch unumgänglich.

(2) An die Stelle militärischer Auseinandersetzung trete der wirtschaftliche Wettbewerb, in dem sich die Über- und Unterlegenheit eines Systems zu erweisen habe.

(3) Ungeachtet des friedlichen Nebeneinanderlebens von Staaten mit unterschiedlicher Gesellschaftsordnung gehe die ideologische Auseinandersetzung, der ideologische Kampf, unvermindert weiter.

(4) Das Bekenntnis zur friedlichen Koexistenz bedeute nicht die Aufgabe der weltrevolutionären Zielsetzung. Die Koexistenz-Politik solle vielmehr

die Möglichkeiten für die Weltrevolution verbessern, sei damit eine Form des internationalen Klassenkampfes.

Die vierte These wurde erst 1959 in die Koexistenz-Doktrin aufgenommen. Bis dahin wurde der Revolutionsanspruch auf der Ebene der kommunistischen Weltbewegung vertreten, während die Koexistenz-Politik die Generallinie auf der staatlich-diplomatischen Ebene darstellte.[14]

Auch die Koexistenz-Doktrin entrinnt also nicht dem Grunddilemma der sowjetischen Außenpolitik seit 1917: der Unauflöslichkeit des Widerspruchs zwischen Revolutionsanspruch und staatlicher Notwendigkeit zur Unterhaltung geordneter diplomatischer Beziehungen zum Klassenfeind. Die Koexistenz-Doktrin soll „die Sowjetunion auf der einen Seite vor einem militärischen Konflikt bewahren und die Voraussetzungen für den dringend benötigten Wirtschaftsverkehr mit den westlichen Industriestaaten geben, auf der anderen Seite den Weltsieg des Kommunismus erleichtern".[15] Trotz dieses offensichtlichen Widerspruchs bildet die Koexistenz-Doktrin aber die Basis für eine pragmatische Politik gegenüber dem Westen, da sie unter formeller Wahrung der ideologischen Prinzipien des Kommunismus eine Normalisierung der Beziehungen zwischen kommunistischen und kapitalistischen Ländern zuläßt.

Voraussetzung der Koexistenz-Doktrin war die Abkehr von der Doktrin der Unvermeidbarkeit der Kriege. Chruschtschow erklärte hierzu in seinem Rechenschaftsbericht vor dem XX. Parteitag: „Solange der Kapitalismus auf dem Erdball noch besteht, werden die reaktionären Kräfte, die die Interessen der kapitalistischen Monopole vertreten, auch weiterhin kriegerische Abenteuer und Aggressionen suchen, werden sie danach trachten, einen Krieg zu entfesseln. Aber eine verhängnisvolle Unvermeidbarkeit der Kriege gibt es nicht. Heute existieren mächtige gesellschaftliche und politische Kräfte, die über ernsthafte Mittel verfügen, um die Entfesselung eines Krieges durch die Imperialisten zu verhindern, und falls sie doch versuchen sollten, einen Krieg zu beginnen, so werden diese Kräfte den Aggressoren eine vernichtende Niederlage bereiten und ihre abenteuerlichen Pläne zum Scheitern bringen."[16]

Warum er zu dieser Überzeugung gelangt war und worin er den engen Zusammenhang mit der Koexistenz-Doktrin sah, erläuterte Chruschtschow in einem Interview mit dem diplomatischen Chefkorrespondenten der *New York Times*, James Reston, im Oktober 1957: „Wir sind für die friedliche Koexistenz nicht deshalb, weil wir schwach sind, nicht deshalb, weil wir die Imperialisten fürchten, sondern deshalb, weil ein neuer Krieg in Anbetracht der modernen tödlichen Waffenarten, wie thermonukleare Bomben und die Mittel zu ihrer Beförderung, wie die interkontinentale ballistische Rakete, den Untergang von Millionen und aber Millionen Menschen, die Zerstörung kolossaler materieller Werte, die durch die Arbeit vieler Generationen geschaffen werden, bedeuten würde."[17]

In dieser Einsicht Chruschtschows, die ihn schließlich zu der Bemerkung

veranlaßte, die Atombombe respektiere keine Klassenschranken und eine
gewaltsame Revolution müsse zur Zerstörung der ökonomischen und sozialen Grundlagen der Revolution führen,[18] liegt auch eine der Ursachen des
sowjetisch-chinesischen Konflikts, der sich 1957 bereits anbahnte.

Für den Westen, vor allem für die USA, waren die Ereignisse des XX.
Parteitages eine Chance, die Sowjetunion auf neuer Grundlage in die weltpolitische Verantwortung einzubeziehen. Doch Chruschtschows Koexistenz-
Politik traf Amerikas Außenpolitik unvorbereitet. 1954 war die Eisenhower/
Dulles-Administration mit der Verkündung ihrer „Strategie der Befreiung"
(roll-back) über die *containment*-Politik der Truman-Ära noch hinausgegan-
gen. Die kommunistischen Staaten sollten nun nicht mehr nur am weiteren
Vordringen gehindert, sondern in ihrem Macht- und Einflußbereich zurückgedrängt werden. Dies war unvereinbar mit der sowjetischen Auffassung von
friedlicher Koexistenz. Doch das Jahr 1956 war ein Entscheidungsjahr nicht
nur für die sowjetische, sondern auch für die amerikanische Außenpolitik. Im
„Polnischen Oktober" und in der Ungarn-Krise vom 21. Oktober bis
11. November 1956 erwies sich die Formel von der Zurückdrängung des
Kommunismus als bloße Propaganda, als politische Deklamation ohne Realisierungschance, die besonders den Ungarn, die auf westliche Unterstützung
gesetzt hatten, zum Verhängnis wurde. Schon am 17. Juni 1953 hatten amerikanische, britische und französische Soldaten in Berlin tatenlos zusehen müssen, wie in Rufweite sowjetische Panzer gegen demonstrierende Arbeiter
vorgingen. Und während des Ungarn-Aufstandes gab es trotz der „Strategie
der Befreiung" nicht einmal den Versuch einer Drohung an die Adresse der
Sowjetunion.

Ausgerechnet zum Zeitpunkt der Ungarn-Krise entfachten Israel, Großbritannien und Frankreich einen Krieg im Nahen Osten und stürzten den
Westen in außenpolitische Verwicklungen, die seine ganze Aufmerksamkeit
beanspruchten. Außerdem standen im November 1956 in den USA Präsidentschaftswahlen bevor, so daß die amerikanische Administration ohnehin
nur begrenzt handlungsfähig war. Nach seiner Wiederwahl gab Präsident
Dwight D. Eisenhower am 14. November eine knappe Erklärung zum Verhalten der USA angesichts der militärischen Niederschlagung des Ungarn-
Aufstandes durch sowjetische Truppen ab, in der es hieß: „Ich muß eines
klarstellen: Die Vereinigten Staaten haben nie die offene Rebellion einer waf-
fenlosen Volksmasse gegen eine Macht befürwortet, über die sie unter keinen
Umständen die Oberhand gewinnen kann, und sie befürworten sie auch jetzt
nicht."[19]

Dies war ein offenes Eingeständnis des Scheiterns der Politik der Befreiung, wie sie von Außenminister John Foster Dulles mit Blick auf die nukleare
Übermacht der USA erst zwei Jahre zuvor selbstbewußt verkündet worden
war. Denn was sonst hätte noch alles geschehen müssen, um die USA zum
Eingreifen zu bewegen? Schließlich hatte man die Ungarn durch unzählige

Rundfunksendungen und Erklärungen in der Hoffnung bestärkt, der Westen werde seine Unterstützung nicht versagen.

So markierten die Ereignisse des Oktober und November 1956 den Beginn einer neuen Politik des Westens. Die besonderen Gesetzmäßigkeiten des Atomzeitalters machten sich bemerkbar. Die Existenz der Kernwaffen zwang nicht nur die Sowjetunion, sondern auch die USA zu einer Änderung des außenpolitischen Verhaltens. Künftig mußten die Beziehungen zwischen den Weltmächten auf der Grundlage des territorialen und machtpolitischen *status quo* unter Respektierung der beiderseitigen Einflußsphären gestaltet werden. Mit der Anerkennung dieser neuen Bedingung der Weltpolitik war ein wesentlicher Schritt in Richtung Entspannung getan. Die Diskreditierung des messianischen Geistes der Dullesschen Befreiungspolitik ebenso wie die Formulierung der sowjetischen Koexistenz-Doktrin schufen die Basis, auf der ein allmählicher Abbau des Kalten Krieges vorgenommen und der Übergang zur Entspannungspolitik eingeleitet werden konnte. Es bedurfte allerdings noch mehrerer Jahre, bis sich diese Einsicht auf breiter Ebene durchgesetzt hatte, obgleich schon bald Konzepte für einen Truppenabbau diskutiert und Rüstungskontrollmaßnahmen zwischen Ost und West erörtert wurden.

2.4. *Disengagement-Debatte und Rapacki-Pläne*

Seit den Haager Friedenskonferenzen von 1899 und 1907, wo die Kodifizierung eines Kriegsrechts zur Humanisierung des Krieges („Haager Landkriegsordnung") und die Gründung des Haager Schiedsgerichtshofes zur Beilegung internationaler Streitigkeiten beschlossen worden war, geriet die Frage der Abrüstung immer wieder ins Blickfeld der internationalen Politik. So zum Beispiel in der Friedensnote Papst Benedikts XV. an die kriegführenden Mächte vom 1. August 1917, in der 14-Punkte-Erklärung des amerikanischen Präsidenten Woodrow Wilson vom 8. Januar 1918, im Briand-Kellogg-Pakt vom 27. August 1928 und in den Bemühungen des Völkerbundes. Ein durchgreifender Erfolg war diesen Aktivitäten jedoch nicht beschieden.

Auch nach dem Zweiten Weltkrieg geriet die Frage der Abrüstung nicht in Vergessenheit. Artikel 11 und 26 der Charta der Vereinten Nationen enthielten Stellungnahmen zum Problem der Abrüstung, und der UN-Sicherheitsrat wurde schon 1945 beauftragt, Pläne für ein „System der Sicherheitsregelung" auszuarbeiten. Außer der Gründung der UN-Abrüstungskommission durch die 6. UNO-Vollversammlung 1952 und der Bildung eines Fünfmächte-Unterausschusses der Abrüstungskommission – bestehend aus Vertretern der USA, der Sowjetunion, Großbritanniens, Frankreichs und Kanadas – im Frühjahr 1954 geschah jedoch nicht viel. Ein im Juni 1954 vorgelegter britisch-französischer Phasenplan zur Truppenreduzierung scheiterte an der Kontrollfrage, weil sich die Sowjetunion weigerte, Inspektionen auf sowjetischem Territorium zu gestatten, ohne die ein Abkommen wirkungslos gewesen wäre, da die damals bestehenden Möglichkeiten der elektronischen Aufklärung für eine Überwachung der Einhaltung von Vereinbarungen noch nicht ausreichten.

Auf der Genfer Gipfelkonferenz im Juli 1955 schlug der britische Premierminister Eden vor, im Rahmen eines Stufenplans zur Wiederherstellung der deutschen Einheit eine auf Mitteleuropa beschränkte Inspektionszone zu schaffen, in der jede Seite die Möglichkeit erhalten solle, die dort stationierten Truppen und Rüstungen zu kontrollieren und ihre Entwicklung zu überwachen. Dieser Plan, der vor allem in der Bundesrepublik auf Widerstand stieß, weil er die Elbe-Werra-Grenze zum Ausgangspunkt für die Zonenausdehnung nach Osten und Westen machte und damit die deutsche Teilung als gegeben hinnahm, wurde nach der Genfer Gipfelkonferenz wiederholt modifiziert und Grundlage einer längeren Diskussion über eine Rüstungsregelung für Europa. Die Sowjetunion unterbreitete im März 1956 eigene Vorschläge für eine Verminderung der konventionellen Streitkräfte und die Errichtung einer Inspektions- und Rüstungsbegrenzungszone in Europa. Nach der Doppelkrise um Ungarn und Suez im Herbst 1956 mehrten sich auch in den USA die Stimmen, die auf eine Abkehr von der Politik der Stärke drängten, die bis dahin auch die Grundorientierung der Adenauerschen Politik gegenüber dem Osten gewesen war. Die Bundesrepublik drohte nun durch die zunehmenden Entspannungstendenzen ins außenpolitische Abseits zu geraten.[20] Die Bundesregierung versuchte jedoch nicht, sich offensiv dem neuen Trend anzupassen, sondern beharrte auf ihrem traditionellen Antikommunismus und orientierte sich dabei am Sicherheitsbedürfnis der Bundesrepublik, das im wesentlichen unter militärischen Gesichtspunkten interpretiert wurde. Anfang 1957 forderte die Bundesregierung sogar eine Ausstattung der Bundeswehr mit taktischen Kernwaffen, weil die Bundeswehr „nicht militärisch schlechter gestellt und politisch einflußloser sein sollte als die Streitkräfte der anderen kontinentaleuropäischen NATO-Partner".[21]

Im Ausland stieß diese Forderung fast überall auf entschiedene Ablehnung. Die 1957/58 geführte Disengagement-Debatte und die zwischen 1957 und 1962 vorgelegten und vom polnischen Staatschef Wladyslaw Gomulka 1964 noch einmal wiederaufgenommenen Rapacki-Pläne zur Errichtung einer atomwaffenfreien Zone in Mitteleuropa hatten ihre wichtigste Ursache in diesem Verlangen der Bundesrepublik nach atomarem Mitbesitz. Die Reaktionen zeigten, daß weder im Osten noch im Westen die Bereitschaft bestand, den westdeutschen Wünschen zu entsprechen, denn dies hätte der Bundesrepublik den Weg geebnet, nach ihrer Staatswerdung und der mit den Pariser Verträgen wiedererlangten Souveränität zu einer führenden Kraft in Europa aufzusteigen. Nach den mit Deutschland gemachten Erfahrungen mochte kaum einer der betroffenen Staaten eine solche Entwicklung begünstigen – vor allem nicht die Sowjetunion und die osteuropäischen Länder, aber auch in Westeuropa regte sich Widerstand, und selbst in den USA wuchsen die

Zweifel, ob eine nuklear gerüstete Bundesrepublik wünschenswert und den Ost-West-Beziehungen dienlich sei.

Als Alternative schlug deshalb der Führer der Opposition im britischen Unterhaus, der Labour-Politiker Sir Hugh Gaitskell, Anfang 1957 in Anlehnung an den Eden-Plan vor, alle ausländischen Truppen aus den beiden Teilen Deutschlands, Polen, Ungarn und der Tschechoslowakei abzuziehen und diese Zone einer internationalen Kontrolle zu unterstellen. Sein Kollege Denis Healey sprach von einem „neutralen Gürtel", den es in Europa zu schaffen gelte.[22] Das Auseinanderrücken der Truppen der NATO und des Warschauer Paktes (Disengagement) und die Neutralisierung der in der Disengagement-Zone befindlichen Länder sollte die Atombewaffnung der Bundeswehr überflüssig machen.

Deutlicher noch als bei Gaitskell kam diese Absicht bei den Vorschlägen des amerikanischen Diplomaten und Ost-Experten George F. Kennan zum Ausdruck, der im November 1957 im britischen Rundfunk erklärte, die Ausrüstung der westeuropäischen Verbündeten der USA mit Kernwaffen bedeute einen „verhängnisvollen Schritt" und mache einen Rückzug der sowjetischen Truppen aus Mitteleuropa illusorisch.[23] Kennan schlug ähnlich wie Gaitskell ein militärisches Disengagement für Mitteleuropa vor, um dieses Gebiet aus der Rivalität der Weltmächte herauszunehmen und so auch die Möglichkeit für eine Wiedervereinigung Deutschlands zu verbessern. Diese Gedanken Kennans waren nicht neu, denn schon Anfang 1956 hatte er in einer Denkschrift, die auch Adenauer zugänglich gemacht worden war, gefragt, ob es klug sei, die Bundesrepublik allein wiederzubewaffnen und in das westliche Bündnissystem einzubeziehen.[24] Durch die Frage der Atombewaffnung der Bundeswehr wurden diese Überlegungen auf einer neuen Ebene wieder aktuell, denn Kernwaffen in deutscher Hand mußten weitreichende Folgen nicht nur für die weitere Behandlung der deutschen Frage, sondern für das Ost-West-Verhältnis insgesamt haben.

Kennans Überlegungen trafen sich in wichtigen Punkten mit Vorstellungen des polnischen Außenministers Adam Rapacki, der im Oktober 1957 vor der UNO-Vollversammlung davor warnte, die Bundesrepublik zu einem „atomaren Pulverfaß inmitten Europas" werden zu lassen.[25] Um dies zu verhindern, erklärte Rapacki, sei Polen bereit, sich an der Errichtung einer atomwaffenfreien Zone in Mitteleuropa zu beteiligen, wenn auch die beiden deutschen Staaten sich zu einem solchen Schritt bereitfänden. Die Bundesregierung jedoch lehnte eine westdeutsche Beteiligung ab. Für sie bedeuteten alle Pläne, die Abrüstungsvereinbarungen auf der Grundlage des *status quo* vorsahen, „die endgültige Kapitulation vor dem Bolschewismus" bzw. eine Entwicklung, bei der „die NATO in Liquidation treten würde".[26] Dies galt besonders dann, wenn solche Pläne auf eine Neutralisierung Deutschlands abzielten, wie dies bei Gaitskell und Kennan offensichtlich der Fall war. Bei ihren Bemühungen, eine Realisierung der vorgelegten Disengagement-Pläne zu verhindern, erhielten Adenauer und sein Außenminister Heinrich von Brentano Schützenhilfe nicht nur vom amerikanischen Außenminister Dulles, sondern auch von Chruschtschow, dessen Berlin-Offensive im Herbst 1958 begann und vorerst allen Versuchen ein Ende setzte, sich über eine Rüstungsbegrenzung in Mitteleuropa zu einigen. Das Eingehen von SPD und FDP auf die Disengagement-Pläne im Frühjahr 1959 kam deshalb zu spät und blieb im wesentlichen ohne Resonanz.

Ob die Disengagement- und Rapacki-Pläne eine Chance geboten hätten, den Prozeß der Ost-West-Entspannung schon Ende der fünfziger Jahre zu beschleunigen und Maßnahmen der Rüstungssteuerung und Rüstungsbegrenzung einzuleiten, läßt sich schwer beurteilen. Manches spricht dafür, daß die politische Konstellation in den USA, in der Bundesrepublik, in der DDR und in der Sowjetunion sowohl von den handelnden Personen als auch von den politischen Interessenlagen her noch nicht reif für eine Entspannung war. Erst die Erfahrungen der Berlin-Krise und vor allem der Kuba-Krise führten zu wichtigen neuen Einsichten, auf deren Grundlage sich dann der Übergang zur Entspannungspolitik vollzog.

2.5. *Wirkungen der Doppelkrise um Berlin und Kuba 1958–1962*

Am 4. Oktober 1957 überraschte die Sowjetunion die Welt mit der Nachricht vom Start des *Sputnik*, der als erster künstlicher Satellit die Erde umkreiste und mit seinen Signalen aus dem All dem Westen einen nachhaltigen Schock versetzte. Der Nimbus der technologischen Überlegenheit des Westens war verloren; nicht den USA, sondern der angeblich so rückständigen Sowjetunion war als erste der Vorstoß ins Weltall gelungen, mit dem das Zeitalter der Raumfahrt begann.

Chruschtschow nutzte die Gunst der Stunde, denn der Start des *Sputnik* war weit mehr als nur ein technologischer Durchbruch, mehr auch als ein propagandistischer Erfolg: Die Tatsache, daß es der Sowjetunion gelungen war, einen Satelliten auf eine Erdumlaufbahn zu schießen, bewies, daß es ihr von nun an auch möglich war, die USA mit interkontinentalen Fernwaffen zu erreichen und zu bedrohen. Dies war ein entscheidender Schritt auf dem Weg zum nuklearen Patt und mußte die amerikanische Einstellung zur Führbarkeit eines Kernwaffenkrieges verändern. Die amerikanische Überlegenheit, die vorwiegend aus der eigenen Unverwundbarkeit gegenüber sowjetischen Angriffen resultiert hatte, war – zumindest theoretisch – vorbei. Die amerikanische Außenpolitik stand fortan im Zeichen der atomaren Bedrohung des eigenen Territoriums. Für Chruschtschow war der Start des *Sputnik* auch ein Beweis für die Überlegenheit des kommunistischen Systems, von der er bereits bei der Formulierung der Koexistenz-Doktrin ausgegangen war. Diesen Beweis suchte er nun außenpolitisch zu nutzen, um damit seine Gegner im eigenen Lager zu überzeugen, die den Sinn der Koexistenz-Politik bezweifelten. Die sowjetische Außenpolitik ging von der Defensive, in der sie sich seit dem Tod Stalins im März 1953 befunden hatte, zur Offensive über. Die erste Station dieser Offensive war im November 1958 Berlin. In einer Rede im Moskauer Sportpalast am 10. November und in einer Note an die US-Regierung am 27. November stellte Chruschtschow den Westmächten ein Ultimatum und forderte sie praktisch zum Rückzug aus Berlin auf, indem er den Vier-Mächte-Status der Stadt in Frage stellte und Maßnahmen für den Fall androhte, daß der Westen Verhandlungen über eine „Normalisierung" der Lage um Berlin ablehne.[27] Es zeigte sich zwar, daß der Drohung keine Taten folgten, als die Westmächte standhaft blieben, aber für den Westen war es nun schon ein Erfolg, daß wenigstens der *status quo* gewahrt wurde, nachdem vorher stets eine Veränderung im eigenen Sinne verlangt worden war. Dies mußte auch die Bundesregierung nachdenklich stimmen. Chruschtschow seinerseits sah sich im August 1961 im Interesse der inneren – vor allem ökonomischen – Stabilisierung der DDR gezwungen, der Abriegelung Ostdeutschlands zuzustimmen, um die 1961 stark angeschwollene Fluchtbewegung zu stoppen. Der Bau der Berliner Mauer wurde so zum Beweis des Willens der östlichen Machthaber, die Konsolidierung des DDR-Regimes in Angriff zu nehmen, und zum Sinnbild der deutschen Teilung, die durch die Politik der Stärke nicht hatte überwunden werden können.

Die weltpolitische Offensive der Sowjetunion war mit dem Scheitern des Berlin-Vorstoßes jedoch noch nicht vorüber. Es folgten – zum Teil parallel zur Berlin-Offensive – Aktivitäten im Nahen Osten, in Afrika und Asien sowie die Rede Chruschtschows über Nationale Befreiungskriege Anfang 1961, mit der er die Dullessche Politik der Befreiung nun gegen den Westen kehrte. Der Höhepunkt des sowjetischen Globalismus in dieser Phase spielte sich jedoch unmittelbar vor der amerikanischen Haustür ab – in Kuba. Dort war 1958 Fidel Castro auf revolutionärem Weg an die Macht gelangt und hatte das Land nach sozialistischem Muster umgestaltet und an die Seite der Sowjetunion geführt, nachdem ihm die USA ihre Unterstützung versagt hatten. 1961 unternahmen vom amerikanischen Geheimdienst CIA ausgebildete und ausgerüstete Exil-Kubaner in der Schweinebucht auf Kuba mit Genehmigung Präsident John F. Kennedys einen Invasionsversuch, der aber von den überlegenen Streitkräften Castros vereitelt wurde. Kuba erhielt daraufhin von der Sowjetunion verstärkt Militärhilfe, und im Oktober 1962 entdeckten amerikanische Aufklärungsflugzeuge Vorbereitungen zur Errichtung einer Basis für sowjetische Mittelstreckenraketen auf Kuba. Der Konflikt zwischen den Weltmächten war damit programmiert, ein Zusammenstoß unvermeidlich, ein dritter Weltkrieg mit der Gefahr einer nuklearen Eskalation nicht ausgeschlossen. Nur besonnenes Krisenmanagement von amerikanischer und sowjetischer Seite verhinderte Schlimmes. Aber der Schock saß tief.

Als die Krise beigelegt war und immer mehr Informationen über ihren Ablauf an die Öffentlichkeit drangen, registrierte die Welt mit Staunen, wie knapp sie einer nuklearen Katastrophe entronnen war.[28] Für die USA und die Sowjetunion war die Erfahrung der Kuba-Krise Anlaß, ihr Verhältnis zueinander zu überdenken. Kuba wurde so zum eigentlichen Wendepunkt des Kalten Krieges und zum Beginn einer Entwicklung, die allmählich in eine Entspannungspolitik überleitete. Noch während die Krise andauerte, wurden zwischen Washington und Moskau Erklärungen ausgetauscht, die die beiderseitige Bereitschaft zur Wiederaufnahme der Gespräche über Rüstungssteuerung signalisierten. Bereits 1963 kam es zur Errichtung des „Heißen Drahtes" – einer direkten Fernschreibverbindung zwischen dem Weißen Haus und dem Kreml – und zu einem Vertrag, der ein Verbot der Durchführung von Kernwaffentests in der Atmosphäre, im Weltraum und unter Wasser enthielt.

In einer Rede vor dem Obersten Sowjet begründete Chruschtschow im Dezember 1962 sein Zurückweichen vor der amerikanischen Drohung mit Kernwaffen und erklärte: „Stellen wir uns einmal vor, was sich hätte ereignen können, hätten wir es den starrköpfigen Politikern gleichgetan und es abgelehnt, auf gegenseitige Zugeständnisse einzugehen. Das hätte eine Situation geschaffen, wie in jenem Märchen, in dem sich zwei Ziegenböcke auf einer kleinen Brücke über einem Abgrund begegnen, die Hörner gegeneinander stemmen, weil jeder sich weigert, dem anderen Platz zu machen. Bekanntlich stürzten beide in den Abgrund. Ist es vernünftig, daß Menschen so handeln?"[29]

Nichts kennzeichnet deutlicher als diese Parabel die besondere Situation des Atomzeitalters, vor dessen Hintergrund sich in den sechziger Jahren die Wende zur Entspannungspolitik vollzog.

2.6. *Zusammenfassung*

Nach Stalins Tod 1953 kam es vorübergehend zu einer Lockerung der Konfrontation des Kalten Krieges. Die Nachfolger Stalins versuchten, die Sowjetunion durch Entspannungspolitik gegenüber dem Westen aus ihrer außenpolitischen Isolierung herauszuführen. Ein Höhepunkt dieser Entwicklung war die Genfer Gipfelkonferenz im Juli 1955. Auf dem XX. Parteitag der KPdSU im Februar 1956 griff Chruschtschow das „Leninsche Prinzip von der friedlichen Koexistenz" wieder auf und formulierte eine Koexistenz-Doktrin, die angesichts der Risiken, die sich aus dem Vorhandensein von Kernwaffen ergaben, ein Nebeneinanderbestehen von Staaten mit unterschiedlichen Gesellschaftsordnungen ermöglichen sollte. Die westlichen Staaten vertraten zu dieser Zeit noch eine *roll-back*-Strategie mit dem Ziel der Zurückdrängung des Kommunismus, die sich aber 1956 in der Ungarn-Krise als undurchführbar erwies. Die Gesetze des Atomzeitalters wirkten sich aus und setzten Veränderungen des territorial-politischen *status quo* enge Grenzen. West und Ost waren gezwungen, politische Alternativen zu entwickeln.

Einzelne Vorschläge für einen Truppenabbau und ein Auseinanderrücken der Truppen der NATO und des Warschauer Paktes in Mitteleuropa (Disengagement), für eine Neutralisierung Mitteleuropas und für die Errichtung einer atomwaffenfreien Zone fanden 1957/58 noch keine hinreichende politische Unterstützung. Erst die Erfahrung der Berlin- und Kuba-Krise 1958–62 führte zu einem Umdenken. Insbesondere die Kuba-Krise, die die Welt an den Rand eines dritten Weltkrieges und atomarer Zerstörung brachte, bewirkte, daß Ost und West begannen, ernsthaft über Maßnahmen zur Kontrolle der Rüstungen und zur Verbesserung des Krisenmanagements zu beraten und einen Weg in Richtung Entspannung zu beschreiten.

3. Die Wende zur Entspannungspolitik 1962–1969

3.1. *Veränderung der außenpolitischen Grundlagen*

Mit der Beilegung der Kuba-Krise war die weltpolitische Offensive der Sowjetunion vorerst gescheitert. Beide Höhepunkte dieser Offensive – Berlin und Kuba – hatten mit einer Niederlage für die sowjetische Außenpolitik geendet. Für Chruschtschow bedeuteten sie den Beginn seines politischen Abstiegs. Am 15. Oktober 1964 wurde er gestürzt; Alexej N. Kossygin wurde Ministerpräsident, Leonid I. Breschnew Erster Sekretär des Zentralkomitees der KPdSU.

Das Scheitern des verfrühten sowjetischen Globalismus leitete in der Sowjetunion einen Umdenkprozeß ein. Chruschtschow hatte seine Vorstöße ohne hinreichende militärische Absicherung betrieben und war zu keiner anderen Reaktion als dem Rückzug fähig, als der Westen seinen Forderungen und Maßnahmen Widerstand entgegensetzte. Es zeigte sich, daß Chruschtschow die Welt über die wahren strategischen Fähigkeiten der Sowjetunion getäuscht hatte. Dem Start des *Sputnik* im Oktober 1957 war keine Ausweitung der Produktion der Interkontinentalraketen (ICBM = *Intercontinental ballistic missiles*) gefolgt.[1] Während man die Zahl der einsatzbereiten sowjetischen Interkontinentalraketen von amerikanischer Seite 1960 bereits auf etwa 100 schätzte und vermutete, diese Zahl werde bis 1961 auf 500 Raketen steigen, lagen die tatsächlichen Zahlen weit darunter. Noch zur Zeit der Kuba-Krise im Oktober 1962 verfügte die Sowjetunion über kaum mehr als 70 mit flüssigem Treibstoff betriebene Interkontinentalraketen von zweifelhafter Zuverlässigkeit. Erst 1966/67 wurde die Zahl 500 überschritten.[2] Zudem hatte die Sowjetunion von 1955 bis 1958 die Gesamtstärke ihrer Streitkräfte um 2 140 000 auf 3 623 000 Mann reduziert, und der Oberste Sowjet hatte während seiner IV. Sitzungsperiode 1960 eine nochmalige Verringerung um 1 200 000 auf 2 423 000 Mann beschlossen.[3]

In den USA dagegen begann mit der Präsidentschaft John F. Kennedys am 20. Januar 1961 „der endgültige Abschied von den Vorstellungen und Sichtweisen der fünfziger Jahre und der Aufbruch zu einer ‚neuen Grenze' *(new frontier)* des allgemeinen politischen Bewußtseins".[4] Die schwerwiegendsten Versäumnisse der Eisenhower-Ära schienen auf dem Gebiet der Sicherheitspolitik zu liegen, denn „die Festlegung auf eine so gut wie ausschließlich nuklear-orientierte strategische Planung entbehrte nach Meinung insbesondere eines Gutteils der Führungsreserve der demokratischen Opposition jeder Logik, und Kennedy selbst war einer der engagiertesten und entschiedensten Befürworter einer Abkehr von den Prinzipien des strategischen Monismus in dieser Gruppierung".[5] Die Alternative bestand in der Formulierung einer Strategie der flexiblen Erwiderung *(flexible response)*, die zwar rüstungspolitisch eine starke Auffächerung des Militärpotentials voraussetzte und daher sehr kostenintensiv war, politisch aber die Möglichkeit schuf, auf Herausforderungen angemessen und mit einer abgestuften Androhung bzw. Anwendung von Gewalt zu reagieren. Dabei wurden auch die konventionelle Komponente und der subkonventionelle Bereich der Bekämpfung von Guerillatätigkeit *(counter-insurgency)* einbezogen.[6] Die amerikanische Rüstungspolitik sollte ein Potential bereitstellen, das ausreichte, um eine nukleare Bedrohung durchstehen und gleichzeitig 2 + 1/2 Kriege – einen konventionellen Krieg in Europa, einen konventionell/subkonventionellen Krieg in Asien und eine kleinere militärische Aktion in einem anderen Teil der Dritten Welt – führen zu können.[7]

Wichtigstes Anliegen der Kennedy-Administration war zunächst die Schließung der behaupteten Raketenlücke *(missile gap)* gegenüber der Sowjetunion. Die Bedeutung dieser Trägerwaffen war in den USA lange verkannt worden. Noch im Rechnungsjahr 1953 – mehr als ein Jahrzehnt nach den deutschen Versuchen in Peenemünde – hatten die USA für die Entwicklung ballistischer Raketen lediglich eine Million Dollar ausgegeben, „also weniger als zur Stützung des Erdnußpreises", wie Eisenhower später in seinen Erinnerungen ironisch bemerkte.[8] Eisenhower erklärte diese mangelnde Beachtung der Bedeutung und Zukunftsträchtigkeit ballistischer Raketen damit, daß die Experten in der amerikanischen Rüstungsbürokratie den aerodynamischen Geschossen und unbemannten Flugzeugen aus technologischen Gründen den Vorzug gegeben hätten: „Man rechnete damit, in der Entwicklung dieser aerodynamischen Waffen schneller voranzukommen, und man hielt sie damals auch für praktischer als ballistische Geschosse, die die Erdatmosphäre verlassen und in sie wieder eintauchen mußten."[9] Erst 1955 erhielt das Entwicklungsprogramm ballistischer Raketen in den USA Priorität, so daß der Entwicklungsvorsprung der Sowjetunion in diesem Bereich leicht zu erklären ist. Im Gegensatz zur Sowjetunion, die ihren Vorsprung leichtfertig wieder verspielte, weil sie das Raketenbauprogramm Ende der fünfziger Jahre verlangsamte, nahmen die USA unter Kennedy die neue rüstungspolitische Option sofort mit aller Macht wahr, wobei der Anreiz des zivilen Mondlande-Projektes den entsprechenden militärischen Vorhaben wertvolle Schrittmacherdienste leistete und das Militärbudget entlastete, denn die Erkenntnisse der zivilen Raumfahrt waren auch militärisch verwertbar.

Das Programm für den Bau von Interkontinentalraketen für den Transport von Nuklearsprengköpfen wurde so rasch vorangetrieben, daß 1962 bereits knapp 300, 1963 über 400 und 1964 über 800 Raketen zur Verfügung standen. Mit welchem Tempo die Entwicklung verlief, wird auch daran deutlich, daß die quantitative Ausweitung des amerikanischen ICBM-Potentials sich im wesentlichen auf die Jahre 1960 bis 1967 beschränkte. 1967 wurde ein Stand von 1054 Raketen erreicht, der nicht mehr überschritten wurde, weil man diese Zahl von Raketen zur Abschreckung und Vergeltung für ausreichend hielt und sich die Entwicklung danach auf die qualitative Verbesserung der bestehenden Potentiale, vor allem die „Vermirvung" der Raketen, d. h. die Ausstattung mit Mehrfachsprengköpfen (MIRV = *Multiple independently-targetable re-entry vehicles*), und die Verbesserung der Zielgenauigkeit konzentrierte.[10] Neben dem Programm zum Bau landgestützter Interkontinentalraketen wurde ein umfangreiches Programm seegestützter, auf nukleargetriebenen Unterseebooten stationierter ballistischer Raketen (SLBM = *Submarine-launched ballistic missiles*) durchgeführt.[11] 1960 standen den USA hier 32, 1963 bereits über 224 und 1967 schließlich 656 Raketen zur Verfügung. Auch im SLBM-Bereich froren die USA 1967 den quantitativen Ausbau ihres Potentials ein; die Zahl der Raketen liegt seither bei 656.[12]

Nach Chruschtschows fehlgeschlagenem Kuba-Abenteuer besann sich auch die Sowjetunion auf die Notwendigkeit einer rüstungspolitischen Fundierung ihrer Weltmachtpolitik. Ein umfassendes Flottenbauprogramm und der Ausbau des Raketenpotentials wurden in Angriff genommen. Ab 1966 stieg die Zahl der sowjetischen Interkontinentalraketen von 300 über 800 im Jahre 1968 bis 1050 im Jahre 1969 steil an.[13] Innerhalb von drei Jahren holte die Sowjetunion die USA in der ICBM-Entwicklung wie auch in den anderen Bereichen der Nuklearrüstung ein. Ende der sechziger Jahre war ein Gleichstand der strategischen Rüstungen zwischen den beiden Weltmächten erreicht. Das „nukleare Patt" und die Anerkennung der Parität wurden nun Grundlage des amerikanisch-sowjetischen Rüstungsvergleichs und der Entspannungspolitik.

Eine zweite grundsätzliche Veränderung der weltpolitischen Rahmenbedingungen ergab sich in den sechziger Jahren aufgrund von Entwicklungen innerhalb des kommunistischen Lagers. Auf einer Konferenz der regierenden und kommunistischen Parteien in Moskau war es bereits 1957 zu ersten Meinungsverschiedenheiten zwischen der chinesischen und sowjetischen Führung gekommen. Der Konflikt entzündete sich an der unterschiedlichen Einschätzung der Möglichkeit gewaltsamer gesellschaftlicher Veränderungen unter den Bedingungen des Atomzeitalters sowie an der Frage der Opportunität der seit dem XX. Parteitag der KPdSU 1956 deutlich gewordenen Bemühungen Chruschtschows um friedliche Koexistenz und Rüstungskontrollvereinbarungen mit dem Westen, die nach chinesischer Auffassung auf eine Stabilisierung des Zwei-Mächte-Gleichgewichts zwischen den USA und der Sowjetunion hinausliefen und eine hegemoniale Vormachtstellung dieser beiden Staaten begründeten. Die Meinungsverschiedenheiten verschärften sich schnell. Bereits im August 1958 verweigerte die Sowjetunion China ihre uneingeschränkte Hilfe bei der Beschießung der in der Formosa-Straße liegenden nationalchinesischen Inseln Quemoy und Matsu. Ein Geheimvertrag, in dem die Sowjetunion China noch am 15. Oktober 1957 ihre Unterstützung bei der Entwicklung von Kernwaffen und beim Aufbau eines nuklearen Abwehrsystems zugesichert hatte, wurde von Moskau am 20. Juni 1959 gekündigt. 1960 zog die Sowjetunion ihre Spezialisten aus China zurück. 1961 kam es in Sinkiang zu ersten Grenzzwischenfällen. Peking erhob gegenüber der Sowjetunion den Vorwurf, sie halte an den „ungleichen Verträgen" fest, die das zaristische Rußland 1858, 1860 und 1881 mit China geschlossen hatte, und treibe selbst imperialistische Politik. Nachdem die Kuba-Krise mit dem Rückzug der Sowjetunion geendet hatte, wurde der Bruch zwischen Moskau und Peking in aller Öffentlichkeit vollzogen. Am 8. März 1963 verlangte Peking von der Sowjetunion die Rückgabe der in den „ungleichen Verträgen" abgetretenen Gebiete und stellte am 14. Juni 1963 die Führungsrolle der Sowjetunion in der kommunistischen Weltbewegung in Frage. Das Zentralkomitee der KPdSU wies am 15. Juli 1963 in einem Offenen Brief an alle Parteiorganisationen und Kommunisten der Sowjetunion die chinesischen Vorwürfe und Forderungen zurück.[14]

Nach dem Konflikt zwischen Stalin und Tito und dem Ausschluß Jugoslawiens aus dem Kominform am 28. Juni 1948 war dies die zweite, aber aufgrund des chinesischen Machtpotentials wesentlich folgenschwerere Spaltung des Weltkommunismus.[15] Hier bahnte sich eine Konstellation an, die das Ende der Bipolarität und den Aufstieg einer neuen, dritten Kraft in der Weltpolitik bedeuten konnte. Daß es dazu vorerst nicht kam, lag wesentlich an Entwicklungen in China selbst, das durch die Erschütterungen der Kulturrevolution daran gehindert wurde, eine weltpolitische Rolle zu spielen. Erst nachdem die Kulturrevolution 1968 durch das Eingreifen der Armee beendet worden war, wurde die neue Rolle Chinas deutlich. Die zunehmenden Kontakte zwischen Peking und Washington und die gleichzeitige Verschlechterung des chinesisch-sowjetischen Verhältnisses, die im März 1969 in Gefechten zwischen chinesischen und sowjetischen Grenztruppen am Ussuri gipfelte, mußten der Sowjetunion als eine politische, militärische und ideologische Bedrohung erscheinen, deren Ausmaß sich nur schwer abschätzen ließ. Es war daher nur logisch, wenn die Sowjetunion sich in der Folge in dem neuen weltpolitischen Dreieck Moskau-Washington-Peking um eine Verbesserung ihrer Beziehungen zu den USA bemühte, um wenigstens in dieser Hinsicht eine Entlastung ihrer Außenpolitik zu erreichen. Die Einschaltung Chinas in das internationale Mächtespiel wirkte daher wie ein Katalysator, der die amerikanisch-sowjetische Annäherung und die Herausbildung der Entspannungspolitik beschleunigte.

Für eine solche Annäherung sprachen auch wirtschaftliche Gründe. Der sowjetischen Volkswirtschaft stand der schwierige Übergang von der extensiven zur intensiven Industrialisierung bevor. Es galt, die Steuerungsmechanismen und den Informationsfluß zu verbessern und die Produktionstechniken zu verfeinern. Sinkende Produktivitätszuwachsraten signalisierten den sowjetischen Wirtschaftsplanern, daß die hierbei auftretenden Probleme nicht bewältigt wurden. Die durchschnittlichen Jahreszuwachsraten der Gesamtproduktivität sanken von 2,47% im Schnitt der Jahre 1952–1955 auf 1,50% in den Jahren 1956–1960 und – 0,12% 1961–1965. Geradezu besorgniserregend war die Entwicklung der Kapitalproduktivität, die von – 0,37% durchschnittlicher Jahreszuwachsrate 1952–1955 auf – 1,20% 1956–1960 und – 2,76% in den Jahren 1961–1965 fiel.[16] Eine 1965 durchgeführte Wirtschaftsreform brachte zwar etwas Erleichterung, vermochte jedoch die grundlegenden Probleme der sowjetischen Volkswirtschaft nicht zu lösen. Der Tag war absehbar, an dem der wirtschaftliche Wettbewerb mit dem Westen, auf den Chruschtschow bei der Verkündung der Koexistenz-Doktrin so siegesgewiß hingewiesen hatte, für die Sowjetunion verloren war. Neue Impulse von außen waren nötig. Eine Ost-West-Entspannung, die mit wirtschaftlicher Kooperation und einem verstärkten Import westlicher Technologie verbunden war, konnte vielleicht solche Impulse geben und damit den Entwicklungsrückstand gegenüber dem Westen vermindern und den östlichen Volkswirtschaften über eine schwierige Klippe ihrer Entwicklung hinweghelfen.

Auch in den USA sprachen Ende der sechziger Jahre wirtschaftliche Gründe für eine Entspannungspolitik. Die USA litten unter den ökonomischen Folgen des Vietnam-Krieges und unter langfristigen und grundlegenden Verschiebungen des Weltwirtschaftsgefüges zum Nachteil der USA. Die Leistungsbilanz der amerikanischen Volkswirtschaft hatte 1964 noch Überschüsse in Höhe von 5,884 Milliarden US-Dollar ausgewiesen. Bis 1968 hatte sich der Überschuß in ein Defizit von 418 Millionen US-Dollar verwandelt; 1969 betrug das Defizit schon über eine Milliarde US-Dollar, 1972 gar 7,983 Milliarden US-Dollar. Ein besonders untrügliches Zeichen für den Abwärtstrend der amerikanischen Volkswirtschaft war die Entwicklung der amerikanischen Handelsbilanz, die seit 1893 stets positiv gewesen war und mehr oder weniger hohe Überschüsse aufgewiesen hatte. Diese Überschüsse schmolzen in den sechziger Jahren von 6,831 Milliarden US-Dollar im Jahre 1964 auf 0,621 Milliarden US-Dollar 1969 zusammen. Nach einer leichten Erholung 1970 ging es 1971 weiter bergab: Erstmals seit 1893 wies die Handelsbilanz 1971 ein Defizit von 2,666 Milliarden US-Dollar auf, das sich 1972 auf 6,816 Milliarden US-Dollar erhöhte.[17]

Betrachtete man an der Wende zu den siebziger Jahren den Preis des Vietnam-Krieges, „dann ergaben sich ein starker Rückgang der Arbeitslosigkeit, fortschreitende Geldentwertung, Verschlechterung der internationalen Wettbewerbssituation, Bedrohung des westlichen Währungssystems und des amerikanischen Dringlichkeitsprogrammes, d. h. große Nachteile in den USA selbst ohne entscheidende Erfolge in Vietnam und damit weltpolitisch ein bedeutender Erfolg des Kommunismus bereits vor den Schwierigkeiten, die zusätzlich eines Tages durch die Umstellung von der *semi-war-economy* auf die Friedenswirtschaft entstehen mußten“.[18] Die jährliche Dollarentwertung hatte vor 1965 etwa bei 1,5% gelegen; in der zweiten Hälfte der sechziger

Jahre stieg diese Rate auf über 4,7%, ohne daß von der amerikanischen Regierung rechtzeitig Gegenmaßnahmen ergriffen worden wären. Die Zuflucht zum *deficit-spending* und zu inflationären Strömungen, zu denen man infolge des Vietnam-Krieges beinahe zwangsläufig gelangte, beeinträchtigte das gesamte Wirtschafts- und Währungsgefüge der westlichen Welt. Auf den internationalen Währungsmärkten begann eine Flucht aus dem Dollar; der Dollar als Leitwährung des Systems von Bretton Woods geriet unter Druck. Von Vereinbarungen mit der Sowjetunion über eine Verminderung der Ost-West-Spannungen und eine Begrenzung der Rüstungen versprach man sich einen Abbau des amerikanischen außenpolitischen Überengagements und damit sicherheitspolitische und ökonomische Entlastung.

Daß die Entspannungspolitik trotz dieser Interessenlage erst 1969 zum Durchbruch gelangte, lag wiederum am Vietnam-Krieg, der sich in der weltpolitischen Entwicklung als retardierendes Element bemerkbar machte. Der Krieg in Indochina schränkte den potentiellen politischen Bewegungsspielraum der USA, der Sowjetunion und Chinas ein. Die USA konzentrierten sich in Vietnam darauf, die kommunistische Machterweiterung in der Dritten Welt einzudämmen und ein Exempel zu statuieren, um zu verhindern, daß ein Staat nach dem anderen in dieser Region kommunistisch wurde („Domino-Theorie"), und bekämpften damit indirekt die Sowjetunion und China. Für die beiden kommunistischen Großmächte war es daher ideologisch und politisch schwierig, mit den USA über Frieden und Verständigung zu sprechen, solange der Vietnam-Krieg andauerte. Nachdem die USA 1968 ihre Bereitschaft erklärt hatten, sich schrittweise aus Vietnam zurückzuziehen, wurde dies leichter. Entspannung, für die es bereits seit 1962 immer wieder Anzeichen gegeben hatte, war nun möglich.

3.2. Von der Bukarester Deklaration zum Budapester Appell

Die sowjetische Politik gegenüber dem Westen verlief in den sechziger Jahren dreigleisig: Die Sowjetunion suchte den Dialog mit den USA zur Eindämmung des Wettrüstens und zur Intensivierung der wirtschaftlichen Zusammenarbeit, aber gleichzeitig unternahm sie umfangreiche Rüstungsmaßnahmen zur Erreichung der nuklearen Parität und zur Verbesserung der eigenen Weltmachtposition und unterstützte Auflösungstendenzen innerhalb des Atlantischen Bündnisses durch eine zielgerichtete Politik gegenüber Westeuropa (vor allem Frankreich) und den USA. Die begrenzte Zusammenarbeit mit den USA und Großbritannien auf dem Gebiet der nuklearen Rüstungssteuerung, die zu mehreren Abkommen führte (Errichtung des „Heißen Drahtes" zwischen Washington und Moskau 1963, Teststoppvertrag 1963, Nichtverbreitungsvertrag für Kernwaffen 1968), wurde sowjetischerseits mit stark antiamerikanischen und antibundesrepublikanischen Akzenten verbunden, die in dem Ziel gipfelten, die USA aus Westeuropa zu verdrängen, die Atlantische Allianz zu sprengen und die Bundesrepublik als „revanchistische" Macht im Westen zu isolieren.

Dies wurde deutlich auf zwei Konferenzen, die 1966 und 1967 in Bukarest und Karlsbad stattfanden. Hier wurden Vorschläge zur Einberufung einer europäischen Sicherheitskonferenz wiederaufgenommen, die schon 1954/55 zur Verhinderung der Wiederbewaffnung und Einbeziehung der Bundesrepublik in EVG und NATO unterbreitet worden waren.[19] Vordergründig handelte es sich bei der Tagung des Politischen Beratenden Ausschusses des Warschauer Paktes in Bukarest im Juli 1966 um den Beginn einer neuen Entspannungsoffensive des Ostens. Tatsächlich aber suchten die Staaten des Warschauer Paktes den desolaten Zustand der NATO im eigenen Interesse zu nutzen.

Anders lassen sich die Formulierungen und Forderungen in der Bukarester Deklaration kaum deuten, in der es hieß:

„Die aggressiven Kräfte der Vereinigten Staaten, die von den reaktionären Kräften Westeuropas unterstützt werden, versuchen, mit Hilfe des nordatlantischen Militärbündnisses und der von ihm geschaffenen Militärmaschinerie die Spaltung Europas mehr und mehr zu vertiefen, das Wettrüsten anzuheizen, die internationale Spannung zu verschärfen und die Herstellung und Entwicklung normaler Beziehungen zwischen den Staaten West- und Osteuropas zu verhindern ...

Diese in den Nachkriegsjahren von den Vereinigten Staaten in Europa verfolgte Politik ist für die europäischen Völker um so gefährlicher, als sie sich immer stärker auf ein Komplott mit den militaristischen und revanchistischen Kräften Westdeutschlands stützt. Diese Kreise drängen die Vereinigten Staaten geradezu, in Europa einen noch gefährlicheren Kurs einzuschlagen. Diese Politik findet ihren Ausdruck in der sich abzeichnenden Bildung einer Art Bündnis zwischen den amerikanischen Imperialisten und den westdeutschen Revanchisten."[20]

Als „Maßnahmen zur Festigung der Sicherheit in Europa" wurden vorgeschlagen:[21]

– Entwicklung gutnachbarlicher Beziehungen auf der Grundlage der Prinzipien der Unabhängigkeit und nationalen Souveränität, der Gleichberechtigung, der Nichteinmischung in die inneren Angelegenheiten und des gegenseitigen Vorteils – auf der Grundlage der Prinzipien der friedlichen Koexistenz zwischen Staaten mit unterschiedlicher Gesellschaftsordnung.

– Verstärkung der wirtschaftlichen Beziehungen, der Zusammenarbeit und der gegenseitigen Kontakte.

– Maßnahmen zur Minderung der militärischen Spannung in Europa, u. a. gleichzeitige Auflösung der bestehenden Militärbündnisse, Beseitigung der ausländischen Militärstützpunkte, Abzug aller ausländischen Truppen von fremden Territorien bis hinter ihre nationalen Grenzen, Verminderung der

Zahl der Streitkräfte beider deutscher Staaten, Bildung atomwaffenfreier Zonen.

– Verhinderung des Zugangs der Bundesrepublik Deutschland zu Kernwaffen.

– Anerkennung der real bestehenden Grenzen zwischen den europäischen Staaten, darunter der polnischen Grenzen an Oder und Neiße und der Grenzen zwischen den beiden deutschen Staaten.

– Suche nach einer deutschen Friedensregelung auf der Grundlage der Existenz zweier deutscher Staaten mit der Möglichkeit einer späteren Vereinigung.

– Einberufung einer europäischen Sicherheitskonferenz zur Erörterung von Fragen der Gewährleistung der Sicherheit in Europa und zur Anbahnung der europäischen Zusammenarbeit.

Aus westlicher Sicht stellte sich die Bukarester Deklaration so dar, als trügen einzig die Bundesrepublik und die USA Verantwortung für die Konfrontation und die Spannungen in Europa, als sei nur ein Abzug der Amerikaner geeignet, die europäische Sicherheit zu gewährleisten. Eine Realisierung der Vorschläge des Warschauer Paktes hätte bedeutet, die Oder-Neiße-Linie als polnische Westgrenze und die Existenz zweier deutscher Staaten anzuerkennen, die NATO aufzulösen, die amerikanischen und kanadischen Militärstützpunkte in Westeuropa zu beseitigen und die amerikanischen und kanadischen Truppen aus Westeuropa abzuziehen, die Bundeswehr zu verkleinern und ihr den Zugang zu Kernwaffen zu versagen. Alles dies waren bekannte Ziele der sowjetischen Westeuropa-Politik, doch während sie in den fünfziger Jahren immerhin noch mit dem Angebot zur Wiedervereinigung Deutschlands verbunden worden waren, wurden sie jetzt ohne konkrete und angemessene Gegenleistung angestrebt. Dies war keine Basis, auf der man Entspannungspolitik betreiben konnte.[22]

Die Karlsbader Erklärung, die am 26. April 1967 zum Abschluß einer Konferenz der kommunistischen und Arbeiterparteien Europas verabschiedet wurde, ließ keine wesentliche Modifizierung der östlichen Position im Sinne größerer Flexibilität und Verständigungsbereitschaft erkennen. Die USA und die Bundesrepublik waren weiterhin Gegenstand polemischer Angriffe. Die östlichen Maximalforderungen wurden beibehalten und sogar noch durch einen Abschnitt ergänzt, der die „konsequente Verteidigung und Entwicklung der Demokratie in der Bundesrepublik" forderte und in diesem Zusammenhang die Unterstützung der „fortschrittlichen Kräfte" in der Bundesrepublik im Kampf für das Verbot „neonazistischer Organisationen" (gemeint war hier vor allem die NPD) und jeglicher „revanchistischer Propaganda", für den Verzicht auf die Notstandsgesetze, für die Gewährleistung freier Betätigung für die „demokratischen und friedliebenden Kräfte" und für die Legalisierung der KPD vorsah.[23]

Beide Konferenzdokumente erstrebten also eine Anerkennung des territorialen *status quo* in Europa, die Beseitigung der sicherheitspolitischen Bindungen innerhalb der Atlantischen Allianz und die Verdrängung der USA aus Westeuropa. Niemand konnte ernsthaft damit rechnen, daß der Westen sich auf dieses „Angebot" einlassen würde.

Tatsächlich waren diese Gesprächsangebote und Entspannungsoffensiven des Warschauer Paktes nur verständlich vor dem Hintergrund der politischen Entwicklung in Osteuropa Mitte der sechziger Jahre. Die Zunahme der Kontakte zum Westen nach der Kuba-Krise hatte dort – ähnlich wie nach Stalins Tod in den fünfziger Jahren – Reformkräfte freigesetzt, die während der Konfrontation des Kalten Krieges unter der politischen Oberfläche geblieben waren.[24] Ungarn betrieb eine vorsichtige innenpolitische Liberalisierung, Rumänien begann seinen außenpolitischen Spielraum auszuloten. Polen, die DDR und die Tschechoslowakei bildeten vorerst noch eine Art „Eisernes Dreieck", das sich dem Trend zur begrenzten Autonomisierung der Politik innerhalb des kommunistischen Lagers nicht anschloß, aber auch diese Länder waren gegen die Ideen des Polyzentrismus nicht immun, wie die spätere Entwicklung zeigte. Die Ventilierung des Projekts einer europäischen Sicherheitskonferenz unter Beibehaltung der eigenen Maximalforderungen konnte aus sowjetischer Sicht dazu beitragen, die auseinanderstrebenden Politiken der Bündnismitglieder des Warschauer Paktes auf ein gemeinsames Ziel hin auszurichten und mithin wieder zusammenzuführen. Daß dies zunächst mißlang und erst nach 1969 unter anderen Vorzeichen in die Tat umgesetzt werden konnte, lag an den sich überstürzenden Entwicklungen in der Tschechoslowakei 1968, wo die Idee des Polyzentrismus ihre schärfste Ausprägung erfuhr und der sowjetische Hegemonieanspruch auf die Probe gestellt wurde.

Da der „Prager Frühling" im Gegensatz zum rumänischen Unabhängigkeitsstreben Nicolaie Ceausescus nicht auf die Außenpolitik beschränkt und auch nicht nur eine Angelegenheit der politischen Führung war, sondern von der breiten Masse der Bevölkerung getragen wurde, „fürchtete die Sowjetunion die Anziehungskraft dieser ‚systemimmanenten' kommunistischen Herrschaftsalternative für den eigenen Block und für das eigene Regime, das sich zu dieser Zeit in eine ganz andere Richtung entwickelte".[25] Die militärische Intervention, die am 21. August 1968 erfolgte, beendete nicht nur den „Prager Frühling", sondern demonstrierte auch die Bereitschaft der Sowjetunion, ihre Vormachtstellung in Osteuropa unter allen Umständen, notfalls auch mit militärischen Mitteln, zu behaupten. Die in einer Rede Breschnews am 12. November 1968 auf dem V. Parteitag der Polnischen Vereinigten Arbeiterpartei verkündete „Breschnew-Doktrin", die die kommunistischen Staaten zu „militärischer Hilfe für ein Bruderland" verpflichtete, wenn für die Sache des Sozialismus dort eine ernste Gefahr bestand, bot dafür eine nachträgliche ideologische Rechtfertigung.

Blockpolitisch bedeutete das Ende des Polyzentrismus eine Konsolidierung der sowjetischen Interessen- und Einflußsphäre, die es der Sowjetunion erleichterte, in den Entspannungsdialog mit dem Westen einzutreten. Schon der Budapester Appell vom 17. März 1969 – Ergebnis einer Konferenz des Politischen Beratenden Ausschusses des Warschauer Paktes in Budapest – war ein Beispiel für die eingetretenen Veränderungen. Äußerlich stimmte zwar vieles mit der Bukarester Deklaration überein: Beide Dokumente waren das Ergebnis von Tagungen des Politischen Beratenden Ausschusses des Warschauer Paktes; beide enthielten das Angebot zur Abhaltung einer europäischen Sicherheitskonferenz; beide forderten die Anerkennung der „Realitäten" in Europa, insbesondere der Grenzen. Aber während in Bukarest noch die Rede davon gewesen war, die Frage der Grenzen sei „endgültig und unwiderruflich gelöst", hieß es in Budapest nur noch, eine der Hauptvoraussetzungen für die Gewährleistung der europäischen Sicherheit sei „die Unantastbarkeit der in Europa bestehenden Grenzen"; während in Bukarest noch gefordert worden war, von der Tatsache auszugehen, „daß zwei deutsche Staaten bestehen", wurde in Budapest nur mehr die Anerkennung der „Existenz der DDR" verlangt.[26]

Ebenso bemerkenswert wie inhaltliche Modifizierungen war jedoch der Unterschied im Ton, in dem die beiden Kommuniqués abgefaßt waren. Die Bukarester Deklaration hatte den USA und der Bundesrepublik Deutschland Imperialismus, Militarismus und Revanchismus vorgeworfen. Derartige Polemik fehlte im Budapester Appell völlig. Dort hieß es lediglich:

„Die an der Tagung teilnehmenden Staaten betrachten es als ihre Pflicht, auch weiterhin alles in ihren Kräften Stehende zu tun, um Europa vor der Gefahr neuer militärischer Konflikte zu bewahren und die Zusammenarbeit zwischen allen europäischen Ländern, unabhängig von ihrer Gesellschaftsordnung, auf der Grundlage der Prinzipien der friedlichen Koexistenz zu entwickeln. Wie kompliziert auch die noch ungelösten Probleme sein mögen – sie müssen mit friedlichen Mitteln durch Verhandlungen und nicht durch Anwendung von Gewalt oder deren Androhung gelöst werden. Die Teilnehmerstaaten des Warschauer Vertrages, die die Lage in Europa analysierten, sind der Auffassung, daß die reale Möglichkeit besteht, durch gemeinsame Anstrengungen die europäische Sicherheit unter Berücksichtigung der Interessen aller Staaten und Völker Europas zu gewährleisten."[27]

Dies war eine Haltung, die einem Entspannungsangebot näher kam als alle Vorschläge, die bis dahin unterbreitet worden waren, und ungleich bessere Verständigungsperspektiven eröffnete. Der gemäßigte Ton des Budapester Appells wurde dabei sicher nicht unwesentlich durch die Ereignisse geprägt, die zwei Wochen vor der Budapester Konferenz, am 2. März 1969, am sowjetisch-chinesischen Grenzfluß Ussuri stattgefunden hatten: den Gefechten zwischen sowjetischen und chinesischen Grenztruppen. Wie ernst es der Sowjetunion nun mit der Entspannung war, wurde deutlich, als der Westen auf den Verhandlungsvorschlag des Budapester Appells grundsätzlich positiv reagierte, aber die darin enthaltenen Vorbedingungen für eine europäische

Sicherheitskonferenz ablehnte. Im Kommuniqué einer Tagung des Warschauer Paktes im Oktober 1969 in Prag waren diese Vorbedingungen nicht mehr enthalten. Die Tagesordnung der angestrebten „gesamteuropäischen Konferenz" wurde auf nur zwei sehr allgemein formulierte Bereiche vermindert:[28]

– Gewährleistung der europäischen Sicherheit und Verzicht auf Gewaltanwendung oder Gewaltandrohung in den gegenseitigen Beziehungen zwischen den europäischen Staaten.

– Erweiterung der gleichberechtigten Handels-, Wirtschafts- und wissenschaftlich-technischen Beziehungen mit dem Ziel, die politische Zusammenarbeit zwischen den europäischen Staaten zu entwickeln.

Dies war eine auch für den Westen annehmbare Ausgangsposition für Verhandlungen. Die Entspannungspolitik war einen wichtigen Schritt vorangekommen, die angestrebte Konferenz über Sicherheit und Zusammenarbeit in Europa deutlich nähergerückt.

3.3. *Harmel-Bericht und Signal von Reykjavik*

Die NATO befand sich in den sechziger Jahren in einem Stadium der permanenten Krise und war daher auf die Entspannungspolitik nur ungenügend vorbereitet.

Aus dem Streit über die Atombewaffnung der Bundeswehr war 1963 das Projekt einer multilateralen Atomstreitmacht (MLF = *Multilateral Force*) hervorgegangen, die aus einer Flotte von 25 Überwasserschiffen mit je acht *Polaris*-Raketen und gemischten Besatzungen aus verschiedenen NATO-Staaten bestehen sollte. Frankreich hatte sich Ende der fünfziger Jahre dafür entschieden, im Alleingang den Aufbau einer Atomstreitmacht anzustreben. Mit dem MLF-Projekt wollten die USA den nuklearen Ansprüchen ihrer westeuropäischen Verbündeten gerecht werden und zugleich verhindern, daß weitere Länder dem Beispiel Frankreichs folgten. Aber die Sowjetunion protestierte scharf gegen eine Beteiligung der Bundesrepublik an der MLF, und auch innerhalb des Westens regte sich Widerstand. Sogar in der Bundesrepublik war man sich uneinig über den Nutzen einer MLF-Beteiligung. Schließlich wurde das Projekt im Laufe des Jahres 1964 schrittweise aus der Diskussion zurückgezogen, zumal es zu einer ernsten Belastung der Ost-West-Beziehungen zu werden drohte.[29]

Eng verbunden mit dem Streit um atomare Mitbestimmung war die Rolle Frankreichs in der NATO. 1958 hatte Staatspräsident Charles de Gaulle zur engeren Verschmelzung der NATO ein Dreierdirektorium – bestehend aus den USA, Großbritannien und Frankreich – gefordert, um einer Hegemonie der USA vorzubeugen und das Gewicht der westeuropäischen Partner in angemessener Weise zur Geltung zu bringen.[30] In Verbindung mit dem Verlangen, die amerikanischen und britischen Nuklearstreitkräfte in das Bündnis zu integrieren, hätte sich damit ein Mitbestimmungsrecht Frankreichs über das gesamte westliche Atompotential ergeben. Doch aus diesen Plänen de Gaulles war nichts geworden. Frankreich hatte den kostenintensiven Weg einer eigenständigen Atomrüstung beschreiten müssen, um seinen nuklearen Ambitionen gerecht zu werden. Anfang der sechziger Jahre entwickelte de Gaulle daraus seine politische Konzeption eines „Europas der Vaterländer", das „vom Atlantik bis zum Ural" reichen sollte. Dieses Konzept stand in offensichtlichem Widerspruch zu Vorstellungen des amerikanischen Präsidenten Kennedy, der am 4. Juli 1962 anläßlich des Jahrestages der Unabhängigkeitserklärung in einer Rede in Philadelphia ein Programm für eine Zusammenarbeit zwischen den Vereinigten Staaten von Amerika und einem Vereinigten Westeuropa entwickelte, das den Beitritt Großbritanniens zur Europäischen Wirtschaftsgemeinschaft vorsah und eine Ausweitung der Kompetenzen der EWG mit dem Ziel der Schaffung einer politischen Gemeinschaft anvisierte, die in der Lage sein würde, als gleichberechtigter Partner der USA aufzutreten und diesen einen Teil ihrer weltpolitischen Verantwortung abzunehmen („Hantel-Konzeption").

Kennedys Programm stand jedoch von Anfang an unter keinem glücklichen Stern. Als Großbritannien und die USA im Dezember 1962 in Nassau ein Abkommen unterzeichneten, in dem die Lieferung amerikanischer *Polaris*-Raketen an Großbritannien vereinbart wurde, wertete de Gaulle dies als Zeichen amerikanischen Hegemoniestrebens und einer europafeindlichen Haltung Großbritanniens. Damit begründete er auch sein Veto gegen einen Beitritt Englands zur EWG und verurteilte so Kennedys „Hantel-Konzeption" zur Aussichtslosigkeit.[31] Unbeirrt steuerte de Gaulle danach einen außenpolitischen Kurs, der Frankreichs nationalstaatliche Eigenständigkeit betonte und starke antiamerikanische und NATO-feindliche Akzente aufwies. Der Austritt Frankreichs aus der militärischen Integration der NATO am 1. Juli 1966 war nur eine logische Konsequenz dieser Politik.

Für das Atlantische Bündnis bedeutete de Gaulles Politik eine Belastung, die um so schwerer wog, als die USA sich immer tiefer in den Vietnam-Krieg verstrickten und zugleich Rüstungskontrollvereinbarungen mit der Sowjetunion anstrebten, die eine solidarische Haltung der NATO und ein hohes Maß an Koordinationsfähigkeit verlangten. Viele im Westen empfanden daher Frankreichs Austritt wie eine Befreiung von einer schweren Last, wenn auch die praktischen Probleme, die sich daraus ergaben, beträchtlich waren.

Zu diesen politischen Differenzen traten ökonomische Probleme, die sowohl die amerikanische Truppenstationierung in Europa als auch die notwendige Beschaffung neuen Rüstungsmaterials erschwerten. Schwierigkeiten bereitete auch die strategische Umorientierung der NATO von der Strategie der massiven Vergeltung *(massive retaliation)* auf eine Strategie der flexiblen Erwiderung *(flexible response)*, die notwendig geworden war, nachdem die USA schon unter Präsident Kennedy Anfang der sechziger Jahre Abschied von der Strategie der massiven Vergeltung genommen hatten. Erst im Dezember 1967 konnte der NATO-Rat offiziell die Umstellung auf die Strategie der flexiblen Erwiderung vornehmen. Am Vorabend der Entspannungspolitik befand sich die NATO somit in einer Verfassung, wie man sie sich schwieriger kaum vorstellen konnte.[32]

Mitten in dieser Lage billigte der NATO-Ministerrat auf seiner Tagung in Brüssel im Dezember 1967 den Harmel-Bericht. Der Bericht war das Ergebnis von Beratungen eines Ausschusses, der im Dezember 1966 vom Rat eingesetzt worden war, um unter dem Vorsitz des belgischen Außenministers Pierre Harmel die Politik der Allianz angesichts einer veränderten außenpolitischen Umwelt zu überprüfen. Der Ausschuß hatte sich im Rahmen seiner Tätigkeit u. a. mit Fragen der europäischen Sicherheit, mit dem Deutschland-Problem sowie mit der Verteidigungspolitik der Allianz und den Möglichkeiten für eine Zusammenarbeit zwischen den westeuropäischen Staaten auseinandergesetzt und war zu dem Ergebnis gekommen, daß die Allianz „als dynamische und lebenskräftige Organisation" sich ständig den wechselnden Bedingungen der Weltpolitik anpassen müsse[33] und daß die NATO sich nun sowohl um militärische Stärke als auch um politische Entspannung bemühen solle („Zwei-Pfeiler-Doktrin").[34] Wörtlich hieß es dazu im Bericht:

„Die Atlantische Allianz hat zwei Hauptfunktionen. Die erste besteht darin, eine ausreichende militärische Stärke und politische Solidarität aufrechtzuerhalten, um gegenüber Aggression und anderen Formen von Druckanwendung abschreckend zu wirken und das Gebiet der Mitgliedstaaten zu verteidigen, falls es zu einer Aggression kommt. Seit ihrer Gründung hat die Allianz diese Aufgabe erfolgreich erfüllt. Aber die Möglichkeit einer Krise kann nicht ausgeschlossen werden, solange die zentralen politischen Fragen in Europa, zuerst und zunächst die Deutschland-Frage, ungelöst bleiben. Außerdem schließt die Situation mangelnder Stabilität und Ungewißheit noch immer eine ausgewogene Verminderung der Streitkräfte aus. Unter diesen Umständen werden die Bündnispartner zur Sicherung des Gleichgewichts der Streitkräfte das erforderliche militärische Potential aufrechterhalten und dadurch ein Klima der Stabilität, der Sicherheit und des Vertrauens schaffen.

In diesem Klima kann die Allianz ihre zweite Funktion erfüllen: die weitere Suche nach Fortschritten in Richtung auf dauerhafte Beziehungen, mit deren Hilfe die grundlegenden politischen Fragen gelöst werden können. Militärische Sicherheit und eine Politik der Entspannung stellen keinen Widerspruch, sondern eine gegenseitige Ergänzung dar. Die kollektive Verteidigung ist ein stabilisierender Faktor in der Weltpolitik. Sie bildet die notwendigen Voraussetzungen für eine wirksame, auf größere Entspannung gerichtete Politik."[35]

Das höchste politische Ziel der Atlantischen Allianz sei es, so der Harmel-Bericht, „eine gerechte und dauerhafte Friedensordnung in Europa mit geeigneten Sicherheitsgarantien zu erreichen".[36] Der Weg zu Frieden und Stabilität in Europa beruhe vor allem auf dem konstruktiven Einsatz der Allianz im Interesse der Entspannung. Zur wirksamen Lösung der politischen Probleme Europas werde die Beteiligung der USA und der Sowjetunion erforderlich sein.[37]

Mit der Billigung des Harmel-Berichts stellte sich die NATO grundsätzlich auf die Seite der Befürworter einer Entspannungspolitik, ohne die sicherheitspolitische Bedeutung des Bündnisses zu vernachlässigen. Anders als der Warschauer Pakt, der seine blockpolitische Konsolidierung abwartete, bevor er sich zu einer kooperativen Gestaltung seiner Westbeziehungen durchrang, sprach sich die NATO damit bereits für Entspannung aus, als die bündnispolitische Konsolidierung noch ausstand. Man hoffte, daß eine Entspannungspolitik Entlastung bringen und zur Lösung der Probleme beitragen werde. Dies kam auch in der westlichen Forderung nach ausgewogenen Truppenverminderungen zum Ausdruck, die 1968 erhoben wurde und eng mit dem Wunsch nach ökonomischer Entlastung verknüpft war.[38] Nach Auffassung der NATO sollten Truppenverminderungen dem Ziel dienen, den bestehenden Grad der Sicherheit bei verminderten Lasten aufrechtzuerhalten.[39]

Bereits im Harmel-Bericht hatte der Westen darauf hingewiesen, die Verbündeten prüften „Maßnahmen zur Abrüstung und praktischen Rüstungskontrolle einschließlich der Möglichkeit ausgewogener Truppenverminderungen".[40] Diese Studien sollten intensiviert werden. Ihre aktive Durchführung, so hieß es, sei Ausdruck des Willens der Bündnispartner, an einer wirksamen Entspannung im Verhältnis zum Osten zu arbeiten.[41] Im Juni 1968 wurden die diesbezüglichen Vorstellungen der NATO präzisiert. In einer Erklärung über beiderseitige und ausgewogene Truppenverminderung, die am 25. Juni 1968 als Anhang zum Kommuniqué über die Ministertagung des Nordatlantikrats am 24. und 25. Juni 1968 in Reykjavik veröffentlicht wurde, bekräftigten die Minister die Bereitschaft ihrer Regierungen, „mit anderen interessierten Staaten konkrete und praktische Schritte im Bereich der Rüstungskontrolle zu erkunden".[42] Das Endziel einer dauerhaften Friedensordnung in Europa setze eine Atmosphäre des Vertrauens voraus und könne nur schrittweise erreicht werden. Im Bewußtsein des offensichtlichen und beträchtlichen Interesses aller europäischen Staaten an diesem Ziel seien die Minister der Auffassung, daß Maßnahmen auf diesem Gebiet einschließlich ausgewogener und beiderseitiger Truppenverminderungen zu einer Verminderung der Spannung und einer weiteren Verringerung der Kriegsgefahr beitragen könnten. Da die Sicherheit der NATO-Länder und die Aussichten auf beiderseitige Truppenverminderungen geschwächt würden, wenn nur die NATO Verminderungen vornähme, bekannten sich die Minister zu dem Gedanken, daß das militärische Gesamtpotential der NATO nicht vermindert werden sollte, es sei denn im Rahmen eines „nach Umfang und zeitlichem Ablauf ausgewogenen Systems beiderseitiger Truppenverminderungen".[43] Die Suche nach Regelungen für einen Truppenabbau sollte unter Beachtung von vier, im einzelnen definierten Grundsätzen erfolgen. Die Minister wiesen ihre Ständigen Vertreter im NATO-Rat an, „ihre Arbeit nach Maßgabe der nachstehenden vereinbarten Grundsätze fortzusetzen und zu vertiefen":[44]

„a) Beiderseitige Truppenverminderungen sollen auf Gegenseitigkeit beruhen und nach Umfang und zeitlichem Ablauf ausgewogen sein.

b) Beiderseitige Verminderungen sollen einen wesentlichen und bedeutsamen Schritt darstellen und dazu dienen, den jetzigen Grad der Sicherheit bei verminderten Kosten aufrechtzuerhalten, jedoch nicht so geartet sein, daß sie eine nachteilige Veränderung der Lage in Europa zur Folge haben könnten.

c) Beiderseitige Verminderungen sollen mit dem Ziel in Einklang stehen, in Europa allgemein und zwischen den Beteiligten Vertrauen zu schaffen.

d) Zu diesem Zweck soll jede neue Abmachung hinsichtlich der Truppen mit den lebenswichtigen Sicherheitsinteressen aller Parteien vereinbar und wirksam durchführbar sein."[45]

Mit diesem Projektvorschlag eines beiderseitigen ausgewogenen Truppenabbaus unternahmen die NATO-Staaten den Versuch, die vom Warschauer Pakt angebotenen Verhandlungen über europäische Sicherheit auf eine substantielle Grundlage zu stellen und gleichzeitig die Ernsthaftigkeit der östlichen Entspannungsbereitschaft zu testen. Die in Bukarest und Karlsbad unterbreiteten Vorschläge des Warschauer Paktes sowie der kommunistischen Parteien und der Arbeiterparteien Europas hatten Bereiche zur Disposition gestellt – wie etwa die deutsche Frage oder die Bündnisstruktur in Europa –, die für den Westen in dieser Form nicht Gegenstand von Verhandlungen sein konnten. Ein Gegenvorschlag mit dem Angebot einer Streitkräfteminderung zwang die östliche Seite zu erneutem Nachdenken, bedeutete für den Westen also Zeitgewinn, ohne die Entspannungsinitiativen des Ostens schon im Keim zu ersticken, und verlagerte zudem den Entspannungsdialog weg von seiner ausschließlichen Konzentration auf politische Fragen hin zu einer Betrachtung auch der militärischen Faktoren der europäischen Sicherheit.

Dies war die Grundlage, auf der die NATO Anfang der siebziger Jahre in die MBFR-Verhandlungen eintrat. Das „Signal von Reykjavik", wie die Erklärung über beiderseitige Truppenverminderungen bald genannt wurde, war jedoch mehr als nur ein Angebot zu Truppenverminderungen. Zusammen mit dem 1967 gebilligten Harmel-Bericht war es die Wende der NATO zur Entspannungspolitik, der so 1969 der Durchbruch ermöglicht wurde.

3.4. *Der Durchbruch zur Entspannungspolitik*

In einem 1976 erschienenen Aufsatz zur Geschichte der Entspannungspolitik heißt es: „Erst ab 1969 machte eine einzigartige Kombination von Faktoren wieder eine echte Entspannung in unserem Sinne einer realen, wenngleich partiellen Beschränkung des Umfangs des Ost-West-Konflikts möglich."[46] Welche Faktoren waren dies?

Der amerikanische Präsident Lyndon B. Johnson hatte gegen Ende seiner Amtszeit, die zum Jahresende 1968 auslief, eingesehen, daß der Vietnam-Krieg von den USA militärisch nicht zu gewinnen war und innen- wie außenpolitisch schweren Schaden anrichtete, und verzichtete deshalb auf eine erneute Kandidatur, um einem neuen Mann Gelegenheit zu einer neuen Politik zu geben. Johnsons Nachfolger wurde Richard M. Nixon, der im Januar 1969 als neugewählter Präsident der USA mit dem Versprechen antrat, den Vietnam-Krieg ehrenvoll zu beenden und eine „Ära der Verhandlungen" einzuleiten, die neben der Sowjetunion auch China einschließen sollte. Mit der Ernennung Henry A. Kissingers zum Sicherheitsberater versicherte sich Nixon eines Mannes, der aufgrund seiner theoretischen Vorbildung prädestiniert war, das schwierige Spiel der „Diplomatie mit mehreren Bällen" zu spielen.[47] Die Verbesserung der Beziehungen zur Sowjetunion wie zu China, der Abbau des weltpolitischen Überengagements der USA mit einer Neuordnung der Beziehungen zu den Verbündeten auf der Grundlage der Lastenteilung und die nukleare Rüstungskontrolldiplomatie mit der Sowjetunion zur Schaffung eines neuen weltpolitischen Gleichgewichts waren neben der Beendigung des Vietnam-Krieges die Aufgaben, vor die sich die neue amerikanische Administration gestellt sah. Nur im Rahmen einer weltweiten Entspannung bestand eine Chance, sie auch zu lösen. In einem Klima der Konfrontation hätten die Beziehungen zu den kommunistischen Großmächten schwerlich verbessert werden können, ein weltpolitisches Disengagement wäre undenkbar gewesen, und die Rüstungskontrolldiplomatie hätte auf der Stelle verharrt.

In Frankreich trat am 28. April 1969 General de Gaulle zurück, nachdem am Tage zuvor eine Regional- und Senatsreform durch Volksabstimmung abgelehnt worden war, die de Gaulle am 11. April mit einem Votum für seine Person verbunden hatte. Am 15. Juni 1969 übernahm Georges Pompidou das Amt des französischen Staatspräsidenten. Obwohl Pompidou die gaullistische Grundorientierung der französischen Politik beibehielt, änderte sich nun doch vieles. Frankreich kehrte zwar nicht in die militärische Integration der NATO zurück, und die französische Nuklearstreitmacht blieb äußeres Zeichen des französischen Unabhängigkeitsstrebens, aber die Spannungen innerhalb des Westens verringerten sich, Kooperation, auch militärische, wurde wieder einfacher. Am 22. Januar 1972 wurde nach langen Jahren der Verhandlungen und vielen Rückschlägen endlich die Erweiterung der EWG vollzogen: Großbritannien, Irland, Dänemark und Norwegen unterzeichneten in Brüssel die Beitrittsurkunden, wobei allerdings Norwegen in einer Volksabstimmung im September 1972 gegen die Europäische Gemeinschaft votierte. Frankreich jedoch – und dies war nach dem jahrelangen Veto de

Gaulles gegen einen Beitritt Großbritanniens die bedeutsamste Veränderung – stimmte am 23. April 1972 in einem Volksentscheid dem Beitritt der vier Länder zu. In der Ostpolitik gab Frankreich seine Sonderrolle, die es unter de Gaulle in den sechziger Jahren gespielt hatte, mehr und mehr auf und unterstützte die Bemühungen der Bundesrepublik um eine „neue Ostpolitik". Nur so konnten die Viermächteverhandlungen über Berlin geführt werden, die zum Ausgangspunkt weiterer Bemühungen um eine Verbesserung der Beziehungen zwischen West- und Osteuropa wurden.

In der Bundesrepublik ermöglichte das Wahlergebnis vom 28. September 1969 die Bildung einer Koalitionsregierung aus SPD und FDP. Allerdings hatte die FDP mit 5,8% der Wählerstimmen nur knapp die Hürde der Fünf-Prozent-Klausel überwunden; nur knapp war die rechtsradikale NPD mit 4,3% an ihr gescheitert. Leicht hätte es anders ausgehen können. Ungeachtet der knappen Mehrheitsverhältnisse verstand die neue Regierung unter Bundeskanzler Willy Brandt ihren Amtsantritt jedoch als einen „Neubeginn", als ein Stück „Machtwechsel" nach zwanzigjähriger ununterbrochener Herrschaft der CDU/CSU. Innenpolitisch wollte man „mehr Demokratie wagen", außenpolitisch erstrebte man vor allem eine Verständigung mit den osteuropäischen Nachbarn. Entspannung war eine entscheidende Voraussetzung dieser Politik, und die neue Bundesregierung trug durch ihre Bereitschaft, die deutsche Frage auf der Grundlage des territorialen *status quo* zu regeln, entscheidend dazu bei, eines der größten Hindernisse auf dem Wege zur Entspannung zu beseitigen.

Diese Entwicklungen im Westen trafen 1969 auf eine Sowjetunion, die aus ökonomischen Gründen seit langem entspannungsbereit war, die sich nun aber auch auf die Risiken, die eine Entspannungspolitik mit sich brachte, einlassen konnte, weil sie mit dem Einmarsch in die Tschechoslowakei im August 1968 ihre Machtposition im Ostblock gefestigt hatte und durch die Erreichung der nuklearen Parität zu einer den USA militärisch ebenbürtigen Weltmacht aufgestiegen war. Ein zusätzliches Stimulanz bedeutete zu diesem Zeitpunkt die Eskalation des sowjetisch-chinesischen Konflikts mit bewaffneten Grenzzwischenfällen am Ussuri im März 1969, unmittelbar vor der Tagung des Politischen Beratenden Ausschusses des Warschauer Paktes in Budapest und dem Budapester Appell.

Zusammengenommen bewirkten diese Entwicklungen in den USA, Westeuropa und dem Ostblock jene „einzigartige Kombination von Faktoren", die den Durchbruch zur Entspannung ermöglichte.

3.5. Ziele und Grenzen der Entspannung

Folgende Ziele können bei der 1969 eingeleiteten Entspannungspolitik unterschieden werden:

(1) Auf der *politischen Ebene* sollten die Stabilität und Kontinuität der

politischen Verhältnisse in Europa und zwischen der Sowjetunion und den USA gewahrt werden, um den atlantisch-europäisch-sowjetischen Raum zu einer „Ruhezone" der Weltpolitik zu machen, in der Veränderungen kontrolliert und ohne Kriegsgefahr ablaufen konnten. Dies schloß die Anerkennung der in dieser Region bestehenden Grenzen ebenso ein wie die zumindest vorübergehende Tolerierung und Respektierung der Systemunterschiede. Optimistische Befürworter der Entspannungspolitik meinten sogar, auf diese Weise ließen sich langfristig durch praktische Schritte die Folgen der Teilung Europas überwinden. Eine Konvergenz der Systeme – also eine Angleichung und Aufhebung der Gegensätze – wurde durchweg von allen Seiten als unerreichbar angesehen. Eine Verbesserung der politisch-psychologischen Atmosphäre zwischen Ost und West wurde dagegen für notwendig und möglich gehalten. Nur wenn es gelänge, das bestehende Mißtrauen im Ost-West-Verhältnis durch Verständnis und Vertrauen zu ersetzen, argumentierten die Befürworter der Entspannung, sei es langfristig möglich, die risikoreiche Konfrontation des Kalten Krieges durch eine interessengebundene Zusammenarbeit abzulösen. Nur so sei es auch möglich, die aus der ideologischen Rivalität und machtpolitischen Konkurrenz resultierende Konfliktbereitschaft zu verringern und zu friedlichen Formen des Wettbewerbs der Systeme zu gelangen. Langfristig sollte auf diese Weise eine „stabile Struktur des Friedens" (Richard M. Nixon) bzw. – auf Europa bezogen – eine „europäische Friedensordnung" (Willy Brandt) geschaffen werden.

(2) Auf der *militärischen Ebene*, die anfänglich den substantiellen Kern der Entspannungspolitik bildete und zugleich ihr am schwierigsten zu bewältigender Teil war, sollten das Kriegsrisiko gesenkt und der Ausbruch eines Kernwaffenkrieges bzw. die Eskalation eines konventionellen Krieges zu einem Atomkrieg verhindert werden. Zu diesem Zweck galt es, dort, wo die Dynamik des Wettrüstens Gefahren aufwarf, die Rüstungsentwicklung zu steuern und zu kanalisieren. Dies war Ende der sechziger Jahre besonders bei den Raketenabwehrsystemen (ABM = *Anti-ballistic missiles*) der Fall, da diese die strategische Stabilität zu untergraben drohten. In den Bereichen, in denen weitere Aufrüstung sinnlos geworden war, weil bereits das vorhandene Potential zur vielfachen Vernichtung des Gegners ausreichte, wo also „Übertötungskapazitäten" bestanden, sollte – auch aus Kostengründen – eine Begrenzung des Wettrüstens stattfinden. Regionale Abkommen zur Rüstungssteuerung sollten örtliche Gleichgewichte fixieren und dort den militärischen *status quo* einfrieren oder auf einem niedrigeren Niveau ein neues Gleichgewicht herstellen. Nicht zuletzt sollten die Maßnahmen der militärischen Entspannung dem Ziel dienen, der politischen Entspannung eine sichere Grundlage zu verleihen.

(3) Auf der *wirtschaftlichen Ebene* sollten durch wirtschaftliche Kontakte, Kooperation und Güteraustausch Abhängigkeiten und eine Verflechtung materieller Interessen geschaffen werden, um eine Rückkehr zu Konfliktformen

des Kalten Krieges zu erschweren. Wirtschaftliche Integration sollte als Fernziel die Bedeutung der Systemgrenzen verringern und Konfliktpotential abbauen.

(4) Auf *kommunikativ-humanitärer Ebene* sollte nach westlicher Ansicht das bestehende Mißtrauen in den Ost-West-Beziehungen dadurch abgebaut werden, daß der Ost-West-Dialog nicht nur zwischen den Regierungen, sondern auch zwischen den Völkern geführt wurde. Die Presse sollte ohne Behinderung berichten können, die Schicksale einzelner Personen und Familien, die unter der Trennlinie des „Eisernen Vorhangs" besonders litten, sollten zufriedenstellend und in humanitärem Sinne geregelt werden. Diese Zielsetzung wurde teils durch humanitäre Erwägungen, teils durch die Überzeugung von der Notwendigkeit der Durchsetzung der Menschenrechte und dem Nutzen eines freien Informationsaustausches bestimmt. Daß sich diese Forderung in Osteuropa innerhalb kurzer Zeit zu einer Systemfrage entwikkeln würde, war schwerlich vorauszusehen und vielleicht nicht einmal erwünscht.

Den weit gesteckten Zielen der Entspannung stand jedoch eine Realität gegenüber, die zu einer Zurücknahme der Ansprüche und zur Anpassung der Forderungen an die Bedingungen des Ost-West-Konflikts zwang: Der Gegensatz der Ideologien ließ Kompromisse nur in Teilbereichen zu. Die Machtrivalität der Großmächte bestand weiter. Der wirtschaftliche Wettbewerb war nach östlicher Auffassung ein Ersatz für militärische Auseinandersetzungen. Und die Verlagerung der macht- und systempolitischen Auseinandersetzung in Regionen der Dritten Welt bedeutete eine geographische Begrenzung der Entspannungspolitik auf den amerikanisch-europäisch-sowjetischen Raum.

(1) *Gegensatz der Ideologien*

Nach west-östlichem Selbstverständnis schließen Kapitalismus und Sozialismus/Kommunismus einander aus. Der „real existierende Sozialismus" in der Sowjetunion, der DDR und den übrigen Ländern des Ostblocks ist dem Kapitalismus nach eigener Auffassung im historischen Entwicklungsprozeß auf dem Wege zur Erreichung des kommunistischen Endzustandes einen Schritt voraus. Eine Rückkehr zu bürgerlichen Gesellschaftsformen und kapitalistischen Produktions- und Eigentumsverhältnissen oder auch nur die Übernahme von Elementen bürgerlich-kapitalistischer Gesellschaften in das System des Sozialismus würde einen unvertretbaren historischen Rückschritt bedeuten. Umgekehrt würde nach verbreiteter westlicher Auffassung eine Vergesellschaftung der Produktionsmittel und die Abschaffung bürgerlich-kapitalistischer Ordnungsgrundsätze für Staat, Wirtschaft und Gesellschaft einer „Diktatur des Proletariats" Vorschub leisten und die Gefahr des Verlustes individueller und kollektiver Freiheitsrechte heraufbeschwören. Das Verhältnis zwischen Kapitalismus und Sozialismus/Kommunismus ist also antagonistisch, die Öffnung eines dieser Systeme zugunsten des anderen kommt ebensowenig in Betracht wie ihre Vermischung oder Konvergenz im Sinne eines allmählichen Zusammenwachsens.

Aus dieser – zumindest theoretisch behaupteten – Unvereinbarkeit der Systeme ergeben sich weitreichende Konsequenzen für die staatlichen Beziehungen zwischen Ost und West. Zur Zeit des Kalten Krieges entsprach der Systemgegensatz der Konfrontation in der politischen Wirklichkeit. Theorie und Praxis bildeten eine Einheit. Die Entspannungspolitik zerstörte diese Einheit und erzwang die Anerkennung und Respektierung des ideologischen Gegners als Verhandlungs- und Geschäftspartner. Um diesen Widerspruch zu rechtfertigen, mußte zwischen der These der Fortsetzung des ideologischen Kampfes und der These der Möglichkeit einer friedlichen Koexistenz zwischen Staaten mit unterschiedlicher Gesellschaftsordnung eine ideologische Brücke geschlagen werden. Verzicht auf ideologische Koexistenz hieß jedoch nichts anderes als Verzicht auf unbegrenzte Gültigkeit der staatlichen Koexistenz und damit Bekenntnis zu einer Auffassung von Entspannungspolitik als taktischer Schwenkung in der Ost-West-Auseinandersetzung in dem Bewußtsein, die Entspannung für ideologische, machtpolitische und andere Ziele nutzen zu können. Hier stieß die Entspannungspolitik an ihre erste Grenze.

(2) *Rivalität um Macht und Einfluß*

Politik wird bestimmt durch Macht und Interesse. Die Staaten streben nach Macht, weil diese ihnen zur Durchsetzung ihrer nationalen Interessen verhelfen kann, und verzichten auf Ausdehnung ihrer Macht in der Regel nur dann, wenn ihr nationales Interesse es ihnen gebietet.[48] Kleine Staaten unterscheiden sich hierin von großen nur insoweit, als ihnen der Zugang zur Macht schon frühzeitig verwehrt wird und ihr nationales Interesse ihnen eine freiwillige Beschränkung im allgemeinen Streben nach Macht zwingend vorschreibt. Kleine Staaten verhalten sich deshalb scheinbar friedlicher als große, denn ihr Machtstreben wird weniger sichtbar. Dem Machtstreben der Großmächte dagegen sind kaum noch Grenzen gesetzt, seitdem die Großmächte zu Weltmächten aufstiegen. Im Kampf um weltweite Präsenz und weltweiten Einfluß trafen die USA und die Sowjetunion nach 1945 direkt aufeinander. Sie wurden zu Rivalen in der internationalen Auseinandersetzung. Die Entspannungspolitik konnte versuchen, Regeln für eine möglichst friedliche Austragung dieser Machtrivalität aufzustellen, beenden konnte sie sie nicht und stieß damit an eine zweite Grenze ihrer Möglichkeiten.

(3) *Wirtschaftlicher Wettbewerb*

Die wirtschaftliche Entwicklung in Ost und West lief bis zum Beginn der Entspannungspolitik, zumindest bis weit in die sechziger Jahre, weitgehend unverbunden nebeneinander her. Die Handelsbeziehungen waren gering, wirtschaftliche Kooperation über die Ost-West-Grenze hinweg fand praktisch nicht statt. Der Westen war wirtschaftlich überlegen und glaubte, die kommunistischen Systeme würden binnen kurzem an ihrer ökonomischen

Ineffizienz zerbrechen. Konrad Adenauers Politik der Stärke und John Foster Dulles' Politik der Befreiung beruhten auf dieser Überzeugung. Chruschtschow nahm die Herausforderung an und erklärte am 18. November 1957 in einem Interview mit dem Chefredakteur der ägyptischen Zeitung *Al Ahram*, Mohammed Hassanei Heykal, der „friedliche Wettbewerb" solle zeigen, „welches System lebensfähiger ist, welches System den Erwartungen der Völker mehr entspricht und sowohl die materiellen als auch die geistigen Bedürfnisse der Völker ausgiebiger befriedigen kann".[49] Die These vom wirtschaftlichen Wettbewerb der Systeme fand Eingang in die sowjetische Doktrin der friedlichen Koexistenz. Der wirtschaftliche Wettbewerb sollte an die Stelle einer militärischen Auseinandersetzung treten. Die Sowjetunion hoffte dabei und war ihrerseits überzeugt, „diesen Wettbewerb gewinnen zu können und damit der kapitalistischen Welt eine Niederlage zu bereiten sowie durch den Sieg im wirtschaftlichen Wettbewerb die von der Sowjetunion erstrebte Weltrevolution zu fördern".[50] Die Erwartung der Entspannungspolitik, wirtschaftliche Zusammenarbeit werde langfristig ein Netz gegenseitiger Interessen und Abhängigkeiten schaffen, werde dadurch den Willen zu weiterer Zusammenarbeit und Entspannung stärken und so schließlich den Entspannungsprozeß unumkehrbar machen, wurde durch diese taktische Bestimmung der ökonomischen Partnerschaft zumindest eingeschränkt. Solange beide Seiten daran festhielten, sich bietende wirtschaftliche Gelegenheiten zu nutzen, um den ideologischen Gegner zu schwächen und seinen Zusammenbruch herbeizuführen, konnte Entspannungspolitik nur mit Zurückhaltung, aus einer Position der Stärke, zumindest der Ebenbürtigkeit, betrieben werden.

(4) Verlagerung der Auseinandersetzung in die Dritte Welt

Der Aufteilung der Welt in eine amerikanische und eine sowjetische Einflußsphäre nach dem Zweiten Weltkrieg folgte in den fünfziger und sechziger Jahren der Prozeß der Entkolonisierung. Die Entstehung einer „Dritten Welt" warf die Frage auf, für welche Seite – Ost oder West – sich die jungen Staaten Afrikas und Asiens entscheiden würden. Es begann ein Wettlauf um die Gunst dieser Staaten, der in Wirklichkeit ein Ringen um Macht und Einfluß war und in dem Maße an Intensität zunahm, in dem der Zugang zu Rohstoffen und Energie für die entwickelten Industrieländer ein immer drängenderes Problem darstellte. Dieses Ringen hält weiter an. Während sich die Lage im sowjetisch-europäisch-atlantischen Raum zu einer Situation mit immer geringeren politischen Bewegungsmöglichkeiten entwickelte und die Entspannungspolitik diesen Zustand festzuschreiben und zu bewahren suchte, verlagerte sich die Systemauseinandersetzung zwischen Ost und West in die früheren Randzonen der Weltpolitik. Selbst wenn dort kein politisches Vakuum bestand, wie es nach 1945 in weiten Teilen Mittel- und Osteuropas der Fall war, gelang es den Großmächten immer wieder, regionale Interessengegensätze für ihre Ziele zu nutzen und Gelegenheit zu offener Intervention zu finden. Sie konnten dies sogar vergleichsweise ungehemmt tun, da hier, anders als in den Kerngebieten des Ost-West-Konflikts im Bereich Europas, der USA und der Sowjetunion, die Gefahr einer nuklearen Eskalation gering war.

Die ideologische Auseinandersetzung, wirtschaftliche Konkurrenz und machtpolitische Rivalität zwischen Ost und West wurden daher durch die Entspannungspolitik nicht beendet, sondern teils eingeschränkt, teils Regeln unterworfen, teils einfach nur geographisch verlagert. Die Grenzen der Entspannungspolitik ergaben sich, wie im Kalten Krieg, aus den Bestimmungsfaktoren des Ost-West-Gegensatzes.

3.6. Zusammenfassung

Grundlegende Veränderungen der außenpolitischen Rahmenbedingungen bewirkten in den sechziger Jahren eine Abschwächung des Kalten Krieges und einen allmählichen Übergang zur Entspannungspolitik. Der Schock der Kuba-Krise förderte das Nachdenken über eine Entschärfung des Ost-West-Konflikts; wirtschaftliche Probleme, vor allem auf östlicher Seite, ließen eine Zusammenarbeit über die Ost-West-Grenzen hinweg als vorteilhaft erscheinen; die Verschlechterung der sowjetisch-chinesischen Beziehungen und die Einschaltung Chinas in das Kräftespiel der Weltpolitik bekräftigten das sowjetische Interesse an außenpolitischer Entlastung und beschleunigten die sowjetisch-amerikanische Annäherung; der Ende der sechziger Jahre erreichte Gleichstand der strategischen Rüstungen ermöglichte einen amerikanisch-sowjetischen Rüstungsvergleich unter Zugrundelegung der strategischen Parität.

Mit der Bukarester Deklaration vom Juli 1966 griffen die Staaten des Warschauer Paktes Vorschläge zur Einberufung einer europäischen Sicherheitskonferenz wieder auf, die von der Sowjetunion schon Mitte der fünfziger Jahre wiederholt unterbreitet worden waren. Der Westen lehnte zunächst ab, bekannte sich aber im Harmel-Bericht vom Dezember 1967 grundsätzlich zur Entspannungspolitik und legte seinerseits im Juni 1968 mit der Erklärung von Reykjavik Vorschläge für eine beiderseitige ausgewogene Begrenzung von Truppen und Rüstungen in Mitteleuropa vor. Nach dem Ende des „Prager Frühlings" im August 1968 und der damit verbundenen Konsolidierung der sowjetischen Vormachtstellung in Osteuropa erklärten sich die Warschauer-Pakt-Staaten im März 1969 im Budapester Appell zur Einberufung einer europäischen Sicherheitskonferenz ohne Vorbedingungen auf der Grundlage der bestehenden sicherheitspolitischen Strukturen in Europa bereit. Der Durchbruch zur Entspannungspolitik erfolgte dann im Verlauf des Jahres 1969 in einer durch Regierungswechsel und andere Veränderungen hervorgerufenen politischen Konstellation, in der sowohl die Orientierung der maßgeblichen Regierungen wie auch die personelle Besetzung der entscheidungstragenden Organe eine Vergrößerung der Ost-West-Kontakte und Verhandlungen zwischen Ost und West zuließen.

Die wichtigsten Ziele der Entspannungspolitik waren die Sicherung der Stabilität der Ost-West-Beziehungen, Schaffung von Vertrauen, Abbau der Konfrontation und Übergang zu einer interessengebundenen Zusammenarbeit im Rahmen einer durch Rüstungssteuerungsmaßnahmen entschärften, stabilisierten sicherheitspolitischen Lage und einer durch mehr Freizügigkeit für Menschen, Informationen und Meinungen humaner gestalteten politisch-gesellschaftlichen Umwelt. Der Erreichung dieser Ziele standen als Hindernisse der Antagonismus zwischen Kapitalismus und Kommunismus und der beiderseitige Verzicht auf ideologische Koexistenz ebenso entgegen wie die interessengebundene Machtrivalität der USA und der Sowjetunion und die wirtschaftliche Konkurrenz der divergierenden Wirtschaftsblöcke. Eine geographische Begrenzung der Entspannungspolitik ergab sich durch die teilweise Verlagerung der Ost-West-Auseinandersetzung in Staaten der Dritten Welt, vornehmlich Afrikas und Asiens. Die Entspannungspolitik blieb damit auf Europa, die USA und die Sowjetunion beschränkt. Nur in diesen Kerngebieten des Ost-West-Konflikts waren die politischen und militärischen Fronten starr und unverrückbar und damit ausreichend stabil. Nur hier bestand auch die Wahrscheinlichkeit einer nuklearen Eskalation im Falle größerer kriegerischer Handlungen.

4. Entspannung zwischen den USA und der Sowjetunion

4.1. Politik unter der nuklearen Bedrohung

Das Konzert gleichgewichtiger und sich gegenseitig ausbalancierender Mächte, das nach dem Ersten Weltkrieg im System von Versailles noch einmal notdürftig hatte restauriert werden können, brach 1945 endgültig zusammen.[1] Die Hauptursachen dieses Zusammenbruchs waren das weltpolitische Engagement der USA und der Sowjetunion, die beide durch ihre Teilnahme am Zweiten Weltkrieg aus ihrer auf seiten der Sowjetunion erzwungenen, auf seiten der USA freiwilligen Isolation heraustraten, und der gleichzeitige, durch Krieg, Entkolonisierung und ökonomische Überlastung bedingte Machtverfall Deutschlands, Japans, Frankreichs und Englands. Die damit entstandene dominierende Stellung der USA und der Sowjetunion wurde durch die Entwicklung der Kernwaffen verstärkt, denn nur diesen beiden Staaten gelang es, ein nukleares Potential aufzubauen, das ausreichte, um auf die Weltpolitik entscheidenden Einfluß auszuüben.

Es zeigte sich, daß nur Länder mit großer räumlicher Ausdehnung, großen materiellen Ressourcen und einem hinlänglich hohen technologischen Entwicklungsstand in der Lage waren, eine Nuklearrüstung in nennenswertem Umfang zu betreiben. Kleinere Staaten, wie Großbritannien und später Frankreich, konnten zwar die technologischen Probleme der Kernwaffen- und Raketenentwicklung bewältigen, aber sie waren geographisch-räumlich beengt – und daher hinsichtlich ihrer Dislozierungsmöglichkeiten und Verwundbarkeit für gegnerische Angriffe militärisch-strategisch im Nachteil – sowie materiell und ökonomisch überfordert, die hohen Belastungen zu tragen, die der Aufbau einer atomaren Großmachtposition verlangt hätte. China, das aufgrund seiner geographischen Ausdehnung und vorhandenen Ressourcen zu einer Atomgroßmacht hätte aufrücken können, befand sich zu Beginn des Atomzeitalters noch im Bürgerkrieg, war politisch gespalten und in technologischer Hinsicht ein Entwicklungsland. Deutschland und Japan waren militärisch besiegt und geschlagen, von ausländischen Truppen besetzt und kontrolliert und weithin von einer antimilitaristischen Grundstimmung erfaßt, die in Japan im Artikel 9 der Verfassung (Verbot der Remilitarisierung) ihren Niederschlag fand und in der Bundesrepublik im Widerstand gegen die Wiederbewaffnung und noch in den späten fünfziger Jahren in der Anti-Atom-Bewegung zum Ausdruck kam. Nur die USA und die Sowjetunion erfüllten alle Voraussetzungen für den Aufbau einer Atomgroßmacht. Sie errangen so im Nuklearbereich eine uneingeschränkte Vormachtstellung und schufen eine sich ständig vergrößernde militärische Lücke zwischen sich und den übrigen Staaten, die zusehen mußten, wie sich eine militärisch bipolare Struktur des internationalen Mächtesystems herausbildete und wie die militärische Ausnahmestellung der USA und der Sowjetunion auch den politischen Bereich zu bestimmen begann.

Zu Beginn des Atomzeitalters – zwischen 1945 und 1949, dem Jahr, in dem die Sowjetunion ihren ersten Atomwaffentest unternahm – verfügten die USA über ein Kernwaffenmonopol. Die Kernwaffen besaßen in dieser Zeit, wenigstens theoretisch, einen großen, beinahe unschätzbaren Wert als politisches Druckmittel und militärisches Einsatzinstrument. In dem Augenblick aber, in dem das nukleare Monopol durchbrochen wurde, 1949 – sehr früh also, zu einer Zeit, als die politischen Möglichkeiten der neuen Waffe noch gar nicht erprobt waren –, wurde diese Waffe wegen der Totalität ihrer Wirkung als Druckmittel und Einsatzinstrument zunehmend unbrauchbar. Die veränderte Qualität des Krieges und die beiderseitige Vernichtungsdrohung zwangen die USA und die Sowjetunion, die Einsatzgrundsätze ihrer militärischen Machtmittel zu überdenken und den Bedingungen des Atomzeitalters anzupassen: Der Primat der Kriegsverhütung wurde zum prägenden Merkmal der Politik und Strategie. Selbst auf dem Höhepunkt des Kalten Krieges dienten die Rüstungsanstrengungen der Atommächte mehr der Abschreckung eines Krieges als dem Zweck, die nötige Überlegenheit zur Führung eines Krieges zu gewinnen. Mehrfach dürften die Kernwaffen in den fünfziger und sechziger Jahren durch ihr bloßes Vorhandensein eine direkte militärische Auseinandersetzung zwischen Ost und West verhindert haben. Sie erwiesen sich als ein den *status quo* stabilisierendes Element und ließen nicht einmal einen „Stellvertreterkrieg" im engeren Einflußbereich der Blöcke, etwa in Europa, zu.

Für die USA und die Sowjetunion bedeutete die Erstarrung der weltpolitischen Strukturen einen Verlust an Handlungsspielraum, da sich zeigte, daß ein Übermaß an militärischer Macht nur von begrenztem politischen Nutzen war, wenn diese Macht wegen ihrer Totalität und Zerstörungskraft nicht sinnvoll eingesetzt werden konnte, Drohungen daher unglaubwürdig schienen.[2] Trotz einer nahezu unbegrenzten Machtfülle mußten die USA und die Sowjetunion zulassen, daß sich unter dem Schirm der bipolar geordneten militärischen Übertötungskapazitäten eine wachsende Zahl autonomisierender Entscheidungszentren entwickelte, deren Tendenz zu partieller Verselbständigung die Weltmächte nur mühsam einzudämmen vermochten.[3] Die zunehmende Gewöhnung an das „Gleichgewicht des Schreckens" und die Tatsache, daß Kernwaffen politisch kaum als Druckmittel verwendet werden konnten, verschafften den kleinen und mittleren Staaten neue Bewegungsfreiheit.

In den USA wurde das Dilemma der zunehmenden eigenen Handlungsschwäche bereits Ende der fünfziger Jahre erkannt. Mit Beginn der Kennedy-

Administration unternahmen die USA 1961 den Versuch, durch eine strategische Umorientierung – von *massive retaliation* zu *flexible response* – und eine Veränderung rüstungspolitischer Ziele unterhalb der Nuklearschwelle konventionelle Optionen zu schaffen und innerhalb des Nuklearbereichs Abstufungen im Gewaltpotential vorzunehmen, um auf Herausforderungen angemessen, flexibel und vor allem glaubwürdig reagieren zu können. Die USA hofften, dadurch an Handlungsfähigkeit zurückzugewinnen. Die Sowjetunion folgte dem amerikanischen Beispiel Mitte der sechziger Jahre durch eine Verstärkung der Marinerüstung und ab Anfang der siebziger Jahre durch eine Verstärkung der Landstreitkräfte. Diese Bemühungen beider Weltmächte, auf rüstungspolitischem Wege der durch die Gesetze des Atomzeitalters bedingten Erstarrung der Weltpolitik entgegenzuwirken, dauern noch an.

Allerdings waren sowohl die USA als auch die Sowjetunion bereits in den sechziger Jahren einsichtig genug, zuzugeben, daß ein realer Zugewinn an äußerer Sicherheit durch weitere Rüstungsmaßnahmen kaum noch zu erzielen war. Der traditionelle Sicherheitsbegriff – Schutz einer Nation vor Angriff oder Umsturz von außen – hatte durch die technologischen Entwicklungen seit Beginn der Luftfahrt viel von seiner Bedeutung eingebüßt. Die Territorialität der Staaten, die er voraussetzte und die durch den Luftkrieg des Zweiten Weltkrieges bereits stark beeinträchtigt worden war, gab es im Atomzeitalter praktisch nicht mehr. Die Atomsprengköpfe, die mit Fernwaffen, wie Langstreckenbombern oder Raketen, über Tausende von Kilometern hinweg zielgenau, fast ohne Möglichkeit der Gegenwehr, in das Land des Gegners getragen werden konnten, und die gewachsenen Zerstörungskapazitäten und Reichweiten konventioneller Waffen entfalteten zusammen eine Absolutheit der Wirkung, die niemals zuvor in der Vergangenheit hatte erreicht werden können.[4] Die Undurchdringbarkeit der Staaten war verloren. Zahl, Art und Qualität der vorhandenen Waffen sorgten dafür, daß kein Volk, wie mächtig oder geographisch abgelegen es auch immer war, sich wirklich sicher fühlen konnte. Zumindest für die Staaten, die direkt mit Kernwaffen drohten bzw. bedroht wurden, hing Sicherheit nicht länger von der Größe ihres Territoriums und dem Umfang ihres verfügbaren Streitkräftepotentials ab, sondern von der Qualität und Beständigkeit der Sicherheitsbeziehungen zwischen den Staaten. Diese Staaten waren keine sicherheitspolitisch unabhängig voneinander agierenden Entitäten mehr, sondern eine Schicksalsgemeinschaft: bei aller Verschiedenheit auf das engste verflochten und auf gegenseitiges Wohlverhalten angewiesen. Eine Konsequenz dieser Gesetzmäßigkeit des Atomzeitalters, der niemand zu entrinnen vermochte, war die Entspannungspolitik und innerhalb der Entspannungspolitik die Politik der kooperativen Rüstungssteuerung – der Versuch, nicht nur gegeneinander zu arbeiten, sondern im unvermeidlichen Gegeneinander auch miteinander.

Vor allem die USA und die Sowjetunion entwickelten, ihrer weltpolitischen Rolle und Verantwortung entsprechend, ab Ende der fünfziger Jahre
und verstärkt nach der Kuba-Krise im Herbst 1962 eine praktische Politik der
Rüstungskontrolle und Rüstungssteuerung. Sie wurde in den sechziger Jahren zunächst in drei Richtungen vorangetrieben:

(1) mit dem Ziel der Verhinderung einer weiteren Verbreitung von Kernwaffen,

(2) mit dem Ziel der Beseitigung der Gefahr eines unbeabsichtigten Ausbruchs von Nuklearkriegen durch Unfall, Mißverständnis oder technisches
Versagen, und

(3) mit dem Ziel der Steuerung und Kanalisierung der Rüstungsentwicklung im nuklear-strategischen Bereich zur Stabilisierung der Rüstungssitua-
tion und Erhaltung des strategischen Gleichgewichts.

4.2. Teststoppvertrag und Nichtverbreitungsvertrag

In den fünfziger Jahren untersuchte ein Wissenschaftsausschuß der Vereinten
Nationen die Strahlenbelastung der Erdatmosphäre und stellte eine Zunahme
der radioaktiven Kontaminierung als Folge der seit 1945 von den Atommächten in der Atmosphäre durchgeführten Nukleartests fest. Die größte Gefahr
ging vom Strontium-90 aus, das mit dem radioaktiven Niederschlag *(fall-out)*
der bei den Kernexplosionen hochgeschleuderten Materie aus der Tropo-
sphäre und Stratosphäre auf die Erde zurückfiel und dort in den pflanzlichen,
tierischen und menschlichen Organismus gelangte. Die Strahlung, der der
Mensch durch den radioaktiven *fall-out* zusätzlich zur natürlichen Strahlenbelastung ausgesetzt war, war allerdings nur etwa ebensogroß wie diejenige,
die er empfing, wenn er eine Armbanduhr mit Leuchtzifferblatt trug.[5] In
Zahlen ausgedrückt: Der menschliche Organismus war einer natürlichen
Strahlung von etwa 0,1 Röntgen pro Jahr ausgesetzt. Diese Dosis erhöhte
sich nach den Untersuchungen durch den *fall-out* der Kernexplosionen um
weniger als 1% oder 0,001 Röntgen pro Jahr, während z.B. eine Tbc-Durch-
leuchtung diese Dosis um 22% heraufsetzte.[6]

Sachlich schwerwiegender als das Argument der Umweltgefährdung, das
in der öffentlichen Diskussion des Teststoppvertrages eine große Rolle
spielte, war daher eine zweite Überlegung: Welche Konsequenzen konnten
eine unkontrollierte und ungebremste Fortsetzung der Atomtests und – als
Folge davon – eine weitere Verbreitung der Kernwaffen unter den Staaten der
Welt haben? Würden dadurch nicht die Überschaubarkeit, Rationalität und
Kalkulierbarkeit des Systems der nuklearen Abschreckung verringert? Mußte
nicht das strategische Gleichgewicht Schaden erleiden? Und würden die USA
und die Sowjetunion noch willens und in der Lage sein, den Frieden zu
erhalten und einen Einsatz von Kernwaffen durch Dritte in einem regionalen
Konflikt zu verhindern, der die Gefahr einer Eskalation zu einem nuklearen

Weltkrieg in sich barg? Wenn nicht, wer oder was sollte an ihre Stelle treten und Garantiefunktionen und Verantwortung übernehmen? Fragen, auf die es keine zufriedenstellenden Antworten gab. Jedenfalls schien Einhalt geboten.

An der Schwelle zu den sechziger Jahren kam es deshalb zwischen den USA, der Sowjetunion und Großbritannien zu ersten Verhandlungen über eine Beendigung der Nukleartests. Nach mehreren vergeblichen Anläufen wurden diese Gespräche nach Beilegung der Kuba-Krise wieder aufgenommen und 1963 zu einem raschen Abschluß gebracht. Danach verhandelten die drei Länder über einen „Atomsperrvertrag", der 1968 unterzeichnet wurde, 1970 in Kraft trat und die Nichtverbreitung von Kernwaffen regelt. Bereits einen Monat vor Abschluß des Teststoppvertrages war im Juni 1963 bilateral zwischen den USA und der Sowjetunion die Errichtung einer über Großbritannien und Skandinavien führenden direkten Fernschreibverbindung zwischen Washington und Moskau vereinbart worden, um die technischen Kommunikationsmöglichkeiten zwischen den beiden Weltmächten zu verbessern. Das „Rote Telefon" war auch Symbol dafür, daß die Sowjetunion und die USA nach langen Jahren des Kalten Krieges nun wieder bereit waren, miteinander zu sprechen.

Der Inhalt des Vertrages über ein Verbot der Kernwaffenversuche in der Atmosphäre, im Weltraum und unter Wasser (Teststoppvertrag),[7] der am 5. August 1963 in Moskau unterzeichnet wurde und nach Ratifizierung durch die drei Depositarmächte (USA, Großbritannien und Sowjetunion) am 10. Oktober 1963 in Kraft trat, läßt sich wie folgt zusammenfassen:[8]

(1) Der Vertrag verbietet die Ausführung von Nukleartests
a) in der Atmosphäre und darüber hinaus, einschließlich des äußeren Weltraums, sowie unter Wasser, einschließlich territorialer Gewässer und der offenen See,
b) in jeder anderen Umgebung, falls die Explosion dazu führt, daß radioaktive Stoffe nach außerhalb der territorialen Grenzen des Staates gelangen, unter dessen Aufsicht oder Verantwortung der Test durchgeführt wird.

(2) Der Vertrag steht allen Staaten zur Unterzeichnung offen und bedarf der Ratifikation.

(3) Der Vertrag ist unbegrenzt gültig.

Der in der deutschen Sprachregelung zunächst unter dem irreführenden Begriff „Atomsperrvertrag" diskutierte Vertrag über die Nichtverbreitung von Kernwaffen *(non-proliferation treaty),* der die weitere Verbreitung von Kernwaffen verhindern soll und deshalb hier im weiteren als „Nichtverbreitungsvertrag" bezeichnet wird, wurde am 1. Juli 1968 in London, Moskau und Washington unterzeichnet und trat am 5. März 1970 in Kraft. Depositarmächte waren, wie beim Teststoppvertrag 1963, die USA, Großbritannien und die Sowjetunion. Im einzelnen enthält der Nichtverbreitungsvertrag folgende Bestimmungen:[9]

(1) Der Vertrag verbietet die Weitergabe von Kernwaffen oder anderen nuklearen Sprengsätzen oder die Kontrolle über sie von Nuklearmächten an welchen Empfänger auch immer.

(2) Der Vertrag verbietet den Nichtkernwaffenstaaten den Empfang von Kernwaffen oder anderen nuklearen Sprengsätzen sowie den Empfang von Mitteln oder Hilfe zur Herstellung solcher Waffen und Sprengsätze.

(3) Der Vertrag verpflichtet die Nichtkernwaffenstaaten, mit der Internationalen Atomenergiebehörde (IAEA) Sicherheitsvereinbarungen zu treffen, um den Mißbrauch friedlich genutzter Kernenergie zur Herstellung von Kernwaffen oder anderen nuklearen Sprengsätzen zu verhindern.

(4) Der Vertrag steht allen Staaten zur Unterzeichnung offen und bedarf der Ratifikation.

(5) Der Vertrag ist unbegrenzt gültig.

Mit dem Nichtverbreitungsvertrag wurde die erste Phase der nuklearen Rüstungskontrollpolitik beendet. In ihr stimmten die drei damaligen Atommächte USA, Großbritannien und Sowjetunion – Frankreichs Potential war noch im Aufbau begriffen, China begann erst im Oktober 1964 mit Versuchsexplosionen – in der Auffassung überein, daß eine Beschränkung des nuklearen Wettrüstens auf die schon bestehenden Kernwaffenstaaten wünschenswert sei. Eine Beschränkung der Kernwaffenversuche und ein Verbot der Weitergabe von Kernwaffen an Nichtkernwaffenstaaten sollte dazu beitragen, den Kreis der Kernwaffenstaaten so klein wie möglich zu halten. Risikoträchtige Umweltbelastungen, wie sie bei einer steigenden Zahl von Atomtests und sich summierenden Mengen an radioaktivem *fall-out* auftreten konnten, sollten dadurch ebenso vermieden werden wie strategische Risiken, die sich aus einem ungebremsten Anstieg der Zahl der Nuklearmächte ergeben hätten.

Der Teststoppvertrag wurde allerdings zu einer Zeit abgeschlossen, als die drei Signatarmächte ihre Atomversuche in der Atmosphäre beenden konnten, ohne die weitere Entwicklung ihrer Nuklearpotentiale zu gefährden. Die noch nötigen Versuche konnten problemlos unter die Erde verlegt werden. Für die Atommächte bedeutete der Verzicht auf weitere Tests in der Erdatmosphäre also kein besonderes Opfer. Dies zeigt die Zunahme der unterirdischen Tests nach 1963 sehr deutlich: So führten die USA von 1945 bis zum 5. August 1963 insgesamt 193 atmosphärische und 94 unterirdische Tests (davon 5 unter Wasser) durch, die Sowjetunion im gleichen Zeitraum 161 atmosphärische, 3 unterirdische und 1 unter Wasser. Vom 5. August 1963 (dem Tag der Unterzeichnung des Teststoppvertrages) bis Ende 1975 unternahmen, entsprechend dem Inhalt des Teststoppvertrages, weder die USA noch die Sowjetunion Versuche in der Atmosphäre, dafür aber umso mehr unterirdische Tests: die USA 283, die Sowjetunion 171.[10]

Teststoppvertrag und Nichtverbreitungsvertrag untersagten den bereits bestehenden Atommächten daher nichts, den Staaten, die bis dahin noch nicht über Kernwaffen verfügten, dagegen alles. Die Kernwaffen wurden oligopolisiert, der militärische und machtpolitische *status quo* wurde festgeschrieben. Da die Atommächte ihre Versuchsexplosionen fortsetzen und ihre Kernwaffenpotentiale weiter ausbauen konnten und die Kombination von Teststoppvertrag und Nichtverbreitungsvertrag – zu deren Unterzeichnung allerdings kein Staat gezwungen werden konnte – es Nichtatommächten theoretisch für alle Zeit unmöglich machte, in den Besitz von Kernwaffen zu gelangen, verzichteten die Nichtkernwaffenstaaten mit ihrer Unterschrift unter Teststoppvertrag und Nichtverbreitungsvertrag auf Dauer darauf, militärisch eine den USA und der Sowjetunion ebenbürtige Rolle zu spielen. Dies war ein bis dahin einmaliger Vorgang: eine freiwillige Selbstbeschränkung der Nichtkernwaffenstaaten bei gleichzeitiger Anerkennung des Rechts der Atommächte, ihre Atomrüstung weiter auszudehnen, wenn sie dies für nötig oder zweckmäßig hielten.

Warum ließen sich die Nichtkernwaffenstaaten darauf überhaupt ein? Willy Brandt formulierte die Gründe in einer Rede am 3. September 1968 auf einer Konferenz der Nichtkernwaffenstaaten in Genf und ging dabei insbesondere auf die Erwartungen ein, die sich für die Nichtkernwaffenstaaten mit Teststoppvertrag und Nichtverbreitungsvertrag verbanden:

„Was uns (die Nichtkernwaffenstaaten, d. Verf.) alle eint, ist der Wille, auf das Atom als Waffe zu verzichten. Was uns alle eint, ist allerdings auch die Überzeugung, daß unseren Völkern aus dieser Selbstbeschränkung keine Deklassierung erwachsen darf, sondern daß sie dem Frieden und dem Fortschritt der Menschheit dienen muß ...

Die großen Gefahren für die Menschheit gehen von großen Mächten aus und nicht von kleinen. Mit anderen Worten: Es muß auch um die Definierung der Pflichten gehen, denen sich die Kernwaffen-Mächte zu unterwerfen haben."[11]

Mit den SALT-Verhandlungen, die 1969 mit Vorgesprächen begannen, bemühten sich die USA und die Sowjetunion um eine solche „Definierung von Pflichten". Teststoppvertrag und Nichtverbreitungsvertrag hatten für diese Verhandlungen die Voraussetzungen geschaffen. Sie hatten es den USA und der Sowjetunion ermöglicht, unbeeinflußt von Kernwaffenentwicklungen in anderen Staaten ihr bilaterales Potential zu bilanzieren und auf der Grundlage gemeinsamer Zahlen und Berechnungen nach Lösungen für eine Begrenzung der strategischen Rüstungen zu suchen. Die Alternative „Kernwaffen für alle" hätte Kernwaffen in die Hände vieler Staaten gelangen lassen, unter denen sicher manche gewesen wären, die aus den verschiedensten Gründen zum verantwortungslosen Umgang mit ihnen hätten neigen können; kooperative Rüstungssteuerung wäre unter solchen Umständen schwierig und vielleicht unmöglich gewesen.

Die richtungweisende Bedeutung des Teststoppvertrages und Nichtverbreitungsvertrages lag also darin, einem neuen politisch-strategischen Den-

ken zum Durchbruch verholfen zu haben, das manchem als Kapitulation vor
nuklearen Supermachtansprüchen erscheinen mochte, in Wirklichkeit aber
die einzig mögliche Antwort auf die neuen Bedingungen des Atomzeitalters
im militärischen Bereich darstellte.

4.3. *Die SALT-Verhandlungen bis zu den Moskauer Abkommen 1972*

Mit den Gesprächen zur Begrenzung strategischer Rüstungen (SALT = *Strategic Arms Limitation Talks*) näherten sich die USA und die Sowjetunion
dem Kern des Problems der nuklearen Rüstungssteuerung. Bis dahin hatten
die beiden Weltmächte selbst noch keine Opfer gebracht, nichts reduziert
und auf nichts verzichtet, worauf sie nicht mühelos hätten verzichten können
oder ohnehin verzichtet hätten. Sie hatten neben dem Teststoppvertrag und
dem Nichtverbreitungsvertrag einen Vertrag über die Nicht-Militarisierung
der Antarktis geschlossen, das Abkommen über den „Heißen Draht" vereinbart, in einem weiteren Vertrag ein Verbot der Stationierung von Kernwaffen
im Weltraum beschlossen und die Errichtung einer kernwaffenfreien Zone in
Lateinamerika befürwortet.[12] Aber sie hatten zugleich das nukleare und konventionelle Wettrüsten vorangetrieben und die militärische Kluft zwischen
sich und den übrigen Staaten weiter verbreitert. Mit SALT begann eine neue
Phase der Rüstungskontrollpolitik, denn nun wurden erstmals die Potentiale
der USA und der Sowjetunion Gegenstand von Rüstungskontrollverhandlungen.

Die Aufnahme von SALT-Gesprächen wurde am 1. Juli 1968 anläßlich der
Unterzeichnung des Vertrages über die Nichtverbreitung von Kernwaffen
vom amerikanischen Präsidenten Lyndon B. Johnson in Washington und
vom sowjetischen Ministerpräsidenten Alexej N. Kossygin in Moskau angekündigt. Der Ankündigung nach sollte es dabei um die „Begrenzung und
Reduzierung offensiver und defensiver Nuklearwaffenträgersysteme und der
Systeme der Verteidigung gegen ballistische Raketen" gehen.[13] Gespräche zur
Vorbereitung der SALT-Verhandlungen fanden vom 17. November 1969 an
in Helsinki statt. Die erste Runde der SALT-Verhandlungen begann am
16. April 1970 in Genf und wurde am 26. Mai 1972 mit den Rüstungskontrollabkommen von Moskau abgeschlossen: einem Vertrag über die Begrenzung von ballistischen Raketenabwehrsystemen, einem Interimsabkommen
zur Begrenzung von strategischen Offensivwaffen und einem Protokoll zum
Interimsabkommen, in dem Einzelheiten über Umfang und Verfahren der
Begrenzung strategischer Offensivwaffen festgelegt waren.

Die Ziele der ersten SALT-Runde waren bewußt knapp gesteckt, weil die
Begrenzung und Verminderung von Streitkräften nach den Erfahrungen der
Vergangenheit ein so schwieriges und komplexes Problem darstellte, daß es in
Einzelaspekte aufgeteilt werden mußte, um überhaupt lösbar zu sein. Die
Abrüstungsbemühungen in den zwanziger und dreißiger Jahren und auch die

Ansätze der UNO nach 1945 waren nicht zuletzt daran gescheitert, daß sie zu viel auf einmal angestrebt hatten. Programme zur völligen Abrüstung konnten zwar einen Idealzustand beschreiben, riefen aber in der politischen Praxis eher Verwirrung und Resignation hervor, da es offensichtlich unmöglich war, sie zu verwirklichen. Derartige Programme scheiterten, noch ehe sie ernsthaft diskutiert wurden. Zu viele Gegensätze prallten aufeinander: das Mißtrauen zwischen den Staaten und Völkern, traditionelle Feindbilder und Sicherheitsbedürfnisse, ökonomische Interessen der Rüstungsindustrien, Forderungen der Militärs, Vorurteile und ideologische Bedenken. Zu groß waren auch die praktischen Schwierigkeiten: Wie konnte gewährleistet werden, daß wirklich alles militärische Potential beseitigt wurde? Wer garantierte, daß nicht ein Staat trotz vorgesehener Demobilisierung noch Streitkräfte unterhielt, um damit wehrlos gewordene Gegner bedrohen oder angreifen zu können? Wie sollten nach erfolgter Demobilisierung die Konflikte beigelegt werden, die es auch dann noch geben würde? Welche Autorität sollte an die Stelle militärisch fundierter Macht treten? War nicht überhaupt ein umfassender Wandel des politischen Bewußtseins Voraussetzung, bevor man auf Drohung und Anwendung physischer Gewalt als Mittel der Konfliktregelung verzichten konnte?

Bei den SALT-Gesprächen wurden aus der Einsicht in die Unmöglichkeit umfassender Rüstungskontrollvereinbarungen erstmals Konsequenzen gezogen. Anstatt bei der Alternative des Alles-oder-Nichts – völlige Abrüstung oder unkontrollierte Aufrüstung – zu verharren, wurde damit begonnen, pragmatisch die bestehenden Rüstungen zu erfassen und ihre Entwicklungsrichtung zu bestimmen, zu steuern und zu begrenzen. Auf diese Weise war kein revolutionärer Durchbruch im Sinne völliger Abrüstung, aber doch immerhin eine positive Stabilisierungswirkung zu erzielen.

Die Verhandlungen der ersten SALT-Runde (SALT-I) beschränkten sich auf die Verwirklichung zweier Vorhaben:

(1) einer quantitativen Plafond-Begrenzung der offensiven Trägerwaffensysteme und

(2) eines Rüstungsstopps und quantitativen Begrenzung der Raketenabwehrflugkörper (ABM = *Anti-ballistic missiles*).

Bei der Plafond-Begrenzung der offensiven Trägerwaffensysteme ging es noch nicht um eine Maßnahme zur Rüstungsminderung, sondern lediglich darum, der weiteren Aufrüstung in diesem Bereich Einhalt zu gebieten. Die bestehenden Potentiale blieben unangetastet, durften aber in Zukunft nur noch bis zu einem bestimmten, vertraglich festgelegten Punkt ausgeweitet werden. Nicht Aufrüstung selbst wurde verboten, sondern nur das quantitative Maß der Aufrüstung begrenzt. Ohne sich über die Höhe bestehender Potentiale einigen zu müssen, was zwischen militärischen Gegnern immer schwierig ist, wurden Vereinbarungen über Höchststärken getroffen, die rüstungspolitisch maximal realisiert werden durften. Obwohl damit weitere

Aufrüstung sogar vertraglich erlaubt wurde, bedeutete dies einen Fortschritt gegenüber einem unbegrenzten Wettrüsten, da man nun, ausgehend von der gemeinsamen Plafond-Begrenzung, in weiteren Verhandlungen daran gehen konnte, den Plafond zu senken und schließlich eine reale Verminderung des militärischen Potentials herbeizuführen.

Bei SALT-I wurde den USA und der Sowjetunion die Festsetzung von Höchststärken dadurch erleichtert, daß sich die Verhandlungen in einem abstrakten Raum bewegten, weil es nicht um die Begrenzung von Kapazitäten ging, die zur Landesverteidigung notwendig waren, sondern nur um die Begrenzung von „Übertötungskapazitäten" *(over-kill capacities)*. Außerdem strebten die beiden Nuklearmächte bei SALT-I nur eine *quantitative* Begrenzung, nicht aber eine Beschränkung der *qualitativen* Verbesserung des Potentials an, obwohl die zahlenmäßige Ausweitung der Potentiale ohnehin weitgehend beendet war und einer Verbesserung der Qualität der Systeme Platz gemacht hatte.

Das Interimsabkommen zwischen den USA und der Sowjetunion über Maßnahmen zur Begrenzung strategischer Angriffswaffen wurde am 26. Mai 1972 in Moskau von Präsident Nixon und Generalsekretär Breschnew unterzeichnet und trat am 3. Oktober 1972 in Kraft.[14] In dem Abkommen verpflichteten sich beide Länder,

– nach dem 1. Juli 1972 nicht mehr mit dem Bau weiterer fester landgestützter Abschußvorrichtungen für ballistische Interkontinentalraketen (ICBM) zu beginnen,

– keine landgestützten Abschußvorrichtungen für leichte Interkontinentalraketen oder für Interkontinentalraketen älteren Typs, die vor 1964 disloziert wurden, zu landgestützten Abschußvorrichtungen für schwere Interkontinentalraketen von Typen, die danach disloziert wurden, umzubauen,

– die Zahl der Abschußvorrichtungen für Unterseeboot-gestützte ballistische Raketen (SLBM) und die Zahl der modernen ballistischen Raketen-Unterseeboote zu begrenzen,

– eine Modernisierung und einen Ersatz strategischer ballistischer Offensivraketen und von Abschußvorrichtungen, die von dem Interimsabkommen erfaßt wurden, zu erlauben,

– weiterhin aktive Verhandlungen über die Begrenzung strategischer Offensivwaffen zu führen.[15]

Von besonderer Bedeutung an dem Abkommen war seine Befristung auf fünf Jahre – bis 1977. Dies ermöglichte es den USA und der Sowjetunion einerseits, Erfahrungen mit der praktischen Durchführung von Rüstungskontrollvereinbarungen und ihrer Einhaltung durch die Gegenseite zu sammeln, zwang sie andererseits jedoch auch, die Verhandlungen unverzüglich fortzusetzen und sich um ein Anschlußabkommen zu bemühen.

In einem gleichzeitig unterzeichneten Protokoll zum Interimsabkommen wurde festgelegt, daß die USA maximal 710 Abschußvorrichtungen für ballistische Raketen auf Unterseebooten (SLBM) und nicht mehr als 44 moderne ballistische Raketen-Unterseeboote besitzen durften, die Sowjetunion maximal 950 Abschußvorrichtungen für ballistische Raketen auf Unterseebooten und 62 moderne ballistische Raketen-Unterseeboote. Da die USA Mitte 1972, als das SALT-I-Abkommen unterzeichnet wurde, über 656 und die Sowjetunion über 740 SLBM verfügten, wurde den beiden Mächten also eine Aufrüstung um +54 (USA) bzw. +210 (UdSSR) SLBM zugestanden.[16] Die USA hatten allerdings ohnehin seit 1967 die Zahl ihrer Interkontinentalraketen (ICBM) bei 1054 und die Zahl ihrer SLBM bei 656 konstant gehalten, so daß die Moskauer SALT-Abkommen für sie nur eine Bekräftigung ihres rüstungspolitischen Programms bedeuteten. Sie hatten sich schon seit den sechziger Jahren auf die Verbesserung der Qualität der Raketen und Sprengköpfe konzentriert und einen Durchbruch in der MIRV-Technik, d. h. in der Ausstattung der Raketen mit Mehrfachsprengköpfen, erzielt. Die Sowjetunion erhöhte die Zahl ihrer Interkontinentalraketen noch von 1527 im Jahre 1972 auf 1618 im Jahre 1975, um sie dann bis 1977 wieder auf 1477 zu vermindern. Im SLBM-Bereich schöpfte die Sowjetunion das ihr zugestandene Maß voll aus. Mitte 1977 verfügte die Sowjetunion über mindestens 909 SLBM, womit sie ihr Limit aus dem Protokoll zum Interimsabkommen noch nicht ganz erreichte, doch schon 1978 – nach Auslaufen des Interimsabkommens – hatte sie mit 1015 SLBM die ihr zugestandene Zahl überschritten, was sowohl auf kontinuierliche Aufrüstung in diesem Bereich schließen läßt wie auch auf ein Modernisierungsdefizit gegenüber den USA, das es ihr nicht einmal aus propagandistischen Gründen ermöglichte, auf ein Überschreiten der im Interimsabkommen fixierten 950-SLBM-Marke zu verzichten.[17]

Das Interimsabkommen zur Begrenzung strategischer Offensivwaffen hinkte also dem Trend der Waffenentwicklung hinterher. Wie notwendig es dennoch war, scheinbar Selbstverständliches festzuschreiben, bewies das sowjetische Verhalten im SLBM-Bereich 1977/78. Das Interimsabkommen war somit ein Anfang, der aber der Weiterführung bedurfte.

Das zweite Ziel der SALT-Verhandlungen – ein Rüstungsstopp und eine quantitative Begrenzung der Raketenabwehrflugkörper (ABM) – stand unter gänzlich anderen Vorzeichen als die Begrenzung strategischer Offensivwaffen. Im ABM-Bereich sahen sich die USA und die Sowjetunion vor die Aufgabe gestellt, eine durch technologische Entwicklung eingetretene Gefährdung der Stabilität des strategischen Kräfteverhältnisses zu beseitigen. Beide Weltmächte hatten in den sechziger Jahren ABM-Systeme entwickelt, die geeignet waren, anfliegende Feindraketen zu vernichten, bevor sie Schaden unter der Zivilbevölkerung, am Industriepotential oder an militärischen Einrichtungen anrichten konnten. Damit rückte ein nuklearer Erstschlag wieder in den Bereich des Möglichen, da der Angreifer aufgrund der eigenen Raketenabwehr hoffen konnte, von einem nuklearen Gegenschlag verschont zu werden. Einer der Grundpfeiler des Abschreckungssystems – die Furcht vor nuklearer Vergeltung – geriet dadurch ins Wanken. Das Spiel mit der Bombe, dessen hervorstechendstes Merkmal seine absolute Unberechenbarkeit war, drohte kalkulierbar zu werden und damit an Schrecken zu verlieren. Die Tabuisierung der Kernwaffen war in Gefahr – und damit der Wille zur Kriegsverhütung. Selbst wenn beide Weltmächte über ein gleich großes Raketenabwehrpotential verfügt hätten, wäre ein Stabilitätsverlust eingetreten, da bereits der Glaube, aus einem Nuklearkrieg eventuell ohne Schaden hervorgehen zu können, die Bereitschaft vergrößert hätte, sich auf Risiken einzulassen.[18]

Die USA und die Sowjetunion standen daher am Ende der sechziger Jahre vor der Alternative, auf den Bau einer unbestritten defensiven Waffe zu verzichten und damit die eigene Bevölkerung und das eigene Land weiterhin in ständiger Furcht vor atomarer Vernichtung zu halten oder das ABM-System einzuführen und damit von einem bewährten strategischen Prinzip abzurücken. Sie entschieden sich gegen ABM und für die Aufrechterhaltung des Abschreckungssystems in seiner herkömmlichen Form. Sie verzichteten auf die Realisierung einer zusätzlichen rüstungspolitischen Option und bekannten sich zur Wahrung des Prinzips der strategischen Stabilität auf der Grundlage einer beiderseitigen Vernichtungsdrohung.

Der Vertrag über die Begrenzung ballistischer Raketenabwehrsysteme, der zusammen mit dem Interimsabkommen zur Begrenzung strategischer Offensivwaffen und dem Protokoll zum Interimsabkommen am 26. Mai 1972 von Nixon und Breschnew in Moskau unterzeichnet wurde und ebenfalls am 3. Oktober 1972 in Kraft trat, enthielt folgende Einzelbestimmungen:[19]

– Die ballistischen Raketenabwehrsysteme (ABM) wurden begrenzt.

– Innerhalb eines ABM-System-Dislozierungsgebietes mit einem Radius von 150 Kilometern und dem Mittelpunkt in der Hauptstadt des Vertragspartners durften maximal 100 ABM-Abschußvorrichtungen und nicht mehr als 100 ABM-Abfangraketen an den Startplätzen sowie ABM-Radareinrichtungen innerhalb von nicht mehr als sechs ABM-Radarkomplexen disloziert werden.

– Innerhalb eines weiteren ABM-Dislozierungsgebietes, das einen Radius von 150 Kilometern hat und in dem ICBM-(Interkontinental)-Abschuß-Silos liegen, durften maximal 100 ABM-Abschußvorrichtungen und nicht mehr als 100 ABM-Abfangraketen an den Startplätzen sowie zwei große ABM-Radareinrichtungen mit phasengesteuerter Richtwirkung und nicht mehr als 18 ABM-Radareinrichtungen disloziert werden, von denen jede einen geringeren Wirkungsbereich haben mußte als die kleinere der beiden oben genannten großen ABM-Radareinrichtungen mit phasengesteuerter Richtwirkung.

– Die Vertragspartner verpflichteten sich, außer den hier genannten Ausnahmen keine ABM-Systeme für eine Verteidigung des Territoriums ihres Landes zu dislozieren und keine Basen für eine solche Verteidigung einzurichten sowie keine ABM-Systeme zur Verteidigung eines einzelnen Gebietes zu dislozieren.

– Die Vertragspartner verpflichteten sich, keine seegestützten, luftgestützten, weltraumgestützten oder mobil landgestützten ABM-Systeme oder Komponenten zu entwickeln, zu testen oder zu dislozieren und keine ABM-Systeme oder Komponenten davon nach anderen Staaten zu verbringen und sie nicht außerhalb ihres nationalen Territoriums zu dislozieren.

– Der Vertrag sollte von unbegrenzter Dauer sein. Fünf Jahre nach seinem Inkrafttreten – und danach in Abständen von jeweils fünf Jahren – sollten die Vertragspartner zusammen eine Überprüfung des Vertrages vornehmen.

Nach Inkrafttreten des ABM-Vertrages verblieb den USA und der Sowjetunion ein Rest-ABM zum Schutz der Hauptstadt und einiger ICBM-Silos, das eine zusätzliche Sicherung zur Aufrechterhaltung der Fähigkeit zum nuklearen Gegenschlag darstellen sollte, in seiner defensiven Wirksamkeit militärisch aber ohne Bedeutung war. Kritiker der amerikanisch-sowjetischen Rüstungssteuerung argumentierten deshalb, durch die Aufgabe der ABM-Option werde die nationale Sicherheit aufs Spiel gesetzt.[20] Ob ein voll ausgebautes ABM-System, dessen Kosten in den USA schon unter Verteidigungsminister Robert McNamara auf über 40 Milliarden US-Dollar geschätzt worden war, jemals in der Lage gewesen wäre, einen wirksamen Schutz gegen nukleare Angriffe zu bieten, ist inzwischen eine hypothetische Frage. Immerhin wurde bereits in den sechziger Jahren die Auffassung vertreten, angesichts der aufgefächerten nuklearstrategischen Offensivpotentiale und Übertötungskapazitäten sei „eine wirksame Verteidigung im klassischen Stil der Abwehr auf der nuklearstrategischen Ebene, und nicht nur hier, heute praktisch unmöglich".[21] Nach der Entwicklung von Mehrfachgefechtsköpfen und der damit verbundenen Vervielfachung der Angriffskapazitäten ist diese Einschätzung sicher richtiger denn je. Mit dem Abschluß des ABM-Vertrages leisteten die USA und die Sowjetunion daher nicht nur einen Beitrag zur Wahrung der strategischen Stabilität, sondern vermieden es auch, durch Einführung eines kostspieligen, aber in seiner Wirksamkeit zweifelhaften Waffensystems den Rüstungswettlauf weiter anzuheizen.

Entgegen allen Einwänden, die man gegen die Praxis dieser ersten Phase der SALT-Politik von 1969 bis 1972 erheben kann, bleibt festzuhalten, daß mit SALT-I und den Rüstungskontrollabkommen von Moskau ein Weg der Rüstungssteuerung beschritten wurde, der eine Hinwendung zu einer realistischen, pragmatischen Zusammenarbeit auf dem Rüstungssektor bedeutete und durch seine Konzentration auf Machbares Aussicht auf begrenzten Erfolg bot. Daß damit diejenigen enttäuscht werden mußten, die umfassende Vereinbarungen und drastische Verminderungen der nuklearen Potentiale mit dem Ziel einer allgemeinen Abrüstung erwartet hatten, war unausweichlich. Allerdings beruhte schon die Annahme, daß umfassende Maßnahmen möglich seien, auf einem Mißverständnis dessen, was diese Politik erstrebte.

Dem Wettrüsten einen Rahmen zu setzen und technologische Entwicklungen dort zu beschneiden, wo sie die strategische Stabilität gefährdeten, war Hauptziel dieser Politik. Mehr war unter den gegebenen Umständen auch nicht zu erreichen. Unvernünftige Forderungen darüber hinaus hätten nur die Verhandlungen mit einem zusätzlichen Risiko des Scheiterns belastet.

4.4. *Die zweite Runde der SALT-Verhandlungen 1973–1979*

Das nukleare Wettrüsten wurde durch SALT-I nicht beendet. Mit dem ABM-Vertrag hatte man zwar eine wichtige Option der nuklearen Rüstungsentwicklung blockiert, aber das Interimsabkommen über die Begrenzung der strategischen Offensivrüstung bot weiterhin die Möglichkeit zu quantitativer Aufrüstung, enthielt keinerlei Beschränkungen der qualitativen Rüstungsentwicklung und war zudem auf eine Laufzeit von fünf Jahren befristet. Deshalb waren Anschlußverhandlungen erforderlich, um Folgevereinbarungen zu treffen, die das Interimsabkommen ablösten und eine Senkung der Höchstgrenzen der strategischen Offensivrüstung und Beschränkungen des qualitativen Wettrüstens vorsahen. Diese Themen waren Gegenstand bei den SALT-II-Verhandlungen.

Die zweite Runde der SALT-Verhandlungen begann am 25. September 1973 in Genf, nachdem vom Herbst 1972 bis zum Besuch des sowjetischen Staats- und Parteichefs Breschnew in den USA im Juni 1973 Vorgespräche stattgefunden hatten. Am 23. und 24. November 1974 trafen sich der amerikanische Präsident Gerald R. Ford, der inzwischen den über Watergate gestürzten Nixon abgelöst hatte, und Breschnew im sibirischen Wladiwostok, um ein Zwischenergebnis zu fixieren. In der Übereinkunft wurden Leitsätze für das weitere Verfahren bei SALT-II vereinbart: Das SALT-I-Interimsabkommen über die Begrenzung strategischer Angriffsraketen sollte bis 1985 verlängert werden. Beiden Seiten sollte es erlaubt sein, insgesamt jeweils 2 400 offensive Trägerwaffensysteme zu unterhalten (land- und seegestützte Raketen und interkontinentale Bomber), von denen 1 320 mit Mehrfachgefechtsköpfen (MIRV) ausgerüstet sein durften. Spätestens 1980 oder 1981 sollten im Rahmen von SALT-III weitere Verhandlungen über eine Begrenzung und, soweit möglich, über eine Verminderung der strategischen Streitkräfte beginnen.[22]

Nach den Vereinbarungen von Wladiwostok sprach Henry A. Kissinger, unter Ford wie schon unter Nixon amerikanischer Außenminister, von einem „Durchbruch", Breschnew glaubte an einen „existentiellen Schritt nach vorn".[23] Andere waren bereits damals weniger optimistisch. David Aaron, außenpolitischer Berater des demokratischen Senators und späteren Vizepräsidenten der USA, Walter F. Mondale, schrieb, die Übereinkunft von Wladiwostok trage nichts dazu bei, die Bedrohung der strategischen Stabilität zu mindern, und verwies auf die Besorgnis amerikanischer Experten angesichts der hohen Zahl von Mehrfachgefechtsköpfen: „Seit mindestens einem Jahrzehnt rechnet man mit der Möglichkeit, daß ortsfeste landgestützte Interkontinental-Flugkörper (ICBM) gegenüber einem Erstschlag verwundbar werden könnten. Jetzt ist das praktisch zu einer Gewißheit geworden, nämlich im Ergebnis der aufgrund der Übereinkunft von Wladiwostok erlaubten hohen Zahl von MIRV-Flugkörpern und der Tatsache, daß die Sowjetunion über äußerst sprengkräftige und potentiell auch treffsichere MIRV verfügt... Es mag sein, daß weitere Verhandlungen im SALT-Rahmen diese Gefahr rechtzeitig unter Kontrolle bringen. Aber solange dies nicht gelingt, werden die Vereinigten Staaten ihre strategischen Rüstungsprogramme unter der Voraussetzung weiterführen müssen, daß ein bedeutender Teil ihrer Abschreckungsmacht eines Tages verwundbar wird."[24]

Kissinger jedoch hatte trotz solcher Bedenken auf das Treffen von Wladiwostok gedrängt, um spätestens bis zum Herbst 1975 ein SALT-II-Abkommen zu erreichen. 1976 standen in den USA Präsidentschaftswahlen bevor, die zu einer Beeinträchtigung der Verhandlungen und zu einer Verzögerung des SALT-II-Abschlusses führen konnten. Danach war es möglicherweise für ein Abkommen zu spät, denn es bestand die begründete Gefahr, daß die technologische Entwicklung, die in immer kürzeren Abständen die Projektierung und Produktion immer neuer und zum Teil auch neuartiger und durch Rüstungskontrollmaßnahmen schwer faßbarer Waffensysteme bewirkte, den Diplomaten davonlief.[25] Außerdem konnte niemand voraussehen, wie im Falle eines Wechsels in der Administration die neue Regierung über SALT denken werde.

Aber Kissingers Terminplan ließ sich nicht einhalten. Die Sowjetunion kündigte am 11. Januar 1975 das amerikanisch-sowjetische Handelsabkommen von 1972, nachdem der amerikanische Kongreß die Gewährung der Meistbegünstigung von der Lockerung der Auswanderungsbestimmungen für sowjetische Juden abhängig gemacht hatte.[26] Im Sommer desselben Jahres veranlaßte die Entwicklung in Portugal und Angola den Westen zu neuem Nachdenken darüber, ob es sinnvoll sei, sich mit der Sowjetunion auf weitreichende politische, wirtschaftliche und rüstungskontrollpolitische Vereinbarungen einzulassen, da die Entspannungspolitik die Sowjetunion offenbar nicht davon abhielt, westliche Interessen zu verletzen, sobald dies ohne großes Risiko möglich war. Es kam zu einer allgemeinen Verschlechterung der Ost-West-Beziehungen und zu Spannungen im amerikanisch-sowjetischen Verhältnis, die die SALT-Verhandlungen nicht unberührt ließen, auch wenn beide Seiten immer wieder ihr Interesse an einem baldigen SALT-Abschluß betonten. Gerade in dieser Phase der Verhandlungen hätte es jedoch zusätzlicher Kompromißbereitschaft bedurft, um die schwierigen technischen Probleme zu lösen, die bei den Verhandlungen 1975 auftraten.

Hauptsächlich vier Hindernisse standen damals einer zweiten SALT-Vereinbarung im Wege: die Bestimmung und Verifizierung der mit Mehrfachgefechtsköpfen ausgestatteten Trägerwaffen, das sowjetische Programm der Modernisierung ihrer Interkontinentalraketen und die Einbeziehung der sowjetischen *Backfire*-Bomber und der amerikanischen Marschflugkörper *(cruise missiles).*[27]

Entsprechend der Übereinkunft von Wladiwostok sollten 1 320 Raketen mit Mehrfachgefechtsköpfen ausgerüstet werden dürfen. Durch elektronische Aufklärung und Satellitenbeobachtung ließ sich jedoch nicht feststellen, ob Raketen „gemirvt" oder nur mit einem einfachen Sprengkopf versehen waren. Die USA schlugen deshalb vor, alle Trägersysteme in die Zählung der 1 320 MIRV-Träger einzubeziehen, die „fünf- oder sechsmal", wie Kissinger sagte, unter MIRV-Bedingungen getestet worden waren. Aber die Sowjetunion, die 1973 gerade erst vier neue Raketentypen erprobt hatte, drei davon – die *SS-17*, die *SS-18* und die *SS-19* – auch mit Mehrfachgefechtsköpfen, wollte in der Bestückung ihrer Palette neuer Raketen freie Hand behalten und lehnte den amerikanischen Vorschlag ab. Sie konnte darauf verweisen, zumindest die schwere *SS-18* mit einer Wurflast von 16 000 bis 20 000 Pfund bisher nur mit einem einfachen Sprengkopf von 18–25 Megatonnen (MT) disloziert zu haben. Da die Sowjetunion diese Rakete jedoch ebenfalls mit einem MIRV-Gefechtskopf von 8 × 2 MT getestet hatte, befürchteten die USA eine Vervielfachung des sowjetischen strategischen Angriffspotentials und eine ernstzunehmende Erstschlag-Bedrohung der amerikanischen *Minuteman*-Steitmacht bei einer eventuellen, durch einseitige amerikanische Aufklärung nicht feststellbaren Nachrüstung der *SS-18* mit Mehrfachgefechtsköpfen. Da die USA über keine Rakete vergleichbarer Größe verfügten (die größte amerikanische Rakete *Titan II* besaß lediglich eine Wurflast von 7 500 Pfund), war ein numerischer Gleichstand hier auch nicht zu erzielen. Experten schlossen daher eine amerikanische Unterlegenheit für den Fall nicht aus, wenn die Sowjetunion die Möglichkeiten der MIRV-Technologie bei ihren schweren Raketen voll zur Anwendung brachte.

Das sowjetische Programm der Modernisierung ihrer Interkontinentalraketen hatte die amerikanischen Rüstungsfachleute und -planer ohnehin verwirrt, die nach den Moskauer Rüstungskontrollabkommen wohl eine größere Zurückhaltung der Sowjetunion im nuklearen Rüstungswettlauf erwartet hatten. Die USA selbst hatten nach 1972 zunächst keine neuen Raketen mehr entwickelt, sondern lediglich die seit längerem projektierten Programme der Dislozierung von *Minuteman-III*-Raketen (seit 1970) mit 3 × 170 KT MIRV-Gefechtsköpfen und der Ersetzung der SLBM-Raketen *Polaris A 3* durch *Poseidon C 3* (seit 1971) mit 10 × 50 KT MIRV-Gefechtsköpfen durchgeführt. Die Sowjetunion hatte dagegen konsequent die Lücken des SALT-I-Abkommens genutzt, um ihr strategisches Angriffspotential zu erweitern und zu modernisieren. Sie hatte begonnen, die seit 1965 im Dienst befindliche *SS-9* durch die schwere *SS-18* zu ersetzen und in die Silos der seit 1966 dislozierten „leichten" *SS-11* mit einer Wurflast von 1 500 bis 2 000

Pfund die wesentlich schwereren *SS-17* (6000 Pfund Wurflast) und *SS-19* (7000 Pfund Wurflast) einzubauen. Alle diese Raketen waren 1973 erstmals getestet und 1975 erstmals disloziert worden. Die im SALT-I-Abkommen eingefrorene Zahl sowjetischer Silos für schwere Raketen hatte sich dadurch nicht vergrößert, wohl aber das strategische Zerstörungspotential der Sowjetunion durch die Kombination von Mehrfachgefechtsköpfen mit einer Vergrößerung der Wurflast der Raketen. Außerdem war die Sowjetunion dabei, aus der Interkontinentalrakete *SS-16* durch Abbau der ersten Stufe die mobile Mittelstreckenrakete *SS-20* zu entwickeln, die gegen Ziele in Westeuropa und China eingesetzt und durch Wiedereinbau der ersten Stufe in die Interkontinentalrakete *SS-16* für Angriffe gegen die USA zurückverwandelt werden konnte. Das schuf fast unüberwindliche Verifizierungsprobleme. 1975 befand sich die *SS-20* noch im Teststadium, 1977 wurde sie mit einem 3 × 150 KT MIRV-Gefechtskopf erstmals disloziert.

Angesichts dieses sowjetischen Modernisierungsprogramms waren die Bedenken Kissingers verständlich, die Rüstungstechnologie könne der Rüstungskontrollpolitik uneinholbar davoneilen. Durch ständige Veränderung der Geschäftsgrundlage trug das Modernisierungsprogramm außerdem dazu bei, die verhandlungstechnischen Probleme zu verschärfen und den Abschluß der Verhandlungen zu verzögern. Nur entschlossenes politisches Handeln hätte diesen gordischen Knoten durchtrennen können. Aber besonders in den USA sah man zu dieser Zeit allgemein wenig Sinn in einer Politik, die Zusammenarbeit proklamierte und Entwicklungen wie die in Portugal und Angola und den Aufbau eines unbegründet großen strategischen Angriffspotentials der Sowjetunion zuließ.

Ein weiteres Problem der SALT-Verhandlungen war 1975 die Einbeziehung zweier Waffensysteme, die im engeren Sinne nicht zu den strategischen Waffen zählten, unter bestimmten Bedingungen aber für strategische Aufgaben verwendet werden konnten: des sowjetischen Schwenkflügel-Bombers *Backfire* und des amerikanischen unbemannten Marschflugkörpers *(cruise missile)*. Bis Ende 1974, auch noch in Wladiwostok, hatten die USA den *Backfire*-Bomber als Mittelstreckenbomber eingestuft, der für Missionen gegen Westeuropa und China konzipiert war. Nachdem die amerikanische Aufklärung jedoch festgestellt hatte, daß bei dem Flugzeug Vorrichtungen für eine Luftbetankung vorgesehen waren, erschien es denkbar, daß der *Backfire*-Bomber auch gegen Ziele in Nordamerika eingesetzt werden sollte. Theoretisch hatte diese Möglichkeit schon vorher bestanden, wenn man davon ausging, daß der Bomber Nordamerika überflog, auf Kuba landete, auftankte und dann in die Sowjetunion zurückkehrte. Nun war diese Möglichkeit nach amerikanischer Ansicht zur Gewißheit geworden, und die USA drängten bei den SALT-Verhandlungen darauf, den *Backfire*-Bomber dem strategischen Potential der Sowjetunion zuzurechnen und ihn bei der Zählung der Nuklearwaffenträger entsprechend zu berücksichtigen. Umgekehrt bemühte sich die Sowjetunion um die Einbeziehung der Marschflugkörper, die die USA in den voraufgegangenen Jahren zur Produktionsreife entwickelt hatten.[28] Die Sowjetunion versuchte, dieses Waffensystem, bei dem die USA über einen großen Rüstungsvorsprung gegenüber der Sowjetunion verfügten, entweder ganz zu unterdrücken oder es zumindest in seiner Reichweite zu begrenzen. In Wladiwostok hatte man sich zwar darauf geeinigt, Luft-Boden-Raketen mit einer Reichweite von mehr als 600 Kilometer in die angestrebte Begrenzung einzubeziehen. Nach amerikanischer Auffassung galt diese Vereinbarung jedoch nur für ballistische Raketen, nicht für die im Unterschallbereich operierenden Marschflugkörper, die sich nach dem Start von beweglichen Abschußgestellen auf dem Lande, aus den Torpedorohren getauchter Unterseeboote, von Überwasserschiffen oder von Flugzeugen mittels einer raffinierten Navigations- und Zielfindungstechnik ihren Weg knapp über Baumwipfelhöhe unterhalb des Sichtbereichs der feindlichen Radar-Erfassungsgeräte ins vorprogrammierte Ziel suchen konnten.

Eine Einigung über diese Probleme gelang angesichts der Häufung strittiger Fragen und angesichts großer politischer Hemmnisse zunächst nicht. Die Verhandlungen schleppten sich dahin. Nur allmählich eröffneten sich Kompromißmöglichkeiten. Die Sowjetunion erkannte an, daß es im Interesse der Verifizierung des SALT-II-Abkommens zweckmäßig sei, alle unter MIRV-Bedingungen getesteten Trägersysteme – also auch die *SS-18* – in die vereinbarte Höchstzahl von 1 320 erlaubten MIRV-Trägerwaffen einzubeziehen. Die USA erklärten sich damit einverstanden, daß die Sowjetunion ihre leichten *SS-11*-Raketen durch schwere *SS-19* ersetzte, ohne daß diese unter die gleiche Begrenzungsnorm fielen wie die *SS-18*. Aber in dem schwierigen Bereich der Begrenzung der Marschflugkörper und *Backfire*-Bomber war ein solcher Kompromiß nicht zu erzielen. Auch der Versuch, Dislozierungsbeschränkungen für beide Systeme in getrennten Vereinbarungen festzusetzen, schlug fehl. Der dafür bei einem Besuch Kissingers in Moskau im Januar 1976 ausgearbeitete Plan sah vor, die Gesamtzahl der Trägerwaffen auf 2 100–2 200 (anstelle der in Wladiwostok vereinbarten 2 400) Systeme zu begrenzen, dabei aber den *Backfire*-Bomber auszunehmen, für den eine besondere Höchststärke von 250–300 Maschinen gelten sollte, die wiederum hinsichtlich bestimmter Merkmale, wie Stationierung und Luftbetankung, Beschränkungen unterworfen sein sollten. Marschflugkörper sollten je nach Typ unterschiedlich begrenzt werden. Kissinger und Gromyko waren Ende 1975 bereits übereingekommen, keine strategischen Marschflugkörper mit interkontinentaler Reichweite für den Abschuß von Land zu Land einzuführen. Nun hieß es zusätzlich, für luftgestützte Marschflugkörper (ALCM = *Air-launched cruise missiles*) sollte es keine Reichweitenbegrenzung geben, aber Flugzeuge, die ALCM mit sich führten, sollten auf die Höchstzahl von 1 320 MIRV-Trägern angerechnet werden. Seegestützte Marschflugkörper (SLCM = *Sea-launched cruise missiles*) sollten in der Reichweite auf 600 Kilometer begrenzt werden und nur von einer bestimmten Zahl und Art von Überwasserschiffen und Unterseebooten mitgeführt werden dürfen.

Kissinger sprach nach seinen Moskauer Verhandlungen und den beiderseitigen Kompromißvorschlägen zunächst hoffnungsvoll von einer „annehmbaren Diskussionsgrundlage", der Handel sei „zu 90 Prozent perfekt". Doch nach eingehender Prüfung der Vorschläge lehnten die USA plötzlich doch ab. Die Begrenzung des *Backfire*-Bombers sei zu gering und lückenhaft, die der Marschflugkörper, besonders hinsichtlich ihrer taktischen Verwendung in Europa, dagegen allzu weitreichend. Man befand sich im Wahljahr. Präsident Ford mußte sich innerhalb seiner Republikanischen Partei gegen den ultrakonservativen Ronald Reagan im Kampf um die Nominierung zum Präsidentschaftskandidaten behaupten. Gegen den Rat von Kissinger, der den Präsidenten aufforderte, dem Kompromiß zuzustimmen, das SALT-II-Abkommen zu unterzeichnen und mit diesem außenpolitischen Erfolg in den Wahlkampf zu ziehen, entschied sich Ford zur Ablehnung. Im Februar 1976 schlug er der Sowjetunion statt dessen vor, das kontroverse *Backfire/cruise missile*-Problem aus SALT-II auszuklammern und der weiteren Beratung im Rahmen von SALT-III zu überlassen, um wenigstens zu einem raschen Vertragsabschluß über die Begrenzung der Interkontinentalraketen, seegestützten ballistischen Raketen und interkontinentalen Bomber zu kommen. Ford mochte zu diesem Vorschlag, der von der Sowjetunion sogleich als unzureichend abgelehnt wurde, ebenso aus Sorge um das Schicksal der SALT-Verhandlungen wie aus der Hoffnung, doch noch einen SALT-Bonus für die Präsidentschaftswahl im November zu gewinnen, bewogen worden sein. Nach der Ablehnung des Ford-Vorschlages durch die Sowjetunion trat jedoch ein, was Kissinger schon 1974 befürchtet hatte: Die Umstände des Präsidentschaftswahlkampfes ließen Fortschritte in den Verhandlungen mit der Sowjetunion nicht mehr zu, und der Wechsel in der Administration von Gerald Ford zu Jimmy Carter bewirkte, daß weitere wertvolle Zeit verstrich, da der neue Präsident und die neue Regierung sich erst einarbeiten mußten.

Sie taten dies auf eine die an Kontinuität gewöhnten Sowjets irritierend unkonventionelle Weise. Zwar hieß es zunächst, die Carter-Administration sei an einem raschen Abschluß bei SALT-II und an beschleunigten beiderseitigen Reduzierungen der strategischen Streitkräfte im Rahmen eines SALT-III-Abkommens interessiert. Aber dann konfrontierte Carter die Sowjetunion nicht nur mit seiner Menschenrechts-Kampagne und der Einschätzung, die SALT-Verhandlungen brauchten unter einer partiellen Verschlechterung der amerikanisch-sowjetischen Beziehungen in anderen Bereichen nicht zu leiden (Aufhebung der *linkage diplomacy* Kissingers), sondern er präsentierte auch neue Verhandlungsvorschläge, in denen er die Übereinkunft von Wladiwostok und die bisherigen Kompromisse als in abrüstungspolitischer Hinsicht unzureichend in Frage stellte und überraschend neue

Verhandlungsziele proklamierte. Carter wollte dem Rüstungswettlauf keinen Rahmen setzen, sondern ihn beenden und ein langfristig stabiles strategisches Kräfteverhältnis zwischen den beiden Weltmächten verwirklichen. Seine Ziele: Verminderung der in Wladiwostok vereinbarten Gesamtzahl von Trägersystemen, eine noch weitergehende Begrenzung besonders bedrohlicher Waffen, wie der schweren sowjetischen Interkontinentalraketen, Einschränkung der Rüstungstests und Verhinderung der Einführung neuer Waffensysteme gleich welcher Art. Carters Vorschläge vom März 1977 sahen vor, entweder so zu verfahren, wie Präsident Ford es im Februar 1976 vorgeschlagen hatte (das *Backfire/cruise missile*-Problem auszuklammern und eine Vereinbarung auf der Grundlage der Übereinkunft von Wladiwostok unter ausschließlicher Berücksichtigung der strategischen Angriffswaffen zu treffen, um rasch zu einem Abkommen zu gelangen), oder, wenn die Sowjetunion dazu bereit war, möglichst gleich ein umfassendes Abkommen anzustreben, das sowohl die Marschflugkörper als auch die *Backfire*-Bomber einschloß, zugleich jedoch den in Wladiwostok vereinbarten Plafond der Angriffsraketen von 2400 auf 1800, höchstens 2000 und den Plafond der mit Mehrfachgefechtsköpfen ausgerüsteten Raketen von 1320 auf 1100, höchstens 1200 zu senken. In einem umfassenden Abkommen sollten außerdem von den 1100 bis 1200 Mehrfachgefechtsköpfen nicht mehr als 550 auf landgestützte Interkontinentalraketen und darunter wiederum nicht mehr als 150 auf die schwere sowjetische Rakete *SS-18* montiert werden dürfen. Ferner sollten sich beide Seiten bereiterklären, pro Jahr nicht mehr als sechs Tests von ICBM- und SLBM-Raketen durchzuführen, um einen Beitrag zur Verlangsamung der Entwicklung von Nachfolgesystemen und damit zur Brechung der Dynamik des nuklearen Wettrüstens zu leisten. Die USA versprachen, die Reichweite der luftgestützten Marschflugkörper auf 2500 Kilometer und diejenige der see- und bodengestützten Marschflugkörper auf 600 Kilometer zu begrenzen.

Beide Vorschläge Carters – auch sein mit Priorität vertretener Plan eines umfassenden Abkommens – wurden von der Sowjetunion mit offenkundig großem Mißfallen zur Kenntnis genommen und abgelehnt. Ein Verzicht auf Begrenzung der Marschflugkörper erschien unzumutbar, weil dieses kostengünstige, aber sehr zielgenaue und wirksame Waffensystem für zukunftsträchtig genug gehalten wurde, die sowjetische Sicherheit ernsthaft zu bedrohen und die strategische Stabilität in einem Bereich zu gefährden, in dem die amerikanische Rüstungstechnologie die sowjetische deutlich hinter sich gelassen hatte. Und die Vorschläge Carters für ein umfassendes Abkommen, das die Marschflugkörper einbezog, waren für die Sowjetunion unannehmbar, weil sie die begonnene Umrüstung der sowjetischen landgestützten Trägerwaffen mit Mehrfachgefechtsköpfen blockiert und die Sowjetunion gezwungen hätten, ihren Rüstungsschwerpunkt auf die nukleare Seerüstung zu verlagern, wo die USA ebenfalls über einen erheblichen technologischen Vorsprung verfügten, der zudem noch durch unveränderbare geostrategische Vorteile zugunsten der USA vergrößert wurde. Im übrigen hatte Carter bei der Vorlage seiner Vorschläge die protokollarische Ungeschicklichkeit begangen, an die Öffentlichkeit zu treten, bevor die Sowjetunion auf üblichem diplomatischem Wege unterrichtet worden war. Als der neue amerikanische Außenminister Cyrus Vance Ende März 1977 nach Moskau reiste, um über die Carter-Vorschläge zu verhandeln, waren die sowjetischen Führer daher nicht einmal zu einem Gespräch darüber bereit. Der sowjetische Außenminister Gromyko hielt die Angelegenheit für bedeutsam genug, erstmals während seiner gesamten zwanzigjährigen Amtszeit eine Pressekonferenz in Moskau abzuhalten und zu erklären, es gebe jetzt beachtliche politische Differenzen zwischen Amerika und der Sowjetunion, und sie würden in Zukunft nicht geringer werden.[29]

Gromykos deutliche Worte waren ein Warnschuß für den neuen Mann im Weißen Haus, bei dem man in Moskau nicht wußte, woran man mit ihm war. Gromykos Worte richteten sich nicht nur gegen die überraschende Wendung bei den SALT-Verhandlungen, sondern auch gegen Carters Menschenrechtspolitik, die von der Sowjetunion als „Einmischung" in ihre inneren Angelegenheiten und als ideologischer Angriff auf die kommunistischen Länder gedeutet wurde. Als sich aber zeigte, daß anfängliche Ungereimtheiten in Carters außenpolitischem Verhalten eher mangelnder Erfahrung der neuen Administration als grundlegenden Veränderungen außenpolitischer Prinzipien der Weltmacht Amerika zuzuschreiben waren, normalisierte sich das Verhältnis bald wieder. Der unerwartete Moskauer Rückschlag bei den SALT-Verhandlungen bewirkte in Washington rasches Umdenken. Die Vereinbarungen von Wladiwostok rückten wieder in den Mittelpunkt der Überlegungen, und die noch von Kissinger mit Breschnew, Gromyko und dem sowjetischen Botschafter in den USA, Anatoly F. Dobrynin, ausgehandelten Kompromisse erhielten wieder ihre alte Gültigkeit.

Auf dieser Grundlage unterbreitete Außenminister Vance der Sowjetunion bereits im Mai 1977, nur zwei Monate nach dem Moskauer Eklat, bei einem Treffen mit Gromyko in Genf neue Vorschläge, die ein dreiteiliges Vertragswerk als Abschluß der SALT-II-Verhandlungen vorsahen: einen Vertrag mit einer Laufzeit bis 1985, der die Vereinbarungen von Wladiwostok festschrieb, wobei die USA allerdings noch auf eine Senkung der dort fixierten Plafonds drängten, ein Protokoll mit einer Laufzeit von höchstens drei Jahren, in dem beide Seiten eine vorübergehende Begrenzung neuer bzw. noch umstrittener Systeme vereinbaren sollten, und eine Prinzipienerklärung über Grundzüge nachfolgender Verhandlungen über eine Begrenzung und Reduzierung strategischer Waffen.[30]

Dies war eine, wie sich bald herausstellte, auch für die Sowjetunion annehmbare Verhandlungsgrundlage für ein SALT-II-Abkommen. Bei Gesprächen des sowjetischen Außenministers Gromyko mit amerikanischen Regierungsvertretern am 22. und 23. September 1977 in Washington wurden weitere Fortschritte erzielt, die einen Vertragsabschluß in greifbare Nähe rücken ließen. Neben einer gemeinsamen Erklärung zum 1972 vereinbarten ABM-Vertrag, an dem beide Seiten festzuhalten versprachen, gaben die USA und die Sowjetunion einseitige Erklärungen ab, das am 3. Oktober 1977 auslaufende Interimsabkommen über Maßnahmen zur Begrenzung der strategischen Angriffswaffen für die Dauer der Verhandlungen über ein neues Abkommen unter der Bedingung der Gegenseitigkeit weiter einzuhalten.[31] Außerdem wurden die Eckdaten des SALT-II-Abkommens, dessen äußerer Rahmen bereits seit dem Frühsommer 1977 feststand, abgesteckt. In weiteren Verhandlungen Ende 1977, im Verlauf des Jahres 1978 und Anfang 1979 wurden danach die einzelnen Bestandteile des Abkommens endgültig fixiert und in eine unterzeichnungsreife Form gebracht.

Am 18. Juni 1979 wurde das etwa 80 Seiten umfassende Vertragswerk – der SALT-II-Vertrag, ein Zusatzprotokoll, eine gemeinsame Erklärung über den Fortgang der Verhandlungen sowie ein Dokument mit einer Präzisierung der im SALT-II-Vertrag verwendeten technischen Ausdrücke – in Wien von Präsident Carter und Generalsekretär Breschnew unterzeichnet:[32]

(1) Der SALT-II-Vertrag über die Begrenzung strategischer Offensivwaffen mit einer Laufzeit bis zum 31. Dezember 1985 sah vor,

– die Gesamtzahl der Abschußvorrichtungen für Interkontinentalraketen und seegestützte ballistische Raketen sowie die Zahl der strategischen Bomber und luftgestützten ballistischen Raketen nach Inkrafttreten des Vertrages auf 2400 festzuschreiben und ab 1. Januar 1981 bis spätestens 31. Dezember 1981 auf 2250 zu senken (Art. III),

– die Zahl der Abschußvorrichtungen für Interkontinentalraketen und seegestützte ballistische Raketen mit Mehrfachgefechtsköpfen und die Zahl der luftgestützten ballistischen Raketen mit Mehrfachgefechtsköpfen und der Marschflugkörper tragenden strategischen Bomber auf 1320 zu begrenzen, wobei die Zahl der Abschußvorrichtungen für Interkontinentalraketen, see- und luftgestützte ballistische Raketen mit Mehrfachgefechtsköpfen nicht mehr als 1200 betragen durfte, von denen wiederum nicht mehr als 820 Abschußvorrichtungen für Interkontinentalraketen mit Mehrfachgefechtsköpfen sein durften (Art. V),

– die Zahl der Sprengköpfe landgestützter Interkontinentalraketen und luftgestützter ballistischer Raketen auf 10 pro Rakete und die Zahl der Sprengköpfe der von Unterseebooten einsetzbaren ballistischen Raketen auf 14 pro Rakete zu begrenzen, nur noch einen neuen Typ eines leichten ICBM-Systems mit nicht mehr als maximal 10 Sprengköpfen pro Rakete in Flugtests zu erproben und zu dislozieren und die Zahl der auf strategischen Bombern stationierten Marschflugkörper mit einer Reichweite über 600 Kilometer auf 28 zu begrenzen (Art. IV),

– unmittelbar nach Inkrafttreten dieses Vertrages aktive Verhandlungen zu führen, um eine Vereinbarung über weitere Maßnahmen zur Begrenzung und Reduzierung strategischer Waffen zu erreichen (Art. XIV), und

– die Überprüfung der Einhaltung der Vereinbarungen dieses Vertrages durch nationale technische Mittel nicht zu behindern (Art. XV).

(2) Im Protokoll zum SALT-II-Vertrag mit einer Laufzeit bis zum 31. Dezember 1981 wurde vereinbart,

– mobile ICBM-Abschußvorrichtungen weder zu errichten noch Interkontinentalraketen von solchen Abschußvorrichtungen in Flugtests zu erproben,

– Marschflugkörper, die von See oder vom Lande abgefeuert werden, auf eine Reichweite von 600 Kilometer zu begrenzen,

– weiter reichende Muster dieser Waffen nicht mit Mehrfachgefechtsköpfen in Flugtests zu erproben und

– luftgestützte ballistische Raketen weder in Flugtests zu erproben noch zu dislozieren.

(3) In der gemeinsamen Erklärung über Prinzipien und Grundzüge nachfolgender Verhandlungen über die Begrenzung strategischer Waffen (SALT-III) erklärten die USA und die Sowjetunion ihre Bereitschaft,

– bedeutende und substantielle Reduzierungen der Zahl strategischer Offensivwaffen und qualitative Begrenzungen, einschließlich Beschränkungen in der Entwicklung, Erprobung und Dislozierung neuer Systeme und der Modernisierung bestehender Systeme, sowie die Lösung der im SALT-II-Protokoll enthaltenen Streitfragen in Betracht zu ziehen und

– andere Schritte zu erwägen, das strategische Gleichgewicht zu sichern und zu erhöhen, wobei jede Partei jede Frage, die mit der weiteren Begrenzung strategischer Waffen zu tun habe, aufwerfen könne.

Die Unterzeichnung dieser Vereinbarungen durch Präsident Carter und Generalsekretär Breschnew wurde bis Juni 1979 immer wieder hinausgezögert und verschoben, weil bei der Detailformulierung des Abkommens noch unerwartete Definierungsschwierigkeiten auftraten und weil externe Probleme weiterhin die Verhandlungen überschatteten. Eine schwere, langanhaltende Erkrankung Breschnews verhinderte, daß das Abkommen, wie zunächst vorgesehen und nach der Unterzeichnung des SALT-I-Abkommens durch Präsident Nixon 1972 in Moskau und nach der Reise Präsident Fords nach Wladiwostok im November 1974 auch protokollarisch geboten, in Washington unterzeichnet wurde; eine so weite Flugreise durfte dem kranken Breschnew auf Anraten der Ärzte nicht mehr zugemutet werden. Die Aufnahme diplomatischer Beziehungen zwischen den USA und der Volksrepublik China am 1. Januar 1979 und der Besuch des stellvertretenden chinesischen Ministerpräsidenten Deng Xiaoping in den USA vom 29. Januar bis zum 4. Februar 1979 führten zu einer weiteren Verzögerung, weil der Sowjetunion daran gelegen war, zwischen diesen Ereignissen und dem SALT-II-Abschluß eine gewisse zeitliche Frist verstreichen zu lassen. Dann verloren die USA nach der Revolution im Iran ihre dort stationierten Abhöranlagen, mit denen sie bis dahin militärische Vorgänge in der südlichen Sowjetunion beobachtet und Raketenstarts verfolgt hatten, so daß die Frage der Verifikation eines SALT-II-Abkommens neu aufgeworfen wurde, die bereits geklärt schien. Und schließlich wurde die amerikanische Regierung durch die Tatsache, daß das SALT-II-Abkommen vom Kongreß ratifiziert werden mußte, zu größter Umsicht bei der Textformulierung gezwungen, um den weithin skeptischen Senatoren keinen unnötigen Anlaß zu bieten, dem Abkommen im Ratifikationsverfahren ihre Zustimmung zu verweigern.

Kritiker der neuen SALT-Regelung hatten ihr ohnehin seit langem vorgeworfen, sie erlaube der Sowjetunion weiterhin den expansiven Ausbau ihres Angriffsraketenpotentials und werde dazu führen, daß die Sowjetunion Mitte der achtziger Jahre eine überwältigende Überlegenheit hinsichtlich der Wurflast ihrer Raketen gegenüber den USA besitzen und damit im Falle eines Nuklearkrieges über eine wesentlich größere Zerstörungskraft verfügen werde als die USA.[33] Es bedurfte allerdings nicht des wenig zwingenden Wurflast-Arguments, das ungeachtet der besonderen Gesetze des Atomzeitalters, einer etwa fünfzigfachen Übertötungskapazität und praktisch unverwundbarer SLBM-Potentiale Wurflasten einander gegenüberstellte, die kaum mehr als rechnerische Bedeutung hatten, um das Ergebnis der zweiten Runde der SALT-Verhandlungen mit Zurückhaltung zu beurteilen.

Die bestehenden strategischen Nuklearpotentiale wurden bei SALT-II wiederum nicht angetastet. Die USA brauchten kein Waffensystem abzubauen, und der Sowjetunion, die 300 ihrer Raketen reduzieren mußte, sich jedoch ohnehin in einem Prozeß der Umstrukturierung ihres strategischen Potentials befand, wurde erlaubt, die Umrüstung ihrer Raketen und die Montage von Mehrfachgefechtsköpfen wie geplant fortzusetzen und ihre Angriffsfähigkeit zu verstärken. Der sowjetische *Backfire*-Bomber mit einer Reichweite knapp unterhalb der strategischen Grenze wurde nicht in das SALT-II-Abkommen einbezogen. Die Sowjetunion gab lediglich eine Verpflichtung ab, die Produktionsrate dieses Bombers nicht zu erhöhen, so daß die Sowjetunion bis Ende 1985 etwa 400 Bomber dieses Typs in Dienst stellen konnte. Mehr hatte sie auch nicht geplant. Da das SALT-II-Abkommen sich nur auf strategische Trägerwaffen mit einer Reichweite über 5500 Kilometer erstreckte, wurden auch die sowjetischen Mittelstreckenraketen und die mobilen SS-20-Raketen nicht einbezogen. Sie stellten eine konkrete Bedrohung zwar nur für die an die Sowjetunion angrenzenden Gebiete, besonders für Westeuropa und China, dar, aber sie waren auch in strategischer Hinsicht von Bedeutung, weil sie die USA zwangen, mit einem beträchtlichen Teil ihrer strategischen Waffen nicht-strategisches Potential der Sowjetunion abzudecken, um die Verpflichtung zum nuklearen Schutz ihrer Verbündeten zu erfüllen. Langfristig konnte sich dieses Problem noch verschärfen, wenn ein ungebremster, durch SALT nicht behinderter Ausbau dieser Waffensysteme durch das von SALT-Restriktionen erfaßte strategische Potential der USA nicht mehr ausgeglichen werden konnte. Dann konnte es zu einer gefährlichen Destabilisierung der regionalen Sicherheit Europas kommen, an der SALT nicht schuldlos gewesen wäre. Es lag deshalb nahe, die sowjetischen „Grauzonen-Waffen" zusammen mit den taktischen Kernwaffen der USA in Westeuropa und den Marschflugkörpern, deren technische Entwicklung und Erprobung durch das SALT-II-Abkommen ebenfalls nicht beschnitten wurde, in die dritte Runde der SALT-Verhandlungen einzubringen und zu begrenzen. Das war auch vorgesehen, aber der Verhandlungsablauf bei SALT-II machte deutlich, wie mühsam und zeitraubend Verhandlungen über diese komplexen Zusammenhänge sind. Zudem trug Präsident Carter durch einseitige Rüstungsverzichte dazu bei, die westliche Position schon vor Beginn dieser Verhandlungen zu schwächen: Er beendete die *Minuteman-III*-Produktion vorzeitig, stoppte die Entwicklung des *B-1*-Bombers, der den allmählich veraltenden *B-52*-Bomber ersetzen sollte, verzögerte die Entwicklung der mobilen interkontinentalen *MX*-Rakete, die ein Gegengewicht zur sowjetischen *SS-16/SS-20*-Rakete hätte bilden können, und verzichtete auf die Einführung der Neutronenwaffe. Da Carter auf diese Weise mögliche Ergebnisse von Reduzierungsverhandlungen mit der Sowjetunion einseitig vorwegnahm, wurde das Interesse der Sowjetunion an solchen Verhandlungen natürlich geringer. Außerdem konnte man bei SALT-III nun nicht mehr strukturell gleichartige Waffensysteme, wie *B-1* und *Backfire*, *MX* und *SS-16/SS-20*, taktische Kernwaffen und Neutronenwaffen in Westeuropa und sowjetische Mittelstreckenraketen und Mittelstreckenbomber in Osteuropa, gegeneinander aufrechnen und reduzieren, sondern mußte nach Kriterien für eine gemeinsame Begrenzung unterschiedlicher Waffensysteme suchen. Der amerikanische Verteidigungsminister Harold Brown erklärte zwar noch vor Beendigung der SALT-II-Verhandlungen im April 1979, die USA hielten auch nach SALT-II weiter die Option offen, neue strategische Lenkwaffen zu erproben und in Dienst zu stellen; die Entwicklung der mobilen Interkontinentalrakete *MX* und der auf Unterseebooten stationierten neuen *Trident*-Lenkwaffe sowie die Marschflugkörperentwicklung werde weiter vorangetrieben. Aber ob sich eine strukturell und zahlenmäßig unausgeglichene Begrenzung und Reduzierung von Streitkräften, die verhandlungstechnisch schwer zu vereinbaren war, wie die ergebnislosen Wiener MBFR-Verhandlungen zeigten, bei SALT-III noch vermeiden lassen würde, war ungewiß.

Ob die SALT-III-Verhandlungen zu einer befriedigenden Regelung führen werden, ist deshalb nicht zu beantworten. Nach den Erfahrungen von SALT-I und SALT-II muß man pessimistisch sein. Bei SALT-I konnte man noch erwarten, daß der Anfang, der mit den Rüstungskontrollabkommen von Moskau 1972 gemacht wurde, in einem überschaubaren Zeitraum seine Fortsetzung finden und zu einer vernünftigen Begrenzung des nuklearen Wettrüstens führen werde. Doch SALT-II erfüllte diese Hoffnung nicht. Henry

A. Kissinger, der schon 1974 zur Eile mahnte und auf ein zweites Abkommen drängte, behielt mit seiner Befürchtung recht, daß die Rüstungskontrollpolitik durch den Fortschritt der Rüstungstechnologie unterlaufen und entwertet werden könnte. Die Entwicklung und Einführung immer neuer Waffensysteme machte den Rüstungswettlauf zunehmend unübersichtlicher und unkontrollierbarer und zwang die Rüstungskontrolleure zu einem Wettlauf mit der Zeit, den sie bei SALT-II verloren. Und diese Entwicklung hält weiter an. In den USA ist es den Ingenieuren 1978 erstmals gelungen, mit Hilfe einer Laser-Kanone eine Hochgeschwindigkeitsrakete abzuschießen. Wenn die Experimente weiterhin erfolgreich verlaufen, könnte damit der Aufbau eines Abwehrsystems wieder in greifbare Nähe rücken, das gegnerische Interkontinentalraketen schon im Anflug zerstört und die Zweitschlagsfähigkeit beseitigt. Die Sowjetunion arbeitet seit Jahren intensiv an der Entwicklung und Erprobung von „Killer"-Satelliten zur Zerstörung fremder Satelliten. Damit könnte es gelingen, das mit photographischer und anderer elektronischer Ausrüstung ausgestattete gegnerische Satellitennetz auszuschalten, das erforderlich ist, um die Einhaltung bestehender Rüstungskontrollvereinbarungen zu überwachen, gegnerische Raketenstarts zu beobachten und vor einem Angriff zu warnen und bei einem eigenen Angriff die Zielsteuerung der Raketen zu unterstützen. Über ein Verbot von Test-Einsätzen von „Killer"-Satelliten im Weltraum wird zwischen den USA und der Sowjetunion verhandelt. Die USA kündigten am 8. Juni 1979 an, bis 1989 200 mobile *MX*-Interkontinentalraketen zu dislozieren. Die Pläne sehen vor, für diese 200 Raketen 4000 Silos zu bauen, zwischen denen Riesentransporter pendeln und die Raketen immer wieder umsetzen. 3800 Silos blieben auf diese Weise ständig leer, der Gegner würde im unklaren gelassen, wo sich die Raketen zum jeweiligen Zeitpunkt befänden, und müßte mit seinen Nuklearstreitkräften eine Vielzahl von Zielen abdecken, die keinerlei militärische Bedeutung hätten. Andere Pläne beabsichtigen, die *MX*-Raketen ständig mobil, etwa auf Eisenbahnlafetten, zu stationieren, so daß ihr Standort vom Gegner nicht auszurechnen wäre, oder Raketensilos durch riesige Tunnelanlagen miteinander zu verbinden, durch die die Raketen unterirdisch verschoben werden könnten, um dem Gegner die Möglichkeit zu nehmen, Lagerstätten und Feuerstellungen genau zu orten.

Alle derartigen Ideen, Pläne und Projekte machen Rüstungskontrolle zur Sisyphus-Arbeit. Aber die resignierende Alternative, auf Rüstungsbegrenzungsverhandlungen zu verzichten und sich statt dessen um den Preis beständigen Wettrüstens auf die Erhaltung eines strategischen Gleichgewichts zu konzentrieren, ist ebensowenig verlockend. Der Kalte Krieg hat gezeigt, daß Wettrüsten nicht zur Stabilität, sondern zur Instabilität führt und Kriegsgefahr heraufbeschwört. Kooperative Rüstungssteuerung kann diese Gefahr mindern. Einseitige Maßnahmen, ob forcierte Rüstungsanstrengungen oder Rüstungsverzichte, helfen nicht, weil sie das gegenseitige Interesse an Verhandlungen vermindern. Die Lehre aus SALT-I und SALT-II muß daher lauten, die Verhandlungen zu intensivieren und zumindest auf Teilgebieten in überschaubaren Zeiträumen zu Lösungen zu führen.

4.5. *Bemühungen zur Verhinderung eines Nuklearkrieges*

Die Kuba-Krise vom Oktober 1962 hatte deutlich gemacht, wie schnell eine Krisensituation mit akuter Kriegsgefahr entstehen konnte und wie schwerfällig der Apparat des Krisenmanagements zwischen den beiden Weltmächten, nicht zuletzt aufgrund unzulänglicher technischer Voraussetzungen, funktionierte. Es lag deshalb nahe, im Rahmen der begonnenen Rüstungskontrollpolitik auch in Verhandlungen über eine Verbesserung der Maßnahmen zur Ausschaltung des Risikos eines Kriegsausbruchs durch Unfall, technisches Versagen oder Mißverständnis und zur Verfeinerung des Krisenmanagements einzutreten. Auf diesem Gebiet wurden zwischen 1963 und 1973 wesentliche Fortschritte erzielt und eine Reihe von Abkommen geschlossen:[34]
– das Abkommen zur Errichtung der direkten Fernschreibverbindung zwischen dem Weißen Haus und dem Kreml, des „Heißen Drahtes" (20. Juni 1963),
– ein Abkommen zur Verbesserung des „Heißen Drahtes" (30. September 1971),
– ein Abkommen zur Verminderung der Gefahr des Ausbruchs eines Nuklearkrieges infolge eines nuklearen Unfalls (30. September 1971),
– ein Abkommen zur Vermeidung von Zwischenfällen auf und über dem offenen Meer (25. Mai 1972),
– ein Protokoll zum Abkommen über die Vermeidung von Zwischenfällen auf und über dem offenen Meer (26. Mai 1973) und
– ein Abkommen zur Verhinderung von Nuklearkriegen (22. Juni 1973).
Jede dieser Maßnahmen hatte einen konkreten Anlaß oder basierte auf einer konkreten Erfahrung. Der Anlaß für die Errichtung des „Heißen Drahtes" war die Kuba-Krise. Kennedy und Chruschtschow verfügten noch über keine direkte Verbindung, über die sie sich hätten verständigen können, sondern waren auf die üblichen diplomatischen Kanäle und auf die Öffentlichkeit des Rundfunks und Fernsehens angewiesen, um ihre Absichten zu erläutern. Dieses ebenso unzeitgemäße wie zeitraubende Verfahren beschwor ein Informationsdefizit herauf, das leicht zu Fehlreaktionen hätte führen können.[35] Zu einer Zeit, in der Entscheidungen über den Einsatz von Kernwaffen in Minutenfrist erfolgen mußten, wie dies nach Entwicklung von Interkontinentalraketen der Fall war, waren perfekte technische Bedingungen für die Übermittlung von Nachrichten zwischen den militärischen Gegnern eine unabdingbare Voraussetzung für die Erhaltung des Weltfriedens. Nur so war es möglich, Mißverständnisse und Unklarheiten über die gegnerischen Absich-

ten rasch zu beseitigen und eine zuverlässige Entscheidungsgrundlage zu schaffen. Ein vorzeitig, aus Ungewißheit über einen bevorstehenden gegnerischen Angriff ausgelöster und nicht mehr rückgängig zu machender Start von Atomraketen konnte auf diese Weise vielleicht vermieden werden.

Hinter dem Abkommen zur Verminderung der Gefahr des Ausbruchs eines Nuklearkrieges infolge eines nuklearen Unfalls stand die Befürchtung, daß sich nukleares Potential durch technisches Versagen oder Fehler des Bedienungspersonals verselbständigen und seinen programmierten Weg in das Land des Gegners nehmen und dadurch einen Atomkrieg auslösen könnte. Diese Gefahr wurde um so größer, je mehr nukleare Macht einzelnen Personen oder Personengruppen, etwa an Bord eines selbständig operierenden Atom-Unterseebootes, überantwortet wurde. War es nicht denkbar, wie es der Film *Zwischenfall im Atlantik* darstellte, daß in einer Spannungssituation eine überreizte Schiffsbesatzung den Kopf verlor? Die USA und die Sowjetunion suchten dieser Gefahr zu begegnen, indem sie sich in ihrem Abkommen vom 30. September 1971 darauf verständigten, das Befehlsübermittlungs-, Kontroll- und Sicherungssystem ihrer Raketenwaffen so weit zu verbessern, daß ein irrtümlicher Einsatz nach menschlichem Ermessen ausgeschlossen wurde.

Ende der sechziger und Anfang der siebziger Jahre kamen immer wieder westliche Kriegsschiffe mit sowjetischen Kriegsschiffen in Berührung. Es gab Behinderungen und sogar Kollisionen. In dem Maße, in dem die sowjetische Marine ihre Präsenz auf den Weltmeeren erhöhte, nahmen diese Zwischenfälle zu. Auch zwischen den Luftwaffen der gegnerischen Mächte gab es derartige Zwischenfälle. Im Abkommen zur Vermeidung von Zwischenfällen auf und über dem offenen Meer vom 25. Mai 1972 und in einem Protokoll zu diesem Abkommen vom 26. Mai 1972 einigten sich die USA und die Sowjetunion deshalb auf Spielregeln in diesem „Beschattungskrieg", um Zusammenstöße, die zu Spannungen und unnötigen Konflikten führen konnten, zu verhindern. Die gefährlichen Behinderungen wurden danach spürbar seltener.

Mit dem Abkommen zur Verhinderung von Nuklearkriegen vom 22. Juni 1973 erhielt diese Seite der Rüstungskontrollpolitik eine weitere Dimension. War es bisher um die Verminderung und Ausschaltung bestehender Risiken im nuklearen Kräfteverhältnis durch technisch-praktische Maßnahmen gegangen, erweiterten die USA und die Sowjetunion diese Sicherungsmechanismen nun noch um das politische Instrument einer Konsultationsverpflichtung in Fällen nuklearer Konfliktgefahr. In dem Abkommen erklärten die USA und die Sowjetunion, daß es Ziel ihrer Politik sei, die Gefahr eines Atomkrieges und der Anwendung von Kernwaffen zu beseitigen.[36] Weiter hieß es:

„Dementsprechend vereinbaren die Vertragsparteien, sich so zu verhalten, daß die Entstehung von Situationen, die eine gefährliche Verschlechterung ihrer Beziehungen verursachen könnten, verhindert wird, daß militärische Konfrontationen vermieden werden und daß der Ausbruch eines Atomkrieges zwischen ihnen sowie zwischen jeder der beiden Vertragsparteien und anderen Ländern ausgeschlossen ist ...

Wenn zu irgendeinem Zeitpunkt die Beziehungen zwischen den Vertragsparteien oder zwischen einer der beiden Vertragsparteien und anderen Ländern das Risiko eines nuklearen Konflikts heraufzubeschwören scheinen oder wenn die Beziehungen zwischen Ländern, die nicht Vertragsparteien dieses Abkommens sind, das Risiko eines Atomkrieges zwischen den Vereinigten Staaten von Amerika und der Union der Sozialistischen Sowjetrepubliken heraufzubeschwören scheinen, werden die Vereinigten Staaten und die Sowjetunion im Einklang mit den Bestimmungen dieses Abkommens sofort in dringende Konsultationen miteinander eintreten und alles unternehmen, um ein solches Risiko abzuwenden."[37]

Deutlicher konnte man die globale Verantwortung der beiden Weltmächte für den Frieden kaum formulieren, denn welcher Konflikt größeren Ausmaßes betraf nicht die Beziehungen zwischen den USA und der Sowjetunion und beschwor nicht das Risiko eines Atomkrieges zwischen den beiden Ländern herauf? Die Bewährungsprobe für das Abkommen kam schneller als erwartet: Am 6. Oktober 1973 – dem jüdischen Versöhnungstag (Yom Kippur) – begann der nach 1948, 1956 und 1967 vierte Nahost-Krieg zwischen Israel und seinen arabischen Nachbarn. Die relativ lange Dauer des Krieges und die hohen Verluste auf beiden Seiten zwangen die USA und die Sowjetunion, Luftbrücken zu errichten und ihre jeweiligen Verbündeten durch umfangreiche Materiallieferungen zu unterstützen. Als eine Anordnung des Sicherheitsrates der Vereinten Nationen, das Feuer einzustellen, nicht befolgt wurde und Israel die Stadt Suez und die 3. ägyptische Armee einschloß, drohte die Sowjetunion am 24. Oktober eine einseitige Intervention an. Die USA versetzten daraufhin einen Teil ihrer Streitkräfte in erhöhte Alarmbereitschaft. Das Risiko einer Eskalation des Nahost-Krieges zu einer direkten Konfrontation der Weltmächte war gegeben. Damit waren die Bedingungen für eine Anwendung des eben erst geschlossenen Abkommens zur Verhinderung von Nuklearkriegen erfüllt, wonach die USA und die Sowjetunion sich verpflichteten, „sofort in dringende Konsultationen miteinander einzutreten und alles zu unternehmen, um ein solches Risiko abzuwenden". Dies geschah. Nach Intervention der beiden Weltmächte trat in der Nacht vom 25. zum 26. Oktober Waffenruhe ein.

Die Nahost-Krise vom Oktober 1973 unterstrich noch einmal, daß Konflikte und die Entstehung gefährlicher Situationen auch unter den Bedingungen des Atomzeitalters keineswegs ausgeschlossen waren und sich aufgrund der Interessengegensätze zwischen den Staaten auch nicht ausschließen ließen, daß regionale Konflikte, die unter nicht-nuklearen Bedingungen entstanden, sich leicht zu einer nuklearen Konfrontation der Weltmächte aus-

weiten konnten, und daß die USA und die Sowjetunion sich ihrer weltpolitischen Verantwortung bewußt waren und ihre Politik so ausrichteten, daß ein
direkter Zusammenstoß zwischen ihnen frühzeitig durch gezieltes Krisenmanagement vermieden wurde, wobei sie bereit waren, auf ihre Verbündeten
mäßigend einzuwirken und gegebenenfalls auch Druck auszuüben.

Rein äußerlich unterschied sich das Verhalten der beiden Weltmächte in
der Nahost-Krise von 1973 nicht sehr von dem bei Konflikten in früheren
Jahrzehnten. Auch in den vierziger und fünfziger Jahren hatte es direkte
militärische Auseinandersetzungen zwischen den USA und der Sowjetunion
nicht gegeben. Während der Suez-Krise von 1956 – um nur dieses Beispiel zu
nennen – hatten die beiden Weltmächte ebenfalls Druck auf Alliierte ausgeübt, um einen sich gefährlich zuspitzenden Konflikt zu beenden. Der Unterschied bestand jedoch darin, daß dieses Verhalten früher eher zufällig und
unkoordiniert, mit Ach und Krach, zustandegekommen war, während
es jetzt, in der Zeit der Entspannungspolitik, seines zufälligen Charakters
enthoben und durch Verträge und Abkommen im Vorhinein festgelegt
wurde.

Die Entspannung zwischen den USA und der Sowjetunion bewirkte also,
daß die unkontrollierte Verbreitung von Kernwaffen gebremst und die Gefahr eines unbeabsichtigten Ausbruchs von Nuklearkriegen infolge Unfalls,
technischen oder menschlichen Versagens oder als Folge eines Mißverständ-
nisses vermindert wurde, daß man sich, teilweise erfolgreich, um die Ausschaltung von Risiken in der Rüstungsdynamik und um eine bessere Steuerung und Kanalisierung der Rüstungsentwicklung bemühte und daß die beiden Weltmächte sich ihrer gemeinsamen Verantwortung für den Weltfrieden
bewußter wurden und ihre Beziehungen zueinander zu einer „Sicherheits-
partnerschaft" verdichteten, die sie auch gegenüber Dritten zur Anwendung
brachten. Alles dies wurde in Verträgen, Abkommen und Protokollen festge-
halten. Manchem war dies viel zu wenig und in vieler Hinsicht unzulänglich.
Aber es war ein Anfang, der, hätte man ihn 1961 oder 1962, auf dem Höhepunkt der Berlin- oder Kuba-Krise, prophezeit, für gänzlich unwahrscheinlich gehalten worden wäre.

4.6. Zusammenfassung

Die Existenz von Kernwaffen, die durch das Maß und die Intensität ihrer
Zerstörungskraft die Welt mit totaler Vernichtung bedrohten, schuf neue
Bedingungen der Machtausübung und schränkte die Möglichkeit gewaltsa-
mer militärischer Konfliktregelungen ein. Insbesondere die beiden nuklearen
Weltmächte USA und Sowjetunion wurden dadurch gezwungen, nach neuen
Formen zwischenstaatlichen Krisenmanagements zu suchen, um bei auftre-
tenden Interessengegensätzen das Risiko einer Anwendung nuklearer Waffen
zu verringern und möglichst auszuschalten.

Nach der Kuba-Krise im Oktober 1962 entwickelten die USA und die Sowjetunion, zunächst gemeinsam mit Großbritannien, später bilateral, eine Rüstungskontrollpolitik mit dem Ziel, das nukleare Gleichgewicht der Kräfte zu stabilisieren. Maßnahmen hierbei waren unter anderem der partielle Teststoppvertrag (1963) sowie der Vertrag über die Nichtverbreitung von Kernwaffen (1968). Parallel dazu wurden Schritte unternommen, um die technischen Voraussetzungen für die Kommunikation zwischen den USA und der Sowjetunion zu verbessern (Errichtung des „Heißen Drahtes" 1963).

Auf der Grundlage des Teststoppvertrages und des Nichtverbreitungsvertrages, die zur Erhaltung des Kernwaffenoligopols führten und die Zahl der Kernwaffenstaaten vertraglich begrenzten, gingen die USA und die Sowjetunion ab 1969 daran, durch kooperative Rüstungssteuerung die strategische Rüstungsentwicklung zu kanalisieren und in ihrem Wachstum einzudämmen. Die Moskauer Rüstungskontrollabkommen vom Mai 1972 sahen eine Plafond-Begrenzung der offensiven Trägerwaffensysteme und einen Rüstungsstopp sowie eine Begrenzung der Raketenabwehrflugkörper (ABM) vor. Insbesondere der ABM-Vertrag hatte eine nachhaltige Bedeutung, weil er die Weiterentwicklung eines die nukleare Stabilität gefährdenden Waffensystems verhinderte.

Die zweite Runde der SALT-Verhandlungen, die 1973 begann, befaßte sich mit der Fortschreibung des auf fünf Jahre befristeten Moskauer Interimsabkommens über die Begrenzung der offensiven Trägerwaffensysteme aus dem Jahre 1972 und mit der Ausdehnung der Rüstungskontrollpolitik auf die qualitativen Dimensionen des Rüstungswettlaufs, die bei SALT-I ausdrücklich ausgeklammert worden waren. Diese Ziele wurden mit dem Wiener SALT-II-Abkommen vom Juni 1979 nur teilweise erreicht, wobei vor allem die Begrenzung des qualitativen Wettrüstens weiterer Verhandlungen im Rahmen einer dritten SALT-Runde bedurfte.

Zeitlich parallel zur Politik der kooperativen Rüstungssteuerung unternahmen die USA und die Sowjetunion Bemühungen, durch praktische Regelungen den Ausbruch eines Nuklearkrieges zu verhindern. Sicherungsmaßnahmen sollten das Risiko eines Kriegsausbruchs durch Unfall, technisches oder menschliches Versagen oder durch Mißverständnis so gering wie möglich werden lassen. Das Verhalten von Militärfahrzeugen bei Begegnungen auf und über dem offenen Meer wurde geregelt. Im Juni 1973 wurde zwischen den USA und der Sowjetunion eine Konsultationspflicht für den Fall vereinbart, daß nukleare Kriegsgefahr drohte. Alle diese Maßnahmen trugen zur Stabilisierung der Beziehungen zwischen den beiden nuklearen Weltmächten und zur Erhaltung und Sicherung des Weltfriedens bei, von der auch die Drittländer profitierten.

5. Sicherheit und Entspannung in Europa

5.1. Militärische Konfrontation und europäische Sicherheit

Wie die amerikanisch-sowjetischen Beziehungen, so wurden auch die Beziehungen zwischen den Staaten Europas nach dem Zweiten Weltkrieg vornehmlich durch die Gesetze der Machtpolitik bestimmt. Das Vakuum, das Hitlers geschlagene Armeen hinterlassen hatten, wurde schon bald nach 1945 durch neues militärisches Potential aufgefüllt. Pazifistische Vorstellungen, die wie so oft nach verheerenden Kriegen auch nach dem Zweiten Weltkrieg eine Ächtung des Krieges und vollständige Abrüstung verlangten, wurden durch den einsetzenden Ost-West-Konflikt überrollt und zur Einflußlosigkeit verdammt. Die Polarisierung der Politik und die Entstehung der Blöcke führten zur militärischen Konfrontation und zur Ausprägung eines Systems der europäischen Sicherheit, dessen Stabilität auf der Wirksamkeit gegenseitiger militärischer Abschreckung, nicht jedoch auf Zusammenarbeit der Staaten über die Blockgrenzen hinweg beruhte.

Die Entspannungspolitik sah sich demzufolge Ende der sechziger Jahre in Europa vor die Situation gestellt, ihre Bemühungen um Verständigung und Ausgleich der Interessen auf der Grundlage vorgegebener militärischer Strukturen unternehmen zu müssen. Diese hatten sich in den mehr als zwanzig Jahren des Kalten Krieges so sehr verfestigt, daß ihre Auflösung eine grundlegende Veränderung des europäischen Staatensystems und der europäischen Politik mit unbekanntem Ausgang bedeutet hätte. Da keine Seite bereit war, ein solches Wagnis ohne hinreichende Rückversicherung einzugehen, beschränkte sich die Entspannungspolitik zunächst auf eine Doppelstrategie mit militärischen Sicherheitsgarantien auf der einen und Verständigungspolitik auf der anderen Seite, wobei der militärische Bereich nur so weit in die Verständigungspolitik einbezogen wurde, wie es die Erfordernisse der Landesverteidigung zuließen. Militärische Konfrontation und europäische Sicherheit waren daher Widerspruch und Einheit zugleich: Die militärische Konfrontation bedrohte den Frieden in Europa, aber ohne die Aufrechterhaltung eines militärisch stabilen Systems der Abschreckung erschien eine Bewahrung des Friedens schwer vorstellbar.

Wie sahen die militärischen und sicherheitspolitischen Strukturen aus, die zur Grundlage der Entspannungspolitik in Europa wurden? Rückgrat der europäischen Sicherheit waren die Militärbündnisse NATO und Warschauer Pakt. Beide Bündnisse bekannten sich zur Erhaltung des Friedens und gaben sich als Defensiv- und Schutzbündnisse zu erkennen. Im Nordatlantikvertrag vom 4. April 1949, der die Gründung der Nordatlantischen Vertragsorganisation (NATO = *North Atlantic Treaty Organization*) regelte, hieß es dazu:

„*Art. 1*

Die Parteien verpflichten sich, in Übereinstimmung mit der Satzung der Vereinten Nationen jeden internationalen Streitfall, an dem sie beteiligt sind, auf friedlichem Wege so zu regeln, daß der internationale Friede, die Sicherheit und die Gerechtigkeit nicht gefährdet werden, und sich in ihren internationalen Beziehungen jeder Gewaltandrohung oder Gewaltanwendung zu enthalten, die mit den Zielen der Vereinten Nationen nicht vereinbar ist ...

Art. 5

Die Parteien vereinbaren, daß ein bewaffneter Angriff gegen eine oder mehrere von ihnen in Europa oder Nordamerika als ein Angriff gegen sie alle angesehen werden wird; sie vereinbaren daher, daß im Falle eines solchen bewaffneten Angriffs jede von ihnen in Ausübung des in Artikel 51 der Satzung der Vereinten Nationen anerkannten Rechts der individuellen oder kollektiven Selbstverteidigung der Partei oder den Parteien, die angegriffen werden, Beistand leistet, indem jede von ihnen unverzüglich für sich und im Zusammenwirken mit den anderen Parteien die Maßnahmen, einschließlich der Anwendung von Waffengewalt, trifft, die sie für erforderlich erachtet, um die Sicherheit des nordatlantischen Gebiets wiederherzustellen und zu erhalten ...“[1]

In dem am 14. Mai 1955 in Warschau unterzeichneten und am 4. Juni 1955 in Kraft getretenen Vertrag über Freundschaft, Zusammenarbeit und gegenseitigen Beistand (Warschauer Pakt) zwischen Albanien, Bulgarien, Ungarn, der DDR, Polen, Rumänien, der Sowjetunion und der Tschechoslowakei hieß es nahezu gleichlautend:

„*Art. 1*

Die Vertragschließenden Seiten verpflichten sich in Übereinstimmung mit der Satzung der Organisation der Vereinten Nationen, sich in ihren internationalen Beziehungen der Drohung mit Gewalt oder ihrer Anwendung zu enthalten und ihre internationalen Streitfragen mit friedlichen Mitteln so zu lösen, daß der Weltfrieden und die Sicherheit nicht gefährdet werden ...

Art. 4

Im Falle eines bewaffneten Überfalls in Europa auf einen oder mehrere Teilnehmerstaaten des Vertrages seitens irgendeines oder einer Gruppe von Staaten wird jeder Teilnehmerstaat des Vertrages in Verwirklichung des Rechtes auf individuelle oder kollektive Selbstverteidigung in Übereinstimmung mit Artikel 51 der Satzung der Organisation der Vereinten Nationen dem Staat oder den Staaten, die einem solchen Überfall ausgesetzt sind, sofortigen Beistand individuell und in Vereinbarung mit den anderen Teilnehmerstaaten des Vertrages mit allen Mitteln, die ihnen erforderlich erscheinen, einschließlich der Anwendung von militärischer Gewalt erweisen. Die Teilnehmerstaaten des Vertrages werden sich unverzüglich über gemeinsame

Maßnahmen beraten, die zum Zwecke der Wiederherstellung und Aufrechterhaltung des Weltfriedens und der Sicherheit zu ergreifen sind ..."[2]

Bei einem Vergleich der Vertragstexte scheint es, als sei der Warschauer Pakt
ein spiegelgetreues Abbild der NATO in Osteuropa. Auch in anderer Hinsicht spricht manches für diesen Eindruck: die Tatsache, daß dieses Zweier-
Bündnissystem in einer auch sonst bipolaren Welt entstand und sich behauptete; die Tatsache, daß die Staaten Ost- und Westeuropas für sich allein
genommen zu schwach waren, um sich militärisch zu verteidigen, und deshalb Schutz und Sicherheit im Bündnis suchten; die Tatsache, daß beide
Bündnisse von einer Weltmacht angeführt wurden und daß deren Machtbasis
entweder ganz – wie im Falle der USA – oder teilweise – wie im Falle der
Sowjetunion – außerhalb der Grenzen Europas lag; die Tatsache, daß in
beiden Bündnissen das Machtgefälle zwischen der Führungsmacht und den
nachfolgenden Bündnismitgliedern sehr groß war, wobei es eine wesentliche
Rolle spielte, daß sich die USA und die Sowjetunion frühzeitig zentrale Ver-
fügungsgewalt über die Kernwaffen gesichert hatten; die Tatsache schließlich,
daß sowohl in die NATO als auch in den Warschauer Pakt ein Teil Deutschlands integriert war und daß die DDR und die Bundesrepublik in ihren
Bündnissen zu den stärksten und verläßlichsten Stützen der jeweiligen Führungsmacht zählten.

Von dieser Symmetrie bezog das europäische Sicherheitssystem einen großen Teil seiner Stabilität. Jedes Gewicht auf der einen Seite fand seine Ent-
sprechung auf der anderen und wurde dadurch ausgeglichen.

Aber es gab auch Unterschiede. Während die USA in der NATO ein hohes
Maß an politischer Eigenständigkeit zuließen und bereit waren, sich in ihrer
eigenen Entwicklung von Strömungen in Westeuropa beeinflussen zu lassen,
herrschte im Warschauer Pakt ein streng hierarchisches Über- und Unterord-
nungsverhältnis zwischen der Sowjetunion und den übrigen Paktmitgliedern.
Die Sowjetunion war Modell und Maßstab aller Entwicklungen, militärisch
drückend überlegen und stets präsent, mit einem ständig betonten ideologischen Führungsanspruch, der gegebenenfalls auch unter Anwendung des militärischen Machtapparates durchgesetzt wurde, kein *primus inter pares*, wie
im Westen die USA, sondern Führungsmacht im eigentlichen Sinne des Wor-
tes. Am deutlichsten zeigte sich dieser Unterschied zwischen NATO und
Warschauer Pakt bei bündnisinternen Zerreißproben. Die USA nahmen 1966
den Austritt Frankreichs und 1974 den Austritt Griechenlands aus der militärischen Integration der NATO hin, ohne Zeichen zu geben, die Austritte
durch Androhung oder Anwendung politischer, wirtschaftlicher oder militärischer Sanktionen verhindern zu wollen. Die Sowjetunion ließ 1956 und
1968 in Ungarn und der Tschechoslowakei – wie schon vor der Gründung
des Warschauer Paktes 1953 in der DDR – Panzer aufmarschieren, um Eigen-
ständigkeitsbestrebungen mit Mitteln militärischer Gewalt zu unterdrücken

und gar nicht erst eine Situation entstehen zu lassen, in der es zum Ausscheren eines dieser Länder aus dem Blockverbund kommen konnte.

Ein weiterer Unterschied zwischen den beiden Bündnissen ergab sich aus den geostrategischen Verhältnissen. Der Warschauer Pakt war ein Kontinentalbündnis mit einer Führungsmacht, die dem östlichen Europa territorial und politisch verbunden war und Ostmitteleuropa als eine Sicherheitszone betrachtete, in der es keinerlei sicherheitspolitische Experimente geben durfte. Die Atlantische Allianz war dagegen ein maritimes Bündnis mit einer Führungsmacht, die europäischen Angelegenheiten aus historischen und kulturellen Gründen und aus Gründen der globalen Machtverteilung große Aufmerksamkeit widmete, deren natürliches Interessengebiet aber die westliche Hemisphäre war. Schon in der Monroe-Doktrin vom 2. Dezember 1823 hatten die USA erklärt, daß jede Einmischung europäischer Staaten in die Angelegenheiten unabhängiger amerikanischer Regierungen und umgekehrt zurückzuweisen sei, und auch die Nixon-Doktrin vom 18. Februar 1970 enthielt fast 150 Jahre später noch Elemente des Isolationismus. Darüber hinaus ergaben sich aus der geographischen Situation auch militärische Konsequenzen: Die Sowjetunion stand mit dem ganzen Gewicht ihres Weltmachtpotentials mitten in Europa; die USA waren hier mit weniger als 300000 Mann vertreten, ihre Hauptmacht befand sich jenseits des Atlantik, mehr als 6000 Kilometer entfernt, zu ihrer Heranführung benötigte man selbst ohne feindliche Behinderung mindestens dreißig Tage. Die USA spielten dadurch in Westeuropa nicht die dominierende Rolle, wie in Osteuropa die Sowjetunion. Um die geostrategischen Nachteile der NATO wenigstens teilweise auszugleichen, mußten die westeuropäischen Länder eine wesentlich größere Verteidigungsleistung erbringen als auf seiten des Warschauer Paktes die osteuropäischen Verbündeten der Sowjetunion und konnten deshalb auch Ansprüche auf ein größeres Mitspracherecht in Bündnisangelegenheiten geltend machen.

Die Symmetrie der europäischen Sicherheit war also eine Scheinsymmetrie; sie bestand, wenn überhaupt, nur vordergründig. In Wirklichkeit waren die Strukturen ungleichmäßig, das Gleichgewicht schwankend und die Stabilität von den nuklearen Garantien der USA und der Sowjetunion abhängig. Leicht konnte es daher zur Entladung der Spannungen kommen, die sich durch die ideologische Spaltung Europas und die politischen Folgeprobleme des Zweiten Weltkrieges angestaut hatten. Was aber geschehen würde, wenn die in Europa befindlichen Armeen gegeneinander marschierten, ließ sich erahnen, wenn man das hier konzentrierte Militärpotential zusammenzählte.[3]

1969, am Beginn der Entspannungspolitik, unterhielten die beiden Militärpakte in Europa zusammen etwa 150 Divisionen mit mehr als zwei Millionen Soldaten, etwa 30000 Kampfpanzern, 10000 Kampfflugzeugen und mindestens 11000 taktischen Kernsprengköpfen mit einer Sprengkraft bis zu einer Million Tonnen des herkömmlichen Sprengstoffs Trinitrotoluol (TNT). Die größten dieser taktischen Kernsprengköpfe übertrafen damit in ihrer Wirkung die Hiroshima-Bombe um mehr als das Einunddreißigfache. Daneben warteten in der Sowjetunion etwa 700 auf Mittel- und Westeuropa gerichtete Mittelstreckenraketen (MRBM = *Medium-range ballistic missiles*) abschußbereit in ihren Silos, denen der Westen außer 18 französischen Zwischenstreckenraketen (IRBM = *Intermediate-range ballistic missiles*) nichts Vergleichbares entgegenzusetzen hatte. Auch von den strategischen Nuklearwaffen der USA und der Sowjetunion mit interkontinentaler Reichweite war ein großer Teil auf Ziele in Europa gerichtet. In den Bunkern und Depots beider Seiten lagerten darüber hinaus biologische und chemische Kampfmittel, die in ihrer Grausamkeit und Wirkung die konventionellen und nuklearen Waffen noch übertrafen.

Eine ungehemmte Entfesselung dieses Tötungs- und Vernichtungspotentials hätte den Kontinent in ein Trümmerfeld und Massengrab verwandelt und jegliche Zivilisation auf Dauer unmöglich gemacht. Die Entspannungspolitik suchte daher in das europäische Sicherheitssystem zusätzliche Stabilisierungsfaktoren einzubauen und die Konfrontation in Europa durch mehr internationale Zusammenarbeit zu entschärfen. Man bemühte sich um die Lösung wichtiger Streitfragen, vor allem des Deutschland-Problems, um Vereinbarungen über die weitere Gestaltung der politischen Beziehungen zwischen den Staaten Europas und nicht zuletzt um eine Verständigung über Maßnahmen zur Erhöhung der militärischen Sicherheit.

5.2. Die Regelung der Deutschland-Frage

Deutschland war nach dem Zweiten Weltkrieg nicht der einzige Streitpunkt, an dem sich der Kalte Krieg entzündete, aber die Teilung Deutschlands war ein wesentliches Ergebnis des Ost-West-Konflikts und wurde deshalb zu einer ständigen Belastung und zu einem Hindernis für alle Bemühungen um eine Verbesserung des Ost-West-Verhältnisses in Europa. In den fünfziger und sechziger Jahren unternommene Versuche, unter Ausklammerung oder Umgehung der deutschen Frage den Ost-West-Konflikt zu überwinden, waren gescheitert. Solange das Schicksal Deutschlands ungeklärt blieb und keiner zumindest vorläufigen Regelung zugeführt wurde, erwies sich Entspannung als unmöglich. Oder wie es der französische Staatspräsident de Gaulle formulierte: „Le problème allemand, c'est le problème européen par excellence."

Ende der sechziger und in den siebziger Jahren wurden deshalb die erneuten Bemühungen um Entspannungspolitik in Europa mit Verhandlungen zur Regelung der Deutschland-Frage verknüpft. Das Interesse an Entspannung wurde dabei von beiden Seiten als Hebel eingesetzt, um Zugeständnisse zu erreichen und den „Sonderkonflikt der Bundesrepublik mit der Sowjetunion und dem Sowjetblock, in dem sie (die Bundesrepublik) nur bedingt – und in mit der Zeit abnehmendem Maße – auf die Unterstützung der Westmächte rechnen konnte",⁴ zu beenden. Viele im Westen betrachteten den Streit der Deutschen bereits seit langem als Relikt des Kalten Krieges, das nicht mehr in die Welt des beginnenden Ost-West-Dialogs passen wollte. Die Politik der Konfliktregelung wurde durch die Bundestagswahl vom 28. September 1969 maßgeblich erleichtert, bei der CDU und CSU zusammen 46,1%, SPD 42,7% und FDP 5,8% der gültigen Stimmen erhielten, so daß die Bildung einer sozial-liberalen Koalition möglich wurde, die in der inneren wie in der auswärtigen Politik der Bundesrepublik neue Akzente setzte. Als am 22. Oktober 1969 das sozial-liberale Kabinett unter Bundeskanzler Willy Brandt und Bundesaußenminister Walter Scheel vorgestellt wurde und Bundeskanzler Brandt die Regierungserklärung vor dem Deutschen Bundestag verlas, hieß das Ziel in der Außenpolitik vor allem Verständigung mit dem Osten in Übereinstimmung mit Präsident Nixons außenpolitischem Programm einer „Ära der Verhandlungen". In der DDR wurden die Kräfte, die sich dem Normalisierungsprozeß widersetzten, unter dem Druck Moskaus zur Anpassung gezwungen. Der Sturz Walter Ulbrichts – er wurde am 3. Mai 1971 als Erster Sekretär des Zentralkomitees der SED durch Erich Honecker abgelöst, blieb jedoch Staatsratsvorsitzender – war auf seinen Widerstand gegen die Entspannungspolitik, besonders gegen die Berlin-Regelung, zurückzuführen.

Die Ostpolitik der Bundesrepublik begann freilich nicht erst unter Brandt und Scheel. Bereits am 13. September 1955 war bei einem Besuch Bundeskanzler Adenauers in der Sowjetunion die Aufnahme diplomatischer Beziehungen zwischen der Sowjetunion und der Bundesrepublik vereinbart worden. In den sechziger Jahren – unter Bundeskanzler Ludwig Erhard und seinem Außenminister Gerhard Schröder – hatte es den Versuch einer stärkeren Öffnung nach Osten gegeben, um zu einer Normalisierung der Beziehungen und zur Verstärkung der Kontakte mit den osteuropäischen Ländern, insbesondere auf wirtschaftlichem Gebiet, zu kommen. Erhard und Schröder hatten sich jedoch nicht dazu durchringen können, die DDR gleichberechtigt in den Normalisierungsprozeß einzubeziehen, hatten sie vielmehr zu isolieren gesucht und damit neben der Sowjetunion vor allem Polen und die DDR gegen sich aufgebracht. Die Aufnahme diplomatischer Beziehungen zwischen der Bundesrepublik und Rumänien am 31. Januar 1967 – also bereits während der Großen Koalition zwischen CDU/CSU und SPD unter Bundeskanzler Kurt Georg Kiesinger und Außenminister Willy Brandt, aber dennoch eine späte Frucht der Schröderschen Ostpolitik – hatte die Außenminister der Warschauer-Pakt-Staaten auf einer Tagung in Warschau vom 8. bis 10. Februar 1967 veranlaßt, hinter verschlossenen Türen Rumänien zu kritisieren und andere Ostblockländer, wie Ungarn und die Tschechoslowakei, die bereits Anstalten machten, dem Beispiel Rumäniens zu folgen, davor zu warnen, den Versuch der Bundesrepublik zu unterstützen, einen Keil in das östliche Lager zu treiben. Darüber hinaus hatte die Aufnahme diplomatischer

Beziehungen zwischen Bonn und Bukarest noch im Verlauf des Jahres 1967 zum Abschluß zweiseitiger Verträge über Beistand und Freundschaft zwischen der DDR, Polen, der Tschechoslowakei, Ungarn und Bulgarien und zur gleichberechtigten Einbeziehung der DDR in die osteuropäische Staatengemeinschaft geführt. Die Ostpolitik Erhards und Schröders hatte damit das genaue Gegenteil dessen bewirkt, was sie angestrebt hatte.

Mit dieser Hypothek war auch die Ostpolitik der Großen Koalition nicht fertiggeworden. Obwohl Kiesinger in seiner Regierungserklärung am 13. Dezember 1966 gesagt hatte, man müsse „ohne Scheuklappen sehen, was ist", und auch bereit war, mit der DDR in direkten Kontakt zu treten, war man über einen Briefwechsel zwischen Kiesinger und dem DDR-Ministerpräsidenten Willi Stoph, weitere Bemühungen um die osteuropäischen Staaten und Sondierungen mit der Sowjetunion über einen Gewaltverzicht nicht hinausgekommen. Hindernisse hatte es nicht nur auf östlicher Seite gegeben, wo die DDR sich außerordentlich stark zurückgehalten und die Entwicklung in der Tschechoslowakei die Sowjetunion zur Vorsicht gemahnt hatte, sondern auch in der Bundesrepublik, wo große Teile der Unionsparteien im Gegensatz zu führenden Vertretern von SPD und FDP aus den ersten vergeblichen Anläufen den Schluß gezogen hatten, man sei bereits zu weit gegangen, Nachgiebigkeit zahle sich nicht aus und mit einer Politik schrittweisen Entgegenkommens seien offenbar keine Ergebnisse zu erzielen, da der Osten eine Politik des Alles-oder-Nichts betreibe. Ende 1968/Anfang 1969 stand die Bonner Ostpolitik damit trotz partieller Auflockerung wieder einmal in einer Sackgasse. Moskau suchte zwar den Dialog mit Bonn, aber es beharrte auch auf der Anerkennung des *status quo*. Nur eine Bundesregierung, die bereit war, die Realitäten in Europa anzuerkennen, hatte deshalb eine Chance, die Bonner Ostpolitik aus ihrer Sackgasse herauszuführen.[5] Erst die Regierung der sozial-liberalen Koalition im Herbst 1969 wagte diesen Schritt.

Die „neue Ostpolitik" umfaßte folgende Schwerpunkte:

(1) Im Verhältnis zur Sowjetunion ging es um die Anerkennung der bestehenden Grenzen in Europa und um die Klärung der Sicherung des Status von Berlin und seiner Zufahrtswege.

(2) Im Verhältnis zu Polen ging es um die Anerkennung der Oder-Neiße-Linie als polnische Westgrenze, um Abgeltung polnischer Rentenansprüche, um Kredite und um Ausreiseerlaubnis für deutschstämmige Polen.

(3) Im Verhältnis zur DDR ging es um die Anerkennung der staatlichen Existenz der DDR und um die Regelung praktischer Fragen, die sich aus der Nachbarschaft der beiden Länder und den noch bestehenden familiären und persönlichen Bindungen zwischen den beiden Teilen Deutschlands ergaben.

(4) Im Verhältnis zur Tschechoslowakei ging es um die Frage der Gültigkeit des Münchener Abkommens vom 29. September 1938, um humanitäre Fragen sowie um Fragen der Strafverfolgung und Rechtshilfe.

In Anerkennung des besonderen Gewichts der Sowjetunion wurden die Gespräche zuerst mit Moskau geführt. Am 8. Dezember 1969 begannen Sondierungen zwischen dem sowjetischen Außenminister Andrej Gromyko und dem Botschafter der Bundesrepublik Deutschland in der Sowjetunion, Helmut Allardt. Als die Gespräche schon nach kurzer Zeit festfuhren, entsandte die Bundesregierung den persönlichen Vertrauten und langjährigen Mitarbeiter des Bundeskanzlers, Staatssekretär Egon Bahr, nach Moskau, der bereits 1963 in einem Vortrag in der Evangelischen Akademie Tutzing die Konzeption eines „Wandels durch Annäherung" und eine Reform der Ostpolitik vertreten hatte.

Die ersten Sondierungen, die zwischen Bahr und Gromyko vom 30. Januar bis 8. Februar 1970 geführt wurden, konzentrierten sich auf zwei Punkte, die auch im Verhältnis der Bundesrepublik zu Polen und der DDR von zentraler Bedeutung waren: die Frage eines Gewaltverzichts und die Frage der Anerkennung der bestehenden Grenzen, also des territorialen *status quo* in Europa. Bonn war zu einem wechselseitigen Verzicht auf Anwendung oder Androhung von Gewalt bereit. Moskau wollte darüber hinaus eine Regelung, in der auch eine Anerkennung der bestehenden Grenzen in Europa – einschließlich denjenigen der DDR – enthalten war. Da eine Anerkennung nach östlichen Vorstellungen sowjetische Rechte, die sich aus dem Potsdamer Abkommen und den Vereinbarungen der Vier Mächte ergaben, aufgehoben hätte, war die Sowjetunion jedoch zu einer Modifizierung ihrer Haltung in den Verhandlungen bereit und stimmte der westlichen Auffassung zu, daß beide deutschen Staaten ihren Status *nicht* im Sinne des Völkerrechts ändern könnten. Damit stellte sich die Sowjetunion allerdings in Gegensatz zur DDR-Führung, die, wie Ulbricht noch am 19. Januar – also unmittelbar vor den Gromyko-Bahr-Sondierungen – erklärt hatte, der Ansicht war, daß es für die DDR keine Viermächtebefugnisse besatzungsrechtlicher Art mehr geben könne.[6] Gromyko reiste deshalb am 24. Februar nach Ost-Berlin, um den sowjetischen Standpunkt zu verdeutlichen. Es kam zu schwerwiegenden Differenzen mit der DDR-Führung. Am Ende der Gespräche Gromykos in Ost-Berlin war von einer völkerrechtlichen Anerkennung der DDR durch die Bundesrepublik nicht mehr die Rede. Im Kommuniqué hieß es lediglich, die DDR müsse an der internationalen Zusammenarbeit „uneingeschränkt und in voller Gleichberechtigung teilnehmen", für die Staatsgrenzen und die innere Ordnung müsse das Prinzip der „Unantastbarkeit" gelten.[7]

Nach einer Gesprächspause zwischen Bahr und Gromyko legte die Sowjetunion am 6. März 1970 den Entwurf für einen Vertragstext vor, der vor allem in einem Punkt noch umstritten war: Nach sowjetischer Ansicht sollten die Grenzen in Europa „unerschütterlich" sein, also nicht mehr verändert werden können. Eine solche Festlegung widersprach der Auffassung der Bundesregierung, die sich die Möglichkeit friedlicher Grenzveränderungen und die Option einer Wiedervereinigung Deutschlands offenhalten wollte.

Eine Regelung der Grenzfrage im östlichen Sinne hätte aufgrund der Wiedervereinigungsklausel in der Präambel des Grundgesetzes auch einer Überprüfung durch das Bundesverfassungsgericht kaum standgehalten. Außerdem war es unwahrscheinlich, daß die Bundesregierung für eine solche Festlegung mit friedensvertraglichem Charakter die für eine Ratifizierung erforderliche Zwei-Drittel-Mehrheit des Deutschen Bundestages erhalten würde. Einen Ausweg bot die Formel der „Unverletzlichkeit" der Grenzen, die friedliche Grenzveränderungen zumindest nicht ausschloß. Am 22. Mai 1970 verabschiedeten Bahr und Gromyko einen gemeinsamen Text, der als Ausgangspunkt für Vertragsverhandlungen dienen konnte. Zuvor war der Versuch Bahrs, auch über Berlin zu sprechen, gescheitert. Gromyko lehnte es scharf ab, mit einem westdeutschen Vertreter Berlin betreffende Fragen zu behandeln, die, so Gromyko, in den Kompetenzbereich der Vier Mächte fielen.

Die Frage der Grenzen und die Möglichkeit ihrer Veränderung war auch ein wesentlicher Punkt der Verhandlungen zwischen Gromyko und Bundesaußenminister Scheel, der nach Beendigung der Mission Bahrs am 27. Juli 1970 nach Moskau reiste, um die endgültige Fassung des deutsch-sowjetischen Vertrages zu vereinbaren. Scheel setzte eine Verknüpfung des Artikel 3 (Unverletzlichkeit der Grenzen) mit Artikel 2 (Gewaltverzicht) durch und trug dadurch zur Verdeutlichung der Möglichkeit friedlicher Grenzveränderungen bei: Es war jetzt klar, daß der territoriale *status quo* durch den deutsch-sowjetischen Vertrag nur insoweit fixiert wurde, als er eine Folge des Gewaltverzichts bildete. Grenzänderungen waren demnach nur dann vertragswidrig, wenn sie einseitig gefordert oder durchgesetzt wurden und somit Elemente der Gewalt enthielten. Diese Regelung erhielt ihr besonderes Gewicht dadurch, daß sie nicht nur für die Verträge der Bundesrepublik mit Polen und der DDR, sondern auch für die Beschlüsse der Konferenz über Sicherheit und Zusammenarbeit in Europa zum Modell wurde. Auch dies zeigt, daß die Bereinigung des deutsch-sowjetischen Verhältnisses und damit die Beendigung des deutschen „Sonderkonflikts" für die gesamte europäische Politik und für die Entspannung von grundlegender Bedeutung war.

Der deutsch-sowjetische Vertrag (Moskauer Vertrag) wurde am 7. August 1970 von Gromyko und Scheel paraphiert und am 12. August 1970 von Ministerpräsident Kossygin und Außenminister Gromyko sowie Bundeskanzler Brandt und Bundesaußenminister Scheel unterzeichnet. In einem Brief des Bundesaußenministers an seinen sowjetischen Amtskollegen vom 12. August 1970 wies Scheel darauf hin, die Regierung der Bundesrepublik Deutschland stelle fest, „daß dieser Vertrag nicht im Widerspruch zu dem politischen Ziel der Bundesrepublik Deutschland steht, auf einen Zustand des Friedens in Europa hinzuwirken, in dem das deutsche Volk in freier Selbstbestimmung seine Einheit wiedererlangt".[8]

Die wichtigsten Passagen des insgesamt nur fünf Artikel umfassenden Moskauer Vertrages lauteten:

„*Artikel 1*

Die Bundesrepublik Deutschland und die Union der Sozialistischen Sowjetrepubliken betrachten es als wichtiges Ziel ihrer Politik, den internationalen Frieden aufrechtzuerhalten und die Entspannung zu erreichen.

Sie bekunden ihr Bestreben, die Normalisierung der Lage in Europa und die Entwicklung friedlicher Beziehungen zwischen allen europäischen Staaten zu fördern und gehen dabei von der in diesem Raum bestehenden wirklichen Lage aus.

Artikel 2

Die Bundesrepublik Deutschland und die Union der Sozialistischen Sowjetrepubliken werden sich in ihren gegenseitigen Beziehungen sowie in Fragen der Gewährleistung der europäischen und der internationalen Sicherheit von den Zielsetzungen und Grundsätzen, die in der Charta der Vereinten Nationen niedergelegt sind, leiten lassen. Demgemäß werden sie ihre Streitfragen ausschließlich mit friedlichen Mitteln lösen und übernehmen die Verpflichtung, sich in Fragen, die die Sicherheit in Europa und die internationale Sicherheit berühren, sowie in ihren gegenseitigen Beziehungen gemäß Artikel 2 der Charta der Vereinten Nationen der Drohung mit Gewalt oder der Anwendung von Gewalt zu enthalten.

Artikel 3

In Übereinstimmung mit den vorstehenden Zielen und Prinzipien stimmen die Bundesrepublik Deutschland und die Union der Sozialistischen Sowjetrepubliken in der Erkenntnis überein, daß der Friede in Europa nur erhalten werden kann, wenn niemand die gegenwärtigen Grenzen antastet.

– Sie verpflichten sich, die territoriale Integrität aller Staaten in Europa in ihren heutigen Grenzen uneingeschränkt zu achten;

– sie erklären, daß sie keine Gebietsansprüche gegen irgend jemand haben und solche in Zukunft auch nicht erheben werden;

– sie betrachten heute und künftig die Grenzen aller Staaten in Europa als unverletzlich, wie sie am Tage der Unterzeichnung dieses Vertrages verlaufen, einschließlich der Oder-Neiße-Linie, die die Westgrenze der Volksrepublik Polen bildet, und der Grenze zwischen der Bundesrepublik Deutschland und der Deutschen Demokratischen Republik."[9]

Der Moskauer Vertrag hatte, wie nicht anders zu erwarten, präjudizierenden Charakter für die Verhandlungen der Bundesrepublik mit Polen und der DDR. In beiden Fällen spielten die Frage des Gewaltverzichts und die Anerkennung der bestehenden Grenzen eine maßgebliche Rolle. Der Warschauer Vertrag vom 7. Dezember 1970 und der Grundlagenvertrag zwischen der DDR und der Bundesrepublik vom 21. Dezember 1972 enthielten hinsichtlich des Verzichts auf Androhung oder Anwendung von Gewalt und hinsichtlich der Unverletzlichkeit der Grenzen und territorialen Integrität aller Staaten in Europa die gleichen Formulierungen wie der Moskauer Vertrag.[10] Im Falle des Warschauer Vertrages wurde darüber hinaus in Einzelbestimmungen ausführlich die Frage der Oder-Neiße-Grenze geregelt, im Falle des Grundlagenvertrages die Frage der „Unabhängigkeit und Selbständigkeit jedes der beiden Staaten in seinen inneren und äußeren Angelegenheiten".[11] Damit war eine Basis geschaffen, auf der die Entwicklung „gutnachbarlicher Beziehungen", wie es im Grundlagenvertrag hieß,[12] und die Entspannungspolitik ihren Fortgang nehmen konnten, zumal inzwischen mit dem Viermächte-Abkommen vom 3. September 1971 auch eine Berlin-Regelung gefunden worden war.

Schon im Zusammenhang mit den Verhandlungen in Moskau und Warschau hatten Bundesaußenminister Scheel und Bundeskanzler Brandt wiederholt darauf hingewiesen, eine Ratifizierung der Ostverträge sei nur möglich, wenn zuvor eine befriedigende Berlin-Regelung zustandekomme. Auch die Frage der Einberufung einer Konferenz über Sicherheit und Zusammenarbeit in Europa war mit dem Berlin-Problem verbunden worden. Am 26. März 1970 hatten zwischen den USA, Großbritannien, Frankreich und der Sowjetunion Verhandlungen begonnen, die sich mit der Lage Berlins beschäftigten. Sie endeten am 3. September 1971 mit der Unterzeichnung des Viermächte-Abkommens, das jedoch trotz eineinhalbjähriger Verhandlungsdauer immer noch viele Unklarheiten enthielt. So konnten sich die Verhandlungsführer der Vier Mächte nicht einmal über den Geltungsbereich des Abkommens verständigen. In den „Allgemeinen Bestimmungen" – dem allgemeinen, politischen Teil des Abkommens – kam das Wort „Berlin" nicht ein einziges Mal direkt vor, sondern immer nur in der Umschreibung „dem betreffenden Gebiet". Die praktischen Bestimmungen, die den zweiten Teil des Abkommens ausfüllten, betrafen lediglich die drei Westsektoren Berlins. Eine, wie sich zeigen sollte, folgenschwere Formulierungsschwäche fand sich in der Beschreibung der Beziehungen zwischen den Westsektoren Berlins und der Bundesrepublik. Im Abkommen hieß es dazu: „Die Regierungen der Französischen Republik, des Vereinigten Königreichs und der Vereinigten Staaten von Amerika erklärten, daß die Bindungen zwischen den Westsektoren Berlins und der Bundesrepublik Deutschland aufrechterhalten und entwickelt werden, wobei sie berücksichtigen, daß diese Sektoren so wie bisher kein Bestandteil (konstitutiver Teil) der Bundesrepublik Deutschland sind und auch weiterhin nicht von ihr regiert werden."[13]

Die Formulierung, wonach die *Bindungen* zwischen den Westsektoren Berlins und der Bundesrepublik aufrechterhalten und entwickelt werden sollten, wurde später, als die Ostverträge ratifiziert waren, von der Sowjetunion – nicht ohne taktisches Geschick – so ausgelegt, als sei damit lediglich die Ausgestaltung der *Verbindungen* in verkehrstechnischer und postalischer Hinsicht gemeint, nicht aber die Entwicklung der politischen, wirtschaftlichen, juristischen und kulturellen Bindungen. Daraus ergab sich ein grundlegender Dissens in der Status-Frage Berlins, so daß bei allen Folgevereinbarungen zwischen der Bundesrepublik und Ostblockstaaten der Kampf um die

Einbeziehung *West-Berlins* neu geführt werden mußte, während *Ost-Berlin* wie selbstverständlich der DDR zugerechnet wurde, wie es nach sowjetischer Interpretation auch im Viermächte-Abkommen schon geschehen war, wo die Westmächte unter „dem betreffenden Gebiet" das Territorium Groß-Berlins verstanden, die Sowjetunion dagegen nur das Gebiet der drei Westsektoren Berlins.

Diese unterschiedliche Textinterpretation war jedoch, wenn überhaupt, nur zu einem geringen Teil Ausdruck interpretatorischer Willkür. Die Tatsache, daß die Möglichkeit zu unterschiedlicher Auslegung bestand, war auch nicht allein auf die Unfähigkeit der Diplomaten zurückzuführen, den Text des Viermächte-Abkommens klar und unmißverständlich zu formulieren. Entscheidend war vielmehr, daß die Kompromißfähigkeit in der Status-Frage erschöpft war und daß deshalb keine präziseren und unmißverständlicheren Formulierungen gefunden werden konnten. Die Umschreibung „betreffendes Gebiet" wurde gewählt, weil eine detaillierte Bestimmung des Geltungsbereichs, die beide Seiten festgelegt hätte, nicht zu erzielen war. Der Begriff „Bindungen" wurde nicht durch die eindeutige Formulierung „politische, wirtschaftliche, juristische und kulturelle Bindungen" ersetzt, weil diese von sowjetischer Seite nicht akzeptiert worden wäre, während der Begriff „Bindungen", der verschiedene Auslegungen zuließ, für beide Seiten tragbar war. Dabei ist es unerheblich, ob die westlichen Unterhändler sich von vornherein darüber im klaren waren, daß die Sowjets den Begriff „Bindungen" im Sinne von „Verbindungen" auslegen würden, oder ob sie von dieser Auslegung überrascht wurden.

Jenseits dieser Kontroversen bedeutete das Viermächte-Abkommen über Berlin jedoch eine erhebliche Verbesserung der Lebensfähigkeit Berlins, weil es zusammen mit dem Transitabkommen zwischen der DDR und der Bundesrepublik vom 17. Dezember 1971, den Vereinbarungen zwischen den beiden deutschen Postverwaltungen vom 30. September 1971 und den Vereinbarungen zwischen dem Senat von Berlin und der Regierung der DDR über Reise- und Besucherverkehr und über Gebietsaustausch vom 20. Dezember 1971 eine Berlin-Regelung darstellte, die das Schicksal der Menschen in der geteilten Stadt wesentlich erleichterte. Insofern war die Berlin-Regelung typisch für die Regelung der Deutschland-Frage insgesamt: Zugunsten einer pragmatischen Politik des Ausgleichs und der Verständigung verzichtete man darauf, Rechtsstandpunkte zu vertreten, die im Augenblick ohnehin nicht zu realisieren waren, ohne sie allerdings völlig preiszugeben. Diese Politik trug dazu bei, der Entspannung in Europa den Weg zu ebnen und die Hindernisse für die Einberufung der Konferenz über Sicherheit und Zusammenarbeit in Europa (KSZE) und der Gespräche über beiderseitige, ausgewogene Truppenverminderung (MBFR) zu beseitigen. Erst nach der Regelung der Deutschland-Frage war eine Verwirklichung dieser beiden Projekte möglich.

5.3. *Sicherheitspolitische Aspekte der KSZE*

Nach Abschluß des Viermächte-Abkommens über Berlin lösten die Staaten der NATO ihr im Dezember 1970 gegebenes Versprechen ein, Sondierungen über Termin und Modalitäten einer Konferenz über Sicherheit und Zusammenarbeit in Europa aufzunehmen, „sobald die Berlin-Gespräche einen befriedigenden Abschluß gefunden haben und insoweit, als die übrigen laufenden Gespräche einen günstigen Verlauf nehmen".[14] Am 22. November 1972 fand in Helsinki die konstituierende Sitzung der Vorgespräche für die KSZE statt.[15] Diese Vorgespräche, die offiziell als „Konsultationen" bezeichnet wurden, dauerten bis zum 8. Juni 1973 und wurden mit einem Dokument abgeschlossen, das in Form von „Schlußempfehlungen" u. a. eine detaillierte Tagesordnung für die KSZE enthielt.[16] Die KSZE selbst wurde mit einer Sitzung der Außenminister der 35 Teilnehmerstaaten vom 3. bis 8. Juli 1973 in Helsinki eröffnet, vom 18. September 1973 bis 21. Juli 1975 in Genf mit Arbeitssitzungen von Sachverständigen fortgesetzt und mit einem Gipfeltreffen der Staats- und Regierungschefs der Teilnehmerstaaten vom 30. Juli bis 1. August 1975 in Helsinki abgeschlossen.

Die Tagesordnung, die während der Vorgespräche erarbeitet wurde, sah für die KSZE vier Tagesordnungspunkte vor:[17]

(1) Fragen der Sicherheit in Europa.

(2) Fragen der Zusammenarbeit in den Bereichen der Wirtschaft, der Wissenschaft und der Technik sowie der Umwelt.

(3) Fragen der Zusammenarbeit in humanitären und anderen Bereichen.

(4) Fragen der Konferenzfolgen.

Diese Tagesordnungspunkte wurden ihrer Reihenfolge nach als „Korb 1–4" bezeichnet, weil jeder der 35 Teilnehmerstaaten der KSZE Vorschläge zu den einzelnen Bereichen einbringen konnte, die zunächst (in „Körben") gesammelt und dann in Kommissionen und Unterkommissionen von Sachverständigen geprüft und beraten wurden.

Hinsichtlich Korb 1 (Fragen der Sicherheit in Europa), der uns in diesem Abschnitt ausschließlich beschäftigen soll, wurde in den Schlußempfehlungen der Vorgespräche darauf hingewiesen, Ziel sei die Förderung besserer Beziehungen zwischen den Teilnehmerstaaten und die Gewährleistung von Bedingungen, unter denen die Völker Europas „frei von jeder Bedrohung oder Beeinträchtigung ihrer Sicherheit in Frieden leben können". Die Sachverständigen-Kommission, die mit dem Bereich Sicherheit befaßt wurde, wurde beauftragt, „in Übereinstimmung mit den Zielen und Grundsätzen der Vereinten Nationen jene grundlegenden Prinzipien zu erörtern und zu formulieren, die jeder Teilnehmerstaat zur Gewährleistung des Friedens und der Sicherheit aller Teilnehmerstaaten in seinen Beziehungen zu allen anderen Teilnehmerstaaten ungeachtet ihrer politischen, wirtschaftlichen oder sozialen Systeme zu achten und anzuwenden hat". Darüber hinaus sollte die Kommis-

sion der Konferenz Vorschläge über vertrauensbildende Maßnahmen unter-
breiten, z. B. über die vorherige Ankündigung größerer militärischer Manöver und den Austausch von Manöverbeobachtern. Die Frage einer vorherigen
Ankündigung größerer militärischer Bewegungen sollte geprüft werden.[18]

Beide Anregungen der Schlußempfehlungen der KSZE-Vorgespräche – die
Formulierung eines Prinzipienkatalogs und die Vereinbarung vertrauensbildender Maßnahmen – wurden von der KSZE aufgegriffen und in die Schlußakte der Konferenz aufgenommen. Der Prinzipienkatalog, der insgesamt
zehn Punkte umfaßte und Bestimmungen enthielt, von denen sich die Teilnehmerstaaten in ihren gegenseitigen Beziehungen leiten lassen wollten, stand
dabei in der Schlußakte an erster Stelle. Die Teilnehmerstaaten erklärten
„ungeachtet ihrer politischen, wirtschaftlichen oder sozialen Systeme, als
auch ihrer Größe, geographischen Lage oder ihres wirtschaftlichen Entwicklungsstandes" ihre Entschlossenheit, die vereinbarten Prinzipien „zu achten
und in die Praxis umzusetzen".[19] Die zehn Prinzipien lauteten:

> „I. *Souveräne Gleichheit, Achtung der der Souveränität innewohnenden Rechte*
> Die Teilnehmerstaaten werden gegenseitig ihre souveräne Gleichheit und Individualität
> sowie alle ihrer Souveränität innewohnenden und von ihr umschlossenen Rechte ach-
> ten, einschließlich insbesondere des Rechtes eines jeden Staates auf rechtliche Gleich-
> heit, auf territoriale Integrität sowie auf Freiheit und politische Unabhängigkeit. Sie
> werden ebenfalls das Recht jedes anderen Teilnehmerstaates achten, sein politisches,
> soziales, wirtschaftliches und kulturelles System frei zu wählen und zu entwickeln
> sowie sein Recht, seine Gesetze und Verordnungen zu bestimmen.
>
> Im Rahmen des Völkerrechts haben alle Teilnehmerstaaten gleiche Rechte und
> Pflichten. Sie werden das Recht jedes anderen Teilnehmerstaates achten, seine Bezie-
> hungen zu anderen Staaten im Einklang mit dem Völkerrecht und im Geiste der vorlie-
> genden Erklärung zu bestimmen und zu gestalten, wie er es wünscht. Sie sind der
> Auffassung, daß ihre Grenzen, in Übereinstimmung mit dem Völkerrecht, durch fried-
> liche Mittel und durch Vereinbarung verändert werden können. Sie haben ebenfalls das
> Recht, internationalen Organisationen anzugehören oder nicht anzugehören, Vertrags-
> partei bilateraler oder multilateraler Verträge zu sein oder nicht zu sein, einschließlich
> des Rechtes, Vertragspartei eines Bündnisses zu sein oder nicht zu sein; desgleichen
> haben sie das Recht auf Neutralität.
>
> II. *Enthaltung von der Androhung oder Anwendung von Gewalt*
> Die Teilnehmerstaaten werden sich in ihren gegenseitigen Beziehungen sowie in ihren
> internationalen Beziehungen im allgemeinen der Androhung oder Anwendung von
> Gewalt, die gegen die territoriale Integrität oder politische Unabhängigkeit irgendeines
> Staates gerichtet oder auf irgendeine andere Weise mit den Zielen der Vereinten Natio-
> nen und mit der vorliegenden Erklärung unvereinbar ist, enthalten. Die Geltendma-
> chung von Erwägungen zur Rechtfertigung eines gegen dieses Prinzip verstoßenden
> Rückgriffs auf die Androhung oder Anwendung von Gewalt ist unzulässig.
>
> Die Teilnehmerstaaten werden sich dementsprechend jeglicher Handlung enthalten,
> die eine Gewaltandrohung oder eine direkte oder indirekte Gewaltanwendung gegen
> einen anderen Teilnehmerstaat darstellt. Sie werden sich gleichermaßen jeglicher Ge-
> waltmanifestation, die den Zweck hat, einen anderen Teilnehmerstaat zum Verzicht auf

die volle Ausübung seiner souveränen Rechte zu bewegen, enthalten. Sie werden sich ebenso in ihren gegenseitigen Beziehungen jeglicher gewaltsamen Repressalie enthalten.

Keine solche Androhung oder Anwendung von Gewalt wird als Mittel zur Regelung von Streitfällen oder von Fragen, die zu Streitfällen zwischen ihnen führen können, verwendet werden.

III. *Unverletzlichkeit der Grenzen*

Die Teilnehmerstaaten betrachten gegenseitig alle ihre Grenzen sowie die Grenzen aller Staaten in Europa als unverletzlich und werden deshalb jetzt und in der Zukunft keinen Anschlag auf diese Grenzen verüben.

Dementsprechend werden sie sich auch jeglicher Forderung oder Handlung enthalten, sich eines Teiles oder des gesamten Territoriums irgendeines Teilnehmerstaates zu bemächtigen.

IV. *Territoriale Integrität der Staaten*

Die Teilnehmerstaaten werden die territoriale Integrität eines jeden Teilnehmerstaates achten.

Dementsprechend werden sie sich jeder mit den Zielen und Grundsätzen der Charta der Vereinten Nationen unvereinbaren Handlung gegen die territoriale Integrität, politische Unabhängigkeit oder Einheit eines jeden Teilnehmerstaates enthalten, insbesondere jeder derartigen Handlung, die eine Androhung oder Anwendung von Gewalt darstellt.

Die Teilnehmerstaaten werden ebenso davon Abstand nehmen, das Territorium eines jeden anderen Teilnehmerstaates zum Gegenstand einer militärischen Besetzung oder anderer direkter oder indirekter Gewaltmaßnahmen unter Verletzung des Völkerrechts oder zum Gegenstand der Aneignung durch solche Maßnahmen oder deren Androhung zu machen. Keine solche Besetzung oder Aneignung wird als rechtmäßig anerkannt werden.

V. *Friedliche Regelung von Streitfällen*

Die Teilnehmerstaaten werden Streitfälle zwischen ihnen mit friedlichen Mitteln auf solche Weise regeln, daß der internationale Frieden und die internationale Sicherheit sowie die Gerechtigkeit nicht gefährdet werden.

Sie werden bestrebt sein, nach Treu und Glauben und im Geiste der Zusammenarbeit eine rasche und gerechte Lösung auf der Grundlage des Völkerrechts zu erreichen.

Zu diesem Zweck werden sie Mittel wie Verhandlung, Untersuchung, Vermittlung, Vergleich, Schiedsspruch, gerichtliche Regelung oder andere friedliche Mittel eigener Wahl verwenden, einschließlich jedes Streitregelungsverfahrens, auf das sich die beteiligten Parteien vor Entstehen des Streitfalles geeinigt haben.

Sollte sich durch keines der vorgenannten friedlichen Mittel eine Lösung erzielen lassen, werden die an einem Streitfall beteiligten Parteien weiterhin nach einem gegenseitig zu vereinbarenden Weg zur friedlichen Regelung des Streitfalles suchen.

Teilnehmerstaaten, die Parteien eines zwischen ihnen bestehenden Streitfalles sind, sowie alle anderen Teilnehmerstaaten werden sich jeder Handlung enthalten, welche die Lage in einem solchen Maße verschärfen könnte, daß die Erhaltung des internationalen Friedens und der internationalen Sicherheit gefährdet und dadurch eine friedliche Regelung des Streitfalles erschwert wird.

VI. *Nichteinmischung in innere Angelegenheiten*

Die Teilnehmerstaaten werden sich ungeachtet ihrer gegenseitigen Beziehungen jeder direkten oder indirekten, individuellen oder kollektiven Einmischung in die inneren oder äußeren Angelegenheiten enthalten, die in die innerstaatliche Zuständigkeit eines anderen Teilnehmerstaates fallen.

Sie werden sich dementsprechend jeder Form der bewaffneten Intervention oder der Androhung einer solchen Intervention gegen einen anderen Teilnehmerstaat enthalten.

Sie werden sich gleichermaßen unter allen Umständen jeder militärischen wie auch politischen, wirtschaftlichen oder sonstigen Zwangsmaßnahme enthalten, die darauf gerichtet ist, ihrem eigenen Interesse die Ausübung der Rechte eines anderen Teilnehmerstaates, die dessen Souveränität innewohnen, unterzuordnen und sich damit Vorteile irgendwelcher Art zu verschaffen.

Dementsprechend werden sie sich unter anderem der direkten oder indirekten Unterstützung terroristischer Tätigkeiten oder subversiver oder anderer Tätigkeiten enthalten, die auf den gewaltsamen Umsturz des Regimes eines anderen Teilnehmerstaates gerichtet sind.

VII. *Achtung der Menschenrechte und Grundfreiheiten, einschließlich der Gedanken-, Gewissens-, Religions- oder Überzeugungsfreiheit*
Die Teilnehmerstaaten werden die Menschenrechte und Grundfreiheiten einschließlich der Gedanken-, Gewissens-, Religions- oder Überzeugungsfreiheit für alle ohne Unterschied der Rasse, des Geschlechts, der Sprache oder der Religion achten.

Sie werden die wirksame Ausübung der zivilen, politischen, wirtschaftlichen, sozialen, kulturellen sowie der anderen Rechte und Freiheiten, die sich alle aus der dem Menschen innewohnenden Würde ergeben und für seine freie und volle Entfaltung wesentlich sind, fördern und ermutigen.

In diesem Rahmen werden die Teilnehmerstaaten die Freiheit des Individuums anerkennen und achten, sich allein oder in Gemeinschaft mit anderen zu einer Religion oder einer Überzeugung in Übereinstimmung mit dem, was sein Gewissen ihm gebietet, zu bekennen und sie auszuüben.

Die Teilnehmerstaaten, auf deren Territorium nationale Minderheiten bestehen, werden das Recht von Personen, die zu solchen Minderheiten gehören, auf Gleichheit vor dem Gesetz achten; sie werden ihnen jede Möglichkeit für den tatsächlichen Genuß der Menschenrechte und Grundfreiheiten gewähren und werden auf diese Weise ihre berechtigten Interessen in diesem Bereich schützen.

Die Teilnehmerstaaten anerkennen die universelle Bedeutung der Menschenrechte und Grundfreiheiten, deren Achtung ein wesentlicher Faktor für den Frieden, die Gerechtigkeit und das Wohlergehen ist, die ihrerseits erforderlich sind, um die Entwicklung freundschaftlicher Beziehungen und der Zusammenarbeit zwischen ihnen sowie zwischen allen Staaten zu gewährleisten.

Sie werden diese Rechte und Freiheiten in ihren gegenseitigen Beziehungen stets achten und sich einzeln und gemeinsam, auch in Zusammenarbeit mit den Vereinten Nationen, bemühen, die universelle und wirksame Achtung dieser Rechte und Freiheiten zu fördern.

Sie bestätigen das Recht des Individuums, seine Rechte und Pflichten auf diesem Gebiet zu kennen und auszuüben.

Auf dem Gebiet der Menschenrechte und Grundfreiheiten werden die Teilnehmerstaaten in Übereinstimmung mit den Zielen und Grundsätzen der Charta der Vereinten Nationen und mit der Allgemeinen Erklärung der Menschenrechte handeln. Sie werden ferner ihre Verpflichtungen erfüllen, wie diese festgelegt sind in den internationalen

Erklärungen und Abkommen auf diesem Gebiet, soweit sie an sie gebunden sind, darunter auch in den Internationalen Konventionen über die Menschenrechte.

VIII. *Gleichberechtigung und Selbstbestimmungsrecht der Völker*
Die Teilnehmerstaaten werden die Gleichberechtigung der Völker und ihr Selbstbestimmungsrecht achten, indem sie jederzeit in Übereinstimmung mit den Zielen und Grundsätzen der Charta der Vereinten Nationen und den einschlägigen Normen des Völkerrechts handeln, einschließlich jener, die sich auf die territoriale Integrität der Staaten beziehen.

Kraft des Prinzips der Gleichberechtigung und des Selbstbestimmungsrechts der Völker haben alle Völker jederzeit das Recht, in voller Freiheit, wann und wie sie es wünschen, ihren inneren und äußeren politischen Status ohne äußere Einmischung zu bestimmen und ihre politische, wirtschaftliche, soziale und kulturelle Entwicklung nach eigenen Wünschen zu verfolgen.

Die Teilnehmerstaaten bekräftigen die universelle Bedeutung der Achtung und der wirksamen Ausübung der Gleichberechtigung und des Selbstbestimmungsrechts der Völker für die Entwicklung freundschaftlicher Beziehungen zwischen ihnen sowie zwischen allen Staaten; sie erinnern auch an die Bedeutung der Beseitigung jeglicher Form der Verletzung dieses Prinzips.

IX. *Zusammenarbeit zwischen den Staaten*
Die Teilnehmerstaaten werden ihre Zusammenarbeit miteinander und mit allen Staaten in allen Bereichen gemäß den Zielen und Grundsätzen der Charta der Vereinten Nationen entwickeln. Bei der Entwicklung ihrer Zusammenarbeit werden die Teilnehmerstaaten besonderes Gewicht auf die Bereiche legen, so wie sie im Rahmen der Konferenz über Sicherheit und Zusammenarbeit in Europa festgelegt sind, wobei jeder von ihnen seinen Beitrag unter Bedingungen voller Gleichheit leistet.

Sie werden sich bei der Entwicklung ihrer Zusammenarbeit als Gleiche bemühen, gegenseitiges Verständnis und Vertrauen, freundschaftliche und gutnachbarliche Beziehungen untereinander, internationalen Frieden, internationale Sicherheit und Gerechtigkeit zu fördern. Sie werden sich gleichermaßen bemühen, bei der Entwicklung ihrer Zusammenarbeit das Wohlergehen der Völker zu verbessern und zur Erfüllung ihrer Wünsche beizutragen, unter anderem durch die Vorteile, die sich aus größerer gegenseitiger Kenntnis sowie dem Fortschritt und den Leistungen im wirtschaftlichen, wissenschaftlichen, technischen, sozialen, kulturellen und humanitären Bereich ergeben. Sie werden Schritte zur Förderung von Bedingungen unternehmen, die den Zugang aller zu diesen Vorteilen begünstigen; sie werden das Interesse aller berücksichtigen, insbesondere das Interesse der Entwicklungsländer in der ganzen Welt, Unterschiede im Stand der wirtschaftlichen Entwicklung zu verringern.

Sie bestätigen, daß Regierungen, Institutionen, Organisationen und Personen eine relevante und positive Rolle zukommt, zur Erreichung dieser Ziele ihrer Zusammenarbeit beizutragen.

Sie werden bei der Verstärkung ihrer Zusammenarbeit, wie oben dargelegt, danach streben, engere Beziehungen untereinander auf einer verbesserten und dauerhafteren Grundlage zum Nutzen der Völker zu entwickeln.

X. *Erfüllung völkerrechtlicher Verpflichtungen nach Treu und Glauben*
Die Teilnehmerstaaten werden ihre völkerrechtlichen Verpflichtungen nach Treu und Glauben erfüllen, und zwar jene Verpflichtungen, die sich aus den allgemein anerkannten Grundsätzen und Regeln des Völkerrechts ergeben, wie auch jene Verpflichtungen,

die sich aus mit dem Völkerrecht übereinstimmenden Verträgen oder sonstigen Abkommen, deren Vertragspartei sie sind, ergeben.

Bei der Ausübung ihrer souveränen Rechte, einschließlich des Rechtes, ihre Gesetze und Verordnungen zu bestimmen, werden sie ihren rechtlichen Verpflichtungen aus dem Völkerrecht entsprechen; sie werden ferner die Bestimmungen der Schlußakte der Konferenz über Sicherheit und Zusammenarbeit in Europa gebührend berücksichtigen und durchführen.

Die Teilnehmerstaaten bestätigen, daß im Falle eines Widerspruchs zwischen den Verpflichtungen der Mitglieder der Vereinten Nationen aus der Charta der Vereinten Nationen und ihren Verpflichtungen aus irgendeinem Vertrag oder sonstigen internationalen Abkommen ihre Verpflichtungen aus der Charta der Vereinten Nationen gemäß ihrem Artikel 103 Vorrang haben.

Alle die vorstehend aufgeführten Prinzipien sind von grundlegender Bedeutung und werden folglich gleichermaßen und vorbehaltlos angewendet, wobei ein jedes von ihnen unter Beachtung der anderen ausgelegt wird.

Die Teilnehmerstaaten erklären ihre Entschlossenheit, diese Prinzipien, so wie sie in der vorliegenden Erklärung dargelegt sind, voll in allen Aspekten in ihren gegenseitigen Beziehungen und ihrer Zusammenarbeit zu achten und anzuwenden, um jedem Teilnehmerstaat die Vorteile zu sichern, die sich aus der Achtung und der Anwendung dieser Prinzipien durch alle ergeben.

Indem die Teilnehmerstaaten die vorstehenden Prinzipien gebührend berücksichtigen, insbesondere den ersten Satz des zehnten Prinzips, „Erfüllung völkerrechtlicher Verpflichtungen nach Treu und Glauben", stellen sie fest, daß die vorliegende Erklärung weder ihre Rechte und Verpflichtungen noch die diesbezüglichen Verträge und Abkommen und Abmachungen berührt.

Die Teilnehmerstaaten geben der Überzeugung Ausdruck, daß die Achtung dieser Prinzipien die Entwicklung normaler und freundschaftlicher Beziehungen und den Fortschritt der Zusammenarbeit zwischen ihnen auf allen Gebieten fördern wird. Ferner geben sie der Überzeugung Ausdruck, daß die Achtung dieser Prinzipien die Entwicklung politischer Kontakte zwischen ihnen begünstigen wird, die ihrerseits zum besseren Verständnis ihrer Standpunkte und Auffassungen beitragen würde.

Die Teilnehmerstaaten erklären ihre Absicht, ihre Beziehungen zu allen anderen Staaten im Geiste der in dieser Erklärung enthaltenen Prinzipien zu gestalten."[20]

In einem „Dokument über vertrauensbildende Maßnahmen und bestimmte Aspekte der Sicherheit und Abrüstung", das an zweiter Stelle nach dem Prinzipienkatalog in die KSZE-Schlußakte aufgenommen wurde, vereinbarten die Teilnehmerstaaten die vorherige Ankündigung größerer militärischer Manöver, die Möglichkeit zur Einladung von Manöverbeobachtern und zur vorherigen Ankündigung größerer militärischer Bewegungen sowie die Förderung des Austausches militärischen Personals, einschließlich Besuchen von Militärdelegationen.[21] Dabei war lediglich die Bestimmung über die vorherige Ankündigung größerer militärischer Manöver verpflichtend.

Im einzelnen sah das Dokument vor, Manöver anzukündigen, wenn daran Landstreitkräfte – selbständig oder kombiniert mit Teilen von Luft- oder Seestreitkräften – in einem Umfang von mehr als 25 000 Mann teilnahmen und das Manöver auf dem Territorium eines Teilnehmerstaates in Europa stattfand. In den Fällen, in denen das Territorium eines Teilnehmerstaates sich über Europa hinaus erstreckte, wurde vereinbart, Manöver in der genannten Größenordnung dann anzukündigen, wenn sie in einem Gebiet innerhalb von 250 Kilometer von seiner Grenze stattfanden, die einem anderen europäischen Teilnehmerstaat gegenüberlag oder die er mit ihm teilte. Die Ankündigung sollte Angaben über die Benennung, den allgemeinen Zweck und die an dem Manöver beteiligten Staaten, die Art oder Arten und die zahlenmäßige Stärke der eingesetzten Streitkräfte, das Gebiet und den geschätzten zeitlichen Rahmen seiner Durchführung enthalten.[22]

Diese Bestimmung war bindend. Darüber hinaus wurden die Teilnehmerstaaten gehalten, „zur Stärkung des Vertrauens und zur Erhöhung der Sicherheit und Stabilität beizutragen" und auch kleinere militärische Manöver anzukündigen.[23] Eine Verpflichtung dazu bestand jedoch nicht. Auch der Austausch von Manöverbeobachtern sollte „freiwillig und auf bilateraler Grundlage" geschehen. Der einladende Staat konnte dabei „in jedem einzelnen Fall die Anzahl der Beobachter, die Verfahren und Bedingungen ihrer Teilnahme bestimmen und sonstige Informationen geben, die er für nützlich halten mag".[24] Dies galt entsprechend für die Ankündigung größerer militärischer Bewegungen, die im einzelnen nicht näher bezeichnet wurden, und für den Austausch militärischen Personals. Dem eigenen Ermessen der Teilnehmerstaaten wurde hierbei jeglicher Spielraum belassen. Ziel der Maßnahmen sollte es sein, zur Vertrauensbildung und zu einem besseren gegenseitigen Verständnis beizutragen.[25]

Ob die KSZE eine spürbare Verbesserung der europäischen Sicherheit bewirken könnte, war von Anfang an umstritten. Auch die hier im einzelnen aufgeführten Bestimmungen der KSZE-Schlußakte ergeben kein eindeutiges Bild der Situation nach Helsinki. Man kann zwei Bereiche unterscheiden:

(1) Die Formulierung allgemeiner Prinzipien, von denen sich die Teilnehmerstaaten der KSZE in ihren gegenseitigen Beziehungen leiten lassen wollten, stellte ebenso eine politische Absichtserklärung dar wie die Vereinbarung freiwilliger vertrauensbildender Maßnahmen. Man konnte Hoffnungen an sie knüpfen, aber ihre Verwirklichung war maßgeblich von der weiteren politischen Entwicklung in Europa abhängig.

(2) Von konkretem Gehalt und daher unmittelbar wirksam war nur die Bestimmung über die vorherige Ankündigung größerer militärischer Manöver. Ihre militärische Bedeutung war jedoch gering.

Daß die KSZE dennoch ihren Sinn erfüllte, lag daran, daß sie Tatbestände kodifizierte und festschrieb, die aufgrund der machtpolitischen Umstände zwar schon vor der KSZE *de facto* gegolten hatten, aber zumindest verbal immer wieder in Frage gestellt worden waren. Die Frage der in Europa bestehenden Grenzen ist dafür ein Beispiel. Wie in den Verträgen der Bundesrepublik mit der Sowjetunion, Polen und der DDR, so wurde auch in der

KSZE-Schlußakte ein Gewaltverzicht ausgesprochen (Prinzip II), die Unverletzlichkeit der Grenzen und territoriale Integrität der Staaten bestätigt (Prinzipien III und IV) und friedliche Regelung von Streitfällen vereinbart (Prinzip V). In Verbindung mit den Ostverträgen entkräftete damit die KSZE-Schlußakte den Vorwurf des „Revanchismus", der in den fünfziger und sechziger Jahren von östlicher Seite, nicht ganz zu Unrecht, an die Adresse der Bundesrepublik und in Kombination mit dem Vorwurf des „Imperialismus" auch an die USA gerichtet worden war.[26] Aufbauend auf den Ostverträgen und den Vereinbarungen von Helsinki konnte man nun darangehen, durch eine praktische Politik der Verständigung diese Vorwürfe vergessen zu machen, die Beziehungen zu intensivieren und nachbarschaftlich zu gestalten und somit einen positiven Beitrag zur europäischen Sicherheit zu leisten.

Eine sicherheitspolitische Signalwirkung hatten trotz ihrer Unverbindlichkeit und militärisch geringen Bedeutung die Bestimmungen über vertrauensbildende Maßnahmen. Aufgrund der militärischen Lage in Europa und der Wirksamkeit des Abschreckungssystems wurden auch vor der KSZE keine Manöver veranstaltet und keine größeren militärischen Bewegungen unternommen, um eine blocküberschreitende Kriegshandlung zu beginnen. Aber die Maßnahmen der KSZE zur Ankündigung militärischer Bewegungen und Manöver konnten dazu beitragen, diesen Zustand relativer militärischer Stabilität zu sichern und Mißtrauen zu beseitigen. Vertrauensbildende Maßnahmen waren militärisch sinnlos, wenn ein Staat es auf einen Krieg anlegte, aber in einer Situation, in der niemand einen Krieg wollte, konnten sie ein Signal für die Bereitschaft zur Kriegsvermeidung sein und einen sinnvollen Stabilisierungsbeitrag leisten.

Geringe sicherheitspolitische Auswirkungen gingen dagegen von dem in der KSZE-Schlußakte enthaltenen Bekenntnis zum Selbstbestimmungsrecht der Völker und zur Achtung der Menschenrechte und Grundfreiheiten, einschließlich der Gedanken-, Gewissens-, Religions- und Überzeugungsfreiheit, aus. Mit der Verankerung dieser Freiheitsrechte setzte die KSZE nur die Tradition fort, die, ausgehend von der amerikanischen Unabhängigkeitserklärung und den Ideen der Französischen Revolution, nach dem Zweiten Weltkrieg u. a. in der Charta der Vereinten Nationen vom 26. Juni 1945, in der Allgemeinen Erklärung der Menschenrechte vom 10. Dezember 1948 und in der (Europäischen) Konvention zum Schutze der Menschenrechte und Grundfreiheiten vom 4. November 1950 sowie in verschiedenen Zusatzprotokollen zur Menschenrechtskonvention zum Ausdruck gekommen war.[27] Alle diese Deklarationen und Konventionen hatten nicht verhindert, daß gegen Menschenrechte verstoßen und Unrecht ausgeübt worden war. Man mußte deshalb bezweifeln, daß die KSZE-Schlußakte, die keinerlei völkerrechtliche Verbindlichkeit besaß und deren Bestimmungen daher auch nicht vor internationalen Gerichten einklagbar waren, diesem unbefriedigenden Zustand würde abhelfen können.

Auch in militärisch engem Sinne war die Bedeutung der KSZE eher gering. Politische Absichtserklärungen überwogen den sachlichen Gehalt und waren ohne ergänzende Maßnahmen, wie etwa einen Truppenabbau in Europa, nicht geeignet, nachhaltige Verbesserungen der europäischen Sicherheit zu bewirken.

Der vielleicht größte Nachteil der KSZE-Vereinbarungen jedoch bestand darin, daß sie bei sich verändernden politischen Konstellationen jederzeit widerrufen werden konnten, ohne daß dies für den betreffenden Staat irgendwelche Folgen hatte. Dies wurde natürlich auch von den KSZE-Teilnehmern selbst erkannt, die deshalb ihr Interesse bekundeten, zur Verminderung der militärischen Konfrontation und zur Förderung der Abrüstung beizutragen, um „die politische Entspannung in Europa zu ergänzen und ihre Sicherheit zu stärken".[28] In der KSZE-Schlußakte erklärten sich die Teilnehmerstaaten „von der Notwendigkeit überzeugt, auf diesen Gebieten wirksame Maßnahmen zu ergreifen, die durch ihren Umfang und ihre Natur Schritte darstellen, um schließlich eine allgemeine und vollständige Abrüstung unter strenger und wirksamer internationaler Kontrolle zu erreichen".[29] Ein Schritt auf dem Wege dorthin sollten die Gespräche über einen beiderseitigen, ausgewogenen Truppenabbau (MBFR) sein, die 1973 in Wien begonnen hatten, zum Zeitpunkt der Unterzeichnung der KSZE-Schlußakte aber immer noch ohne greifbares Ergebnis waren.

5.4. *Streitkräfteminderungen und Entspannungspolitik: Das MBFR-Projekt*

Am 31. Januar 1973 kamen in der Wiener Hofburg Vertreter der NATO und des Warschauer Paktes zusammen, um die MBFR-Gespräche zu eröffnen. Doch nicht die Konferenz selbst wurde eröffnet, nicht einmal die Vorkonferenz. Es begann vielmehr ein „zwangloser zwei- und mehrseitiger Gedankenaustausch" zwischen den Mitgliedern der Delegationen, der die Probleme klären sollte, die der MBFR-Vorkonferenz noch entgegenstanden. Dieser Vorgang macht deutlich, wie dornenreich der Weg war, der den MBFR-Gesprächen bevorstand. Er war unvergleichlich viel schwieriger als der Weg der KSZE, weil es bei MBFR von Beginn an um Fragen mit substantiellem Gehalt ging, die sich nicht in eine Sphäre der Allgemeinverbindlichkeit und abstrakter Prinzipienbeschreibung übertragen ließen. MBFR war ein Ringen um Truppen und Rüstungen, strategische Vorteile und militärische Positionen. MBFR-Vereinbarungen mußten direkt in die Streitkräftestruktur und militärische Planung beider Seiten eingreifen und wurden daher von den beteiligten Ländern mit größter Vorsicht verhandelt.

Offiziell betrachteten Ost und West das MBFR-Projekt als eine nützliche und notwendige Ergänzung der politischen Entspannung. Beide Seiten bekannten sich zu einer „allgemeinen und vollständigen Abrüstung". Aber darüber, wie diese zu verwirklichen sei, gingen die Meinungen auseinander.

Einer der wesentlichen Gründe für die Schwierigkeiten bei MBFR war das unausgeglichene militärische Kräfteverhältnis in Europa. Angesichts der bestehenden Asymmetrien vor allem bei Panzern, Artillerie, taktischen Kernwaffen und geostrategischen Bedingungen waren Reduzierungen rüstungstechnisch nicht so zu vereinbaren, daß sie alle Seiten in gleicher Weise betrafen. Abrüstungsprogramme bedurften daher einer politischen Risikoabwägung, bei der Nachteile in einem Bereich gegen Vorteile in einem anderen gegeneinander aufgerechnet wurden. Eine solche Kalkulation, die sich über gewohntes militärisches Denken hinwegsetzen mußte, war aber nur unter besonders günstigen politischen Umständen herbeizuführen.

Eine weitere Schwierigkeit bestand darin, daß nicht allein friedenspolitische Motive das Zustandekommen von MBFR bewirkt hatten. Der Westen hatte MBFR vorgeschlagen, um der entspannungspolitischen Initiative der Sowjetunion und dem östlichen Vorschlag, eine europäische Sicherheitskonferenz einzuberufen, ein eigenes Projekt entgegenzusetzen, und dies damit begründet, es sei erforderlich, die rein politische Initiative des Ostens mit materiellem Gehalt zu füllen und durch Vorschläge für einen beiderseitigen Truppenabbau die Ernsthaftigkeit der östlichen Entspannungsabsichten zu testen.[30] Außerdem hoffte man im Westen, Ost-West-Verhandlungen über einen beiderseitigen Truppenabbau würden Forderungen in den USA, einseitige amerikanische Truppenreduzierungen in Westeuropa vorzunehmen, die Argumentationsgrundlage entziehen. Von östlicher Seite wurde MBFR zögernd und widerstrebend akzeptiert, nachdem man eingesehen hatte, daß ohne MBFR keine KSZE zu haben sein würde. MBFR war also ein Geschäft, von dem beide Seiten sich taktische Vorteile versprachen, die mit Friedenspolitik und Abrüstung kaum etwas zu tun hatten. Wenn MBFR trotz allem zu einer Reduzierung von Streitkräften geführt hätte, wäre dies nach Lage der Dinge eher eine Überraschung als das logische Ergebnis einer erfolgversprechend angelegten Rüstungskontrollpolitik gewesen.

Die Delegationen in Wien hatten es also schwer. Immerhin erzielten sie in ihrem „zwanglosen Gedankenaustausch" am 14. Mai 1973 einen vorläufigen Kompromiß in der Teilnehmerfrage, der es erlaubte, am 15. Mai 1973 die Vorbereitungsrunde der MBFR-Konferenz offiziell zu eröffnen. Der Kompromiß sah als Konferenzteilnehmer auf westlicher Seite Belgien, die Bundesrepublik Deutschland, Großbritannien, Kanada, Luxemburg, die Niederlande und die USA vor, auf östlicher Seite die DDR, Polen, die Sowjetunion und die Tschechoslowakei. Einen Beobachterstatus erhielten auf westlicher Seite Dänemark, Griechenland, Italien, Norwegen und die Türkei, auf östlicher Seite Bulgarien, Rumänien und Ungarn. Der Status Ungarns blieb bis zuletzt umstritten. Der Westen hätte Ungarn gerne in den Teilnehmerkreis einbezogen gesehen, um das in Ungarn stationierte militärische Potential des Warschauer Paktes mit zum Gegenstand der Reduzierungsverhandlungen zu machen; die Sowjetunion jedoch wollte Ungarn als geostrategisch vorgeschobenes Aufmarschgebiet nicht verlieren und lehnte seine Einbeziehung ab. Formell wurde diese Frage, die präjudizierende Wirkung für den später zu vereinbarenden Reduzierungsraum hatte, offengelassen, praktisch wurde sie in östlichem Sinne entschieden.

Die MBFR-Vorgespräche wurden am 28. Juni 1973 mit einem Kommuniqué abgeschlossen, in dem die Teilnehmer vereinbarten, „daß konkrete Abmachungen ihrem Umfang und zeitlichen Ablauf nach sorgfältig auf eine solche Weise ausgearbeitet werden müssen, daß sie in jeder Hinsicht und zu jedem Zeitpunkt dem Grundsatz der unverminderten Sicherheit aller Beteiligten entsprechen".[31] Was unter dem Prinzip der „unverminderten Sicherheit" zu verstehen sein würde, war umstritten und wurde nicht näher definiert. Die Delegationen des Warschauer Paktes vertraten auf der MBFR-Konferenz, die am 30. Oktober 1973 in Wien begann, die Forderung nach einer „gegenseitigen, gleichwertigen und gleichzeitigen Verminderung aller Streitkräfte und Rüstungen im Bereich der elf vollberechtigten Teilnehmer der Konferenz"[32] und meinten, dies entspräche dem Grundsatz der unverminderten Sicherheit am besten, weil das militärische Kräfteverhältnis in Europa in seiner bestehenden Form stabil sei. Die westlichen Staaten waren dagegen der Auffassung, das militärische Kräfteverhältnis in Europa sei unausgewogen. Ausgewogenheit müsse vermittels MBFR erst hergestellt werden. Daher sei es erforderlich, eine „ausgewogene", d.h. asymmetrische Verminderung von Truppen und Rüstungen vorzunehmen, wobei der Warschauer Pakt stärker reduzieren müsse als die NATO. Nur so sei der Grundsatz der unverminderten Sicherheit einzuhalten.[33]

Diese Grundsatzdifferenz konnte auch nach sechs Jahren MBFR-Verhandlungen nicht beseitigt werden. Es erwies sich – im Gegensatz zu SALT – als unmöglich, Einverständnis über das vorhandene Potential an Truppen und Rüstungen in Europa zu erzielen. Bei SALT konnte man den Verhandlungsgegenstand eingrenzen, indem man die Raketenabwehrsysteme, landgestützten Interkontinentalraketen, seegestützten ballistischen Raketen, Nuklearsprengköpfe und Langstreckenbomber erfaßte und in einen Kräftevergleich einbrachte. Die SALT-Verhandlungen erhielten dadurch eine solide Arbeitsgrundlage. Bei MBFR war dieses Verfahren jedoch nicht anwendbar. Die Vielfalt der einzubeziehenden Waffensysteme war ungleich größer, und die Waffensysteme waren in Ost und West derart unterschiedlich, daß sie kaum miteinander verglichen werden konnten. Es gab im konventionellen Bereich auch keine zwischen Ost und West vergleichbaren strategischen Zielvorgaben für die Rüstungsentwicklung, so daß sehr unterschiedliche Rüstungsschwerpunkte gesetzt und Waffensysteme unterschiedlich stark entwickelt worden waren. Der Rüstungsschwerpunkt des Warschauer Paktes lag im offensiven Bereich, bei Panzern und Artillerie, und in der Vorbereitung auf die Führung eines Blitzkrieges, der Schwerpunkt des Westens dagegen im defensiven Bereich, vor allem in der Panzerabwehr, und in der Vorbereitung auf die Umsetzung der Strategie der flexiblen Erwiderung mit besonderer Betonung der taktischen Kernwaffen.[34]

Aus diesen Gründen gelang es nicht, einen authentischen Kräftevergleich der Truppen und Rüstungen in Europa zu erstellen. Die östliche Seite weigerte sich lange Zeit sogar, irgendwelche Zahlenangaben über ihr Streitkräftepotential zu machen. Als dies schließlich auf jahrelanges westliches Drängen doch geschah, waren die Angaben so lückenhaft und unglaubwürdig, daß damit nichts anzufangen war. Wie schon bei anderen Gelegenheiten, bewies besonders die Sowjetunion ein Maß an Zurückhaltung und Obstruktion, das jede Gemeinsamkeit unmöglich machte und den Aufbau eines erfolgversprechenden Verhandlungsrahmens erschwerte. Der Westen sah sich deshalb veranlaßt, zur Vereinfachung der Verhandlungen Reduzierungsvorschläge vorzulegen, die sich auf wenige, nach westlicher Ansicht entscheidende Punkte beschränkten:

– Konzentration auf Truppenstärken und Panzer, jene Kräfte also, die einen Angriff führen konnten.

– Festlegung gemeinsamer Höchststärken *(common collective ceilings)*, um dem Dilemma des Kräftevergleichs zu entgehen.

– Vorrangige Reduzierung der amerikanischen und sowjetischen Stationierungsstreitkräfte in Europa, die in ihrem Umfang leicht zu bestimmen waren und im Falle einer Reduzierung nur abgezogen zu werden brauchten.

Dieses Reduzierungsschema schien auf den ersten Blick vernünftig und erfolgversprechend. Aber als der Westen seine Vorstellungen präzisierte und am 22. November 1973 einen Reduzierungsplan vorlegte, zeigte es sich, daß eine Anwendung des Höchststärken-Prinzips bei den Truppenstärken auf der Grundlage des westlichen Zahlenmaterials vom Warschauer Pakt eine Reduzierung um 235 000 Mann und von der NATO eine Verminderung um nur 88 000 Mann verlangt hätte, um bei 700 000 Mann in Mitteleuropa auf beiden Seiten zu gemeinsamen Höchststärken zu kommen.[35] Um bei den Kampfpanzern bei 6000 bis 7000 einen Gleichstand herbeizuführen, hätte der Warschauer Pakt 1974 sogar 9000 Panzer abziehen müssen, die NATO dagegen keinen einzigen.[36] Solche Vorschläge waren natürlich nicht verhandelbar. Hier zeigten sich sowohl Schwächen des Höchststärken-Prinzips als auch Nachteile der Beschränkung auf nur zwei Bereiche des Kräfteverhältnisses.

Die vom Westen vorgeschlagene vorrangige Reduzierung amerikanischer und sowjetischer Stationierungsstreitkräfte in Mitteleuropa war wesentlich von der Absicht getragen, die amerikanischen Truppen in Europa so früh wie möglich in den Mittelpunkt der Reduzierungsverhandlungen zu rücken, um den Kräften im amerikanischen Kongreß, die einen amerikanischen Truppenabbau aus innenpolitischen und finanziellen Gründen für geboten hielten, den ernsten Willen des Westens zu demonstrieren, auf eine Verringerung dieser Truppen hinzuarbeiten. Dieser Vorschlag war auch verhandlungstaktisch geschickt, weil eine Reduzierung der amerikanischen und sowjetischen

Stationierungsstreitkräfte in Mitteleuropa um etwa 15%, wie sie im westlichen Reduzierungsplan vom 22. November 1973 vorgesehen war, aufgrund der stärkeren Präsenz sowjetischer Streitkräfte in diesem Gebiet eine Verminderung der amerikanischen Truppen um 29 000 Mann und der sowjetischen Truppen um 69 000 Mann bedeutet hätte.[37] Auch hier kam das westliche Prinzip, Truppenreduzierungen „ausgewogen", d. h. asymmetrisch, zu gestalten, zum Ausdruck. Insgesamt hätte ein nach dem westlichen Reduzierungsplan durchgeführter Truppenabbau mit dem Ziel gemeinsamer Höchststärken bei 700 000 Mann die NATO-Streitkräfte in Mitteleuropa um 10% und die Warschauer-Pakt-Armeen um 20% vermindert.[38]

Die östlichen Teilnehmer der MBFR-Konferenz lehnten jedoch einseitige Leistungen des Warschauer Paktes ab. Sie bestritten, daß geostrategische Faktoren wie die Entfernung zwischen Westeuropa und den USA und die Nähe der Sowjetunion zu Mitteleuropa oder das bestehende militärische Kräfteverhältnis den Osten besonders begünstige. MBFR wie SALT seien erst nach Errichtung eines Machtgleichgewichtes zwischen Ost und West zustandegekommen, innerhalb dessen jede Seite die Bedingungen erreicht habe, die zur Gewährleistung ihrer Sicherheit erforderlich seien.[39] Der sowjetische Parteichef Breschnew wies darauf hin, man solle deshalb gar nicht erst versuchen, sich durch MBFR einseitige militärische Vorteile zu verschaffen und „die eigene Sicherheit auf Kosten der Sicherheit anderer aufzubauen".[40]

Erste Reduzierungspläne des Warschauer Paktes, die der MBFR-Konferenz am 8. November 1973 in Form eines vertraulichen Textentwurfes für ein Abkommen über beiderseitige Truppenverminderungen vorgelegt wurden, sahen dementsprechend eine Regelung vor, bei der sich die Reduzierungen auf alle im Reduzierungsraum stationierten Land- und Luftstreitkräfte einschließlich ihrer konventionellen und nuklearen Bewaffnung erstrecken sollten. Geplant waren eine symbolische Reduzierung der Streitkräfte beider Seiten um je 20 000 Mann im Jahre 1975 und weitere Reduzierungen um je 5% 1976 und nochmals 10% 1977. Die von der Reduzierung erfaßten einheimischen Truppen sollten aufgelöst werden, die ausländischen Truppen sollten in ihre Länder zurückkehren und ihre gesamte Ausrüstung mitnehmen. Die im Reduzierungsraum verbleibenden Truppen sollten hinsichtlich ihrer Mannschaftsstärken und Ausrüstungen erfaßt und in Stärkelisten geführt werden.[41]

Nicht zuletzt aufgrund der Zusatzbestimmungen wurde der östliche Reduzierungsplan vom Westen abgelehnt. Eine Verwirklichung dieses Planes hätte bedeutet, daß der zahlenmäßig große Anteil sowjetischer Truppen bei der Reduzierung auf Warschauer-Pakt-Seite lediglich hinter die sowjetische Westgrenze zurückgezogen worden wäre und dort in räumlich geringer Entfernung von einem potentiellen Konfliktherd in Mitteleuropa dem Warschauer Pakt weiterhin zur Verfügung gestanden hätte, während der größte Teil der vom Westen zu reduzierenden Streitkräfte – im wesentlichen Einheiten der Bundeswehr – den Bestimmungen entsprechend aufgelöst worden wäre. Der Westen hätte dadurch real an Kampfkraft verloren, der Osten hätte seine Truppen nur geringfügig verschoben.

Der östliche Reduzierungsplan konnte vom Westen auch deshalb nicht angenommen werden, weil die Festlegung *nationaler* Höchststärken im Reduzierungsraum den wesentlichen Teil der westlichen konventionellen Streitkräfte – wiederum in erster Linie die Bundeswehr – in seiner Entwicklungsfähigkeit beschnitten und östlicher Mitentscheidung über die Streitkräftestruktur unterworfen hätte, während der bei weitem größte Teil der östlichen konventionellen Streitkräfte – die sowjetische Rote Armee – von dieser Bestimmung ausgenommen worden wäre, weil das Territorium der Sowjetunion außerhalb des Reduzierungsraumes Mitteleuropa lag. Die östlichen Reduzierungsvorstellungen waren deshalb unausgewogen und widersprachen nach westlicher Ansicht dem im Abschlußkommuniqué der MBFR-Vorbereitungsgespräche vereinbarten Grundsatz der unverminderten Sicherheit aller Beteiligten.

Die Kluft, die Ende 1973 zwischen den Reduzierungsvorstellungen beider Seiten bestand, war auch in der Folge unüberbrückbar. Die Warschauer-Pakt-Staaten ließen sich zwar am 6. März 1975 in neuen Verhandlungsvorschlägen auf das NATO-Konzept einer Phasentrennung zwischen der Reduzierung amerikanischer und sowjetischer Streitkräfte und der Verminderung einheimischer Streitkräfte ein, beharrten aber im übrigen auf ihren alten Positionen, besonders auf der Ansicht, das bestehende und ihrer Auffassung nach stabile und ausgeglichene Kräfteverhältnis in Europa dürfe nicht verändert werden.[42] Die NATO-Staaten suchten dem Osten ihrerseits entgegenzukommen, indem sie am 16. Dezember 1975 einen lange erwogenen „Paket-Kompromiß" anboten, bei dem 1000 der mehr als 7000 in Westeuropa lagernden taktischen Kernsprengköpfe, 29000 amerikanische Soldaten, 54 *Phantom*-Kampfflugzeuge und 36 *Pershing*-Raketenwerfer sowie Feldhaubitzen für Nukleargranaten reduziert werden sollten, wenn der Osten sich bereiterklärte, dafür im Gegenzug eine sowjetische Panzerarmee mit 1700 Panzern und 68000 Mann Bodentruppen abzuziehen. Dieses Angebot sei jedoch gegenstandslos, so hieß es, wenn die Warschauer-Pakt-Staaten sich weigerten, das Ziel einer später zu erreichenden Parität zu akzeptieren.[43] Dies wiederum schien der östlichen Seite unannehmbar. Der polnische Chefdelegierte bei den MBFR-Verhandlungen, Slawomir Dabrowa, erklärte, „asymmetrische Truppenverringerungen und die Festlegung kollektiver Höchststärken würden die Sicherheit der sozialistischen Staaten schmälern und 75 Prozent der NATO-Streitkräfte in Zentraleuropa der Reduzierungspflicht entheben".[44] Der Delegationsleiter eines NATO-Staates meinte dagegen, man könne mit dem bestehenden Zustand zur Not leben, „aber wir sind nicht bereit, das östliche Übergewicht in einem Vertrag festzuschreiben".[45]

Anfang 1979, nach fast sechsjährigem Ringen, waren die Positionen so weit voneinander entfernt wie zu Beginn der Verhandlungen. Ein Kompromiß war nicht in Sicht, weil jegliche Grundlage für erfolgversprechende Verhandlungen fehlte und die Bereitschaft, sie durch politisches Entgegenkommen herbeizuführen, entgegen allen friedenspolitischen Beteuerungen auf beiden Seiten nicht zu erkennen war. Verantwortlich für die Stagnation bei MBFR war neben dem Problem der europäischen Streitkräfteasymmetrie auch eine ungünstige Interessenkonstellation, die schon beim Zustandekommen des MBFR-Projektes mehr zu einer politisch-taktischen als zu einer rüstungskontrollpolitischen und abrüstungspolitischen Betrachtungsweise geführt hatte.

5.5. Die Weltmächte und Europa

Die militärische Lage in Europa wurde durch die Entspannungspolitik kaum verändert. Im Bereich der Rüstungsentwicklung zeichnete sich auch Ende der siebziger Jahre noch keine Beruhigung ab. Der Rüstungsstand, der schon zu Beginn der Entspannungspolitik hoch war, wurde gehalten und vor allem in qualitativer Hinsicht weiter angehoben. Bis 1978/79 stieg die Zahl der Divisionen in Europa auf 167, die Zahl der Kampftruppen auf 2 507 000 Mann, die mit insgesamt 39 200 Kampfpanzern und einem entsprechenden Potential an Handfeuerwaffen, Maschinengewehren, Artillerie, Schützenpanzern, Panzerabwehrwaffen, Fahrzeugen usw. ausgerüstet waren. Allein die Zahl der auf westlicher Seite zur Verfügung stehenden Panzerabwehrwaffen betrug Angaben aus NATO-Kreisen in Brüssel zufolge 1978 über 120000, wobei eine Steigerung auf 180000 bis Anfang der achtziger Jahre vorgesehen war. Die Zahl der taktischen Kampfflugzeuge betrug 1978/79 in Europa 9013, nicht eingerechnet die Reserven, die außerhalb Europas bereitstanden und aufgrund der hohen Mobilität der Luftstreitkräfte innerhalb kürzester Frist nach Europa verlegt werden konnten.[46] Die Zahl der in Europa lagernden taktischen Kernwaffen ließ sich, wie schon 1969, nur schätzen, aber sicher wurde 1979 die für 1969 angenommene Zahl von 11 000 beträchtlich überschritten.[47]

Niemals zuvor in der Geschichte, weder in Friedenszeiten noch im Kriege, nicht einmal auf dem Höhepunkt des Zweiten Weltkrieges, hatte es eine solche Zusammenballung von Massenvernichtungsmitteln gegeben. Niemals zuvor hatten einzelne Soldaten über so viel Tötungsmacht verfügt. Die „Übertötungsquote" war zu einer theoretischen, nur noch mathematisch bestimmbaren Größe geworden und hatte den Bezug zur Wirklichkeit verloren. Eine größere Diskrepanz als zwischen der Entspannungspolitik, die den Frieden zu sichern suchte und Abrüstung anstrebte, und dem Wettrüsten, das beständig für die Verfeinerung und Vergrößerung des militärischen Tötungs- und Vernichtungspotentials sorgte, ließ sich kaum vorstellen.

Daß die militärische Lage in Europa dennoch relativ stabil blieb, lag an der gegenseitigen Neutralisierung der USA und der Sowjetunion, die Europa als ihr primäres Einflußgebiet betrachteten und hier keinen Krieg zulassen konnten, weil dieser sofort mit dem Risiko einer nuklearen Eskalation verbunden gewesen wäre. In dieser Hinsicht änderte sich in den siebziger Jahren gegenüber den fünfziger und sechziger Jahren nichts. Denkmodelle, die diesen Zustand im Sinne einer europäischen Friedensordnung mit verminderter Rüstung, Neutralität und Auflösung der Blöcke ändern wollten, blieben ohne großes Echo und politisch bedeutungslos. Das Interesse der USA, der Sowjetunion und der meisten west- und osteuropäischen Länder an der Erhaltung der bewährten sicherheitspolitischen Bündnisstruktur erklärt auch, warum bei entspannungspolitischen Bemühungen größte Vorsicht und Zurückhaltung gezeigt wurde, wenn strukturverändernde Eingriffe vorgeschlagen waren. Die Sowjetunion handelte in diesem Sinne, als sie sich um allgemeine Anerkennung der in Europa bestehenden Grenzen bemühte, die USA, als sie durch MBFR einen einseitigen amerikanischen Truppenabbau in Westeuropa zu verhindern suchten, NATO und Warschauer Pakt, als sie sich bei MBFR Rüstungskontrollbeschlüssen versagten, die der Abrüstung gedient, aber das militärische Kräfteverhältnis in Mitteleuropa verändert hätten, und die Bundesrepublik, als sie sich mit den Ostverträgen dazu durchrang, die Grenzen gegenüber Polen und der DDR anzuerkennen und Realpolitik auf der Grundlage des politisch Möglichen zu treiben.

Analog zu ihrer militärischen Bedeutung, bestimmten die USA und die Sowjetunion auch politisch die Entwicklung der Entspannung in Europa. Verbesserungen ebenso wie Verschlechterungen im amerikanisch-sowjetischen Verhältnis machten sich umgehend im politischen Klima in Europa bemerkbar. Als die amerikanisch-sowjetischen Beziehungen sich 1969 entspannten, die SALT-Verhandlungen 1972 zu Abkommen führten, Präsident Nixon 1972 die Sowjetunion besuchte und Parteichef Breschnew 1973 in die USA reiste, war auch die politische Atmosphäre in Europa gut, verzeichnete die Ostpolitik der Bundesrepublik Erfolge, nahm die Zusammenarbeit zwischen Ost und West zu und wurden die KSZE-Verhandlungen mit zunehmender Intensität geführt. 1975 bis 1977 jedoch, als Konflikte in Portugal und Angola das Ost-West-Verhältnis belasteten und die Menschenrechts-Kampagne des 1976 neu gewählten amerikanischen Präsidenten Jimmy Carter die Sowjets irritierte, stagnierten die SALT-Verhandlungen und der amerikanisch-sowjetische Wirtschaftsaustausch, und in Europa gab es Probleme im deutsch-deutschen und deutsch-polnischen Verhältnis, in der Berlin-Frage, bei der MBFR-Konferenz und bei der Auslegung und Anwendung der KSZE-Schlußakte von Helsinki.

Die Entspannungspolitik führte also nicht zu einem grundsätzlichen Wandel in den Ost-West-Beziehungen, sondern bewirkte nur an der politischen Oberfläche eine Entschärfung des Ost-West-Konflikts. Die Bemühungen um regionale Sicherheit ließen die militärische Bipolarität und das System der Abschreckung unangetastet. Die USA und die Sowjetunion waren in ihrer

Führungsrolle als nukleare Garantiemächte unangefochten, NATO und Warschauer Pakt bildeten weiterhin die strukturelle Basis der europäischen Sicherheit und leisteten einen wesentlichen Beitrag zur politischen und militärischen Integration. In den Ost-West-Beziehungen galten weiterhin die gleichen Gesetze und Prinzipien wie zur Zeit des Kalten Krieges. Die Entspannungspolitik war nur ein Stabilitätszusatz, der die militärische Sicherheitsstruktur nicht ersetzen konnte. Den Schritt zu einer eigenständigen, von militärischen, ideologischen, politischen und wirtschaftlichen Faktoren nicht mehr zu bremsenden Kraft in den Ost-West-Beziehungen vermochte die Entspannungspolitik bis Ende der siebziger Jahre weder im amerikanisch-sowjetischen Verhältnis noch in Europa zu tun.

5.6. Zusammenfassung

Bis zum Beginn der Entspannungspolitik bestimmte militärische Konfrontation die Sicherheit in Europa. Mächtige Militärpotentiale waren aufgebaut worden und hatten zur Herausbildung eines Systems gegenseitiger militärischer Abschreckung geführt. Da die Struktur des militärischen Kräfteverhältnisses in Europa stark unausgeglichen und asymmetrisch war, beruhte die Stabilität der europäischen Sicherheit hauptsächlich auf dem nuklearen Patt und den Sicherheitsgarantien der USA und der Sowjetunion. Die Entspannungspolitik war ein Versuch, die Risiken, die sich aus der politischen und militärischen Konfrontation ergaben, einzugrenzen und möglichst auszuschalten. Die Regelung der Deutschland-Frage war in diesem Zusammenhang eine vorrangige Aufgabe, da sich an ihr seit dem Zweiten Weltkrieg immer wieder schwere Konflikte entzündet hatten.

Die neue Ostpolitik der Bundesrepublik ab Herbst 1969 korrespondierte mit dem sowjetischen Interesse an einer westlichen Bestätigung des territorialen *status quo* in Europa zur Sicherung der sowjetischen Einflußsphäre. In Verträgen zwischen der Bundesrepublik und der Sowjetunion, Polen, der DDR und der Tschechoslowakei wurden ein Gewaltverzicht vereinbart und praktische Regelungen für die noch offenen Grenz- und Statusfragen gefunden. Mit dem Viermächte-Abkommen wurde auch Berlin in diese Politik einbezogen. Damit waren die wesentlichen Hindernisse für die Einberufung der Konferenz über Sicherheit und Zusammenarbeit in Europa beseitigt. Der Westen stimmte der Einberufung zu, als die Warschauer-Pakt-Staaten sich auch im Grundsatz mit der Abhaltung von Gesprächen über eine beiderseitige Truppenverminderung in Mitteleuropa einverstanden erklärt hatten.

In der KSZE-Schlußakte von Helsinki vom 1. August 1975 nahmen sicherheitspolitische Aspekte einen wichtigen Platz ein. In einem Katalog von zehn Prinzipien, die einen Gewaltverzicht, eine Erklärung über die Unverletzlichkeit der Grenzen in Europa und ein Bekenntnis zu den Menschenrechten und zum Selbstbestimmungsrecht der Völker enthielten, kodifizierten die Teilnehmerstaaten Verhaltensregeln, von denen sie sich in ihren gegenseitigen Beziehungen leiten lassen wollten. In einem Dokument über vertrauensbildende Maßnahmen vereinbarten sie die Ankündigung größerer militärischer Manöver sowie die Möglichkeit zur Ankündigung größerer militärischer Bewegungen und zum Austausch von Manöverbeobachtern und militärischen Personals. Durch diese Maßnahmen, deren praktische Bedeutung umstritten blieb, sollte mehr Klarheit über die gegnerischen Absichten geschaffen und Mißtrauen beseitigt werden.

Die MBFR-Konferenz, die parallel zur KSZE über einen Truppenabbau in Mitteleuropa beriet, verlief bis 1979 ergebnislos. Auch nach fast sechs Verhandlungsjahren waren Ost und West in den Grundfragen des militärischen Kräfteverhältnisses und den Prinzipien, die für einen Truppenabbau gelten sollten, noch immer uneinig. Weder die beteiligten NATO-Staaten noch die Staaten des Warschauer Paktes schienen an einer Streitkräfteverminderung besonders interessiert. Sowohl die USA und die Sowjetunion als auch die meisten europäischen Länder waren eher bereit, sich mit den bestehenden Strukturen, die mehr als dreißig Jahre lang den Frieden bewahrt hatten, abzufinden, als sich den Unwägbarkeiten eines sicherheitspolitischen Experiments auszusetzen. Die militärischen Garantien der nuklearen Weltmächte USA und Sowjetunion und die sich gegenseitig neutralisierende Macht der Militärbündnisse NATO und Warschauer Pakt waren daher auch weiter die tragenden Säulen der europäischen Sicherheitspolitik. Sie wurden nicht, wie manche vielleicht zu Beginn der Entspannungspolitik gehofft hatten, von einer neuen Form kollektiver Sicherheit abgelöst, und es gab auch keine Anzeichen, daß dies in absehbarer Zeit geschehen könnte.

6. Ost-West-Handel und Ost-West-Kooperation

6.1. Geschichte des Ost-West-Handels

Die Geschichte des Ost-West-Handels war eine Geschichte des Mißtrauens. Vor dem Zweiten Weltkrieg wurde der Wirtschaftsaustausch durch die Folgen der Oktoberrevolution, die Weltwirtschaftskrise und die Furcht der Sowjetunion vor dem Expansionismus des nationalsozialistischen Deutschland bestimmt, nach dem Zweiten Weltkrieg durch die Auswirkungen des Kalten Krieges, der lange Jahre auch ein Kalter Wirtschaftskrieg war.

Die russische Oktoberrevolution 1917 wurde von den kapitalistischen Westmächten mit der Verhängung einer Wirtschaftsblockade über Sowjet-Rußland beantwortet, nachdem die bolschewistische Regierung unter Wladimir I. Lenin mit dem Deutschen Reich in Bresk-Litowsk einen Separatfrieden geschlossen, entgegen den Bestimmungen des Völkerrechts die zaristischen Staatsschulden nicht übernommen und die ausländischen Vermögen in Rußland entschädigungslos enteignet hatte. Erst 1921 kam es im Zuge der „Neuen Ökonomischen Politik" Lenins zu einer Normalisierung der Wirtschaftsbeziehungen. Bedenken Lenins und Stalins, sich auf eine enge wirtschaftliche Verflechtung mit kapitalistischen Staaten einzulassen und sich damit in Abhängigkeit zu begeben, sowie Handelsbeziehungen, die die am 30. Dezember 1922 als „Union der Sozialistischen Sowjetrepubliken" (UdSSR) gegründete Sowjetunion als Exporteur billiger Rohstoffe und Nahrungsmittel und als Importeur teurer Maschinen und Anlagen sah, verhinderten jedoch eine größere Ausdehnung der wirtschaftlichen Zusammenarbeit. Immerhin gelang es, das sowjetische Importvolumen von 1927 bis 1931 annähernd zu verdoppeln und das Exportvolumen zwischen 1929 und 1931 um 46,1% zu steigern.[1] Deutschland war dabei an den Gesamtimporten der Sowjetunion 1929 mit 22,1%, 1931 mit 37,2% und 1933 sogar mit 52,2% beteiligt.[2] Insgesamt waren die Wirtschaftsbeziehungen zwischen der Sowjetunion und dem Westen jedoch bereits 1931 wieder rückläufig, da der Westen in dieser Zeit infolge der Weltwirtschaftskrise unter großen inneren Belastungen stand und die Sowjetunion aufgrund beträchtlicher Auslandsschulden sowie nach 1933 angesichts der Expansionsbestrebungen des nationalsozialistischen Deutschland zur Autarkie-Politik der Jahre 1917–21 zurückkehrte.

Die politische und militärische Zusammenarbeit zwischen der Sowjetunion, den USA und Großbritannien während des Zweiten Weltkrieges wirkte sich auch auf die wirtschaftlichen Ost-West-Beziehungen aus. 1941 schlossen sich die drei Länder zur Anti-Hitler-Koalition zusammen. Im Rahmen eines Leih-Pacht-Abkommens *(lend-lease)* stellten die USA der Sowjetunion Rüstungs- und Versorgungsgüter in großem Umfang zur Verfügung, die der Sowjetunion die Kriegführung erleichterten. Man hoffte, diese Zusammenarbeit auch nach Kriegsende fortsetzen zu können. Die Vereinten Nationen, das gemeinsame Forum der Großmächte, widmeten dem Ost-West-Handel seit ihrer Gründung am 24. Oktober 1945 einen großen Teil ihrer Aufmerksamkeit. Nach einer entsprechenden Entschließung des Wirtschafts- und Sozialrates der UNO vom 18. Februar 1946 wurde eine Handels- und Beschäftigungskonferenz einberufen, die vom 21. November 1947 bis 24. März 1948 in Havanna auf Kuba stattfand. Die „Charta von Havanna", die ein allgemeines Zoll- und Handelsabkommen sowie ein Protokoll über dessen vorläufige Durchführung enthielt, bemühte sich um eine Harmonisierung der Handelspolitik zwischen Staatshandelsländern und Ländern mit freier Marktwirtschaft, wurde jedoch ein Opfer des Kalten Krieges, der bereits die Vorbereitung der Havanna-Konferenz überschattet hatte. Die Havanna-Charta wurde zwar noch von 53 Ländern unterzeichnet, aber von keinem Land mehr ratifiziert.[3] Die Sowjetunion kehrte erneut, nun in Begleitung der osteuropäischen Volksdemokratien, zur Autarkie-Politik zurück, die kapitalistischen Länder des Westens besaßen mit dem Genfer Allgemeinen Zoll- und Handelsabkommen (GATT = *General Agreement on Tariffs and Trade*) einen Ersatz, der ihren Bedürfnissen nach einer Liberalisierung des Welthandels Rechnung trug.

Dem Schicksal der Havanna-Charta entsprach die Entwicklung des Ost-West-Handels. Der Wirtschaftsaustausch stagnierte und schrumpfte Anfang der fünfziger Jahre auf die Hälfte seines Standes von 1948 zusammen: Während 1948 noch annähernd 4% der westlichen Exporte nach Osteuropa und in die Sowjetunion geflossen waren, ging dieser Anteil bis 1952/53 auf 2% zurück.[4] Ursachen dafür waren die handelsumleitende Wirkung, die von der Liberalisierung der Handelsbeziehungen der kapitalistischen Länder untereinander ausging, die – zumal nach Ausbruch des Korea-Krieges und dem daraus sich ergebenden Korea-Boom – einen starken Aufschwung nahmen und den Anteil des Osthandels statistisch verminderten, das Verhalten der Staatshandelsländer, die durch die Kollektivierung der Landwirtschaft die wirtschaftliche Basis für den Export landwirtschaftlicher Güter einschränkten und sich wirtschaftlich schärfer gegen den Westen abgrenzten, um angesichts des Kalten Krieges nicht in wirtschaftliche Abhängigkeit zu geraten, und der Kalte Krieg selbst, der den Westen zu einem Wirtschaftsembargo gegenüber den kommunistischen Ländern veranlaßte, das den Ost-West-Handel administrativ erschwerte.

Die westliche Embargo-Politik begann im Dezember 1947 und Januar 1948 mit zwei amerikanischen Verordnungen, „durch die der gesamte Export, nicht nur nach Osteuropa, sondern nach Europa schlechthin, an Bewilligungen gebunden wurde".[5] Durch eine Änderung des Marshallhilfegesetzes im März 1948 wurden auch die Warenlieferungen in das Embargo einbezogen, die für die Produktion von Gütern vorgesehen waren, die in kommunistische Länder exportiert werden sollten. Der *Battle Act* schließlich, der im Oktober 1951 vom amerikanischen Kongreß verabschiedet wurde, untersagte dem Präsidenten grundsätzlich „die Gewährung jeder finanziellen, wirtschaftlichen oder militärischen Hilfe an Staaten, die von den Vereinigten Staaten als ‚strategische Güter' erklärte Waren in den Ostblock exportierten".[6] Es gab zwar in der Folge eine ständige Auseinandersetzung zwischen den USA, die die Embargo-Liste möglichst weit ausdehnen wollten, und den westeuropäischen Ländern, die sich um eine Begrenzung der Definition „strategischer Güter" bemühten, aber in der Praxis waren die westeuropäischen Länder gezwungen, sich nach der amerikanischen Osthandelspolitik auszurichten. Zwischen 1952 und 1954, auf dem Höhepunkt der Embargo-Politik, wurden etwa 50% der Güter des Welthandels in den Embargo-Listen geführt. Nach tiefgreifenden Änderungen der Handelspolitik in den Jahren 1954, 1957 und 1958 fielen auch Mitte der sechziger Jahre immerhin noch etwa 10% der Welthandelsgüter unter das Embargo. 1978 bestand nur noch ein beschränkter Importschutz in Bereichen, die von besonderen Problemen betroffen waren. Die Bundesrepublik Deutschland und die Europäische Gemeinschaft hatten 1978 etwa 93% aller gewerblichen Warenpositionen bei ihren Ostimporten von mengenmäßigen Einfuhrbeschränkungen freigestellt. Der größte Sprung im Liberalisierungsgrad der Einfuhr aus Staatshandelsländern erfolgte 1966, als die Zahl der von Restriktionen befreiten Warenpositionen von etwa 5% auf über 50% anstieg. Zwischen 1966 und 1974 kam es zu einer weiteren schrittweisen Liberalisierung bis auf über 90%.[7]

Die Entspannungspolitik, die 1969 begann, förderte diesen Prozeß zunehmender wirtschaftlicher Zusammenarbeit zwischen Ost und West, löste ihn jedoch nicht aus. Als man Mitte der sechziger Jahre begann, den Kalten Wirtschaftskrieg zwischen Ost und West beizulegen und durch intersystemare wirtschaftliche Zusammenarbeit auf allen Ebenen zu ersetzen, wurde der Wunsch nach Verstärkung des Wirtschaftsaustausches in dieser Phase der Ost-West-Beziehungen sogar zum Vorreiter der politischen Entspannung. Auch die Schlußakte der Konferenz über Sicherheit und Zusammenarbeit in Europa vom 1. August 1975, die detaillierte Bestimmungen über Handel, industrielle Kooperation und Projekte gemeinsamen Interesses zwischen Ost und West enthielt, kodifizierte vielfach nur, was sich seit längerem angebahnt hatte oder schon gängige Praxis war.

In der KSZE-Schlußakte stellten die Teilnehmerstaaten fest,

– daß ihre Bemühungen zur Entwicklung der Zusammenarbeit in den Bereichen des Handels, der Industrie, der Wissenschaft und Technik, der Umwelt sowie auf anderen Gebieten der Wirtschaft zur Festigung des Friedens und der Sicherheit in Europa und der ganzen Welt beitrügen,

– daß die Zusammenarbeit in diesen Bereichen den wirtschaftlichen und sozialen Fortschritt sowie die Verbesserung der Lebensbedingungen fördere,

– daß eine solche Zusammenarbeit unter gebührender Beachtung des unterschiedlichen wirtschaftlichen Entwicklungsstandes entwickelt werden könne, auf der Grundlage der Gleichheit und gegenseitigen Zufriedenheit der Partner sowie der Gegenseitigkeit, die insgesamt eine ausgewogene Aufteilung der Vorteile und Verpflichtungen vergleichbarer Tragweite ermögliche, unter Achtung der bilateralen und multilateralen Abkommen,

– und daß die zunehmende weltweite wechselseitige Abhängigkeit im Bereich der Wirtschaft in wachsendem Maße gemeinsame und wirkungsvolle Anstrengungen zur Lösung der großen Probleme der Weltwirtschaft wie der Ernährungs-, Energie-, Rohstoff-, Währungs- und Finanzprobleme erfordere und daher die Tatsache unterstreiche, daß es notwendig sei, stabile und ausgewogene Wirtschaftsbeziehungen zu fördern und so zur kontinuierlichen und diversifizierten wirtschaftlichen Entwicklung ihrer Länder beizutragen.[8]

Im einzelnen erklärten die KSZE-Teilnehmerstaaten in der Schlußakte, sie würden die Ausweitung des Handels auf einer möglichst breiten multilateralen Grundlage fördern, Hindernisse jeglicher Art abbauen oder schrittweise beseitigen und das kontinuierliche Wachstum des Handels fördern und soweit wie möglich abrupte Schwankungen in ihrem Warenverkehr vermeiden. Sie würden Maßnahmen treffen, um die Bedingungen für den Ausbau von Kontakten zwischen Vertretern amtlicher Stellen, den einzelnen vom Außenhandel betroffenen Organisationen, Unternehmen, Gesellschaften und Banken weiter zu verbessern; sie würden dabei notwendige Informationen über Rechtsvorschriften und Verfahren hinsichtlich der Errichtung ständiger Vertretungen zur Verfügung stellen, Anträge auf Errichtung ständiger Vertretungen und Büros so wohlwollend wie möglich prüfen und die Bereitstellung von Hotelunterkünften, Kommunikationsmitteln und anderen normalerweise benötigten Dienstleistungen und Einrichtungen sowie von geeigneten Geschäfts- und Wohnräumen unterstützen. Sie würden die Veröffentlichung und Verbreitung wirtschaftlicher und kommerzieller Informationen in regelmäßigen Zeitabständen und innerhalb der kürzesten Fristen fördern, insbesondere der Statistiken über Produktion, Volkseinkommen, Staatshaushalt, Verbrauch und Produktivität, Außenhandelsstatistiken, Gesetze und Vorschriften, die den Außenhandel betreffen, Informationen, die zur Unterstützung der Handelsförderung Prognosen über die Entwicklung der Wirtschaft ermöglichen (z. B. Informationen über die allgemeine Ausrichtung staatlicher Wirtschaftspläne und -programme), Adreß- und Telefonbücher, Branchenverzeichnisse und, wo möglich, Organisationsdiagramme der vom Außenhandel betroffenen Firmen und Organisationen. Gemischte Kommissionen für wirtschaftliche, wissenschaftliche und technische Zusammenarbeit sowie nationale und gemischte Handelskammern und andere geeignete Gremien sollten diesen Informationsaustausch zusätzlich fördern. Marktforschung und Werbemaßnahmen sowie die Einrichtung von Versorgungslagern, die Lieferung von Ersatzteilen und die Unterhaltung eines leistungsfähigen Kundendienstes und die Ausbildung des erforderlichen einheimischen technischen Personals sollten den Handel beleben.[9]

Hinsichtlich der industriellen Kooperation erklärten die KSZE-Teilnehmerstaaten, eine durch wirtschaftliche Überlegungen bestimmte industrielle Kooperation könne

– dauerhafte Bindungen schaffen und dadurch die langfristige, umfassende wirtschaftliche Zusammenarbeit stärken,

– zum wirtschaftlichen Wachstum sowie zur Ausweitung und zur Diversifizierung des internationalen Handels und zu einer breiteren Anwendung moderner Technik beitragen,

– durch eine bessere Nutzung der Produktionsfaktoren zu einer gegenseitig vorteilhaften Ausnutzung einander ergänzender wirtschaftlicher Gegebenheiten führen und

– die industrielle Entwicklung aller, die sich an einer solchen Zusammenarbeit beteiligten, beschleunigen.[10]

Die Teilnehmerstaaten würden alle Formen des Informations- und Erfahrungsaustausches über industrielle Kooperation fördern, auch durch Kontakte zwischen potentiellen Partnern und, wo angebracht, durch gemischte Kommissionen für wirtschaftliche, industrielle, wissenschaftliche und technische Zusammenarbeit, durch nationale und gemischte Handelskammern und andere geeignete Gremien. Sie würden alle Formen von Geschäftskontakten zwischen kompetenten Organisationen, Unternehmen und Gesellschaften sowie zwischen deren Fachpersonal erleichtern und erweitern, um die Prüfung von Kooperationsmöglichkeiten und die Durchführung von Kooperationprojekten zu fördern, und für angemessene Arbeitsbedingungen des mit der Durchführung der Kooperationsprojekte befaßten Personals Sorge tragen.[11]

Die Teilnehmerstaaten ermutigten Organisationen, Unternehmen und Gesellschaften, Möglichkeiten zur Verwirklichung von Projekten gemeinsamen Interesses im Bereich der Energiequellen, der Nutzbarmachung von Rohstoffen sowie im Bereich des Verkehrs und der Kommunikation zu prüfen. Sie hielten es für wünschenswert, daß diese Organisationen, Unternehmen und Gesellschaften mit ihren potentiellen Partnern die erforderlichen wirtschaftlichen, rechtlichen, finanziellen und technischen Informationen über diese Projekte austauschten, und erklärten ihre Auffassung, daß die Bereiche der Energiequellen, insbesondere Erdöl, Erdgas und Kohle, und die Nutzbarmachung von mineralischen Rohstoffen, insbesondere von Eisenerz und Bauxit, dazu geeignet seien, die langfristige wirtschaftliche Zusammenarbeit zu verstärken und den Handel, soweit er sich daraus ergebe, zu entwickeln. Eine solche langfristige wirtschaftliche Zusammenarbeit sei auch beim Austausch von Elektroenergie in Europa, bei der Zusammenarbeit in der Suche nach neuen Energiequellen und insbesondere im Bereich der Kernenergie, bei der Entwicklung von Straßennetzen und der Zusammenarbeit im Hinblick auf ein zusammenhängendes Wasserstraßennetz in Europa sowie bei der Zusammenarbeit in der Erforschung und Weiterentwicklung von Ausrüstungen für Mehrzwecktransporte und für den Umschlag von Containern möglich.[12]

Schließlich bekräftigten die KSZE-Teilnehmerstaaten ihr Interesse an einer größtmöglichen internationalen Harmonisierung von Normen und technischen Vorschriften, die durch internationale Abkommen und andere geeignete Übereinkommen über die Anerkennung von Bescheinigungen und Prüfdokumenten über die Konformität mit Normen und technischen Vorschriften erreicht werden sollte. Sie empfahlen Organisationen, Unternehmen und Gesellschaften in ihren Ländern, Schiedsklauseln in Verträge über Handelsgeschäfte und über industrielle Kooperation oder in Sonderabmachungen aufzunehmen. Und sie erklärten, sie würden erwägen, in geeigneten Fällen spezifische bilaterale Abkommen in den Bereichen des Handels und der industriellen Kooperation abzuschließen, um z. B. Doppelbesteuerung zu vermeiden und Transfer von Gewinnen und Rücktransfer investierter Vermögenswerte zu erleichtern.[13]

Der Anspruch der KSZE-Schlußakte, der in diesen Bestimmungen zum Ausdruck kam, war hoch. Nach Meinung ihrer Verfasser sollte die Schlußakte Ausgangspunkt für eine neue Etappe intensiver wirtschaftlicher Zusammenarbeit zwischen Ost und West sein. Doch schon als die Staats- und Regierungschefs aus 35 Ländern Europas und Nordamerikas am 1. August 1975 in Helsinki zur Unterzeichnung schritten, machte sich Ernüchterung breit. Man erkannte, daß das Ausmaß der Zusammenarbeit wesentlich von der wirtschaftlichen Entwicklung in Ost und West abhängen würde, obgleich ja in der Geschichte des Ost-West-Handels der Außenhandel stets der Außenpolitik untergeordnet gewesen war: In Zeiten, in denen sich das Ost-West-Verhältnis verhärtet hatte, war es zu Stagnation und Rückgang des Wirtschaftsaustausches gekommen; in Zeiten, in denen das Ost-West-Klima sich verbessert hatte, hatte auch der Ost-West-Handel an Umfang zugenommen und an Problematik verloren. Am politischen Willen sollte es nun, 1975, allen machtpolitischen und ideologischen Gegensätzen zum Trotz nicht mehr fehlen. Die wirtschaftliche Interessenlage machte es beiden Seiten leicht, sich für eine engere Zusammenarbeit auszusprechen, und die Daten bis 1974 ließen eine positive Entwicklung auch durchaus erwarten. Womit man aber nicht oder zu wenig gerechnet hatte, war die Weltwirtschaftskrise, waren ökonomische Schwierigkeiten und systempolitisch bedingte Hemmnisse, die den Ost-West-Handel erschwerten, ihn entgegen allen politischen Willensbekundungen auf niedrigem Niveau hielten und schließlich sogar zu Stagnation und Rückgang führten.

6.2. *Die Handelsentwicklung seit den sechziger Jahren*

Nachdem die Wirtschaftsbeziehungen zwischen Ost und West Anfang der fünfziger Jahre infolge des Kalten Krieges fast zum Erliegen gekommen waren, ging es nach der Lockerung der westlichen Embargo-Politik und östlichen Autarkiebestrebungen schon in der zweiten Hälfte der fünfziger Jahre wieder bergauf. In den sechziger Jahren stabilisierte sich diese Entwicklung, in den siebzigern explodierte sie förmlich. 1976 hatte der Osthandel der Länder der Organisation für wirtschaftliche Zusammenarbeit und Entwicklung (OECD = *Organization for Economic Cooperation and Development*) ein Volumen von 48,52 Milliarden US-Dollar. Allein das Geschäft der Bundesrepublik Deutschland mit den Ländern des europäischen Ostblocks (ohne DDR) erreichte 1976 einen Umfang von 10,26 Milliarden US-Dollar.[14] Trotz überdurchschnittlich hoher Wachstumsraten hatte der Ost-West-Handel jedoch stets nur geringen Anteil am Welthandel, obgleich weit mehr als die Hälfte der Gesamtindustrieproduktion der Welt auf die westlichen Industrieländer und über ein Drittel auf Osteuropa entfielen. Der Anteil der westlichen Lieferungen nach Osteuropa am Weltexport betrug 1955 1,4 %, 1960 2,6%, 1970 2,9% und 1975 4,0%.[15] Der Anteil blieb so gering, weil man erst spät in den fünfziger Jahren fast vom Nullpunkt gestartet war, während die Länder des GATT mit den drei im Welthandelsumsatz führenden Gruppen (festländisches Westeuropa, Sterlingblock und Nordamerika) bereits in den frühen fünfziger Jahren eine stürmische Aufwärtsentwicklung genommen hatten. Daß 1970 dennoch 25,5% der Gesamtimporte des Ostens auf westliche Industriestaaten entfielen, 1972 27% und 1974 sogar 35%, unterstreicht die Tatsache eines gespaltenen Welthandelssystems mit einem intensiven Güteraustausch zwischen den fortgeschrittenen Industrieländern Nordamerikas, Westeuropas und des Fernen Ostens sowie den Entwicklungsländern der Dritten Welt einerseits und einem erheblich geringeren Austausch der Staatshandelsländer untereinander und mit dem Westen andererseits. Auch die Fortschritte im Ost-West-Handel in den siebziger Jahren änderten an diesem Grundtatbestand nichts.

Dies bedeutete, daß die kommunistischen Staaten wesentlich stärker vom Ost-West-Handel abhängig waren als westliche Länder. Obwohl die Zuwachsraten des Ost-West-Handels in den sechziger Jahren und in der ersten Hälfte der siebziger Jahre überdurchschnittlich hoch waren, lag der Anteil des Osthandels der Europäischen Gemeinschaft an ihren gesamten Im- und Exporten 1969 im Importbereich bei nur 3,5% (1973: 3,8%), im Exportbereich bei 3,8% (1973: 4,2%). In den USA war dieser Anteil noch niedriger und lag 1969 im Importbereich bei 0,5% (1972: 0,6%) und im Exportbereich bei 0,7% (1972: 1,8%).[16]

Von 1966 bis 1970 stiegen die Importe der kommunistischen Staaten Osteuropas aus den westlichen Industrieländern jährlich um durchschnittlich 11,9%, die Exporte nach dem Westen um 10,9%. Die Dynamik der Zuwachsraten schwächte sich 1969–71 vorübergehend ab, nahm dann aber ab 1972 im Importbereich und ab 1973 auch im Exportbereich um so stärker zu. Ein vorläufiger Höhepunkt im Wachstum des Ost-West-Handels wurde

1974 erreicht, als die Importe des Ostblocks aus dem Westen gegenüber dem Vorjahr um 42,6% anstiegen, die Exporte nach dem Westen um 44,8%. Insgesamt betrug der Anstieg der Importe aus dem Westen von 1971 bis 1975 jährlich im Durchschnitt 26,0%; die Exporte nach dem Westen stiegen im gleichen Zeitraum jährlich im Durchschnitt um 18,3%. Im einzelnen betrugen die jährlichen Zuwachsraten im Import 1972 22,5%, 1973 36,4%, 1974 42,6% und 1975 23,3%, im Export 1972 7,7%, 1973 36,7%, 1974 44,8% und 1975 −2,8%.[17]

Der Großteil des Ost-West-Handels – annähernd 40% – wurde dabei zwischen der Sowjetunion und den westlichen Industrieländern abgewickelt. Dennoch war die Abhängigkeit der sowjetischen Volkswirtschaft vom Westhandel geringer als die anderer Volkswirtschaften des Ostblocks. Der Westanteil an den Gesamtimporten der Sowjetunion betrug 1970 24% (1973: 30%), an den Gesamtexporten 19% (1973: 24%). Wesentlich abhängiger waren dagegen – in dieser Reihenfolge – Rumänien, Polen und Ungarn, wobei Spitzenreiter Rumänien 1970 einen Westanteil an seinen Gesamtimporten in Höhe von 40% (1973: 43%) und an seinen Gesamtexporten von 32% (1973: 36%) verzeichnete. Im Falle Polens lagen die Anteile 1970 im Importgeschäft bei 26% (1973: 44%) und im Exportgeschäft bei 28% (1973: 34%), im Falle Ungarns im Importgeschäft bei 30% (1973 ebenfalls 30%) und im Exportgeschäft bei 29% (1973: 25%).[18] Auf westlicher Seite war die Bundesrepublik wichtigster Handelspartner der Ostblockländer, gefolgt von Frankreich, Großbritannien und Italien, während der Anteil der USA bis Ende der siebziger Jahre unterdurchschnittlich gering blieb. Verantwortlich für das geringe Ostgeschäft der USA waren nicht zuletzt politische Faktoren, wie das Jackson-Amendment, das die Gewährung der Meistbegünstigung für kommunistische Staaten davon abhängig machte, ob diese die Auswanderung jüdischer Bürger nicht erschwerten, und am 11. Januar 1975 zur Kündigung des amerikanisch-sowjetischen Handelsvertrages von 1972 durch die Sowjetunion führte. Die Euphorie, die noch 1974 in amerikanischen Wirtschaftskreisen über die Möglichkeiten des Osthandels geherrscht hatte, war damit 1975 verflogen. Die Daten, die 1974/75 einen steilen Aufwärtstrend des amerikanischen Osthandels – vor allem des Exportgeschäfts – angezeigt hatten, fielen bereits Ende 1975 in einer ebenso steilen Abwärtsentwicklung wieder auf die Ausgangsposition von 1974 zurück.[19]

Die Struktur des Ost-West-Handels war im gesamten Untersuchungszeitraum von Anfang der sechziger bis Ende der siebziger Jahre Handelsbeziehungen vergleichbar, wie sie zwischen Entwicklungsländern und fortgeschrittenen Industriestaaten bestehen. Das Bemühen der Ostblockländer, gegenüber westlichen Mitbewerbern konkurrenzfähig zu werden und sich westliche Absatzmärkte für ihre Industriegüter zu erschließen, war nur in den sechziger Jahren und Anfang der siebziger Jahre erfolgreich, erlitt dann aber einen deutlichen Rückschlag.

Der Anteil der Nahrungsmittel sowie der Roh- und Brennstoffe am *Gesamtexport* der Länder des Rates für Gegenseitige Wirtschaftshilfe betrug 1960 70,1% und ging bis 1969 auf 60,4% zurück. Dementsprechend stieg der Anteil der Industrieerzeugnisse am Gesamtexport von 29,1% im Jahre 1960 auf 38,8% 1969.[20] In den siebziger Jahren setzte sich dieser Trend zur Angleichung der beiden Bereiche zunächst weiter fort: Der Anteil der Nahrungsmittel, Roh- und Brennstoffe am Gesamtexport betrug 1972 nur noch 56,7%, während der Anteil der Industriegüter auf 42,2% stieg. Aufgrund der westlichen Wirtschaftskrise und der Erdölverknappung und -verteuerung war diese aus östlicher Sicht positive Entwicklung 1974/75 jedoch wieder rückläufig. 1975 betrug der Anteil der Nahrungsmittel, Roh- und Brennstoffe wieder 61,1%, der Anteil der Industrieerzeugnisse nur noch 38,4%. Wie sehr sich besonders die Ölkrise auf diese Entwicklung ausgewirkt hatte, zeigt ein Blick auf die einzelnen Bereiche der Exportbilanz: Auch von 1972 bis 1975 ging der Anteil der Nahrungsmittel weiter zurück (von 18,2% auf 10,9%), ebenso der Anteil der Rohstoffe (von 18,2% auf 15,3%), aber der Anteil der Brennstoffe am Gesamtexport stieg im gleichen Zeitraum von 20,3% auf 34,9%, wobei es – was kaum überrascht – die mit Abstand größte Steigerung bei den Erdölprodukten gab (von 13,1% auf 23,4%). Damit wurde die positive Entwicklung bei den Industrieerzeugnissen überrollt. Deren Exportanteile sanken zwischen 1972 und 1975 bei Eisen und Stahl von 6,0% auf 5,0%, bei anderen Fertigwaren (Metallwaren, Papier, NE-Metallen und Textilien) von 13,7% auf 11,7% und bei konsumnahen Fertigwaren von 8,3% auf 7,0%. Lediglich bei chemischen Erzeugnissen und Investitionsgütern konnte der Stand von 1972 gehalten werden.[21]

Die Struktur der *Importbilanz* der RGW-Länder in den sechziger und siebziger Jahren war gekennzeichnet von dem Bestreben, den Anteil der Nahrungsmittel-, Roh- und Brennstoffeinfuhren zu reduzieren, um so Devisen freizusetzen, die für den Import dringend benötigter technischer Anlagen und für den Ankauf von fortschrittlichem westlichem *know-how* verwendet werden konnten. In den sechziger Jahren ging der Anteil der Nahrungsmittel, Roh- und Brennstoffe am Gesamtimport der RGW-Länder von 24,8% 1960 auf 15,6% 1969 zurück, der Importanteil der Industrieerzeugnisse und -anlagen stieg im gleichen Zeitraum von 74,3% auf 83,8%.[22] 1972 betrug der Anteil der Nahrungsmittel, Roh- und Brennstoffe am Gesamtimport wieder 25,3%, wurde aber bis 1975 erneut auf 16,9% reduziert. Der Anteil der Industrieprodukte stieg demgegenüber von 74,3% 1972 (dem gleichen Anteil wie 1960) auf 82,5% 1975, wobei der Anstieg besonders auf den Bereich Eisen und Stahl sowie auf den Investitionsgütersektor zurückzuführen war. Bei Eisen und Stahl vergrößerte sich der Anteil am Gesamtimport 1972–75 von 10,0% auf 16,1% und bei den Investitionsgütern von 33,2% auf 36,1% (mit einem deutlichen Schwerpunkt bei Verkehrsmitteln, die ihren Anteil am Gesamtimport von 3,8% auf 6,8% steigerten).[23]

Damit war jedoch offenbar eine Grenze erreicht. Die Eigenversorgung mit Roh- und Brennstoffen entsprach in etwa den Möglichkeiten der östlichen Volkswirtschaften unter dem Gesichtspunkt einer sinnvollen Kosten-Nutzen-Struktur. Eine noch größere Ausweitung der Eigenversorgung wäre nur unter Autarkiegesichtspunkten volkswirtschaftlich zweckmäßig gewesen. Theoretische Steigerungsmöglichkeiten bestanden zwar im Bereich der Nahrungsmittelversorgung; mehrere Mißernten führten hier jedoch in den siebziger Jahren zu umfangreichen Einfuhren – besonders von Getreide –, und die geringe Leistungsfähigkeit der kollektivierten östlichen Landwirtschaften mußte Zweifel darüber aufkommen lassen, ob die theoretischen Steigerungsmöglichkeiten auch praktisch realisierbar waren.[24]

Die unausgeglichene Struktur des Ost-West-Handels, die überwiegend Roh- und Brennstoffe von Ost nach West und fast ausschließlich Industrieerzeugnisse und Anlagen von West nach Ost gelangen ließ, war auf Dauer gesehen nicht unproblematisch. Aufgrund der im Welthandel bestehenden *terms of trade* mußte sie zur Verschuldung der Staatshandelsländer führen, die in wirtschaftlichen Krisenzeiten angesichts stagnierender Wachstumsraten und der Notwendigkeit zur Rückzahlung der Kredite in gefährlichen Preiswettbewerb und Protektionismus zur Sicherung von Absatzmärkten umschlagen konnte. Außerdem war ein so strukturierter Handel anfällig für konjunkturelle Schwankungen. Längerfristige Planung – Grundlage der östlichen Wirtschaftssysteme – wurde dadurch erschwert.

Die Anfälligkeit des Ost-West-Handels zeigte sich in den siebziger Jahren. Von 1972 bis 1974 verlief der Aufschwung ungebrochen, kontinuierlich und mit großen Zuwachsraten, wobei der Anstieg von Ein- und Ausfuhren sich in etwa den gleichen Größenordnungen bewegte. Gegen Ende des Jahres 1974 wurde die Entwicklung ungleichmäßig: Der kontinuierliche Aufschwung wurde gebremst und ging in ungleichmäßiges Wachstum über. Die Einfuhren des Westens aus dem Osten stagnierten. Zwischen Ein- und Ausfuhren klaffte eine Lücke; es kam zu einer Import-Export-Schere und zu einem Ausfuhrüberschuß des Westens gegenüber dem Osten. Diese Entwicklung, die für die östlichen Handelspartner beträchtliche Finanzierungsprobleme aufwarf und daher mit zeitlicher Verzögerung die Importmöglichkeiten des Ostens beschnitt, war im wesentlichen auf die westliche Wirtschaftskrise von 1974/75 zurückzuführen. Zu Inflation und Dollarschwäche, die schon seit Anfang der siebziger Jahre das westliche Wirtschafts- und Währungsgefüge bedroht hatten, trat im Oktober 1973 im Gefolge des vierten Nahost-Krieges zwischen Israel und seinen arabischen Nachbarn der Ölboykott der arabischen Ölförderländer, der den Fortschrittsoptimismus des Westens dämpfte und eine umfassende Diskussion über die „Grenzen des Wachstums" auslöste. Die arabischen ölexportierenden Länder vereinbarten eine politisch motivierte Strategie von Lieferbeschränkungen, Produktionsstopp, Embargo und Preiserhöhungen, um die westlichen Länder durch wirtschaftlichen Druck zu zwingen, ihre proisraelische Haltung aufzugeben. Energieverknappung und eine Vervierfachung des Ölpreises innerhalb eines Jahres lösten einen Inflationsschub aus, brachten die meisten westlichen Industrieländer in Zahlungsbilanzschwierigkeiten und bildeten zusammen mit den dann folgenden Restriktionsmaßnahmen der westlichen Wirtschaftspolitik Ursache und Auftakt der schwersten Rezession der Weltwirtschaft seit Kriegsende.

Mit einer zeitlichen Verzögerung von etwa einem Jahr wurde auch der Ost-West-Handel von dieser Entwicklung in Mitleidenschaft gezogen. Infolge Lageraufbaues stiegen die westlichen Einfuhren aus den Staatshandelsländern 1974 noch einmal um 44,8%, aber danach war es mit dem Wachstum vorerst vorbei. Im 3. Quartal 1975 und auch im 3. Quartal 1976 gab es zwar leichte Erholungsphasen, aber insgesamt verlief der Ost-West-Handel von Ende 1974 bis Anfang 1978 ungleichmäßig mit Tendenz zur Stagnation. Mitte 1977 war der Umfang des Ost-West-Handels geringer als Ende 1974. Auch die Beschlüsse der Konferenz über Sicherheit und Zusammenarbeit in Europa konnten hieran nichts ändern. Der konjunkturelle Einbruch im Westen war zu stark. Politische Bekenntnisse zur Zusammenarbeit verhinderten nicht, daß die rückläufige Nachfrage nach Wirtschaftsgütern sich umsatzmindernd auswirkte. Der Rückgang der westlichen Ostimporte war zwar geringer als der Rückgang im westlichen Importgeschäft insgesamt (im 3. Quartal 1975 betrug der Importrückgang des Westens insgesamt 7,0%, im Ostgeschäft nur 1,9%), aber gegenüber dem Importanstieg von 42,8% 1973/74 bedeuteten die Zahlen von 1975–77 natürlich eine Enttäuschung.[25]

Die Hoffnungen, die man zu Beginn der Entspannungspolitik in den Ausbau der Wirtschaftsbeziehungen zwischen Ost und West gesetzt hatte, wurden somit bis Ende der siebziger Jahre nur zum Teil erfüllt. Der Umfang des Ost-West-Handels blieb begrenzt. Die wirtschaftliche Rezession im Westen offenbarte die Anfälligkeit des Ost-West-Handels bei konjunkturellen Schwankungen. Und eine länger anhaltende Rezession mit geringen Exportmöglichkeiten mußte die Ostblockländer vor das schwierige Problem des Kreditausgleichs stellen und die Wirtschaftsbeziehungen zwischen Ost und West insgesamt gefährden. Dennoch wurde im wirtschaftlichen Bereich viel für die Normalisierung und Verbesserung der Ost-West-Beziehungen getan. Das Urteil über diese Arbeit darf sich nicht nur an den hoch gesteckten Erwartungen der Anfangsjahre orientieren, sondern muß auch die Schwierigkeiten berücksichtigen, vor die sich diese Arbeit in einer Umbruchphase der Weltwirtschaft in den siebziger Jahren gestellt sah.

6.3. *Handels- und Kooperationspolitik*

Bereits Mitte der sechziger Jahre gab es Bestrebungen, den Ost-West-Handel durch wirtschaftliche Kooperation zu ergänzen. Von 1965 bis 1967 wurden 134 Abkommen über industrielle Kooperation zwischen westlichen Unternehmen und Betrieben in Staatshandelsländern Osteuropas vereinbart, die meisten davon mit Betrieben in Ungarn (32,1%), Polen (30,6%) und der Tschechoslowakei (14,9%). Auf westlicher Seite waren daran insbesondere Firmen aus der Bundesrepublik Deutschland (23,1%), Großbritannien (19,4%) und Frankreich (17,2%) beteiligt.[26] Bei der Kooperationspolitik unterscheidet man zwischen *Kooperationsförderungsabkommen*, die auf der Ebene der Regierungen abgeschlossen werden, um ein politisch-juristisches Rahmenwerk für die wirtschaftliche Zusammenarbeit von Betrieben in Staatshandelsländern mit Betrieben in Ländern mit freier Marktwirtschaft zu schaffen, *industrieller Kooperation* zwischen Wirtschaftsunternehmen sowie *wissenschaftlicher Kooperation* zwischen Forschungsinstituten bzw. staatlichen oder universitären Einrichtungen.[27]

Zwischen Ländern mit freier Marktwirtschaft ergeben sich wirtschaftliche Kooperationsbeziehungen in der Regel ohne Zutun des Staates. Die Unternehmungen selbst sorgen durch Kapitalexport, Betriebsgründungen im Ausland, Beteiligungen und transnationale Zusammenarbeit für einen regen Austausch von technologischem *know-how*, Anlagen und Produktionserzeugnissen. Zwischen kommunistischen und kapitalistischen Ländern waren solche Beziehungen in der Vergangenheit nicht selbstverständlich. Die Vergesellschaftung der Produktionsmittel im Ostblock machte westlichen Kapitalexport und westliche Beteiligungen zu einem juristisch schwierigen, betriebswirtschaftlich riskanten und politisch problematischen Manöver, sofern solches westliches Engagement von östlicher Seite überhaupt zugelassen wurde. Das zentrale Planungs- und Leitungssystem der östlichen Volkswirtschaften, das Fehlen konvertibler Währungen und das staatliche Außenhandelsmonopol schreckten die an Entscheidungsfreiheit und Flexibilität gewöhnten westlichen Wirtschaftsmanager ab und machten große, mit hohen Kosten verbundene Umwege nötig, wenn man dennoch zu wirtschaftlicher Zusammenarbeit mit dem Osten gelangen wollte. Erst die Einsicht, daß dem Ost-West-Handel aufgrund der Warenstruktur, der mangelnden Qualität der östlichen Produkte und damit ihrer mangelnden Konkurrenzfähigkeit auf westlichen Märkten und der zunehmenden Verschuldung der östlichen Handelspartner gegenüber westlichen Kreditgebern natürliche Grenzen gesteckt waren, führte zu dem Wunsch, die experimentellen Ansätze der wirtschaftlichen Kooperation zu vertiefen. Man hoffte, so den Warenaustausch auf eine breitere Basis zu stellen und die Entwicklung der Wirtschaftsbeziehungen zu beschleunigen.[28]

Besonders die östlichen Wirtschaftspartner waren an Kooperation sehr interessiert. Der Außenhandel mit dem Westen hatte für sie lange Zeit nur die Funktion eines Lückenbüßers gehabt, mit dem Bedarf befriedigt wurde, der von den schwerfälligen Planwirtschaften selbst nicht gedeckt werden konnte. Als die Ostblockstaaten dazu übergingen, ihren Westhandel auch als Chance anzusehen, zugleich mit dem Import westlicher Güter moderne westliche

Technologie einzuführen, war es naheliegend, über Handelsbeziehungen hinaus eine dauerhafte Zusammenarbeit anzustreben. Man hoffte, „auf diese Weise moderne westliche Technologie und Managementmethoden besser zu absorbieren und exportfähige Industrien in Kürze zu errichten".[29] Außerdem waren Kooperationsbeziehungen dauerhafter als Handelsgeschäfte und entsprachen somit eher den östlichen Praktiken einer mittelfristigen Wirtschaftsplanung. Westliche Staaten und Unternehmen zogen demgegenüber den flexibleren Außenhandel den schwer zu vereinbarenden und mit allen Unwägbarkeiten eines Neubeginns versehenen Kooperationsvorhaben vor und entschlossen sich zur Kooperation vielfach erst dann, wenn sie mit einfachen Handelsgeschäften nicht ans Ziel kamen. Zugunsten der Kooperation sprach aus westlicher Sicht vor allem der direkte Zugang zu den Ostblockmärkten, der mit Handelsgeschäften, die über die staatlichen Außenhandelsorganisationen der Ostblockländer abgewickelt wurden, nicht zu erreichen war.[30]

Aus östlicher Sicht boten Kooperationsverträge noch den politischen Vorzug, daß sie auch mit Ländern der Europäischen Gemeinschaft bilateral ausgehandelt werden konnten. Bei Handelsverträgen war dies seit Ende 1972 nicht mehr möglich. Seit dem 1. Januar 1973 war allein die Gemeinschaft befugt, Verhandlungen über Handelsabkommen zur Ablösung der auslaufenden bilateralen Verträge zu führen. Entsprechende Angebote hierzu blieben in den Ostblockländern jedoch zunächst ohne Resonanz, weil diese eine politische Anerkennung und Aufwertung der Gemeinschaft zu vermeiden suchten. Lediglich zwischen der Volksrepublik China und der Europäischen Gemeinschaft trat am 2. Mai 1978 ein erstes Handelsabkommen in Kraft. Die Grundlagen für die handelspolitischen Beziehungen zu den übrigen Staatshandelsländern wurden von der Europäischen Gemeinschaft autonom bestimmt. Nur in Teilbereichen kam es zu vertraglichen Abmachungen. Mit Rumänien, Ungarn und Polen wurden Verhandlungen über internationalen Textilhandel im Rahmen des Welttextilabkommens geführt; mit Rumänien wurde am 10. November 1976 ein entsprechender Handelsvertrag geschlossen. Mit der Tschechoslowakei, Ungarn und Rumänien wurden 1978 Abkommen über Modalitäten von Stahllieferungen vereinbart. Gespräche von Spitzenvertretern der Europäischen Gemeinschaft und des RGW zur Regelung der Grundlagen der Beziehungen beider Organisationen endeten nach einer vorläufig letzten Verhandlungsrunde am 25. November 1978 in Brüssel ohne greifbares Ergebnis.[31] Bis zu einer Regelung der Grundlagen bot die Kooperationspolitik für die Ostblockländer also einen Ausweg aus dem Dilemma, einerseits die Anerkennung der Europäischen Gemeinschaft als Verhandlungs- und Vertragspartner vermeiden zu wollen und andererseits die Wirtschaftsbeziehungen mit deren Mitgliedern intensivieren zu müssen. Kooperationsklauseln, die in den zumeist Ende 1974 auslaufenden bilateralen Handelsabkommen enthalten gewesen waren, wurden deshalb nach dem 1. Januar 1975 schrittweise durch Kooperationsförderungsabkommen (Rahmenverträge zur Förderung der wirtschaftlichen, industriellen und wissenschaftlich-technischen Zusammenarbeit) ersetzt, die nicht unter die alleinige Außenhandelskompetenz der Europäischen Gemeinschaft fielen.

1967 bestanden erst 17 Ost-West-Kooperationsförderungsabkommen, wobei allein Rumänien an 6 und Polen an 5 dieser Abkommen beteiligt waren. Bis 1974 stieg diese Zahl auf 81, bis 1976 auf 128.[32] In den meisten dieser Abkommen wurde die Errichtung „Gemischter Kommissionen" und branchenorientierter Fachgruppen vereinbart, in denen Grundzüge und Einzelprobleme der wirtschaftlichen Kooperation zwischen den beteiligten Ländern behandelt wurden. Die Wirtschaft arbeitete in diesen Gremien mit und war in den Fachgruppen meist federführend tätig. Darüber hinaus unterstützten die westlichen Regierungen die Bemühungen der Wirtschaft um Zusammenarbeit mit Betrieben in östlichen Volkswirtschaften, indem sie an Botschaften in Staatshandelsländern Handelsförderungsstellen einrichteten, die den Unternehmen, die in den betreffenden Ländern keine eigenen Vertretungsbüros unterhielten, bei Kontaktaufnahmen behilflich sein konnten. Die Bundesregierung unterhielt 1978 solche Handelsförderungsstellen in Moskau, Warschau und Bukarest; die Wirtschaftsabteilung der Deutschen Botschaft in Prag wurde verstärkt, um sich, wie die Handelsförderungsstellen, für die Belange des Handelsverkehrs und der Kooperation einsetzen zu können.[33] Die staatlichen Bemühungen um Kooperationsförderung konnten jedoch nur einen Rahmen abstecken. Westliche Regierungen wiesen immer wieder darauf hin, daß sie, entsprechend den Prinzipien des freien Unternehmertums und marktwirtschaftlicher Grundsätze, zwar politisch den Weg ebnen und Anreize schaffen könnten, daß die Geschäfte selbst aber von den Unternehmen abgewickelt werden müßten.

Industrielle Kooperation war das Kernstück der wirtschaftlichen Zusammenarbeit zwischen Ost und West. Sie fand in verschiedenen Formen statt: als betriebliche Zusammenarbeit in Forschung und Entwicklung, als Zusammenarbeit in der Produktion oder im Vertrieb, als Zusammenarbeit in Drittländern oder in der Form der Bildung gemeinsamer Unternehmen *(joint ventures).*[34] Bei der Zusammenarbeit in Forschung und Entwicklung wurde Technologie und *know-how* vermittelt – ggf. in Verbindung mit Lizenzvergaben –, wobei es üblich war, daß die westlichen Kooperationspartner das *know-how* und die Patente lieferten und die östlichen Partner nach erfolgter Realisierung des Projektes deren Überlassung durch Waren bezahlten, die aus der Kooperation hervorgingen. Bei der Zusammenarbeit in der Produktion spielten vor allem die Kooperationsformen der Koproduktion und Spezialisierung eine Rolle, bei denen entweder Teile eines gemeinsamen Endproduktes von den Kooperationspartnern hergestellt wurden oder eine Spezialisierung auf bestimmte Produkte eines gemeinsamen Produktionsprogramms erfolgte.[35] Lohnveredelungen und Zulieferungen zählten nur dann zur Kooperation, wenn ein materieller Zusammenhang zwischen Lieferung und Ge-

genlieferung bestand, wenn also z. B. Lizenzen mit Lizenzprodukten oder Anlagen mit in diesen hergestellten Erzeugnissen bezahlt wurden. Erfolgte die Bezahlung mit anderen Waren, handelte es sich um ein Kompensationsgeschäft und zählte nach westlicher Auffassung nicht zur Kooperation, sondern zum Handel. Von östlicher Seite wurde jedoch Mitte der siebziger Jahre der Versuch gemacht, Kompensationen im Rahmen der Förderungsabkommen zu Kooperationen aufzuwerten.[36] Neben Lizenzproduktion, Koproduktion und Spezialisierung – als den wichtigsten Formen der Ost-West-Kooperation – spielten andere Formen, wie Zusammenarbeit im Vertrieb oder Zusammenarbeit in Drittländern, nur eine untergeordnete Rolle.

Ein besonderes Kapitel war die Bildung gemeinsamer Unternehmen. *Joint ventures* gehörten „zu den einschneidendsten und problematischsten Formen der wirtschaftlichen Beziehungen zwischen Ost und West, da ihre Etablierung etliche Grundprinzipien sozialistischer Wirtschaftssysteme, wie etwa das Gemeineigentum an den Produktionsmitteln in den sozialistischen Ländern, in Frage (stellte)".[37] Gemeinsames Management, gemeinsames Eigentum an den Produktionsmitteln und Teilung von Gewinnen und Verlusten ermöglichten es westlichen Firmen, direkten Einfluß auszuüben. Die Bildung gemeinsamer Unternehmen in Ostblockländern wurde daher von den östlichen Kooperationspartnern lange blockiert. Bis Mitte der siebziger Jahre war die Errichtung von *joint ventures* nur in Jugoslawien, das politisch nicht zum Ostblock zählt, im Land des westlichen Partners oder in einem Drittstaat möglich. Erst Mitte der siebziger Jahre schufen auch Rumänien, Ungarn und Polen die politisch-rechtlichen Voraussetzungen für die Bildung gemeinsamer Unternehmen mit westlicher Kapitalbeteiligung in ihren Ländern. Die Möglichkeit dazu wurde jedoch nur in wenigen Fällen auch genutzt, wie überhaupt der Umfang der Ost-West-Kooperation im Verhältnis zum Ost-West-Handel gering blieb. Offenbar waren die Ergebnisse nicht immer zufriedenstellend, die Erfahrungen nicht immer ermutigend.

Den größten Aufschwung im Kooperationsgeschäft gab es in den Jahren 1972 bis 1976. Hatte es 1965–67 erst 134 Kooperationsverträge gegeben, so stieg diese Zahl bis Ende 1973 auf etwa 600 und bis Ende 1974 auf etwa 1000 Abkommen. Infolge der wirtschaftlichen Rezession in den westlichen Ländern nahm diese Zahl 1975/76 wieder etwas ab.[38] Die meisten Kooperationsvereinbarungen wurden im Bereich Maschinenbau realisiert. Sein Anteil an der gesamten Ost-West-Kooperation betrug 1972 22,3%, 1975 30,0% und 1976 29,2%. An zweiter Stelle rangierte die chemische Industrie mit 19,3% 1972, 13,5% 1975 und 17,5% 1976, an dritter Stelle der Fahrzeugbau (Transporteinrichtungen) mit 17,3% 1972, 15,0% 1975 und 14,4% 1976.[39] Diese Zusammensetzung der Kooperation war Ausdruck des Bestrebens der östlichen Kooperationspartner, einen Modernisierungsschub für ihre Investitionsgüterindustrie und Infrastruktur zu erhalten.

An den industriellen Ost-West-Kooperationen waren auf östlicher Seite führend Ungarn (1975: 32,8%, 1976: 29,6%) und Polen (1975: 27,1%, 1976: 25,8%) beteiligt, am wenigsten die DDR (1975: 1,4%, 1976: 2,3%); auf westlicher Seite führte die Bundesrepublik (1975: 27,0%, 1976: 25,0%) vor Frankreich (1975: 17,0%, 1976: 16,0%). Hinter Ungarn und Polen folgten auf östlicher Seite Rumänien, die Sowjetunion, die Tschechoslowakei und Bulgarien, auf westlicher Seite hinter der Bundesrepublik und Frankreich Österreich, die USA, Japan, Italien, Schweden und Großbritannien (in dieser Reihenfolge).[40]

Der Wert der Lieferungen aus Kooperationen wurde durch keine Statistiken erfaßt. Schätzungen zufolge betrug der Anteil der Kooperationslieferungen am gesamten Ost-West-Handel durchschnittlich 4–5%. In Polen belief sich der Anteil der Kooperation am polnischen Westhandel 1970 immerhin auf 14%, in Ungarn und Bulgarien lag der Anteil bei 2–3%, in der Tschechoslowakei nur bei 1%.[41] Der Anteil der Kooperation am Westhandel der Sowjetunion, die sich erst 1974 mit 160 Abkommen (davon allein 33 mit den USA) in nennenswertem Maße am Kooperationsgeschäft beteiligte, war bis Mitte der siebziger Jahre statistisch gar nicht erfaßbar; erst danach wurde die Kooperation durch größere Vertragsabschlüsse, wie bei den deutsch-sowjetischen Abmachungen über ein Erdgas-Röhren-Geschäft, das Hüttenkombinat Kursk oder Chemie-Anlagen, zu einem wichtigen Faktor der wirtschaftlichen Zusammenarbeit mit dem Westen.

Vieles in der Kooperationspolitik befand sich auch Ende der siebziger Jahre noch im Experimentierstadium. Dies galt besonders für die *joint ventures*, also für die Möglichkeit zur Errichtung gemeinsamer Unternehmen, von der bis 1978 nur selten Gebrauch gemacht worden war. In einer Studie des Bundesministeriums für Wirtschaft hieß es dazu, bei einigen Staatshandelsländern sei ein wachsendes Interesse an *joint ventures* zu beobachten.[42] Aber diese Einschätzung bezog sich wohl vor allem auf die politisch-rechtliche Liberalisierung solcher Vorhaben in einigen Ostblockländern. In der Praxis lag der Anteil der *joint ventures* am überdies nicht besonders umfangreichen Kooperationsgeschäft 1976 bei nur 2,4% – übertragen auf den gesamten Ost-West-Handel ein verschwindend geringer Prozentsatz.[43] Die Probleme, die sich aus der Unterschiedlichkeit der Wirtschaftssysteme ergaben und zu großen Reibungsverlusten führten, veranlaßten offenbar die in betriebswirtschaftlichen Kosten-Nutzen-Vorstellungen denkenden westlichen Unternehmen zur Zurückhaltung. Dies galt jedoch nicht nur für *joint ventures*, sondern für die Ost-West-Kooperation allgemein. Deren Bedeutung für die Entwicklung der Ost-West-Beziehungen war somit theoretisch groß, praktisch aber auch Ende der siebziger Jahre noch gering. Allenfalls bei einer längeren Dauer wirtschaftlicher Zusammenarbeit und nach Überwindung der Anlaufschwierigkeiten konnte man von ihr einen positiven Effekt für das Ost-West-Verhältnis erwarten.

6.4. *Finanzierungsprobleme des Ost-West-Handels*

Das Fehlen konvertibler Währungen und die chronische Devisenknappheit der Staatshandelsländer machten den Ost-West-Handel zu einem Geschäft besonderer Art. Dieser Tatsache trugen die meisten westlichen Länder Rechnung, indem sie ihren Osthandel durch öffentliche Kredite oder Zinssubventionen zu Lasten des Steuerzahlers förderten. Eine Ausnahme bildete die Bundesrepublik Deutschland, die sich darauf beschränkte, Bürgschaften und Garantien zu übernehmen und somit die Risiken aus Exportgeschäften mit Staatshandelsländern zu versichern. Dies war jedoch ein Verfahren, das nicht auf Staatshandelsländer beschränkt war, sondern auch auf andere Staaten, etwa in der Dritten Welt, angewendet wurde. Es erwies sich im übrigen als problemlos, weil die Staatshandelsländer ihre Kredite stets pünktlich zurückzahlten, so daß die Bürgschaften nicht in Anspruch genommen zu werden brauchten.[44]

Aus östlicher Sicht stellten sich die Finanzierungsprobleme des Ost-West-Handels nicht so einfach dar. Die internationalen *terms of trade,* also das Verhältnis zwischen den Einheitsdurchschnittswerten der Im- und Exporte, sorgten dafür, daß den Staatshandelsländern stets weniger Devisen zur Verfügung standen, als sie zur Bezahlung ihrer Schulden im westlichen Ausland benötigten. Roh- und Brennstoffe, die den Hauptanteil der östlichen Exporte ausmachten, waren relativ billig, die hauptsächlich eingeführten Investitionsgüter und Fertigwaren dagegen relativ teuer. Bei einer ausgeglichenen Handelsbilanz mußten die Staatshandelsländer daher zur Bezahlung ihrer Importe wesentlich mehr Devisen aufbringen, als sie für ihre Exporte vom westlichen Ausland erhielten. Dieses Mißverhältnis, das sich noch verschärfte, als die Staatshandelsländer in den siebziger Jahren mehr Waren aus dem Westen einführten, als sie selbst dorthin exportieren konnten, führte zu einer Verschuldung der Ostblockländer gegenüber dem Westen, die Ende 1977 bei 52 Milliarden US-Dollar lag.[45]

Vor allem in den Jahren 1974 bis 1976 nahm die östliche Verschuldung gegenüber dem Westen durch Vergrößerung der Netto-Kreditaufnahme stark zu. Allein die von der Bank für Internationalen Zahlungsausgleich in Basel erfaßten Forderungen westlicher Länder an Staatshandelsländer betrugen 1974 13,0 Milliarden US-Dollar, 1975 21,5 Milliarden US-Dollar und 1976 29,0 Milliarden US-Dollar. Danach schwächte sich der Zuwachstrend stark ab. Ende 1977 beliefen sich die von der Baseler Bank erfaßten westlichen Forderungen auf knapp über 30 Milliarden US-Dollar und lagen damit nicht wesentlich über dem Vorjahresstand.[46] Im Osthandel der Bundesrepublik – dem wichtigsten westlichen Handelspartner der Ostblockländer – beliefen sich die Kredite deutscher Banken und Wirtschaftsunternehmen an Staatshandelsländer Mitte 1977 auf 21,8 Milliarden D-Mark gegenüber 22,1 Milliarden D-Mark Ende 1976. Hier war die Tendenz der Kreditaufnahme also sogar rückläufig. 1974 hatte der Kreditzuwachs noch 74% betragen, 1975 43,7% und 1976 13,9%. Die Entwicklung bis Mitte 1977 bedeutete einen Rückgang um − 1,4%.[47] Das Bundesministerium für Wirtschaft zog daraus den Schluß, eine unkontrollierte Expansion der Kreditvolumina sei nicht zu erwarten.[48]

Das Jahr 1976 brachte also eine Wende in der Finanzierungspolitik des Ost-West-Handels. Bis dahin hatten die Länder des Ostblocks auf konventionellem Wege ihren Westhandel durch Devisenerlöse finanziert, die sie aus ihren Exportgeschäften erzielten, und den Rest durch Kreditaufnahme beglichen. 1976 erkannten sie die Gefahren einer zu hohen Verschuldung, die sowohl einen Vertrauensverlust bei westlichen Kreditgebern als auch wirtschaftliche Abhängigkeit von den Gläubigerländern hervorrufen konnte. Sie begegneten dieser Gefahr, indem sie ihre Exportanstrengungen erhöhten – bei gleichzeitiger Importzurückhaltung –, um ihr Handelsbilanzdefizit gegenüber dem Westen zu verringern,[49] und sich um vermehrte Abwicklung von Kompensationsgeschäften bemühten, bei denen Importe aus dem Westen mit Waren bezahlt wurden, die mit den Importen in keinem materiellen Zusammenhang standen – einer Form modernen Tauschhandels also, um dem Problem der Devisenknappheit zu entgehen.

Importdrosselung und Bemühungen um Kompensationsgeschäfte zeigten jedoch, daß der Ost-West-Handel durch seine Finanzierungsprobleme an eine Grenze gelangt war. Importdrosselung bedeutete Verzicht auf weitere Wachstumsimpulse durch westliches *know-how* und westliche Technologie und damit Einschränkung der Politik, die in den sechziger Jahren zur vermehrten Aufnahme von Westkontakten geführt hatte. Kompensationsgeschäfte wurden von westlicher Seite aus ökonomischen Gründen mit Skepsis betrachtet. Man war der Auffassung, daß das Ostgeschäft an Interesse verlieren könnte, wenn westlichen Unternehmen im Übermaß Waren angeboten wurden, die sie weder in ihrem Produktionsprozeß verarbeiten noch anderweitig verwerten konnten, und man glaubte auch, daß sich die osteuropäischen Exporteure mit Kompensationsgeschäften langfristig selber keinen Gefallen taten, weil ihre Waren aufgrund mangelnden Wettbewerbszwangs kein angemessenes Markstanding erreichen würden.[50] Kompensationsgeschäfte wurden daher von westlichen Regierungen nicht begünstigt und von Unternehmen nur als Notbehelf akzeptiert.

Der einzig sinnvolle Weg zur Lösung der östlichen Finanzierungsprobleme bei Westimporten bestand in der qualitativen Verbesserung des östlichen Warenangebots, denn bessere Waren bedeuteten bessere Marktchancen, bessere Marktchancen erhöhten die Exportaussichten und höhere Exporte verringerten die Devisenknappheit und damit die Finanzierungsprobleme. Dieser Weg erforderte jedoch viel Zeit und geduldige Arbeit, wenn man nicht, wie 1974–76, wirtschaftliche Ungleichgewichte, Handelsbilanzdefizite und Verschuldung der östlichen Handelspartner in Kauf nehmen wollte.

6.5. Bilanz und Perspektiven

Die KSZE, die es sich zum Ziel gesetzt hatte, neben der Stabilisierung der sicherheitspolitischen Lage in Europa und der Intensivierung des Informationsaustausches und der Regelung humanitärer Fragen auch die wirtschaftliche Zusammenarbeit zu fördern, erfüllte diesen Zweck nicht. Sie mußte es hinnehmen, daß Ost-West-Handel und Ost-West-Kooperation gerade 1975–77 nach mehrjährigem steilen Aufschwung einen Rückschlag erlitten.

Ein Grund für Stagnation und Rückgang der Wirtschaftsbeziehungen war die Wirtschaftskrise, die in den westlichen Ländern zu einem starken konjunkturellen Einbruch, zu Rezession, Arbeitslosigkeit und Importzurückhaltung führte. Ein zweiter Grund – eigentlich ein Ursachenbündel – ergab sich aus den Ost-West-Beziehungen selbst sowie aus der Unterschiedlichkeit der politischen Systeme: aus der strukturellen Unausgeglichenheit des Warenaustausches, der Verschuldung der Staatshandelsländer und den gesellschaftlichen Rahmen- und Produktionsbedingungen in Ost und West. Am Beginn der Entspannungspolitik hatte man diese Probleme wohl unterschätzt, hatte sie – beiderseitigen guten Willen vorausgesetzt – für lösbar gehalten, aber mit zunehmender Dauer und Intensität der Wirtschaftsbeziehungen wirkten sie sich immer stärker aus. Westliche Konjunkturzyklen beeinflußten kurzfristig Ost-West-Handel und Ost-West-Kooperation; mittel- und langfristig wurden die gesellschaftlichen und strukturpolitischen Bedingungen zum bestimmenden Element ihrer Entwicklung.

Grundlegende Merkmale der östlichen Volkswirtschaften waren die Vergesellschaftung der Produktionsmittel, Planwirtschaft und staatliches Außenhandelsmonopol sowie ein ausgeprägter Bürokratismus und große Inflexibilität in den wirtschaftlichen Entscheidungsprozessen und Abläufen. Die Systeme dort hatten sich schwer getan, den Anforderungen einer modernen Industriegesellschaft zu entsprechen, und waren auf die Unterstützung fortgeschrittener westlicher Industrieländer angewiesen, um Versorgungslücken zu schließen und den technologischen Standard zu erhöhen. Von der Zusammenarbeit mit dem Westen erhofften sich die kommunistischen Länder eine Erhöhung der Produktivität, Beschleunigung des wirtschaftlichen Wachstums und Verbesserung der Konkurrenzfähigkeit östlicher Waren auf dem Weltmarkt. Die Effizienz von Forschung und Entwicklung war in diesen Ländern trotz hoher Ausgaben gering. Bürokratismus und Fehlplanungen erschwerten die Nutzanwendung fortgeschrittener Technologien in der Produktion. Schwächen und Versagen im Management reduzierten die Effizienz des Produktionsablaufs und verminderten die Anpassung an Bedarfsveränderungen auf dem Weltmarkt. Ein mangelhaftes, technologisch veraltetes, nicht auf den Bedarf ausgerichtetes Warenangebot war international oft nicht konkurrenzfähig und ließ eine Ausweitung des Exports östlicher Fertigwaren nicht zu.[51] Der Gedanke, durch Übernahme westlicher Technologie und westlichen Managements das eigene Entwicklungsniveau anzuheben und die Wettbewerbsfähigkeit zu verbessern, war deshalb naheliegend, auch wenn dadurch ideologische Prinzipien in Frage gestellt wurden. Eine Alternative dazu gab es aber kaum. Verzicht auf Zusammenarbeit mit dem Westen hätte zu einer Vergrößerung der wirtschaftlichen Schwierigkeiten des Ostens und zur Vertiefung der technologischen Kluft zwischen Ost und West geführt und damit erst recht Gefahren für die innere Ordnung der kommunistischen Länder heraufbeschworen.

Anfang der siebziger Jahre hegte man im Ostblock große Erwartungen hinsichtlich der Möglichkeiten der Ost-West-Wirtschaftsbeziehungen. Breschnew sprach im Mai 1973 bei seinem Besuch in der Bundesrepublik von einer fünfzigjährigen westlich-sowjetischen Zusammenarbeit zur Erschließung der Reichtümer Sibiriens. Solche Hoffnungen wurden durch die reale Entwicklung der wirtschaftlichen Zusammenarbeit jedoch bald enttäuscht. Es gab sogar Anzeichen, daß sich das Ost-West-Gefälle beim Fortbestehen der systempolitischen Unterschiede und des ideologischen und machtpolitischen Konflikts überhaupt nicht verringern lassen werde:

(1) Der Ost-West-Wirtschaftsaustausch verlief komplementär, nicht substitutiv: Der Westen lieferte Fertigwaren und Anlagen, die der Osten nicht durch eigene Industrieerzeugnisse und den dadurch erzielten Devisenerlös, sondern durch Abgabe von Rohstoffen finanzierte. Selbst bei Kooperationen stellte der Westen im Regelfall Kapital und Technologie, der Osten Arbeitskräfte und Standort. Diese Komplementarität der Wirtschaftsbeziehungen schuf ungleichmäßige Abhängigkeiten und zeigte eine Tendenz zur Fixierung von Entwicklungsunterschieden, die den Absichten zur Schließung der technologischen Lücke diametral zuwiderlief.[52]

(2) Die hohe Verschuldung der Staatshandelsländer, ihr Devisen- und Kapitalmangel setzten dem Ost-West-Geschäft enge Grenzen, wenn man nicht ein langfristiges Ungleichgewicht der Zahlungsbilanzen und einseitige Abhängigkeit des Ostens vom Westen hinnehmen wollte. Bei den im Welthandel bestehenden *terms of trade* war eine hohe Verschuldungsrate der Empfängerländer von Technologie und Anlagen nicht zu vermeiden, wenn die Empfängerländer den Import nicht mit Industriegütern, sondern mit Rohstoffen bezahlten und die Geberländer nicht überproportional große Mengen von Rohstoffen bezogen. Dieses Problem hatte schon seit jeher in den Wirtschaftsbeziehungen zwischen Industrie- und Entwicklungsländern bestanden und zeigte sich in den siebziger Jahren auch zwischen Ost und West.

(3) Während des Kalten Krieges hatten die westlichen Länder sich geweigert, Güter in den Ostblock zu liefern, die für militärische Zwecke verwendet werden konnten. Der Begriff der „strategischen Güter" war damals so weit gefaßt worden, daß nahezu alle Waren mit einem Exportverbot belegt werden konnten. Im Zuge der Liberalisierung des Ost-West-Handels hatte man diese Bestimmungen gelockert, aber das Grundproblem war geblieben: Jede Anhe-

bung des technologischen Entwicklungsstandes der östlichen Volkswirtschaften würde auch deren militärischem Potential zugute kommen und eine potentielle Bedrohung der Sicherheit des Westens darstellen. Die westlichen Regierungen mußten deshalb abwägen, bis zu welchem Punkt Handel und Kooperation der Stabilität des Ost-West-Verhältnisses dienten und ab wann die Vermittlung technologischer Kenntnisse und Fähigkeiten militärisch bedrohlich und Technologietransfer für den Westen gefährlich werden konnte.[53]

(4) Trotz der in den fünfziger und sechziger Jahren erfolgten Liberalisierung des Ost-West-Handels bestanden auch Ende der siebziger Jahre noch Diskriminierungen, die die wirtschaftliche Zusammenarbeit erschwerten. Hinsichtlich der quantitativen Importrestriktionen seitens des Westens waren 1978 zwar nur noch 7% der Warenpositionen von Kontingentierung betroffen, aber in diesem Bereich erfolgten noch etwa 20% der östlichen Lieferungen.[54] Man schützte westlicherseits vor allem Sektoren, in denen Konkurrenzdruck und östliche Wettbewerbsfähigkeit überdurchschnittlich groß waren. Besonders stark reglementiert war aufgrund der Bestimmungen der Europäischen Gemeinschaft der Agrarsektor. Auf östlicher Seite behinderten Importplanung und Importbewilligungen sowie gespaltene Wechselkurse den Warenverkehr zwischen den Wirtschaftsblöcken.

Nicht nur die östlichen, auch westliche Erwartungen hinsichtlich der Entwicklungsmöglichkeiten der wirtschaftlichen Zusammenarbeit zwischen Ost und West wurden enttäuscht. Die Betrachtung der Ostblockmärkte unter rein absatzpolitischen Gesichtspunkten, die in den sechziger Jahren vorgeherrscht hatte, erwies sich aufgrund der Devisenprobleme der Staatshandelsländer als Illusion. Die Ostblockländer konzentrierten sich auf den Ausbau ihrer Investitionsgüterindustrien und importierten Konsumgüter nur, wenn dies für die Erhaltung der innenpolitischen Stabilität unumgänglich war. Das Ausmaß der östlichen Importe blieb daher vor allem bei Fertigwaren und Konsumgütern weit hinter den Erwartungen zurück. Eine realistische Neueinschätzung ergab, daß das Ostgeschäft nur langfristig durch eine Erhöhung des Entwicklungsniveaus der Staatshandelsländer zu beleben war, wobei diese dann selbst zu ernsthaften Mitbewerbern auf westlichen Märkten heranwachsen mußten.

Auch bei begrenzter Erwartung gab es jedoch ökonomische Gründe, die für ein verstärktes Engagement westlicher Unternehmen in Osteuropa sprachen. Aufgrund der Krisenfestigkeit und Unanfälligkeit der Planwirtschaften für konjunkturelle Schwankungen konnte die stärkere Einbindung der Staatshandelsländer in das Weltwirtschaftssystem den Wirtschaftsablauf stabilisieren helfen, Arbeitsplätze sichern und Krisen mildern. Angesichts des Lohn- und Preisgefälles zwischen Ost und West schien die Auslagerung arbeits- und lohnintensiver Produktion in Ostblockländer ökonomisch vorteilhaft. Langfristige Ost-West-Vereinbarungen über Energie- und Rohstofflieferungen konnten zu einer Verminderung der westlichen Abhängigkeit von Zufuhren aus politisch unzuverlässigen Ländern des arabischen Raumes und der Dritten Welt beitragen und den westlichen Energie- und Rohstoffbedarf auf Dauer decken helfen. Politische Motive, wie etwa die Einschränkung der sowjetischen Vormachtstellung in Osteuropa, ideologische Aufweichung oder die Hoffnung auf Möglichkeiten zur Beeinflussung innergesellschaftlicher Prozesse in Osteuropa, traten dabei hinter den ökonomischen Motiven zurück.

Ungeachtet der praktischen Probleme waren deshalb die Entwicklungsperspektiven der wirtschaftlichen Ost-West-Zusammenarbeit günstig: Der Osten war auf Technologie-Import angewiesen, um den Standard seiner Volkswirtschaften anzuheben. Eine Verminderung des Bedarfs zeichnete sich auch Ende der siebziger Jahre noch nicht ab. Um den Technologie-Import bezahlen zu können, war er zum vermehrten Export von Rohstoffen und Energie gezwungen, bedurfte aber zu deren Erschließung wiederum westlichen Kapitals und westlicher Technologie. Der Westen demgegenüber, der zur Bereitstellung dieser Technologie in der Lage war, benötigte langfristig zur Sicherung seines industriellen Wachstums große Mengen von Rohstoffen und Energie, zukunftssichere Absatzmärkte und konjunkturstabilisierende wirtschaftliche Verflechtung. Trotz aller Schwierigkeiten konnte eine langfristig angelegte Ost-West-Zusammenarbeit daher beiden Seiten nützlich sein, auch wenn diese Zusammenarbeit zunächst nicht gleichgewichtig war und noch für lange Zeit komplementär bleiben würde. Aber wie im sicherheitspolitischen Bereich, so befand sich die Entspannungspolitik auch auf wirtschaftlichem Gebiet am Ende der siebziger Jahre noch im Anfangs- und Experimentierstadium. Die Hoffnungen waren groß, ebenso aber die Schwierigkeiten. Erfolge und die Gefahr völligen Scheiterns lagen nahe beieinander.

6.6. Zusammenfassung

Die Geschichte der Ost-West-Wirtschaftsbeziehungen war geprägt vom Systemgegensatz, von der ideologischen und machtpolitischen Auseinandersetzung zwischen Ost und West. Östliches Autarkiestreben diente der Abgrenzung gegenüber westlichem Einfluß und der Erhaltung der politischen und wirtschaftlichen Unabhängigkeit beim Aufbau eines neuen Typus industrieller Gesellschaft unter sozialistisch-planwirtschaftlichen Vorzeichen. Die westliche Embargo-Politik war ein Mittel des ideologischen und politischen Kampfes und sollte die Sowjetunion und – nach dem Zweiten Weltkrieg – die Länder Osteuropas daran hindern, zu wirtschaftlich gesunden und politisch stabilen Verhältnissen zu gelangen, und so die Ideen des Marxismus-Leninismus durch die gesellschaftlich-ökonomische Wirklichkeit diskreditieren. Erst spät in den fünfziger und sechziger Jahren rückte man in Ost und West allmählich von diesen Positionen ab und suchte die wirtschaftliche Zusam-

menarbeit zu erleichtern und zu intensivieren. Diese Entwicklung war einge-
paßt in den Rahmen der Lockerung des Kalten Krieges und der Entstehung
der Entspannungspolitik; zeitweise – vor allem in der zweiten Hälfte der
sechziger Jahre – wurde wirtschaftliche Entspannung aber auch zum Vorreiter der politischen Entspannung.

Der Ost-West-Handel verzeichnete in den sechziger und siebziger Jahren
überdurchschnittlich hohe Zuwachsraten, konnte aber seinen kontinuierlich
geringen Anteil am Welthandel nicht nennenswert steigern. Die Struktur des
Ost-West-Handels entsprach derjenigen des Handels zwischen Industrie-
und Entwicklungsländern: Der Osten lieferte vor allem Nahrungsmittel,
Roh- und Brennstoffe und importierte dafür aus dem Westen Industrieerzeugnisse, vor allem technische Anlagen und fortschrittliches westliches
know-how. Als infolge der Weltwirtschaftskrise Mitte der siebziger Jahre die
Importe des Westens aus dem Osten zurückgingen, führte das strukturelle
Ungleichgewicht des Ost-West-Handels in Kombination mit dem Rückgang
der westlichen Importe zu einer beträchtlichen Verschuldung der Ostblockländer gegenüber dem Westen und insgesamt zu einer Stagnation der Handelsbeziehungen ab 1974/75. Die KSZE und politische Willensbekundungen
zur Zusammenarbeit konnten daran nichts ändern.

Nicht erst diese Stagnation der Handelsbeziehungen machte deutlich, daß
dem Ost-West-Handel aufgrund der technologischen Rückständigkeit und
Devisenprobleme des Ostens langfristig Grenzen gesetzt waren. Bereits Mitte
der sechziger Jahre und verstärkt im Rahmen der Entspannungspolitik ab
1969 bemühte man sich daher, den Ost-West-Handel durch Ost-West-Kooperation zu ergänzen und ihm dadurch mehr Intensität und Dauer zu verleihen. Vor allem die östliche Seite war an Kooperation interessiert, weil sie sich
davon neue Impulse für die Modernisierung ihrer Volkswirtschaften
versprach. Die Systemunterschiede machten Kooperationsgeschäfte jedoch
zu einem betriebswirtschaftlich schwierigen und ideologisch problematischen
Unternehmen. Der Anteil der Ost-West-Kooperation an den Ost-West-
Wirtschaftsbeziehungen blieb daher insgesamt gering.

Trotz großer Fortschritte wurden weder der Ost-West-Handel noch die
Ost-West-Kooperation den hochgesteckten Erwartungen gerecht. Verantwortlich dafür waren die Weltwirtschaftskrise, die strukturelle Unausgeglichenheit des Warenaustausches, die sich nicht beseitigen ließ, die Devisenknappheit und hohe Verschuldung der Staatshandelsländer und die gesell-
schaftspolitischen Unterschiede zwischen Ost und West. Obgleich Ende der
siebziger Jahre in den kommunistischen Ländern ein unvermindert hoher
Bedarf an Technologie-Importen bestand und die westlichen Länder an weiteren Energie- und Rohstofflieferungen aus dem Ostblock interessiert waren,
stagnierte die wirtschaftliche Zusammenarbeit. Die Hoffnungen waren aber
dennoch groß, daß bei andauernder Entspannungspolitik ein neuer Aufschwung möglich sein könnte.

7. Freizügigkeit für Menschen, Informationen und Meinungen

7.1. *Abgrenzung und ideologischer Wettbewerb*

Als die Staaten des Warschauer Paktes den Westen in den sechziger Jahren zur Entspannungspolitik und zur Abhaltung einer europäischen Sicherheitskonferenz aufriefen, war von mehr Freizügigkeit für Menschen, Informationen und Meinungen noch keine Rede. Der Budapester Appell vom 17. März 1969 sprach von gutnachbarlichen Beziehungen, Vertrauen und Verständigung, von der Notwendigkeit, neue militärische Konflikte zu verhindern und die politischen, ökonomischen und kulturellen Verbindungen auf der Grundlage der Gleichberechtigung, der Achtung der Unabhängigkeit und Souveränität der Staaten zu stärken. Gemeinsame Anstrengungen auf dem Gebiet der Energetik, des Verkehrswesens, der Wasserwirtschaft, der Luft und des Gesundheitswesens sollten unternommen und die Unantastbarkeit der in Europa bestehenden Grenzen, darunter der Oder-Neiße-Grenze sowie der Grenze zwischen der DDR und der Bundesrepublik, festgeschrieben werden.[1] Die Warschauer-Pakt-Staaten erstrebten also eine Anerkennung des *status quo* in Europa und Zusammenarbeit auf wirtschaftlichem Gebiet. Beide Ziele besaßen für die osteuropäischen Staaten, besonders für die Sowjetunion, aus interessenpolitischen Gründen hohe Priorität. Schon die Abhaltung von Gesprächen über beiderseitige Truppenverminderung in Europa mußte vom Westen gegen ursprüngliche Intentionen der Warschauer-Pakt-Staaten durchgesetzt werden. Erst recht galt dies für den Bereich größerer Freizügigkeit für Menschen, Informationen und Meinungen, mit dem der Osten erstmals auf der KSZE-Vorkonferenz 1972/73 in Helsinki in vollem Umfang konfrontiert wurde. Da der Westen die KSZE hätte scheitern lassen, wenn die kommunistischen Länder sich nicht zu einer Diskussion dieser Thematik bereitgefunden hätten,[2] waren die Warschauer-Pakt-Staaten gezwungen, westliche Vorschläge zu akzeptieren, um die KSZE zu retten und die Möglichkeit zur Durchsetzung eigener politischer Ziele zu wahren. Die „Zusammenarbeit in humanitären und anderen Bereichen", wie diese Thematik in offizieller Sprachregelung genannt wurde, fand daher Eingang in die Tagesordnung der KSZE, die auf der Vorkonferenz beschlossen wurde. In den Schlußempfehlungen der Vorkonferenz vom 8. Juni 1973 hieß es dazu:

„Mit dem Ziel, zur Stärkung des Friedens und zur Verständigung zwischen den Völkern der Teilnehmerstaaten und zur geistigen Bereicherung der menschlichen Persönlichkeit ohne Unterschied von Rasse, Geschlecht, Sprache oder Religion und unabhängig von ihren politischen, wirtschaftlichen und sozialen Systemen beizutragen, erhält die Kommission, unterstützt von den entsprechenden Unterkommissionen, den Auftrag, alle Möglichkeiten für eine Zusammenarbeit zu prüfen, die zur Schaffung besserer Bedingungen für eine Steigerung des Austausches auf dem Gebiet der Kultur und Bildung, für eine größere Verbreitung von Information, für Kontakte zwischen den Menschen und für die Lösung humanitärer Probleme führen kann."[3]

In vier Kommissionen bzw. Unterkommissionen sollten Vorschläge erarbeitet werden, um

– freiere Bewegung und Kontakte auf individueller oder kollektiver, privater oder offizieller Grundlage zwischen Personen, Institutionen und Organisationen der Teilnehmerstaaten zu erleichtern,

– freiere und umfassendere Verbreitung von Informationen aller Art zu erleichtern,

– Zusammenarbeit und Austausch auf den verschiedenen Gebieten der Kultur zu erweitern und zu verbessern und Ziele einer folgerichtigen langfristigen Entwicklung dieses Austausches aufzuzeigen, und

– Zusammenarbeit und Austausch im Bereich des Bildungswesens und der Wissenschaft auf kurz- oder langfristiger Grundlage zu erweitern.[4]

Die Schlußempfehlungen der KSZE-Vorkonferenz waren bereits das Ergebnis eines intensiven Dialogs und präjudizierten Inhalte späterer KSZE-Verhandlungen, da die Gegenstände dieser Verhandlungen bis ins Detail vorformuliert wurden. So schrieb die Tagesordnung den Sachverständigen, die sich mit Vorschlägen für die Erleichterung freier Bewegung und Kontakte befassen sollten, unter anderem vor, den Kontakten und regelmäßigen Begegnungen auf der Grundlage familiärer Bindungen, der Familienzusammenführung sowie den Eheschließungen zwischen Angehörigen verschiedener Staaten besondere Aufmerksamkeit zu widmen. Die Sachverständigen, die mit der Erarbeitung von Vorschlägen für eine freiere und umfassendere Verbreitung von Informationen betraut wurden, erhielten den Auftrag, sich unter anderem mit der Verbesserung der Arbeitsbedingungen für Journalisten zu beschäftigen.[5] Derartig präzise Vorgaben entsprachen – wie die Thematik insgesamt – keineswegs den ursprünglichen östlichen Vorstellungen. In diesem wie in anderen Bereichen war die Tagesordnung der KSZE daher ein Geschäft auf Gegenseitigkeit: Die Anerkennung des *status quo* in Europa durch den Westen setzte die Bereitschaft der östlichen Seite voraus, über eine Vergrößerung der Freizügigkeit für Menschen, Informationen und Meinungen zu verhandeln und Erleichterungen auf diesem Gebiet zuzulassen.

Daß die östliche Seite sich auf eine Diskussion dieser Fragen einließ, besagte allerdings noch nicht viel. Die Sowjetunion und ihre Verbündeten hofften, daß sich die Auswirkungen zunehmender Ost-West-Kontakte durch eine präventive Verschärfung der Abgrenzungspolitik und durch eine offensiv geführte ideologische Auseinandersetzung mit westlichen Ideen und Vorstellungen begrenzen lassen würden. Schon 1967/68, im Vorfeld der Entspannungspolitik, war man in den kommunistischen Ländern dazu übergegangen, die nach Stalins Tod 1953 erfolgte Lockerung der Abgrenzungspolitik rückgängig zu machen, nachdem sich Mitte der sechziger Jahre im gesamten Ostblock der Eindruck verstärkt hatte, daß die Durchbrechung des staatlich gelenkten Informationsmonopols durch westliche Rundfunksender die Glaubwürdigkeit der eigenen Nachrichtengebung in Frage stellte. Die Bestrebungen des Polyzentrismus und vor allem die reformkommunistische Bewegung in der Tschechoslowakei, die westlicher „Infiltration" und „subversiver Propaganda" zugeschrieben wurden, förderten diesen Trend.[6] Die militärische und polizeistaatliche Niederschlagung des „Prager Frühlings" und die Wiederinbetriebnahme der 1956 in Polen und 1963 auch in der Sowjetunion abgeschalteten Störsender im Jahre 1968 dienten dem Ziel, die Konsolidierung und Abriegelung des sowjetischen Machtbereichs sicherzustellen, die „ideologische Integration" voranzutreiben und das osteuropäische Staatensystem gegen westliche Einflüsse und Aufweichung abzuschirmen.[7]

Immer wieder wurde in östlichen Publikationen analog der sowjetischen Koexistenz-Doktrin darauf hingewiesen, daß die Auseinandersetzung mit dem Kapitalismus durch die Entspannungspolitik nicht beendet werde, sondern im Gegenteil eine Zuspitzung erfahre.[8] Dabei wurde argumentiert, Entspannungspolitik sei das Ergebnis einer neuen internationalen Lage, in der die militärische, politische und wirtschaftliche Stärke der sozialistischen Staatengemeinschaft den Westen gezwungen habe, auf die Mittel des Krieges und der politischen und wirtschaftlichen Diskriminierung im Kampf gegen den Sozialismus zu verzichten und „zu einer immer umfassenderen Anerkennung der Prinzipien der friedlichen Koexistenz als Norm für die Beziehungen zwischen den Staaten mit unterschiedlicher Gesellschaftsordnung" zu kommen.[9] Auch unter den neuen Bedingungen hätten sich die Gegner des Sozialismus jedoch nicht mit der Existenz und Entwicklung der sozialistischen Gesellschaft abgefunden. In dem Maße, in dem das zugunsten des Sozialismus veränderte Kräfteverhältnis alle Versuche des Imperialismus, militärischen, ökonomischen und politischen Druck auszuüben, zur Aussichtslosigkeit verurteile, wachse vielmehr die Bedeutung des Kampfes an der ideologischen Front.[10]

Wie dieser Kampf von östlicher Seite geführt werden sollte, wurde 1967 in einem Artikel der sowjetischen Zeitschrift *Kommunist* formuliert: „Wir sind für Streitgespräche mit ehrlichen Menschen aus aller Welt, die mit uns einige Ziele, wie Festigung des Friedens, Kampf gegen den Imperialismus, gemeinsam haben. Aber wir werden uns mit den Marktschreiern des Antikommunismus nicht in Diskussionen einlassen. Dort, wo konsequenter, entschlossener ideologischer Kampf erforderlich ist, kann eine Diskussion nur hinderlich sein, wird sie der Sache des Friedens und des Fortschritts nicht dienen."[11]

Zu Beginn der Entspannungspolitik versuchte also die östliche Seite, den Ost-West-Dialog zu führen, ohne dem Westen Gelegenheit zu geben, seine

Auffassungen in den kommunistischen Ländern durch persönliche Kontakte oder durch Massenmedien zu verbreiten. Als diese Strategie der Abgrenzung und Abschirmung sich jedoch bei den Vorbereitungen der KSZE als Hindernis für Verhandlungsfortschritte erwies, sah sich der sowjetische Parteichef Breschnew am 21. Dezember 1972 (einen Monat nach Eröffnung der KSZE-Vorkonferenz) zu einer Veränderung der östlichen Position veranlaßt. In einer Rede auf der gemeinsamen Festsitzung des Zentralkomitees der KPdSU, des Obersten Sowjets der UdSSR und des Obersten Sowjets der Russischen Sozialistischen Föderativen Sowjetrepublik (RSFSR) anläßlich des 50. Jahrestages der Gründung der Sowjetunion erklärte Breschnew im Kongreßpalast des Kreml:

„Man kann des öfteren hören, im Westen messe man der Zusammenarbeit auf dem Gebiet der Kultur, besonders dem Austausch von Ideen, der Ausweitung der Information und den Kontakten zwischen den Völkern Bedeutung bei. Lassen Sie mich hier mit aller Klarheit feststellen: Dafür sind auch wir, selbstverständlich unter der Bedingung, daß eine solche Zusammenarbeit unter Respektierung der Souveränität, der Gesetze und Gepflogenheiten eines jeden Landes verlaufen und der gegenseitigen geistigen Bereicherung der Völker, der Steigerung des Vertrauens zwischen ihnen, der Durchsetzung der Ideen des Friedens und der guten Nachbarschaft dienen wird. Wir sind für die Erweiterung des Touristenverkehrs. Wir sind für umfassende Kontakte zwischen der Öffentlichkeit der verschiedenen Länder, für Treffen zwischen jungen Menschen, zwischen Berufskollegen, für Gesellschafts- oder Einzelreisen der Bürger. Kurz, hier bestehen beträchtliche Möglichkeiten, wenn man im Geiste der gegenseitigen Achtung und der Nichteinmischung in die Angelegenheiten des anderen, nicht aber von den Positionen des Kalten Krieges aus handelt."[12]

Die Formulierung, Zusammenarbeit sei nur „unter Respektierung der Souveränität, der Gesetze und Gepflogenheiten eines jeden Landes" und „im Geiste der gegenseitigen Achtung und der Nichteinmischung in die Angelegenheiten des anderen" möglich, bedeutete zwar, daß sich die östliche Seite das Recht vorbehalten werde, Vereinbarungen so auszulegen, wie sie es für richtig oder opportun hielt. Aber prinzipiell hatte sich die Sowjetunion mit der Breschnew-Rede auf die vom Westen angeregte Diskussion über mehr Freizügigkeit eingelassen. Daß ihre Erwartung, dieser Prozeß sei steuerbar und den Regeln der ideologischen Auseinandersetzung zu unterwerfen, nicht in Erfüllung ging, war eine der größten Fehleinschätzungen der sowjetischen Politik im Zusammenhang der Ost-West-Entspannung.

Der Westen verband mit seiner Forderung nach mehr Freizügigkeit unterschiedliche Konzepte. Im Vordergrund stand der humanitäre Aspekt: die Auffassung, daß eine Entspannungspolitik Erleichterungen für die Menschen in Ost und West bringen mußte, wenn sie überhaupt einen Sinn haben sollte.[13] Besonders innerhalb Europas, wo durch den „Eisernen Vorhang"

Familien getrennt, Eheschließungen über Ost-West-Grenzen hinweg kaum möglich, Reisen schwierig, kulturelle Beziehungen selten und die Informationsmöglichkeiten schlecht waren, hatte dieser Aspekt einen hohen Stellenwert. Die Ost-West-Grenze trennte ja in Europa nicht geographisch entfernte Länder und einander fremde Zivilisationen, sondern durchschnitt willkürlich einen Kontinent, dessen Völker durch gemeinsame Tradition und Geschichte miteinander verbunden waren und zwischen denen es jahrhundertelang einen intensiven und selbstverständlichen Kontakt und Austausch gegeben hatte. Im Falle Deutschlands bedeutete die Errichtung der Ost-West-Grenze sogar die Teilung eines Volkes. Die Forderung nach Wiederherstellung ehemals vorhandener Kontaktmöglichkeiten oder, wenn dies nicht durchsetzbar war, nach einem Minimum an geregelter Freizügigkeit war deshalb naheliegend und begründet.

Andererseits hofften viele im Westen, daß größere Informationsfreiheit und direkte Kontakte zwischen Ost und West auch geeignet seien, langfristig die monolithischen und repressiven Strukturen im Ostblock zurückzudrängen und den Weg für eine demokratische und pluralistische Entwicklung zu bereiten. Dabei wollten die einen bewußt die östliche Herausforderung des ideologischen Kampfes annehmen und diesen Kampf offensiv gegen die kommunistischen Länder führen. Durch allmähliche Schwächung und Zersetzung sollten die kommunistischen Systeme von innen her verändert, reformiert und durch demokratisch legitimierte Herrschaftsformen ersetzt werden. Von östlicher Seite wurde diese Strategie als „imperialistischer Liberalismus" bezeichnet.[14] Andere verbanden mit ihrer Forderung nach mehr Freizügigkeit die Erwartung, in den ostmitteleuropäischen Ländern antisowjetische Gefühle zu mobilisieren und dadurch zum Auseinanderbrechen des Ostblocks beizutragen. Der kanadische Sowjetologe Gordon Skilling visierte dieses Ziel bereits 1960 an, als er empfahl, „laute Drohungen mit der Intervention zu vermeiden und die friedliche Evolution innerhalb des kommunistischen Blocks zu fördern".[15] Zur Zeit des Polyzentrismus in den sechziger Jahren schien diese Strategie auch Erfolg zu versprechen. Mit der Niederschlagung des „Prager Frühlings" und der gewaltsamen Wiederherstellung der Blockdisziplin durch die Sowjetunion erlitt sie jedoch einen Rückschlag. Ob sie anwendbar ist, ohne die Entspannungspolitik, von der sie profitiert, zu gefährden, ist fraglich. Wie umstritten sie selbst im Westen ist, zeigte die Diskussion über die sogenannte „Sonnenfeldt-Doktrin" Ende 1975/Anfang 1976.[16]

Wieder andere begründeten ihre Forderung nach mehr Freizügigkeit mit ihrer subjektiven Überzeugung, die im Westen vorhandenen Rechte der freien Meinungsäußerung, der Presse- und Informationsfreiheit, der Versammlungsfreiheit, die Möglichkeit, unbegrenzt zu reisen, Rechtssicherheit, der Schutz des einzelnen gegen staatliche Übergriffe usw. seien unabdingbare Voraussetzungen für das Glück jedes Menschen. Diese Vorstellung wurzelte tief in den Traditionen des abendländischen Humanismus, der auch das Denken von Karl Marx und Friedrich Engels bestimmt hatte, aber in der Sowjetunion und im Zuge der Ausdehnung des sowjetischen Machtbereiches auch in den traditionell westlich bestimmten Ländern Ostmitteleuropas der kommunistischen Herrschaftspraxis zum Opfer gefallen war. Besonders in den USA gab es starke, zum Teil religiös motivierte Bestrebungen, gegen Repression und Unterdrückung in den kommunistischen Ländern vorzugehen und Reformkräfte wenigstens verbal zu unterstützen. Schon die Truman-Doktrin vom 12. März 1947 enthielt das Bekenntnis zu einer freiheitlichen und demokratischen Gesellschaftsordnung und eine scharfe Verurteilung totalitärer Herrschaftsformen. Reste dieser dichotomischen Differenzierung fanden sich, wenngleich modifiziert und den Bedingungen begrenzter Zusammenarbeit angepaßt, auch noch in der Entspannungspolitik und besonders in der Forderung nach mehr Freizügigkeit für Menschen, Informationen und Meinungen.

Die verschiedenen Motive, diese Forderung zu propagieren, schlossen sich natürlich gegenseitig nicht aus. Die westlichen Staaten waren dabei sicher, aus der zu erwartenden Auseinandersetzung als Sieger hervorzugehen, da sie ihren gesellschaftlichen Gruppen bereits einen hohen Grad an Autonomie und Freiraum zubilligten, während die kommunistischen Regierungen ihre Gesellschaften durch staatsbeherrschende Monopolparteien uneingeschränkt zu steuern versuchten, so daß Außenbeziehungen von relativer Unabhängigkeit „als eine Systemwidrigkeit und als eine Staatsgefährdung" erscheinen mußten.[17] Die östliche Abgrenzungspolitik und der Versuch, die westlichen Bemühungen um mehr Freizügigkeit zu blockieren, unterstrichen die Richtigkeit der westlichen These und bewiesen die Furcht der östlichen Regierungen vor einem unkontrollierten Anwachsen der Westkontakte ihrer Bevölkerungen.

7.2. Die Vereinbarungen von Helsinki

In der Schlußakte der KSZE wurde den Bestimmungen über menschliche Kontakte, Information, Kultur und Bildung breiter Raum gewidmet.[18] Der Westen, der hier größere Freizügigkeit anstrebte, hätte es gerne gesehen, wenn die Ergebnisse in diesem Bereich „einen möglichst hohen, eventuell auch rechtlichen Verpflichtungsgrad angenommen hätten".[19] Dies war jedoch gegenüber der Sowjetunion und ihren Verbündeten nicht durchzusetzen. Man einigte sich darauf, daß die Schlußakte weder ganz noch teilweise ein völkerrechtliches Abkommen darstelle. Die Teilnehmerstaaten gingen daher mit ihrer Unterzeichnung der Schlußakte keinerlei völkerrechtliche Verbindlichkeiten ein, sondern gaben lediglich politische Absichtserklärungen ab, die überdies so formuliert waren, daß den Staaten ein breiter interpretatorischer Spielraum blieb. Klaus Blech, ab November 1974 Leiter der Delegation der

Bundesrepublik Deutschland während der Genfer Verhandlungsphase der KSZE, bemerkte dazu im November 1975 in einer Rückschau: „Unzweifelhaft enthält die Schlußakte nichts, was einen Teilnehmerstaat zur Aufgabe seiner politischen Grundvorstellungen – sei es in der Gestalt eines geschlossenen ideologischen Systems, sei es in Gestalt des bewußten Verzichts auf ein solches durch das Bekenntnis zu einer offenen freien Gesellschaft – verpflichten würde. Jedem sollte es unbenommen bleiben, *für sich* die Welt und die Geschichte zu interpretieren, wie er es für richtig hält."[20]

Nach Unterzeichnung der Schlußakte interessierte besonders die Frage, wie weit die Auslegungsunterschiede hinsichtlich der Einzelvereinbarungen der Schlußakte tatsächlich reichten. Abgesehen davon, daß die Vereinbarungen rechtlich nicht einklagbar waren, durfte man erwarten, daß vor allem die Bestimmungen über größere Freizügigkeit umstritten sein würden. Das östliche Entgegenkommen stand hier, wie es schien, in klarem Widerspruch zum sonstigen Abgrenzungsverhalten des Ostblocks. Daß dieser einen völligen Kurswechsel vornehmen würde, war unwahrscheinlich. Man mußte daher annehmen, daß die Sowjetunion und ihre Verbündeten versuchen würden, die Vereinbarungen in ihrem Sinne umzudeuten.

Wie sahen diese Vereinbarungen im einzelnen aus? Der Abschnitt über „Zusammenarbeit in humanitären und anderen Bereichen", der auch als „Korb 3" bezeichnet wurde, war in vier Kapitel untergliedert und enthielt folgende Bestimmungen:

(1) *Menschliche Kontakte*

Die Teilnehmerstaaten setzten sich das Ziel, „freiere Bewegung und Kontakte auf individueller und kollektiver, sei es auf privater oder offizieller Grundlage, zwischen Personen, Institutionen und Organisationen der Teilnehmerstaaten zu erleichtern und zur Lösung der humanitären Probleme beizutragen", die sich in diesem Zusammenhang ergaben.[21] Dabei wurde vereinbart,

– Kontakte und regelmäßige Begegnungen auf der Grundlage familiärer Bindungen zu fördern und in diesem Zusammenhang Gesuche auf Reisen wohlwollend mit dem Ziel zu prüfen, Personen zu erlauben, in ihr Territorium zeitweilig und, wenn gewünscht, regelmäßig einzureisen oder aus ihm auszureisen, um Mitglieder ihrer Familien zu besuchen,

– Gesuche von Personen zur Familienzusammenführung in positivem und humanitärem Geist und so zügig wie möglich zu behandeln und die im Zusammenhang mit diesen Gesuchen erhobenen Gebühren zu verringern,

– Gesuche auf Bewilligung der Aus- oder Einreise zur Eheschließung von Personen, die beschlossen hätten, einen Bürger aus einem anderen KSZE-Teilnehmerstaat zu heiraten, wohlwollend und auf der Grundlage humanitärer Erwägungen zu prüfen, und

– Möglichkeiten für umfassenderes Reisen ihrer Bürger aus persönlichen oder beruflichen Gründen zu entwickeln und dabei die Verfahren für die

Aus- und Einreise zu vereinfachen, die Vorschriften für Reisen innerhalb der Staaten flexibler zu gestalten und die Gebühren für Visa und amtliche Reisedokumente zu senken.[22]

Darüber hinaus wurde vereinbart, die Bedingungen für den Tourismus auf individueller oder kollektiver Grundlage zu verbessern, die Entwicklung von Kontakten und den Austausch unter der Jugend durch multilaterale Jugendzusammenarbeit, Studentenaustausch, internationale Jugendseminare, Berufsausbildungs- und Fremdsprachenkurse und Jugendtourismus zu fördern, bestehende Verbindungen und Zusammenarbeit auf dem Gebiet des Sports zu erweitern und im Zuge der weiteren Entwicklung von Kontakten zwischen staatlichen Institutionen und nichtstaatlichen Organisationen bzw. Vereinigungen die Einberufung. von Zusammenkünften sowie Reisen von Delegationen, Gruppen und Einzelpersonen zu erleichtern.[23]

(2) *Information*

Die Teilnehmerstaaten setzten sich das Ziel, „die freiere und umfassendere Verbreitung von Informationen aller Art zu erleichtern, die Zusammenarbeit im Bereich der Information und den Informationsaustausch mit anderen Ländern zu fördern sowie die Bedingungen zu verbessern, unter denen Journalisten aus einem Teilnehmerstaat ihren Beruf in einem anderen Teilnehmerstaat ausüben".[24] Zur Verbesserung der Verbreitung und des Austausches von Information sowie des Zugangs zu Information wurde vereinbart,

– die Verbreitung mündlicher Information durch Förderung von Vorträgen und Vortragsreisen, Gesprächen am Runden Tisch, Seminaren, Symposien, Sommerkursen, Kongressen und anderen bilateralen und multilateralen Treffen zu erleichtern,

– die Verbreitung von Zeitungen und gedruckten Veröffentlichungen zu erleichtern und zu diesem Zweck die Menge sowie die Anzahl der Titel eingeführter Zeitungen und Veröffentlichungen zu erhöhen und den Zugang der Öffentlichkeit zu diesen Publikationen durch Erhöhung der Anzahl der Verkaufsstellen, durch Entwicklung der Möglichkeit für Abonnements und durch Auslage in den großen öffentlichen Bibliotheken und ihren Lesesälen sowie in den Universitätsbibliotheken zu verbessern, und

– die umfassendere Vorführung und Sendung aufgezeichneter und gefilmter Information zu fördern und die Einfuhr von bespieltem audiovisuellem Material zu erleichtern.[25]

Hinsichtlich der Verbreitung von Information durch Rundfunksendungen drückten die Teilnehmer ihre „Hoffnung auf Fortsetzung dieses Prozesses aus, so daß das dem Interesse an gegenseitiger Verständigung zwischen den Völkern und den von der Konferenz festgelegten Zielen entspricht".[26] Zwischen den Massenmedien, einschließlich Presseagenturen, sowie zwischen Verlagen und Verlagsorganisationen sollte die Zusammenarbeit verstärkt werden, Rundfunk- und Fernsehprogramme sollten ausgetauscht, gemeinsam produziert bzw. gemeinsam ausgestrahlt oder vertrieben werden, Treffen und

Kontakte sowohl zwischen Journalistenverbänden als auch zwischen Journalisten sollten gefördert, technische Informationen ausgetauscht und gemeinsame Forschung organisiert werden.[27]

Zur Verbesserung der Arbeitsbedingungen für Journalisten sollten die Visaerteilung beschleunigt und erleichtert, Aufenthaltsbewilligungen großzügiger gewährt, Reisen innerhalb der Länder erleichtert, Anmeldefristen verkürzt, die Möglichkeiten für persönliche Kontakte vermehrt, die Einfuhr benötigter technischer Ausrüstung erlaubt und Übermittlungswege für Informationen eingerichtet bzw. verbessert werden. Die „legitime Ausübung der beruflichen Tätigkeit", so der Wortlaut der KSZE-Schlußakte, werde weder zur Ausweisung von Journalisten noch anderweitig zu Strafmaßnahmen gegen sie führen. Im Falle der Ausweisung eines akkreditierten Journalisten werde dieser über die Gründe für diese Maßnahme unterrichtet und könne einen Antrag auf Überprüfung seines Falles stellen.[28]

(3) *Zusammenarbeit und Austausch im Bereich der Kultur*

In einer Vielzahl von Einzelvereinbarungen kamen die Teilnehmerstaaten überein, die kulturellen Beziehungen zwischen ihren Ländern zu intensivieren. Bilaterale oder multilaterale Kulturabkommen, Zusammenarbeit zwischen staatlichen Institutionen und nichtstaatlichen Organisationen und die Förderung unmittelbarer Kontakte und Verbindungen zwischen den auf dem Gebiet der Kultur tätigen Personen sollten die Beziehungen in diesem Bereich erweitern. Datenbanken, häufigere Buchausstellungen, Austausch von Katalogen und Vorankündigungsmaterial sollten eine umfassendere und vollständigere gegenseitige Kenntnis vermitteln. Eine Harmonisierung des internationalen Handelsaustausches von Büchern und anderen kulturellen Materialien, Erleichterungen der Zollabfertigungsformalitäten, Förderung des Verleihs und Austausches von Filmen, Austausch von Informationen über kulturelle Veranstaltungen und ähnliche Maßnahmen sollten die Möglichkeiten für den Austausch und die Verbreitung von Kulturgütern verbessern. Die umfassendere Verbreitung von Büchern und künstlerischen Werken, die Nutzung der Massenmedien, ein breiterer Verleih von Spiel- und Dokumentarfilmen und die Möglichkeit zur Arbeit in den beiderseitigen Archiven sollten einen umfassenderen Zugang zu den Kulturgütern ermöglichen. Reisen und Begegnungen, Kontakte, Austausch von Praktikanten, Stipendien und internationale Zusammenkünfte sollten zur Entwicklung der Zusammenarbeit, insbesondere zwischen Künstlern und Kulturschaffenden, beitragen. Gemeinsame Untersuchungen zur Kulturpolitik, Austausch von Kenntnissen, Expertentreffen und die Ausarbeitung und Durchführung von Forschungsprogrammen und -projekten sollten die Suche nach neuen Bereichen und Formen der kulturellen Zusammenarbeit fördern und zum Abschluß geeigneter Abkommen und Vereinbarungen beitragen.[29]

(4) *Zusammenarbeit und Austausch im Bereich der Bildung*

Die Teilnehmerstaaten erklärten ihre Absicht,

– die Zusammenarbeit und Beziehungen auf den Gebieten Bildung und Wissenschaft durch Abschluß bilateraler oder multilateraler Abkommen, Förderung des Abschlusses unmittelbarer Vereinbarungen zwischen Universitäten und anderen Hochschul- und Forschungseinrichtungen und durch Förderung von unmittelbaren Kontakten und Verbindungen zwischen in diesem Bereich tätigen Personen zu verbessern,

– den Zugang für Studenten, Lehrer und Wissenschaftler der Teilnehmerstaaten zu Bildungs-, kulturellen und wissenschaftlichen Institutionen eines jeden anderen Teilnehmerstaates unter gegenseitig annehmbaren Bedingungen zu verbessern und den Austausch zwischen diesen Institutionen durch Informationen über Studienmöglichkeiten, Reiseerleichterungen, Stipendienvergabe, Austauschprogramme sowie durch gegenseitige Anerkennung akademischer Grade und Diplome zu verstärken,

– die Zusammenarbeit und den Austausch im Bereich der Wissenschaft durch Austausch und Verbreitung wissenschaftlicher Information und Dokumentation, Erweiterung von Verbindungen und unmittelbaren Kontakten zwischen Universitäten, wissenschaftlichen Einrichtungen und Vereinigungen sowie zwischen Wissenschaftlern und Forschern und durch gemeinsame Forschungsprogramme in den Naturwissenschaften, der Medizin und den Geistes- und Sozialwissenschaften zu erweitern und zu verbessern, und

– das Studium fremder Sprachen und Zivilisationen und den Erfahrungsaustausch über Unterrichtsmethoden auf allen Stufen der Bildung, einschließlich der Weiterbildung und Erwachsenenbildung, sowie den Austausch von Lehrmaterial zu fördern.[30]

Dem flüchtigen Betrachter mochten diese Bestimmungen der KSZE-Schlußakte über mehr Freizügigkeit klar und unmißverständlich erscheinen. Versteckt und auf den ersten Blick oft nicht erkennbar, enthielt der Korb 3 jedoch Einschränkungen, Relativierungen und Vorbehalte, die die Umsetzung der Vereinbarungen in praktische Maßnahmen ins Belieben jedes einzelnen Staates stellte. Dafür nur einige Beispiele: Gesuche auf Reisen für Begegnungen auf der Grundlage familiärer Bindungen sollten „wohlwollend geprüft" werden. Fälle von Familienzusammenführung versprach man „in positivem und humanitärem Geist" zu behandeln, entsprechende Gesuche so zügig „wie möglich" zu bearbeiten. Tourismus sollte durch „geeignete Maßnahmen" gefördert werden. Zur Verbesserung des Informationsaustausches sollten Möglichkeiten für Abonnements „gemäß den jedem Land eigenen Modalitäten" entwickelt werden. Zur Verbesserung der Arbeitsbedingungen für Journalisten sollten Anträge von Journalisten auf Visaerteilung „in wohlwollendem Geist und innerhalb sachgerechter und vernünftiger Fristen" geprüft werden usw. Wer sich später auf die Schlußakte berufen wollte, mußte also schon den „Geist von Helsinki" zitieren, denn die Buchstaben ließen viele Auslegungen zu. Eine präzise Überprüfung der Einhaltung der Vereinbarungen war praktisch nicht möglich. Bundeskanzler Helmut Schmidt stellte daher in seiner Erklärung auf dem Gipfeltreffen der Staats- und Regierungschefs anläßlich der Unterzeichnung der Schlußakte in Helsinki am 30. Juli 1975 fest, die bisherigen Ergebnisse könnten „in jenen Staaten, in denen die Freizügigkeit der Menschen und Meinungen selbstverständlich und auch ursächlich für die Vielfalt der Ideen und die Wohlfahrt der Länder ist, nicht voll befriedigen".[31] Mit westlichen Maßstäben konnte man das, was in Helsinki erreicht wurde, tatsächlich nicht messen. Dies sollte auch die Praxis bald zeigen. Allerdings – und dies darf nicht übersehen werden – wurden die Sowjetunion und ihre Verbündeten auf der KSZE erstmals gezwungen, das westliche Prinzip anzuerkennen, „daß Entspannung nicht nur aus besseren Beziehungen zwischen den Staaten, aus der Beachtung gewisser Prinzipien besteht, sondern auch konkrete Verbesserungen für die Menschen einschließen muß".[32] Darauf konnten sich in den Jahren nach Helsinki Einzelpersonen und Gruppen berufen, wenn sie ihre Regierungen zur Einhaltung der Menschenrechte und der Vereinbarungen von Helsinki aufforderten, wie dies in der Sowjetunion und in Osteuropa in einer immer größer werdenden Zahl von Fällen geschah. Daneben gab es in vielen Bereichen Ansätze für Erleichterungen und Verbesserungen, die durch den politischen Antrieb der KSZE verstärkt wurden.

7.3. *Menschenrechte und menschliche Erleichterungen*

Die Sowjetunion und ihre Verbündeten waren zu keinem Zeitpunkt an größerer Freizügigkeit zwischen Ost und West wirklich interessiert und ließen sich in ihrer ablehnenden Haltung auch durch die KSZE-Beschlüsse nicht irritieren. In sowjetischen Zeitungen und Zeitschriften wurde bereits während der KSZE 1974 die Auffassung verbreitet, die getroffenen Vereinbarungen über eine größere Zusammenarbeit zwischen Ost und West sollten „unter voller Respektierung" insbesondere der „Prinzipien der souveränen Gleichheit der Staaten und der Nicht-Einmischung in die inneren Angelegenheiten" angewendet werden.[33] Von dieser Position gingen die östlichen Staaten auch nach Unterzeichnung der Schlußakte von Helsinki nicht ab und begegneten westlichen Forderungen nach größerer Freizügigkeit mit dem Argument, die Auslegung der getroffenen Vereinbarungen und die Entscheidung über den Umfang der Austauschbeziehungen sei Sache der einzelnen Staaten, der Versuch, diese Entscheidung zu beeinflussen oder zu revidieren, eine Einmischung in deren innere Angelegenheiten.

Dieses starre Festhalten an restriktiven Positionen bedeutete jedoch nicht, daß die östlichen Länder in der Entspannungspraxis konzessionslos jeden Versuch verhindert hätten, doch zu einem allmählichen Ausbau der Ost-West-Kontakte im humanitären Bereich zu kommen. Allerdings wurden Erfolge in dieser Richtung nicht oder nur zu einem geringen Teil auf der Grundlage der KSZE-Vereinbarungen erzielt. Vielmehr waren es – ganz im östlichen Sinne – vorwiegend bilaterale Abkommen, die zu einer Vermehrung der Austauschbeziehungen führten, zum Teil schon seit Beginn der Entspannungspolitik ab Ende der sechziger Jahre.

Ein besonders großes Problem war die Frage der Auswanderung, da in den osteuropäischen Ländern beträchtliche nationale und religiöse Minderheiten existierten, denen eine Auswanderung bis zum Beginn der Entspannungspolitik in der Regel verwehrt war. 1974 lebten in der Sowjetunion etwa 2,2 Millionen Bürger jüdischer Religion, 1,8 Millionen Bürger deutscher und 1,2 Millionen Bürger polnischer Abstammung.[34] In Polen lebten 1975 etwa 280000 Deutsche, in Rumänien etwa 350000 Bürger deutscher Abstammung und 80000 Juden, in der Tschechoslowakei etwa 80000 Deutsche, in Bulgarien etwa 800000 Türken.[35] Selbst wenn man davon ausging, daß nur ein geringer Prozentsatz dieser Minderheiten in die Bundesrepublik, nach Polen, Israel oder in die Türkei auswandern wollte, handelte es sich noch um beträchtliche Größenordnungen, die nicht nur statistische, sondern auch volkswirtschaftliche und – vor allem soweit es die Auswanderung jüdischer Sowjet-Bürger nach Israel anbelangte – politische Bedeutung hatten.

Untersuchungen über längerfristige Auswirkungen der Entspannungspolitik und der KSZE auf die Auswanderungspraxis sind aufgrund der kurzen Zeit, die seither vergangen ist, noch nicht möglich. Immerhin stieg die Zahl der Ausreisen deutschstämmiger Sowjet-Bürger im ersten Jahr nach Unterzeichnung der KSZE-Schlußakte auf 13 548 gegenüber 4068 im Jahr vor der Unterzeichnung. Rumänien ließ 1976 etwa 3 000 Rumäniendeutsche, viermal so viele wie 1975, in die Bundesrepublik ausreisen.[36] Bundeskanzler Helmut Schmidt und der Erste Sekretär der Polnischen Vereinigten Arbeiterpartei, Edward Gierek, trafen am Rande der Konferenz von Helsinki eine Vereinbarung, wonach in Verbindung mit Renten- und Kreditabkommen innerhalb von vier Jahren Ausreisegenehmigungen für 120000 bis 125 000 Deutsche für die Umsiedlung in die Bundesrepublik erteilt werden sollten. Die Zahl der monatlichen Ausreisen deutschstämmiger Bürger aus Polen stieg danach von 358 im August 1975 auf über 2000 im Monatsdurchschnitt des Jahres 1976 und 2528 im Mai 1978.[37] Die Bindung der Ausreisegenehmigungen an die Bewilligung von Krediten, die nach östlicher Auffassung lediglich einen Verlustausgleich für die Abwanderung teilweise hochqualifizierter Arbeitskräfte darstellten, legte jedoch die Vermutung nahe, daß in diesem Fall ungeachtet des in der KSZE-Schlußakte formulierten Prinzips der „Familienzusammenführung aus humanitären Gründen" handfeste materielle Interessen eine Art „Lösegeldzahlung" erzwungen hatten. Derartige Praktiken gab es auch bei Visaerteilungen in Form stark überhöhter Bearbeitungsgebühren. So betrug z. B. die Gebühr, die in der Sowjetunion für die Bearbeitung von Ausreiseanträgen erhoben wurde, vor der Helsinki-Konferenz 400 Rubel. Nach der KSZE wurde sie zwar auf 300 Rubel gesenkt; dies entsprach aber immer noch dem Doppelten eines durchschnittlichen Monatslohns in der Sowjetunion.[38]

An der positiven Entwicklung im Bereich der Familienzusammenführung bzw. der vermehrten Erteilung von Ausreisegenehmigungen war auch die DDR beteiligt. Die Gesamtzahl der Personen, die legal die DDR verlassen und in die Bundesrepublik einreisen durften, lag seit 1970 bei jährlich 8000 bis 13000 Personen. Der größte Teil davon waren Rentner. Aber die Zahl der Personen, die „auf besondere Bemühungen hin" ausreisen durften – Personen unterhalb des Rentenalters –, stieg von lediglich 500 im Jahre 1970 auf etwa 5000 1976. Mehr als 12000 Personen unterhalb des Rentenalters übersiedelten allein in den Jahren 1974–76, 1976 genau 4992 Personen bei einer Gesamtzahl von 10058 Übersiedlern.[39] Nach Unterzeichnung der KSZE-Schlußakte, die ja auch in der DDR im vollen Wortlaut veröffentlicht wurde, stieg die Zahl der dort gestellten Ausreiseanträge sprunghaft von etwa 20000 im Jahre 1975 auf über 100000 1976 an. Diese Zahlen wurden allerdings von DDR-offizieller Seite bestritten. Nach vorübergehend großzügigerer Genehmigungspraxis der Ausreiseanträge durch DDR-Dienststellen trat Ende 1976 ein Rückschlag ein, der offenbar auf die allzu unkontrolliert anschwellende Flut von Anträgen zurückzuführen war. Am 8. März 1977 soll Ministerpräsident Willi Stoph geheime Weisung gegeben haben, Ausreiseanträge als „grundsätzlich rechtswidrig" zu betrachten.[40]

Die Übersiedlungsaktionen und der „Freikauf" von Menschen aus Ostblockländern fanden meist in aller Stille statt und drangen nur gelegentlich, bei besonders spektakulären Entwicklungen, in die Presse. Dies entsprach der beiderseitigen Auffassung, diese Probleme im Interesse der Betroffenen nicht zu einer politischen Statusfrage hochzuspielen. Wie negativ sich eine Mißachtung dieses Grundsatzes auswirken konnte, demonstrierte das schon erwähnte Jackson-Amendment vom 3. Januar 1975, das die Gewährung handelspolitischer Vorteile für die Sowjetunion von der Ausreisebewilligung für jüdische Sowjet-Bürger abhängig zu machen suchte und dessen öffentliche inneramerikanische Diskussion die Sowjetunion zu einer schroffen Abwehrhaltung veranlaßte und zu einem drastischen Rückgang der Ausreisebewilligungen führte. Vor dem Amendment hatte die Zahl der jüdischen Auswanderer aus der Sowjetunion zwischen 35000 und 40000 jährlich betragen; nach dem Amendment sank sie auf etwa 13000 pro Jahr. Ungeachtet dieses politischen Lehrbeispiels glaubte auch der im November 1976 neu gewählte amerikanische Präsident Jimmy Carter, durch breite öffentliche Diskussion, Appelle und öffentlich vorgetragene Forderungen zur Durchsetzung der Menschenrechte in aller Welt beitragen zu können. Carters Menschenrechtskampagne stieß jedoch nicht nur bei der Sowjetunion, sondern auch bei den Verbündeten der USA überwiegend auf Ablehnung und Unverständnis.[41] Ergiebiger als der Vorstoß Carters blieb die stille und beharrliche Suche nach Wegen für praktische Verbesserungen und Erleichterungen im humanitären Bereich.

Neben der Familienzusammenführung und der Verbesserung der Ausreisemöglichkeiten wurde besonderes Gewicht auf Reiseerleichterungen gelegt. Zur Zeit des Kalten Krieges waren Ostblockreisen generell schwierig. Bereits in den sechziger Jahren jedoch und verstärkt während der Entspannungspolitik wurden Visa- und Devisenbestimmungen schrittweise gelockert, Anmeldefristen verkürzt, die Antragstellung erleichtert und vereinfacht, Gebühren verringert und die Bewegungsfreiheit in den Zielländern vergrößert. 1971 reisten fast 900000 Touristen aus westlichen Ländern nach Ungarn, 1974 allein 300000 aus der Bundesrepublik Deutschland. 216000 Ungarn reisten 1971 ins westliche Ausland. Mehr als eine Million Urlauber besuchten 1973 Bulgarien, darunter allein 210000 aus der Bundesrepublik. Polen nahm 1973 über 7 Millionen ausländische Touristen auf, von denen 560000 aus dem Westen kamen. 10 Millionen Polen unternahmen 1974 Auslandsreisen, trotz erheblicher Devisenprobleme zum großen Teil auch Reisen ins westliche Ausland.[42] Rumänien wurde 1977 allein von 200000 Bürgern der Bundesrepublik Deutschland besucht. In die Sowjetunion reisten 1974 mehr als 3,4 Millionen Touristen aus 153 Ländern, 40% davon aus westlichen Ländern, aus der Bundesrepublik allein 126000. Die Reisemöglichkeiten innerhalb der Sowjetunion waren für Touristen zwar beschränkt, aber man konnte immerhin auf 16 für den Touristenverkehr erschlossenen Autotouren durch das Land fahren und über 100 Städte besuchen.[43]

Besonders bemerkenswert waren die Verbesserungen im innerdeutschen Reiseverkehr, der bis zum Inkrafttreten des Verkehrsvertrages zwischen der DDR und der Bundesrepublik am 17. Oktober 1972 erheblichen Beschränkungen unterworfen war. Nach einer vorübergehenden Lockerung der Reisebestimmungen während der ersten Entspannungsphase zwischen 1953 und 1957 wurde der Reiseverkehr nach dem Berlin-Ultimatum 1958 und dem Mauerbau 1961 durch administrative Maßnahmen wieder stark gedrosselt. Schwere Störungen gab es bis 1971 immer wieder auch im Berlin-Verkehr. Außer Rentnern, die seit 1964 einmal im Jahr für höchstens vier Wochen in die Bundesrepublik reisen durften, war DDR-Bürgern jeglicher privater Reiseverkehr in den Westen untersagt. Bewohnern von West-Berlin war es seit 1952 praktisch unmöglich, in die DDR zu reisen. Seit dem Bau der Mauer 1961 war ihnen mit Ausnahme kurzer Zwischenzeiten im Rahmen von Passierscheinabkommen in den Jahren 1963–66 auch der Zugang nach Ost-Berlin versperrt. Seit 1966 erhielten sie nur in dringenden Familienangelegenheiten die Möglichkeit, über eine sogenannte „Härtestelle" eine Genehmigung zum Besuch von Ost-Berlin zu erhalten. Insgesamt machten davon zwischen 1969 und 1971 nur etwa 90000 West-Berliner Gebrauch.[44] Bewohnern der Bundesrepublik wurden bis zum Inkrafttreten des Verkehrsvertrages und des Grundlagenvertrages Reisen aus privaten Gründen in die DDR nur zum Besuch von Verwandten ersten und zweiten Grades, einmal jährlich bis zur Dauer von vier Wochen, sowie Tagesaufenthalte in Ost-Berlin gestattet.

Nach Verkehrsvertrag und Grundlagenvertrag änderte sich diese Situation von Grund auf. Während 1971 – im Jahr vor Inkrafttreten des Verkehrsvertrages – nur 87000 Pkw mit etwa 200000 Fahrzeuginsassen aus dem Bundesgebiet in die DDR und nach Ost-Berlin fuhren, verzehnfachte sich diese Zahl bis 1975 auf 893000 Pkw mit etwa 2,4 Millionen Insassen. Die Zahl der Eisenbahnreisenden blieb im gleichen Zeitraum mit 2 Millionen 1970 bzw. 1,9 Millionen 1975 in etwa gleich. Die Zahl der Pkw, die aus West-Berlin in die DDR und nach Ost-Berlin fuhren, stieg in dieser Zeit um das Zweieinhalbfache von 408000 im Jahre 1970 auf 1001000 1975, die Zahl der Fahrzeuginsassen von 1 Million auf 2,5 Millionen.[45] Insgesamt reisten 1976 rund 3 121000 Bewohner des Bundesgebietes zu Besuchen von Verwandten und Bekannten in die DDR (1969: 1 107000). Von Juli 1973 bis Ende 1976 machten rund 1 433000 Personen von der Möglichkeit Gebrauch, zu Tagesaufenthalten in die grenznahen Kreise der DDR zu fahren. Etwa 1,4 Millionen Bewohner der Bundesrepublik nutzten jährlich die Gelegenheit zu Tagesbesuchen in Ost-Berlin. Schätzungsweise 10000 Bundesbürger reisten jährlich als Touristen zu mehrtägigen Aufenthalten in die DDR. Etwa 3,4 Millionen West-Berliner nahmen 1976 die ebenfalls erst seit 1972 bestehende Möglichkeit wahr, einmal oder mehrmals zu Besuchen von insgesamt 30 Tagen im Jahr in die DDR und nach Ost-Berlin zu reisen.[46]

Dieser positiven Entwicklung der Reisemöglichkeiten und Reisepraxis von West nach Ost stand in umgekehrter Richtung nichts Vergleichbares gegenüber. Allerdings wurden die Grenzen auch in Ost-West-Richtung etwas durchlässiger. 1972 und 1973 erließ die DDR Anordnungen über „Regelungen im Reiseverkehr von Bürgern der DDR", wonach in der DDR wohnhaften Großeltern, Eltern, Kindern, Geschwistern und Halbgeschwistern (gleiche Mutter) Reisegenehmigungen in dringenden Familienangelegenheiten erteilt werden konnten, auch wenn die Antragsteller sich noch unterhalb des Rentenalters befanden. So reisten im November und Dezember 1972 erstmals seit dem Bau der Mauer auch wieder 11 421 DDR-Bewohner unterhalb des Rentenalters in die Bundesrepublik und nach West-Berlin. Die Zahl der Westreisen von Rentnern aus der DDR stieg nach Inkrafttreten des Verkehrsvertrages von 1 068000 im Jahre 1972 auf 1 328000 1976. Die Zahl der Westreisen von DDR-Bewohnern, die noch nicht im Rentenalter waren, lag 1973–76 bei jährlich etwa 40000 (1976: 42751).[47] Neben Rentnern und Besuchern in dringenden Familienangelegenheiten hatten auch Personen im Zusammenhang mit dem gewerblichen Güterverkehr die Möglichkeit, die DDR in Richtung Westen zu verlassen. So fuhren 1976 z. B. 115 708 DDR-Lkw aus der DDR und Ost-Berlin in das Bundesgebiet und nach West-Berlin.[48] Darüber hinaus wurde es in den siebziger Jahren leichter, telefonischen Kontakt mit dem Westen aufzunehmen. Anfang 1970 gab es im Fernsprechverkehr zwischen der Bundesrepublik und der DDR nur 34 Leitungen mit Handvermittlung. Die Leitungen zwischen Ost- und West-Berlin waren seit 1952 völlig unterbrochen. Die Zahl der Gespräche in West-Ost-Richtung (Gespräche in Ost-West-Richtung werden in der Bundesrepublik und West-Berlin nicht gezählt) betrug 1969 lediglich 500000. Bis 1977 wurde die Zahl der Leitungen auf 821 erhöht, von denen allein 453 nun wieder die beiden Teile Berlins miteinander verbanden. Zwischen der Bundesrepublik und der DDR wurden 1977 etwa 5,6 Millionen Gespräche geführt, zwischen West- und Ost-Berlin etwa 7,2 Millionen (jeweils Zahl der Gespräche in West-Ost-Richtung).[49] In Ost-West-Richtung betrug die Zahl der Gespräche 1975 insgesamt schätzungsweise 5 Millionen. Das entsprach einem Durchschnitt von etwa 40000 Gesprächen täglich.[50] Seit 1976 wurde der Fernsprechverkehr von West-Berlin nach Ost-Berlin durchgehend und in die DDR überwiegend vollautomatisch abgewickelt. Vom Bundesgebiet aus wurden etwa 90% der Gespräche nach Ost-Berlin im Selbstwählfernverkehr durchgeführt.[51]

Wenn die Durchlässigkeit des „Eisernen Vorhangs" für DDR-Bürger vor allem hinsichtlich ihrer Reisemöglichkeiten auch Ende der siebziger Jahre noch relativ gering war, wies die Abgrenzungs- und Abriegelungspolitik des Ostens doch viele Schwachstellen auf. In West-Ost-Richtung war sie kaum noch wirksam. Nicht die Verkündung wohlklingender Prinzipien, sondern eine praktische Politik menschlicher Erleichterungen hatte dazu geführt, daß die Grenzen zwischen Ost und West geöffnet, Familien zusammengeführt und Kontaktmöglichkeiten in großer Zahl geschaffen oder verbessert worden waren. Die Entspannungspolitik hatte daran entscheidenden Anteil, weil sie die politischen Voraussetzungen für praktische Regelungen schuf. Besonders die Deutschen in Ost und West profitierten davon. Selbst das DDR-Institut für Internationale Politik und Wirtschaft in Ost-Berlin sah sich 1976 in einem Bericht veranlaßt, auf die „Weltoffenheit der DDR im Reiseverkehr" zu verweisen: „1975 besuchten mehr als 58 Millionen ausländische Bürger die RGW-Staaten, und 35 Millionen Bürger reisten aus diesen Staaten ins kapitalistische Ausland. Dabei zeigt dieser Reiseverkehr seit Helsinki eine steigende Tendenz. Diese Weltoffenheit im Reiseverkehr trifft auch auf die DDR zu. Im Zeitraum vom 1. Januar 1975 bis 31. März 1976 besuchten rund 9,3 Millionen Bürger aus kapitalistischen Staaten und Westberlin die DDR. 12 Millionen DDR-Bürger reisten in dieser Zeit ins sozialistische Ausland und mehr als 3 Millionen in kapitalistische Länder."[52]

Trotz dieser positiven Entwicklung bestanden jedoch weiterhin Probleme. Freizügigkeit im westlichen Sinne gab es auch Ende der siebziger Jahre im Ostblock noch nicht. Dazu waren die Systeme zu verschieden und die Grundsätze der östlichen Liberalisierungspraxis zu restriktiv. Die Schlußakte der KSZE trug aber dazu bei, in den osteuropäischen Ländern das Bewußtsein für die Möglichkeit weiterer Liberalisierungsschritte zu schärfen. Bürgerrechtsbewegungen, Helsinki-Komitees, die Bewegung der Charta 77 und Aktionen einzelner Bürger strebten unter Berufung auf die Allgemeine Erklärung der Menschenrechte, die Europäische Konvention zum Schutze der Menschenrechte und Grundfreiheiten und die KSZE-Schlußakte eine Verwirklichung der Menschenrechte, Meinungs- und Informationsfreiheit, größere Freizügigkeit und Erleichterungen im humanitären Bereich an und brachten damit ihre Regierungen, die die KSZE-Schlußakte unterzeichnet und zu ihrer Initiierung und Ausarbeitung maßgeblich beigetragen hatten, in Verlegenheit. Die Entspannungspolitik hatte damit in diesem Bereich eine Eigendynamik gewonnen, die von östlicher Seite kaum vorhergesehen worden sein dürfte und bei unkontrollierter Weiterentwicklung die innere Stabilität der kommunistischen Systeme gefährden und damit eine der Voraussetzungen der Entspannungspolitik – beiderseitige Stabilität nach innen und außen – beseitigen konnte.

7.4. *Kritik und „Einmischung": Möglichkeiten und Grenzen des Informationsaustausches*

Artikel 19 der Allgemeinen Erklärung der Menschenrechte vom 10. Dezember 1948 bestimmt: „Jeder Mensch hat das Recht auf freie Meinungsäußerung; dieses Recht umfaßt die Freiheit, Meinungen unangefochten anzuhängen und Informationen und Ideen mit allen Verständigungsmitteln ohne Rücksicht auf Grenzen zu suchen, zu empfangen und zu verbreiten."[53]

In den Verfassungen aller westlichen Länder war dieses Recht verankert oder wurde, soweit es geschriebene Verfassungen nicht gab, wie in England und Israel, als gültiger Rechtsgrundsatz anerkannt. Im Grundgesetz der Bundesrepublik Deutschland vom 23. Mai 1949 hieß es in Artikel 5, jeder habe das Recht, „seine Meinung in Wort, Schrift und Bild frei zu äußern und zu verbreiten und sich aus allgemein zugänglichen Quellen ungehindert zu unterrichten". Die Pressefreiheit und die Freiheit der Berichterstattung durch Rundfunk und Film wurden gewährleistet.[54] In den kommunistischen Ländern dagegen waren Meinungs-, Informations- und Pressefreiheit nicht Werte an sich, sondern dem Kampf für den Sozialismus untergeordnet und daher vom Grundsatz der Parteilichkeit geprägt. Für Lenin bereits war „es klar, daß die ‚Freiheit der Kritik' die Freiheit der opportunistischen Richtung in der Sozialdemokratie ist, die Freiheit, die Sozialdemokratie in eine demokratische Reformpartei zu verwandeln, die Freiheit, bürgerliche Ideen und bürgerliche Elemente in den Sozialismus hineinzutragen", wie er 1902 in seiner Schrift *Was tun?* bemerkte, um daraus die Schlußfolgerung zu ziehen: „Leute, die tatsächlich davon überzeugt sind, daß sie die Wissenschaft vorwärtsgebracht haben, würden nicht Freiheit für die neuen Auffassungen neben den alten fordern, sondern eine Ersetzung der alten durch die neuen."[55] Und an anderer Stelle: „Die Zeitung ist nicht nur ein kollektiver Propagandist und kollektiver Agitator, sondern auch ein kollektiver Organisator."[56]

Diese Auffassung, aus den Bedürfnissen des revolutionären Machtkampfes im zaristischen Rußland erwachsen und allen liberaldemokratischen Vorstellungen westlicher Tradition widersprechend, wurde nach der Oktoberrevolution im bolschewistischen Rußland und nach dem Zweiten Weltkrieg in den Volksdemokratien Osteuropas in presse- bzw. medienpolitische Wirklichkeit umgesetzt, ohne daß an der von Lenin 1902 unter völlig anderen Bedingungen aufgestellten These etwas geändert worden wäre. So hieß es noch 1977 in einer Dokumentation der DDR-Auslandspresseagentur:

„Die Massenmedien der DDR sind Instrumente der Arbeiter-und-Bauern-Macht und Tribünen der sozialistischen Demokratie. Keines Konzernherrn Wille und Profitinteresse, sondern das Wohl und Wollen des Volkes diktiert die Feder, mit der in den Zeitungen der DDR geschrieben, das Wort, das in die Mikrofone gesprochen wird. Die Journalisten der DDR bekennen sich zu der im leninschen Sinne geprägten Grundaufgabe der Massenmedien: als kollektiver Propagandist, Agitator und Organisator bei der Gestaltung der entwickelten sozialistischen Gesellschaft zu wirken ... Gemeinsam mit der sozialistischen Gesellschaft, als Teil von ihr entstanden und gewachsen, ist die Presse der DDR zugleich Förderer und Ausdruck des herrschenden politischen Systems."[57]

Damit wurde die staatstragende, machterhaltende Funktion kommunistischer Presse- und Informationspolitik beschrieben, bestimmt vom Grundsatz der Parteilichkeit, in dessen Bild es nicht paßte, wenn Einflüsse von außen, etwa durch westliche Rundfunk- und Fernsehsender, die Wirksamkeit des Informationsmonopols unterliefen. Die moderne Technologie ließ völlige Abschirmung zwar nicht zu, so daß man in Osteuropa 1963 (in Polen bereits 1956) dazu überging, die Störtätigkeit gegen westliche Radiosender einzustellen und mit dem Mittel verstärkter ideologischer Aufklärung („Indoktrination", wie man im Westen sagte) Außeninformationen zu neutralisieren. Doch schon 1968, angesichts der Ereignisse in der Tschechoslowakei und zunehmender Fortschritte in der Entspannungspolitik, setzte man die Störsender wieder in Betrieb und befaßte sich darüber hinaus mit dem Gedanken einer „ideologischen Integration" des Ostblocks, um die politische Beeinflussung der Bevölkerung durch zunehmende Westkontakte so gering wie möglich zu halten. Anfang 1970 erörterte man auf einer Tagung der osteuropäischen Kommunistischen Parteien (außer der Kommunistischen Partei Rumäniens) Möglichkeiten für die Durchsetzung eines westlichen Verzichts auf unkontrollierte, freie Nachrichtenübermittlung nach Osten, die als „ideologische Kriegführung" bezeichnet wurde.[58]

Auf der KSZE gelang es der Sowjetunion und ihren Verbündeten nicht, ihre presse- und informationspolitischen Vorstellungen durchzusetzen; sie waren vielmehr gezwungen, in der Schlußakte von Helsinki das Ziel einer „freieren und umfassenderen Verbreitung von Informationen aller Art" anzuerkennen. Aber in eigenwilliger, wenngleich nicht unerwarteter Interpretation der KSZE-Vereinbarungen hieß es von östlicher Seite, diese Vereinbarungen hätten lediglich das Ziel einer „Verbreitung von wahrhaftiger Information", niemand habe „das Recht, diese Resultate als die Gewährung der

Freiheit auszulegen, in der Welt das Gift der Feindschaft, der Desinformation und der Verleumdung auszustreuen".[59] Weiter wurde – vornehmlich von sowjetischer Seite – argumentiert, die westliche Nachrichtenpolitik, die es zulasse, daß Medien grenzüberschreitende Nachrichtenübermittlung betreiben, ohne daß es dafür eine staatlich kontrollierte, gesetzliche Grundlage gebe, verstoße gegen den in der KSZE-Schlußakte verankerten Grundsatz der Nichteinmischung in innere Angelegenheiten anderer Staaten. DDR-Vertreter beriefen sich in ihrer Begründung des „Verzichts auf Verleumdung, auf das Schüren von Haß und Mißtrauen, auf ideologische Diversionen und auf die subversiven Methoden des ‚psychologischen Krieges'" auch auf den ebenfalls in der KSZE-Schlußakte niedergelegten Grundsatz der Unverletzlichkeit der Grenzen, den sie „als Norm einer Undurchdringlichkeit der Grenzen für unzensierte Informationen"[60] auslegten. Entsprechend gering war der Spielraum für Freizügigkeit im Informationsbereich. Die KSZE änderte daran nichts.

Einen Nachrichtenaustausch im engeren Sinne gab es zwischen Ost und West weder vor noch nach Helsinki. In der Sowjetunion wurde der Bezug von Zeitungen und Zeitschriften bereits unmittelbar nach der Oktoberrevolution reglementiert und staatlich kontrolliert. Im Zuge der Ausdehnung des sowjetischen Machtbereichs nach dem Zweiten Weltkrieg wurde das sowjetische Modell nach und nach von den kommunistisch gelenkten Regierungen auf die osteuropäischen Länder übertragen. Der Zeitungsvertrieb wurde zentralisiert und verstaatlicht und der Vertrieb westlicher Zeitungen und Zeitschriften verboten. Ausgenommen von dieser Regelung wurde nur der streng begrenzte Bezug für ausgewählte Behörden und Institutionen, nicht aber der für den privaten Gebrauch. In der Sowjetischen Besatzungszone in Deutschland wurden diese Maßnahmen durch den Befehl Nr. 105 der Sowjetischen Militäradministration am 8. Juni 1948 von der Sowjetunion direkt angeordnet.

Aufgrund dieser Beschränkungen wurden bis 1975 nur vier westliche Tageszeitungen, darunter *The Times* und *Le Monde*, mit insgesamt etwa 200 Exemplaren in die Sowjetunion geliefert.[61] Am 21. Januar 1976 erklärte der Leiter der sowjetischen Agentur für Zeitungsvertrieb, im Laufe des Jahres würden weitere 18 westliche Zeitungen in der Sowjetunion zum Verkauf gelangen. Tatsächlich bezog die Sowjetunion Ende 1976 insgesamt 21 westliche Tageszeitungen, aber die gelieferten Stückzahlen pro Zeitung betrugen jeweils nur etwa 50 Exemplare, die überdies in der Sowjetunion weder frei käuflich noch einsehbar waren.[62] Die Zahl der von der DDR durch Postzeitungsliste aus der Bundesrepublik und West-Berlin bezogenen Titel betrug 1973 insgesamt 152, davon 84 Titel mit dem Erscheinungsort West-Berlin. Das Schwergewicht lag dabei auf medizinischen, mathematischen und naturwissenschaftlichen Zeitschriften.[63] Daran hatte sich bis 1976, trotz KSZE, nichts geändert. In den meisten anderen Ostblockländern sah es nicht besser aus. Ausnahmen waren Ungarn und Polen. Allein Polen importierte jährlich 16 800 Titel an Tageszeitungen und Periodika aus über 100 Ländern, 12 500 Titel davon aus westlichen Ländern. 1973 wurden in Polen 47 Millionen Exemplare der Auslandspresse verkauft, 35 % davon im freien Verkauf.[64]

Der Bezug östlicher Zeitungen und Zeitschriften in westlichen Ländern war keinen oder nur geringen Einschränkungen unterworfen.[65] Dennoch wurde nur eine geringe Anzahl von Zeitungen und Zeitschriften in größerer Stückzahl bezogen. So war z. B. in der Bundesrepublik 1977 das SED-Zentralorgan *Neues Deutschland* mit über 2 000 Exemplaren am stärksten vertreten. Insgesamt wurde die Zahl der Abonnements von DDR-Periodika in der Bundesrepublik auf über 5 000 geschätzt. Größter Abonnent war das Gesamtdeutsche Institut – Bundesanstalt für gesamtdeutsche Aufgaben – in Bonn mit fast 400 Zeitungen und Zeitschriften.[66] Das Kontingent für Lieferungen von DDR-Zeitungen wurde durch die DDR-Behörden allerdings schon am 1. November 1961 durch ein Exportverbot von Bezirks- und Kreiszeitungen für die Bundesrepublik Deutschland und West-Berlin eingeschränkt, so daß der Zeitungsexport von da an auf die in Ost-Berlin erscheinenden Zentralorgane beschränkt blieb. Zwischen dem Bundespresseamt und der DDR-Nachrichtenagentur ADN wurde ein privatrechtlicher Vertrag über den Bezug des ADN-Nachrichtenmaterials durch das Bundespresseamt geschlossen. ADN und Deutsche Presseagentur (dpa) tauschten ihre Dienste aus. Entsprechendes durfte man für ADN und die in Düsseldorf niedergelassene kommunistische Progreß-Presse-Agentur (PPA) vermuten.[67] Ein durch eine Rede Walter Ulbrichts vom 25. April 1964 in Bitterfeld angeregter Artikelaustausch zwischen dem SED-Zentralorgan *Neues Deutschland* und der Hamburger Wochenzeitung *Die Zeit* wurde nach einem ersten gegenseitigen Artikelabdruck wieder abgebrochen.[68]

Informationspolitisch wichtiger als der Austausch gedruckter Information waren westliche Rundfunksendungen, die die Bevölkerungen der osteuropäischen Länder erreichten. Rundfunksendungen stellten „die einzige kontinuierliche und wirksame Durchbrechung des offiziellen Informationsmonopols dar".[69] Die westlichen Sendesysteme strahlten über 600 Sende- und Relaisstationen Programme in Russisch, Ukrainisch, Lettisch, Deutsch, Polnisch, Tschechisch, Slowakisch, Rumänisch, Bulgarisch, Slowenisch und in weiteren 36 Sprachen aus. Die wichtigsten Sender für Osteuropa waren *Radio Liberty* und *Radio Free Europe*. *Radio Liberty* sendete täglich 24 Stunden in 18 Sprachen für Hörer in der Sowjetunion, *Radio Free Europe* täglich 20 Stunden für Hörer in der Tschechoslowakei, je 19 Stunden für Polen und Ungarn, 12 Stunden für Rumänien und 7,5 Stunden für Bulgarien.[70] Schätzungen zufolge hörten etwa 70 Millionen Sowjet-Bürger Sendungen westlicher Rundfunkstationen. Allein die Programme von *Radio Liberty* wurden nach Untersuchungen aus dem Jahre 1973 im Monat von etwa 35 bis 40 Millionen Menschen gehört. Die Einschaltquoten der *Stimme Amerikas* und der britischen *BBC* lagen ähnlich hoch, die der *Deutschen Welle* – mit einer ungleich kürzeren Sendedauer – etwas niedriger. Etwa die Hälfte der Empfänger waren regelmäßige Hörer westlicher Rundfunkprogramme. Genaueren Aufschluß brachte eine neuere Untersuchung des *Massachusetts Institute of Technology* (MIT), die in Zusammenarbeit mit der Abteilung Hörerforschung von *Radio Liberty* entstand und auf einer „indirekten Befragung" von 5 000 Sowjet-Bürgern beruhte, die sich in den Jahren 1976 und 1977 vorübergehend im westlichen Ausland aufhielten und deren Aussagen mit Hilfe eines neuen Simulationsverfahrens gewichtet und hochgerechnet wurden. Der MIT-Studie zufolge wurde der russische Dienst der *Stimme Amerikas* (Washington) von 27 Millionen Sowjet-Bürgern zwei- bis viermal wöchentlich gehört, das Programm der *BBC* (London) von 12,2 Millionen, das der *Deutschen Welle* (Köln) von 7,8 Millionen und das von *Radio Liberty* (München) von 6,9 Millionen. Demnach war es der *Deutschen Welle* gelungen, die von östlichen Störsendern stark behinderte amerikanische Station *Radio Liberty* in der Hörergunst zu überrunden. Auch die britische *BBC* hatte in den Jahren zuvor über sechs Millionen Hörer verloren.[71]

In Polen und der Tschechoslowakei hörten etwa zwei Drittel der Bevölkerung Westsender, vor allem *Radio Free Europe, Radio Luxemburg, Stimme Amerikas, BBC* und – in der Tschechoslowakei – *Radio Wien.* In der DDR konnten Rundfunkprogramme der Bundesrepublik überall ohne größere Schwierigkeiten empfangen werden. Mit Ausnahme des Mittelwellenprogramms von *RIAS Berlin* wurden diese Sendungen nicht gestört. Nach Inkrafttreten eines neuen, von der DDR mitgetragenen und mitunterzeichneten Wellenplans im Mittelwellenbereich am 23. November 1978 wurde die Störtätigkeit auch gegenüber dem *RIAS* eingestellt, wie entsprechende Untersuchungen des Funkkontrollmeßdienstes der Deutschen Bundespost in Darmstadt ergaben. Im UKW-Bereich des *RIAS* hatte es Störungen seit Aufnahme des UKW-Sendebetriebs ohnehin nie gegeben. In der DDR spielte zusätzlich auch das Fernsehen der Bundesrepublik eine Rolle, das außer im Südosten der DDR überall empfangen werden konnte und sich bei der DDR-Bevölkerung besonderer Beliebtheit erfreute. Eine im Frühjahr 1973 vom Institut für Meinungsforschung beim Zentralkomitee der SED durchgeführte Umfrage ergab, daß 70% der Fernsehzuschauer in der DDR normalerweise die Programme der westdeutschen Fernsehanstalten bevorzugten.[72] Das Fernsehprogramm der Bundesrepublik konnte auch in Teilen der Tschechoslowakei, das österreichische Fernsehprogramm in der Tschechoslowakei und in Teilen Ungarns empfangen werden. Sprachbarrieren schränkten hier jedoch häufig die Empfangsbereitschaft ein.

Wie beunruhigend die ständige Durchbrechung des östlichen Informationsmonopols durch westliche Rundfunk- und Fernsehsender für die östlichen Regierungen war, zeigten deren Proteste besonders gegen die Sendungen von *Radio Free Europe* und *Radio Liberty.* Selbst am Rande der Konferenz von Helsinki, am Tage der Unterzeichnung der KSZE-Schlußakte, beklagte sich der Erste Sekretär des Zentralkomitees der SED, Erich Honecker, in einem Gespräch mit Bundeskanzler Schmidt wegen der „fortgesetzten Einmischung der Massenmedien der Bundesrepublik in die inneren Angelegenheiten der DDR" und gab der Erwartung Ausdruck, „daß mit der Unterzeichnung der Schlußakte von Helsinki sich auch in dieser Beziehung etwas ändert".[73] Die Intervention Honeckers machte deutlich, daß die DDR – wie die übrigen Ostblockländer – an größerer Freizügigkeit in diesem Bereich nicht interessiert war, sondern im Gegenteil eine stärkere staatliche Kontrolle und Lenkung auch der westlichen Medien wünschte. Der Entspannungsprozeß hatte das Abgrenzungsbedürfnis und Abschirmungsverhalten der östlichen Seite noch vergrößert, die schon durch die erhebliche Zunahme des Reise- und Besucherverkehrs irritiert war und nun eine weitere Schwächung des „sozialistischen Bewußtseins" ihrer Bevölkerung und Rückwirkungen auf die innere Stabilität ihrer Systeme befürchtete. Da diese Befürchtungen sich als begründet erwiesen, waren die östlichen Vorbehalte unter dem Gesichtspunkt der Systemerhaltung und Machtsicherung verständlich. Aber unter dem Aspekt der Durchsetzung des Menschenrechts auf Meinungs-, Presse- und Informationsfreiheit war ein Verhalten, das Freizügigkeit zu verhindern suchte, wo immer es ging, natürlich abzulehnen.

Einige Verbesserungen gab es bei den Arbeitsbedingungen für Journalisten. Während des Kalten Krieges in den vierziger und fünfziger Jahren war eine regelmäßige und freie Berichterstattung aus den Ostblockländern nicht möglich. In den sechziger Jahren wurden die Bestimmungen, die den Journalisten ihre Arbeit erschwerten, allmählich gelockert, am weitesten in Ungarn, Polen und der Tschechoslowakei. In der Sowjetunion wurde die Zensur für ausländische Korrespondenten abgeschafft. In der Tschechoslowakei trat nach dem Ende des „Prager Frühlings" im August 1968 wieder eine Verschlechterung der Arbeitsbedingungen ein. Typische Probleme bei der Korrespondententätigkeit in osteuropäischen Ländern waren die Visaerteilung und Überwachung („Betreuung") der Journalisten bei ihrer Arbeit, die Mitnahme von Arbeitsmaterial und technischer Ausrüstung, unverhältnismäßig hohe Kosten für Wohnungen, Büros und Dienstleistungen, die indirekte Nachzensur durch Überprüfung und Beurteilung der Berichterstattung durch östliche Dienststellen, beschränkte Informationsmöglichkeiten, Zurückhaltung und Vorsicht von Interviewpartnern sowie administrative Behinderungen und Geheimschutzbestimmungen.[74]

Relativ günstige Arbeitsbedingungen fanden ausländische Journalisten – bereits vor der KSZE – in Ungarn und Polen vor, auch wenn ein Vergleich mit westlichen Verhältnissen noch nicht gut möglich war. Die Visaerteilung war im Regelfall problemlos. Die in Polen ständig akkreditierten Journalisten (1976 insgesamt 59, davon 7 aus der Bundesrepublik) verfügten über Mehrfachvisa, wohnten nicht, wie in der Sowjetunion üblich, in besonderen Ausländerghettos und konnten sich im Lande ungehindert bewegen. Ähnliches galt für Ungarn, wo jedoch die Informationsmöglichkeiten noch etwas besser waren, da auch offizielle Stellen westlichen Journalisten mit weniger Scheu gegenübertraten. Schwierigkeiten gab es in beiden Ländern vor allem für Fernsehjournalisten, die stets besondere Drehgenehmigungen benötigten und häufig aus wirtschaftlichen Gründen auf technische Hilfe ihrer Gastländer angewiesen waren. Reisekorrespondenten, die nicht ständig akkreditiert waren, sondern nur zur Erledigung eines bestimmten Auftrages nach Polen oder Ungarn kamen, fanden dort im Prinzip die gleichen Bedingungen vor wie ihre fest akkreditierten Kollegen. Dies war vor allem in Ungarn von Bedeutung, da über Ungarn – wie über Bulgarien und Rumänien – meist von Osteuropa-Korrespondenten berichtet wurde, die ihren Sitz in Wien hatten und von dort die osteuropäischen Länder bereisten. In Bulgarien und Rumänien war die Einreise westlicher Korrespondenten gleichfalls überwiegend problemlos und ihre Behandlung zuvorkommend. Aber die Informationsmöglichkeiten waren im Gegensatz zu Ungarn und Polen äußerst beschränkt, staatlich kontrolliert und gesteuert und daher meist unergiebig.[75] Daß es in Bulgarien und Rumänien nicht zu spektakulären Aktionen gegen westliche Journalisten kam, dürfte nicht zuletzt daran gelegen haben, daß diese Länder in der westlichen Berichterstattung vernachlässigt wurden und nicht so sehr im Mittelpunkt des öffentlichen Interesses standen, wie die Sowjetunion oder die DDR.

Problemfälle der Berichterstattung für westliche Korrespondenten in Osteuropa waren die Sowjetunion, die DDR und die Tschechoslowakei. Journalisten, die zuvor kritisch über diese Länder berichtet hatten, wurde die Einreise verwehrt bzw. die Ausstellung von Mehrfachvisa verweigert. In einigen Fällen kam es zu Ausweisungen unliebsamer Berichterstatter. Betroffen von solchen Maßnahmen waren unter anderem der norwegische Journalist Nils M. Udgaard, der im Februar 1976 kein Einreisevisum für die Sowjetunion erhielt, der Korrespondent von *Associated Press*, George Krimsky, der im Februar 1976 wegen seiner Berichterstattung über Dissidenten aus der Sowjetunion ausgewiesen wurde, der Redakteur des Nachrichtenmagazins *Der Spiegel*, Jörg Mettke, der im Dezember 1975 aus der DDR ausgewiesen wurde, weil seine Heimatredaktion über Zwangsadoptionen von Kindern republikflüchtiger Eltern berichtet hatte, drei Journalisten des *Deutschlandfunks* und der *Deutschen Welle*, denen im März 1976 die Akkreditierung zur Leipziger Messe verweigert wurde, und der Korrespondent des *Deutschen Fernsehens*, Lothar Loewe, dem „wegen gröbster Diffamierung des Volkes und der Regierung der Deutschen Demokratischen Republik, wegen schweren Verstoßes gegen die Rechtsordnung der DDR, gegen die Verordnung über die Tätigkeit von Publikationsorganen anderer Staaten und deren Korrespondenten in der DDR" die Akkreditierung entzogen wurde, weil er am 21. Dezember 1976 in einem Kommentar erklärt hatte, in der DDR wisse jedes Kind, „daß die Grenztruppen den strikten Befehl haben, auf Menschen wie auf Hasen zu schießen".[76] Verschiedenen anderen Journalisten wurde von tschechoslowakischen Behörden die Einreise in die Tschechoslowakei verweigert, einigen auch die Ausstellung von Transitvisa nach Polen.[77] Die wohl schwerwiegendste Maßnahme, die in diesem Zusammenhang von östlicher Seite ergriffen wurde, war die Schließung des *Spiegel*-Büros in Ost-Berlin durch DDR-Dienststellen im Januar 1978, nachdem im November 1977 der Korrespondent des *Spiegel* in der DDR, Ulrich Schwarz, wegen eines Berichts über den Tod von vier Volkspolizisten bei Unruhen auf dem Ost-Berliner Alexanderplatz verwarnt und Anfang Januar 1978 nach Erscheinen der *Spiegel*-Dokumentation „Bruch in der SED – Das Manifest der Opposition" bereits ein Einreiseverbot für *Spiegel*-Korrespondenten erlassen worden war.[78] Alle diese Maßnahmen waren jedoch nicht nur Beweis für die Rigidität östlicher Regierungen im Umgang mit westlichen Journalisten, sondern auch Ausdruck der Tatsache, daß die Möglichkeiten der Berichterstattung aus dem Ostblock größer geworden waren und daß die Korrespondenten diese Möglichkeiten nun auch entschieden wahrnahmen.

Verbesserungen gab es aber nicht nur in Ungarn und Polen, wo die Liberalisierung der Presse- und Informationspolitik die größten Fortschritte machte, sondern auch in der Sowjetunion und der DDR. Am 4. Februar 1974 eröffnete die Sowjetunion ausländischen Fernsehkorrespondenten erstmals die Möglichkeit, mit eigenen Teams zu arbeiten. Nach der KSZE war die Sowjetunion erstmals bereit, Mehrfachvisa für westliche Korrespondenten auszustellen. Ab 1. März 1976 durften westliche Korrespondenten sich nicht nur in Moskau, sondern auch in acht im Umkreis von Moskau liegenden und darüber hinaus in weiteren 126 Ortschaften der Sowjetunion ohne vorherige Anmeldung frei bewegen. Durch einen Erlaß des Präsidiums des Obersten Sowjets vom 7. Juli 1976 wurde Ministerien und Behörden der Sowjetunion und ihrer Unionsrepubliken sowie anderen zentralen Organen gesellschaftlicher Organisationen und ihren Funktionsträgern erlaubt, ohne Vermittlung und vorherige Genehmigung durch die Presseabteilung des Außenministeriums Anfragen westlicher Korrespondenten zu beantworten. Diese Erleichterungen rechtfertigten noch keinen Vergleich mit westlichen Verhältnissen, aber es war doch „ein wenig mehr als nur Kosmetik".[79]

Die DDR wurde bis zum Beginn der Entspannungspolitik von westlichen Korrespondenten meist von West-Berlin aus betreut. Für Journalisten aus der Bundesrepublik war die DDR in den sechziger Jahren noch ein „fernes Land".[80] Als während der Verhandlungen über den Grundlagenvertrag 1972 Korrespondenten aus der Bundesrepublik kurze Interviews mit den verhandelnden Staatssekretären aus beiden deutschen Staaten und Stimmungsberichte aus Ost-Berlin brachten, erschien dies immer noch als ein außergewöhnlicher Vorgang. Erst der Grundlagenvertrag und – in Zusammenhang damit – der Briefwechsel über die Arbeitsmöglichkeiten für Journalisten zwischen der DDR und der Bundesrepublik vom 8. November 1972 beendeten den ungeklärten Zustand. In der Mitteilung von Staatssekretär Michael Kohl an Staatssekretär Egon Bahr, dem eine gleichartige Mitteilung von Staatssekretär Bahr für den Bereich der Bundesrepublik Deutschland entsprach, hieß es:

„Die Deutsche Demokratische Republik gewährt im Rahmen ihrer geltenden Rechtsordnung Journalisten aus der Bundesrepublik Deutschland und deren Hilfspersonen das Recht zur Ausübung der beruflichen Tätigkeit und der freien Information und Berichterstattung. Sie ermöglicht bei rechtmäßiger Ausübung des Berufs die Tätigkeit als Reisekorrespondent sowie unter Beachtung der Gegenseitigkeit die berufliche Niederlassung als ständiger Korrespondent ...

Journalisten im Sinne dieser Mitteilung sind Personen, die regelmäßig und berufsmäßig als Reporter, Fotografen, Kameraleute oder Techniker der Presse, des Hörfunks, des Fernsehens oder einer Wochenschau der Bundesrepublik Deutschland damit beschäftigt sind, Informationen einschließlich Meinungen und Kommentare für tägliche oder periodische Publikationen, Presseagenturen, Rundfunk- und Fernsehanstalten oder Wochenschauen der Bundesrepublik Deutschland einzuholen, zu empfangen oder weiterzugeben."[81]

Auf der Grundlage dieser Mitteilung wurden bis Ende 1976 in Ost-Berlin 16 Korrespondenten aus der Bundesrepublik für 17 Redaktionen akkreditiert. 10 weitere Redaktionen, die auf ihren ursprünglichen Antrag von der DDR eine Zusage erhalten hatten, konnten sich – wohl vor allem aus wirtschaftlichen Gründen – zunächst nicht zur Entsendung eines Korrespondenten entschließen. 11 Anträge auf Akkreditierung wurden von den DDR-Behörden abschlägig beschieden, 3 Redaktionen erhielten gar keine Antwort.[82] Nach einer Meldung des *Neuen Deutschland* führten 1976 insgesamt 4500 Journalisten aus 65 Ländern aller Kontinente Arbeitsvorhaben in der DDR durch. Mehr als 1800 von ihnen kamen aus westlichen Industriestaaten, davon allein 680 aus der Bundesrepublik, und über 300 aus Entwicklungsländern. Die Gesamtzahl der in der DDR ständig akkreditierten ausländischen Korrespondenten betrug 1976 129, die insgesamt 135 Redaktionen aus 10 kommunistischen Ländern, 19 westlichen Industrieländern und 10 Entwicklungsländern vertraten.[83]

Die Tätigkeit westlicher Korrespondenten in der DDR wurde in den siebziger Jahren erheblich erleichtert. Es wurden Mehrfachvisa und Grenzempfehlungen für einen erleichterten Grenzübertritt ausgestellt, ursprünglich nur für Korrespondenten, seit August 1975 auch für Kameraleute und Sekretärinnen und seit Mai 1976 für Familienangehörige. Bis April 1979 bestand für die akkreditierten Korrespondenten innerhalb der gesamten DDR und in Ost-Berlin weitgehende Bewegungsfreiheit. Für Dreharbeiten unter freiem Himmel war keine besondere Genehmigung erforderlich. Die Arbeit mit eigenen

Teams war erlaubt.[84] Der Kontakt zur Bevölkerung wurde nicht ausdrücklich behindert. Die Korrespondenten wohnten in Ost-Berlin meist im Ausländerghetto, das, wie in Moskau, bewacht wurde, so daß der Zutritt von DDR-Bürgern erschwert war; sie konnten aber auf eigenen Wunsch auch eine Wohnung außerhalb des Ausländerghettos beziehen und damit unmittelbaren Kontakt zur Bevölkerung halten. Die Kinder der Korrespondenten konnten Kindergärten und Schulen in West-Berlin besuchen oder aber, wie im Fall des Korrespondenten der *Süddeutschen Zeitung,* in Ost-Berliner Kindergärten und Schulen eintreten und dort am regulären Unterricht, Seite an Seite mit DDR-Kindern, teilnehmen.

Schwierigkeiten der Berichterstattung aus der DDR ergaben sich daher weniger aus dem technischen Ablauf, als vielmehr aus den politischen Rahmenbedingungen. Eine „Verordnung über die Tätigkeit von Publikationsorganen anderer Staaten und deren Korrespondenten in der Deutschen Demokratischen Republik" vom 21. Februar 1973 legte fest, daß in der DDR arbeitende Journalisten aus anderen Staaten, Korrespondenten also, „wahrheitsgetreu, sachbezogen und korrekt" zu berichten hätten und auch für Berichte und Sendungen ihrer Heimatredaktionen verantwortlich seien.[85] Diese Verordnung gab den DDR-Behörden in weitem Umfang die Möglichkeit zu indirekter Zensur und zu Sanktionen im Falle unliebsamer Berichterstattung. Betroffen davon waren nicht nur die in der DDR akkreditierten Journalisten, sondern auch diejenigen Redaktionen in westlichen Ländern, die Korrespondenten in die DDR entsandt hatten und um deren Akkreditierung fürchten mußten, wenn sie die Bestimmung einer „wahrheitsgetreuen, sachbezogenen und korrekten" Berichterstattung verletzten. Die Ausweisung der Korrespondenten des *Deutschen Fernsehens* und des Nachrichtenmagazins *Der Spiegel,* das Einreiseverbot für *Spiegel*-Korrespondenten und die Schließung des *Spiegel*-Büros in Ost-Berlin waren dafür Beispiele. Die Verordnung vom Februar 1973 nahm also einiges von dem zurück, was die DDR vorher westlichen Journalisten zugestanden hatte, und trug dadurch zur Verschlechterung des Klimas für journalistische Berichterstattung aus der DDR bei. Die KSZE brachte hier keine Erleichterung. Die DDR erkannte in den Vereinbarungen von Helsinki sogar neue Möglichkeiten, ihre Eingriffe zu rechtfertigen, und machte davon, mehr noch als selbst die Sowjetunion, nach Belieben Gebrauch.

So wurden am 11. April 1979 neue Durchführungsbestimmungen zur Korrespondenten-Verordnung erlassen, wonach Interviews und Befragungen jeder Art von DDR-Bürgern genehmigungspflichtig waren und beim DDR-Außenministerium beantragt werden mußten. Bis dahin hatte dies lediglich für Interviews mit führenden Persönlichkeiten der DDR und nicht für Privatpersonen gegolten. Außerdem wurde angeordnet, daß die Korrespondenten das Außenministerium über geplante Reisen außerhalb Ost-Berlins unter genauer Angabe des Reiseziels und des Reisegrundes 24 Stunden vorher zu informieren hätten. Genehmigungspflichtig waren nun auch journalistische Vorhaben bei „wirtschaftsleitenden Organen, gesellschaftlichen Einrichtungen und Institutionen". Die Korrespondenten durften nur noch „ausschließlich" für die Medien arbeiten, in deren Namen sie akkreditiert waren, und mußten auf Verlangen den Finanzbehörden der DDR das Einnahmen- und Ausgabenbuch vorlegen. Sie durften zwar auch weiterhin DDR-Bürger für technische und organisatorische Aufgaben beschäftigen, aber diese Personen wurden nun vom „Dienstleistungsamt für ausländische Vertretungen" in Ost-Berlin „nominiert". Mit diesen Maßnahmen schränkte die DDR die Möglichkeit einer freien Berichterstattung, die sie vorher – trotz der Verordnung vom Februar 1973 – bis zu einem gewissen Grade zugestanden hatte, wieder stark ein. Westliche Kritik an diesen Maßnahmen wurde, wie üblich, als „Einmischung in innere Angelegenheiten" der DDR zurückgewiesen.[86]

Die Entwicklungen im Informationsbereich während der Entspannungspolitik waren also sehr unterschiedlich und in mancherlei Hinsicht gegensätzlich. Einigen Verbesserungen der Arbeitsbedingungen für Journalisten, einer geringfügigen, aber nicht nennenswerten Vergrößerung des Austausches von Zeitungen und Zeitschriften und größerer Zusammenarbeit in der Technik der Informationsübermittlung stand eine Verschärfung der Abgrenzungspolitik und des Abschirmungsverhaltens der östlichen Seite gegenüber. Angesichts der prinzipiellen Unterschiede in den Auffassungen über Fragen der Presse-, Informations- und Meinungsfreiheit, der Funktion der Presse und der Stellung der Journalisten in der Gesellschaft und angesichts der ideologischen und systempolitischen Auseinandersetzung zwischen Ost und West war diese Heterogenität der Entwicklung jedoch zu erwarten und wohl auch unvermeidlich. Dennoch waren die Bemühungen der westlichen Länder um mehr Freizügigkeit im Informationsbereich nicht umsonst: *Erstens* wurde die östliche Seite gezwungen, wenigstens prinzipiell die „Bedeutung der Verbreitung von Informationen aus den anderen Teilnehmerstaaten" und das Ziel, „die freiere und umfassendere Verbreitung von Informationen aller Art zu erleichtern", wie es in der KSZE-Schlußakte hieß, anzuerkennen. *Zweitens* wurden in den meisten Fällen im Rahmen der Entspannungspolitik erst die äußeren Voraussetzungen für eine kontinuierliche und geordnete Berichterstattung aus Ostblockländern geschaffen. *Drittens* gab das Beispiel einiger osteuropäischer Staaten, wie Ungarn und Polen, zu erkennen, daß auch unter den Bedingungen einer kommunistischen Gesellschaft größere Freizügigkeit im Informationsbereich durchführbar ist.

7.5. *Kulturaustausch und Zusammenarbeit im Bildungsbereich*

In den Bereichen Kultur und Bildung setzte die Entspannungspolitik keine wesentlich neuen Akzente. Die zum Teil detaillierten, aber vage formulierten Bestimmungen der KSZE-Schlußakte stellten keine Neuordnung der auswärtigen Kulturpolitik der beteiligten Staaten dar, sondern bekräftigten lediglich „eine langfristig konzipierte Tendenz".[87]

Bereits im Rahmen der Entstalinisierung Mitte der fünfziger Jahre waren die osteuropäischen Länder dazu übergegangen, ihre kulturellen Beziehungen zum Westen schrittweise zu reaktivieren. Diese Entwicklung hielt auch in den sechziger Jahren an, obwohl das „Tauwetter" in der sowjetischen Kulturpolitik in Diskussionen von Partei- und Regierungsvertretern mit Schriftstellern und Künstlern bereits im Dezember 1962 und März 1963 wieder stark zurückgedrängt wurde.[88] Der Kulturaustausch mit dem Westen wurde im Rahmen bilateraler Abkommen und östlicherseits fast vollständig unter staatlicher Lenkung und Kontrolle abgewickelt, so daß die Gefahr unerwünschter ideologischer Nebenwirkungen gering war. Daher war es verständlich, daß die östliche Seite auf dem KSZE-Treffen der Außenminister in Helsinki im Juli 1973 versuchte, „alles, einschließlich der Erweiterung menschlicher Kontakte und des Informationsflusses, unter einen kulturellen Aspekt zu stellen und damit auf Kulturaustausch zu reduzieren".[89] Die kommunistischen Länder hofften, von einer kulturellen Zusammenarbeit mit dem Westen – ähnlich wie im wirtschaftlich-technologischen Bereich – zu profitieren und förderten daher, wenn auch aus westlicher Sicht unzureichend, Verbindungen im Archiv- und Bibliothekswesen, in Literatur und Buchhandel, im Bildungswesen sowie in Wissenschaft und Forschung. Bei Ost-West-Verhandlungen waren die Reibungsflächen in diesen Fragen stets erheblich geringer als etwa auf dem Gebiet des Informationsaustausches und der menschlichen Erleichterungen.

Dennoch führten östliche Vorsicht und Zurückhaltung und das allgemeine Abschirmungsverhalten des Ostblocks auch in der Praxis des Kulturaustausches zu unbefriedigenden Ergebnissen. Der Westen bemängelte vor allem, daß die Ostblockländer – von Ausnahmen in Polen und Ungarn abgesehen – nur die Bücher, Filme usw. übersetzten bzw. synchronisierten und ins Land ließen, die ihnen nützlich oder politisch genehm waren, daß es wirkliche kulturelle Freizügigkeit und Freiheit aber nicht gab. Die östliche Seite konnte andererseits auf ein quantitatives Maß an kultureller Aktivität verweisen, bei dem der Westen seinerseits nicht Schritt zu halten vermochte. Die Sowjetunion betonte mit Stolz, den Weltrekord in der Übersetzung ausländischer Bücher zu halten, ohne allerdings zu erwähnen, daß es sich dabei überwiegend um technologische und naturwissenschaftliche Literatur für Forschungszwecke und praktische Nutzanwendung handelte und die Zahl der übersetzten Titel im Bereich Belletristik gering war, von kritischer Literatur in Politik und Geschichte ganz zu schweigen.[90] Polen importierte 1973 allein aus der Bundesrepublik über 80000 Bücher im Wert von 3,3 Millionen DM, aus England und den USA noch mehr, während umgekehrt die Bundesrepublik nur für 1,5 Millionen DM Bücher aus Polen importierte. 1240 Bücher wurden zwischen 1948 und 1965 aus dem Deutschen ins Polnische übersetzt, aber nur 539 Bücher aus dem Polnischen ins Deutsche. Noch sehr viel ungünstiger für den Westen war ein Vergleich der Übersetzungen zwischen Polen, den USA, England und Frankreich: Zwischen 1945 und 1973 wurden 1137 Titel aus dem Englischen, 1352 aus dem Französischen und 800 aus dem Amerikanischen ins Polnische übersetzt, umgekehrt dagegen nur 87 polnische Titel ins Englische, 139 ins Französische und nur 97 ins Amerikanische. Der Anteil östlicher Länder an Übersetzungen in der Bundesrepublik Deutschland betrug insgesamt nur 5%. In den anderen westlichen Ländern war dieser Anteil noch geringer.[91]

Die östliche Seite konnte hier also darauf verweisen, daß nicht sie, sondern der Westen einen „Nachholbedarf an kultureller Freizügigkeit" aufzuweisen habe. Richtig an dieser Argumentation war, daß die Lücken im Westen in der Beschäftigung mit osteuropäischer Kultur außerordentlich groß und die Bereitschaft, diese Lücken zu schließen, außerordentlich gering waren. Allein die sprachlichen Probleme stellten ein beinahe unüberwindliches Hindernis dar. Bis die Bücher eines sowjetischen, polnischen, tschechoslowakischen, ungarischen, bulgarischen oder rumänischen Autors in westlichen Ländern verlegt wurden – in zumeist geringer Auflage –, mußte der betreffende Autor entweder schon international bekannt oder auf spektakuläre Weise – etwa als Regime-Kritiker – besonders hervorgetreten sein. Nur selten gelang es einem „gewöhnlichen" osteuropäischen Schriftsteller, seine Werke im Westen zu veröffentlichen. Neben westlichem kulturellem Hochmut dürften dafür vor allem wirtschaftliche Gründe verantwortlich gewesen sein: Westliche Verlage scheuten das Risiko, Bücher unbekannter osteuropäischer Autoren zu verlegen, bei denen sie mit großer Sicherheit davon ausgehen konnten, daß sie nur wenige Leser finden würden. Politik spielte dabei kaum eine Rolle. In Osteuropa war es genau umgekehrt: Dort bestand ein überaus großes Interesse an westlicher Literatur. Bücher westlicher Autoren waren stets schnell vergriffen. Aber bei der Vorentscheidung über Lizenzerwerbungen rangierten politische Kriterien häufig gleichrangig neben der künstlerischen Beurteilung oder waren ihr sogar übergeordnet.

Falsch an dem Argument eines „westlichen Nachholbedarfs an kultureller Freizügigkeit" war die darin enthaltene Unterstellung, der quantitative Umfang der in osteuropäischen Ländern verlegten Literatur sei auch ein Maßstab für kulturelle Freiheit in diesen Ländern. Sicherlich gab es innerhalb Osteuropas in dieser Hinsicht Unterschiede. Einige Länder, vor allem Polen und Ungarn, bemühten sich sehr um ein möglichst breites Spektrum an Kenntnissen über die westliche Kultur und das westliche Geistesleben und gelangten auf diese Weise zu einem intensiven und pluralistischen kulturellen Austauschprogramm, bei dem Interesse und Engagement auf östlicher Seite oft größer waren als bei den westlichen Partnern und das auch Rückwirkungen auf die kulturelle Vielfalt in diesen Ländern hatte. Andererseits ließen die Verhältnisse in den meisten osteuropäischen Ländern den Schluß nicht zu, daß dort kulturelle Freiheit und Freizügigkeit herrsche. In der Sowjetunion, der DDR, Bulgarien, Rumänien und der Tschechoslowakei wurde Künstlern und Schriftstellern von der Staatsmacht nur ein bescheidener Spielraum gewährt, um dessen Erhaltung und Erweiterung sie ständig kämpfen mußten. Aufführungs- und Publikationsverbote, Inhaftierungen und Ausweisungen vieler osteuropäischer Künstler und Schriftsteller belegen, wie gering dieser Spielraum war und mit welch drastischen Zwangsmaßnahmen jeder zu rechnen hatte, der seine Grenzen überschritt.

Ein Beispiel für die Einseitigkeit östlicher Kulturprogramme ist der Buchaustausch zwischen der Bundesrepublik und der DDR. Zwischen der DDR und der Bundesrepublik wurden 1972 nach Angaben des Börsenvereins der Deutschen Buchhändler zu Leipzig 273 Lizenzen von Verlagen aus der Bundesrepublik erworben und 255 Lizenzen an Verlage in der Bundesrepublik vergeben.[92] Ähnliche Größenordnungen dürften auch in den darauffolgenden Jahren erreicht worden sein.[93] Bei den in die DDR vergebenen Lizenzen handelte es sich allerdings – wie im sowjetischen Fall – größtenteils um Sach- und Fachliteratur. Bei der Erwerbung von Lizenzen für moderne Belletristik war die DDR ebenso zurückhaltend wie die Sowjetunion und beschränkte sich auf Werke weniger Autoren, wie Heinrich Böll, Max von der Grün, Rolf Hochhuth und Franz Xaver Kroetz. In der Bundesrepublik erschienen dagegen – und hier ist die DDR schon aufgrund der sprachlichen Situation mit anderen osteuropäischen Ländern nicht zu vergleichen – Lizenzausgaben praktisch aller bedeutenden DDR-Schriftsteller. Außerdem war in der Bundesrepublik jedes in der DDR für den Export freigegebene Buch über den normalen Buchhandel zu beziehen, während in der DDR nur besonders berechtigte Personen und Institutionen Zugang zu „Westliteratur" hatten, soweit diese nicht ohnehin bereits offiziell im Handel erhältlich war.[94]

Im Bereich des Austausches fertiger Film- und Fernsehproduktionen wurden nach Angaben des Bundesamtes für gewerbliche Wirtschaft in Frankfurt am Main 1970–72 Rechte an 32 Spielfilmen und 12 Kultur- und Dokumentarfilmen aus der Bundesrepublik an die DDR geliefert, 1973–75 Rechte an 25 Spielfilmen und 26 Kultur- und Dokumentarfilmen. Umgekehrt lieferte die DDR 1970–72 Rechte an 55 Spielfilmen und 18 Kultur- und Dokumentarfilmen und 1973–75 Rechte an 139 Spielfilmen und 84 Kultur- und Dokumentarfilmen an die Bundesrepublik.[95] Das Fernsehen der DDR erwarb zwischen 1965 und 1972 insgesamt 51 Produktionen von der ARD, von 1973 bis 1975 45 Produktionen sowie 2 Produktionen des ZDF. Die Zusammenarbeit zwischen den Fernsehanstalten der DDR und der Bundesrepublik stand jedoch auch Ende der siebziger Jahre noch ganz am Anfang. Abgesehen von der Vereinbarung vom 30. September 1971 über die Errichtung und Inbetriebnahme einer farbtüchtigen Richtfunkstrecke zwischen beiden Staaten und dem im Verkehrsvertrag vom 26. Mai 1972 geregelten gegenseitigen Austausch von Straßenzustands- und Schiffahrtsnachrichten gab es kaum gemeinsame Aktivitäten.

Dabei war die DDR noch ein günstiger Sonderfall. Sprachbarrieren, die die Beziehungen zwischen osteuropäischen und westlichen Ländern erschwerten, gab es beim Austausch von Büchern oder Filmen zwischen der Bundesrepublik und der DDR nicht. Das DDR-Fernsehen war durch das reichhaltige Angebot des Westfernsehens gezwungen, verstärkt westliche Filme in sein Programm aufzunehmen, um für die eigene Bevölkerung attraktiver zu werden. Durch den intensiven Rundfunk- und Fernsehkontakt der DDR-Bevölkerung zum Westen und die millionenfachen Begegnungen auf der Grundlage der Verwandtenbesuche war es zudem für die DDR schwieriger als für andere Länder des Ostblocks, insbesondere die Sowjetunion, geistige Entwicklungen im Westen, neue Themen, Ideen, Informationen und Diskussionen, einfach totzuschweigen. In den osteuropäischen Ländern außerhalb der DDR galten diese Sonderbedingungen nicht oder, wie in Ungarn und der Tschechoslowakei, nur in eingeschränktem Maße, so daß der Zwang zur Beschäftigung mit westlichen Ideen und zum Kulturaustausch dort entsprechend geringer war. Wenn dies trotzdem geschah, wie in Polen, dann beruhte dies auf eigenem Antrieb und Interesse oder einer traditionellen Westorientierung und war um so höher zu veranschlagen, als dies nicht der allgemeinen Linie im Ostblock entsprach und im Westen häufig auf relativ wenig Gegeninteresse stieß. Immerhin trug die Entspannungspolitik dazu bei, die Bedingungen für solche Kontakte zu verbessern, wofür die starke Zunahme von Kulturwochen und Ausstellungen osteuropäischer Länder im Westen und westlicher Länder in Osteuropa in den siebziger Jahren, meist auf der Basis von Städtefreundschaften, ein gutes Beispiel ist.

Zurückhaltung in Ost und West trotz prinzipiell vorhandenen Interesses bestimmte auch die Ost-West-Beziehungen auf dem Gebiet des Archiv- und Bibliothekswesens sowie im Wissenschaftsaustausch. Der Westen betonte in diesen Bereichen auf der KSZE besonders die Frage des Zugangs zu Büchern, Filmen, Bibliotheken, Archiven usw. und die Erweiterung der Möglichkeiten zum Austausch von Wissenschaftlern und Studenten und zur Förderung des Studiums fremder Sprachen.[96] Schwierigkeiten gab es vor allem im Archiv- und Bibliothekswesen. Während in westlichen Archiven und Bibliotheken für Bürger osteuropäischer Länder die gleichen Benutzungsrechte galten wie für Bürger westlicher Länder, waren die politischen und bürokratischen Hindernisse in Osteuropa häufig unüberwindlich: Anträge auf Benutzungserlaubnis für Archive wurden abgelehnt oder erst nach unangemessen langen Wartefristen genehmigt; der Zugang zum Material war begrenzt, eine Öffnung der umfangreichen „Giftschränke“, in denen ideologisch oder politisch nicht genehmes Material lagerte (eine östliche Besonderheit im internationalen Archivwesen), war für westliche Benutzer praktisch ausgeschlossen; im Leihverkehr lehnten es östliche Bibliotheken häufig ab, speziellere Forschungsliteratur naturwissenschaftlichen und technologischen Inhalts, die umgekehrt den überwiegenden Teil ihres Fernleihverkehrs mit dem Westen ausmachte, in westliche Länder auszuleihen. Auch hier gab es aber große Unterschiede in der Handhabung zwischen den osteuropäischen Ländern und sogar innerhalb der Länder zwischen den einzelnen Bibliotheken und Archiven und je nach Themenstellung.

Ein sehr differenziertes Bild bot ebenfalls der Austausch von Wissenschaftlern und Studenten, wobei im Westen häufig Vorurteile über die realen Möglichkeiten und den Umfang derartiger Austauschbeziehungen bestehen. Insbesondere mit Polen und Ungarn gab es einen sehr regen Wissenschaftsaustausch, der während der Entspannungspolitik erheblich an Umfang zunahm. Allein zwischen der Bundesrepublik und Polen umfaßte dieser Austausch 1969 insgesamt 106 Personen in beiden Richtungen, 1973 immerhin schon 575 Personen. Von 1969 bis 1973 wurden insgesamt etwa 1 700 westdeutsche und polnische Wissenschaftler ausgetauscht, wobei etwa 900 Wissenschaftler aus der Bundesrepublik nach Polen und etwa 800 polnische Wissenschaftler in die Bundesrepublik reisten.[97] Aus Ungarn fuhren 1972 3 592 Wissenschaftler ins Ausland, 1 465 davon in den Westen. Die DDR veranstaltete 1974 etwa 550 Kongresse und Tagungen mit internationaler Beteiligung, überwiegend jedoch aus dem kommunistischen Ausland.[98] In der Sowjetunion konnten seit 1969 Wissenschaftler aus der Bundesrepublik nicht nur in Moskau und Leningrad, sondern grundsätzlich an allen Universitäten der Republikhauptstädte aufgenommen werden. Zwischen 1969 und 1972 machten davon 317 Wissenschaftler aus der Bundesrepublik Gebrauch. Zur gleichen Zeit kamen 311 sowjetische Wissenschaftler zu Vorträgen, Informationsaufenthalten und Forschungsaufträgen in die Bundesrepublik.[99] Diese Zahl erhöhte sich 1973 auf je 100 Wissenschaftler in beiden Richtungen und hatte auch 1974 eine weiter steigende Tendenz.[100]

Dies waren keine beeindruckenden Zahlen, aber meist waren es nicht politische Gründe, die einen größeren Austausch verhinderten, sondern Sprachschwierigkeiten oder einfach mangelndes Interesse. Dies war besonders auffallend beim Studentenaustausch. Nur 22 Studenten aus der Bundesrepublik fanden sich 1975 bereit, ein Jahr lang an einer osteuropäischen Universität zu studieren, obwohl genügend weitere Studienplätze zur Verfügung gestanden hätten. 84 Studenten aus Osteuropa studierten zur gleichen Zeit an Universitäten in der Bundesrepublik.[101] Ähnliche Erfahrungen konnte man auch bei Stipendienangeboten machen, für die es kaum Bewerber gab.[102] Ein wesentliches Hindernis war immer wieder die Sprache, die es vor allem westlichen Interessenten unmöglich machte, die Mindestanforderungen für einen Aufenthalt in Osteuropa zu erfüllen. Während in Osteuropa das Studium westlicher Sprachen nicht nur möglich, sondern auch durchaus verbreitet war, meist Englisch, vielfach auch Deutsch, konzentrierte sich die Ausbildung an westlichen Schulen und Universitäten auf die westlichen Hauptsprachen; selten einmal wurde Russisch angeboten, fast nie Polnisch, Tschechisch oder andere slawische Sprachen, die meist nur in Spezialeinrichtungen, in großen Sprachlabors oder an Osteuropa-Instituten, erlernbar waren.[103]

Insgesamt gesehen waren alle diese Aktivitäten auf dem Gebiet der kulturellen Ost-West-Beziehungen ausbaufähig, bedurften dazu aber eines größeren Interesses bei den Betroffenen und politischer Aufmerksamkeit, die diesem „Randthema" im ersten Jahrzehnt des Entspannungsprozesses noch kaum zuteil geworden war. Viele Probleme in diesem Bereich hatten rein praktische Ursachen und waren schon deshalb lösbar, weil das ideologische und politische Störpotential relativ gering und das östliche Interesse an einer Fortschreibung und Intensivierung der kulturellen Beziehungen mit dem Westen relativ groß war.

7.6. Zusammenfassung

Der Versuch einer Vergrößerung der Freizügigkeit für Menschen, Informationen und Meinungen im Rahmen der Entspannungspolitik war durch starke west-östliche Interessengegensätze belastet. Die westlichen Länder mit freiheitlich-demokratischer Grundordnung hielten ein möglichst hohes Maß an individueller Freiheit und Freizügigkeit für eine Grundbedingung einer menschenwürdigen Existenz und bestanden daher bei den Verhandlungen über Sicherheit und Zusammenarbeit in Europa auf einer Einbeziehung dieser Thematik in die Verhandlungen. Die Sowjetunion und ihre Verbündeten dagegen sahen in der Zunahme der Westkontakte ihrer Bevölkerungen eine Gefährdung der inneren Stabilität ihrer Länder, bezeichneten die Bestrebungen des Westens als „ideologische Kriegführung" und verstärkten schon vor Beginn der Entspannungspolitik ihre Maßnahmen zur Abgrenzung und Abschirmung des Ostens gegenüber dem Westen.

Die KSZE-Schlußakte von Helsinki enthielt eine große Zahl von Vorschlägen, Anregungen und Plänen zur Förderung menschlicher Kontakte zwischen Ost und West, des Informationsaustausches, der kulturellen Beziehungen und der Zusammenarbeit und des Austausches im Bereich der Bildung. Allerdings waren diese Vereinbarungen so formuliert, daß ihre Ausführung weitgehend vom Wohlwollen der einzelnen Teilnehmerstaaten abhing und der Regelung durch bilaterale oder multilaterale Folgevereinbarungen bedurfte. Die Vereinbarungen von Helsinki brachten daher in dieser Hinsicht keine Wende, sondern markierten lediglich einen Zwischenschritt auf dem Wege zu besseren Beziehungen.

Die Entspannungspolitik hatte schon vor Helsinki in manchen Punkten mehr Freizügigkeit bewirkt, und diese Entwicklung hielt auch nach Helsinki an. Erleichterungen gab es insbesondere auf dem Gebiet der menschlichen Kontakte, bei Begegnungen auf der Grundlage familiärer Bindungen, bei der Familienzusammenführung, bei Eheschließungen von Bürgern verschiedener

Länder, bei Reisen aus persönlichen oder beruflichen Gründen, im Tourismus, bei Jugendbegegnungen und im Sport. Auch in den Bereichen Kultur und Bildung nahmen die Kontakte zu, wenn auch nicht im gleichen Umfang. Als sehr problemreich erwies sich das Gebiet des Informationsaustausches. Hier waren die Widerstände, mehr Freizügigkeit zu gewähren, auf östlicher Seite – von Ausnahmen abgesehen – besonders groß. Zwar wurden einige Verbesserungen hinsichtlich der Arbeitsbedingungen von Journalisten und der technischen Voraussetzungen für Informationsübertragung erzielt, aber Freizügigkeit gab es in diesem Bereich, gemessen an westlichen Maßstäben, in den osteuropäischen Ländern weder vor noch nach Helsinki. Der grundlegende Widerspruch zwischen der westlichen Forderung nach Durchsetzung des Menschenrechts auf Meinungs-, Presse- und Informationsfreiheit und dem östlichen Festhalten am regierungsamtlichen Informationsmonopol und an staatlich gelenkten und kontrollierten Medien blieb ungelöst. Für die Sowjetunion und ihre Verbündeten warf schon die östlicherseits nicht zu verhindernde Durchbrechung des Informationsmonopols durch westliche Rundfunk- und Fernsehsender erhebliche Legitimations- und Integrationsprobleme auf und bedrohte die innere Stabilität ihrer Systeme. Eine Liberalisierung der Medien- und Informationspolitik hätte diese Probleme nach östlicher Ansicht noch verschärft und wurde daher abgelehnt. Wie wenig die kommunistischen Länder mit den Konsequenzen zunehmender Westkontakte ihrer Bevölkerung fertig wurden, zeigten das vermehrte Auftreten von Bürgerrechtsbewegungen und Helsinki-Komitees und deren Forderungen nach Verwirklichung der Menschenrechte und der KSZE-Vereinbarungen, Ausweisungen westlicher Journalisten aus der Sowjetunion und der DDR, Visaverweigerungen und eine insgesamt restriktive Auslegung getroffener Vereinbarungen.

Die Entspannungspolitik führte also auf der einen Seite zu Erleichterungen und zu größerer Freizügigkeit für Menschen, Informationen und Meinungen. Auf der anderen Seite ließ das in Osteuropa und in der Zusammenarbeit zwischen Ost und West erreichte Maß an Freizügigkeit aber immer noch keinen Vergleich mit westlichen Verhältnissen zu. Wie in anderen Bereichen, so stand die Entspannungspolitik auch in diesem Bereich Ende der siebziger Jahre erst am Anfang ihrer Entwicklung.

8. Hat die Entspannungspolitik eine Zukunft?

Eine historische Bewertung der Entspannungspolitik muß die Frage beantworten, ob und inwieweit diese Politik qualitativ neue Elemente enthält, die sie von Politiken früherer Epochen unterscheidet. Richard Löwenthal hat gesagt, die Geschichte des Ost-West-Konflikts kenne drei große Konstanten und eine Hauptvariable. Konstanten seien die Rivalität der USA und der Sowjetunion, die durch das Auftreten neuer Kräfte wohl schrittweise modifiziert, aber niemals als Hauptachse der Weltpolitik ersetzt worden sei, der Gegensatz der Systeme dieser beiden Mächte, vor allem der politischen Systeme und Ideologien, und die Notwendigkeit der friedlichen Koexistenz im Sinne der Vermeidung eines selbstzerstörerischen Nuklearkrieges. Die Hauptvariable sei die wechselnde Bereitschaft oder Fähigkeit der Gegenspieler, Formen und Bereiche des Konflikts durch Verhandlungen und Teilabkommen zu begrenzen.[1] Entspannung ist demnach für Löwenthal „nicht mehr und nicht weniger als ein Mittel zur Begrenzung von Formen und Bereichen des Ost-West-Konflikts" und „als solches nützlich für beide Seiten", bot aber „niemals eine Chance, den Konflikt als Ganzes zu beenden, und war darum notwendig auf ein Gleichgewicht der Kräfte gegründet".[2]

An dieser Definition des Ost-West-Konflikts und der Entspannungspolitik ist ein Faktor besonders hervorzuheben, weil er die Neuartigkeit des Verhältnisses zwischen den Mächten in der zweiten Hälfte des 20. Jahrhunderts kennzeichnet: der Zwang zur Verhütung eines Nuklearkrieges. Die anderen genannten Aspekte dienen lediglich der Situationsbeschreibung, vermögen jedoch nicht die Entstehung der Entspannungspolitik gerade zu diesem Zeitpunkt zu erklären. Rivalität zwischen Mächten gab es in allen Perioden der Geschichte, wobei die Auseinandersetzungen, die in der Antike und im Mittelalter noch regional begrenzt waren, schon in der frühen Neuzeit weltweiten Maßstab gewannen, wie zwischen Spanien und Portugal mit der „Aufteilung der Welt" 1494 im Vertrag von Tordesillas durch Papst Alexander VI., zwischen England und Spanien mit dem Aufstieg Englands zur See- und Kolonialmacht im 16. Jahrhundert oder im Spanischen Erbfolgekrieg, einem Weltkrieg unter Englands Führung gegen Frankreich zu Beginn des 18. Jahrhunderts. Seit 1945 ist die Zahl der rivalisierenden Großmächte zwar auf nur zwei „Supermächte" – die USA und die Sowjetunion – zusammengeschrumpft, und ein Krieg zwischen ihnen würde unvermeidlich den dritten Weltkrieg innerhalb eines Jahrhunderts bedeuten. Dennoch ist ein militärischer Zusammenstoß zwischen beiden keineswegs ausgeschlossen und war mehr als einmal möglich: 1948 in Berlin, 1950 in Korea, 1956 während der

Ungarn/Suez-Krise, 1962 in Kuba. Es ist eine normale, von Rivalität geprägte Mächtekonstellation, wie es sie in der Geschichte oftmals gegeben hat und wahrscheinlich immer wieder geben wird.

Auch der ideologische Gegensatz zwischen Ost und West ist nichts qualitativ Neues. Im Mittelalter, seit der Begründung des arabischen Weltreiches durch den Kalifen Omar im 7. Jahrhundert und den Kreuzzügen zwischen dem 11. und 13. Jahrhundert, beschwor der Glaubenskampf zwischen Islam und Christentum eine Serie von Kriegen herauf, bis man sich nach der Abwehr der Türken vor Wien 1683 auf „religiöse Einflußsphären" zurückzog, die geographisch scharf gegeneinander abgegrenzt waren. Beide Religionen erwiesen sich als weitgehend unfähig zur Koexistenz, was sich noch im libanesischen Bürgerkrieg in den siebziger Jahren unseres Jahrhunderts offenbarte. In der frühen Neuzeit war die europäische Geschichte geprägt von der Auseinandersetzung zwischen Protestantismus und Katholizismus, die auch der nach dem Schmalkaldischen Krieg im Augsburger Religionsfrieden 1555 vereinbarte Grundsatz des *cuius regio, eius religio* nicht zu beenden vermochte. Erst der Westfälische Frieden ermöglichte 1648 nach dem Dreißigjährigen Krieg unter Zugrundelegung des Jahres 1624 als „Normaljahr" für Bekenntnisstand und Kirchengut die Vereinbarung konfessional gebundener Einflußgebiete. Nach der Aufklärung führte der Streit um monarchische und republikanische Staatsvorstellungen fast überall zu Revolutionen, die in der Regel mit der Ersetzung der Monarchien durch Republiken endeten. Nur in wenigen Fällen, so in England, gelang die reformatorische Wandlung der Monarchie zu einer konstitutionellen Monarchie, die den Monarchen als Staatsoberhaupt beibehielt, in der aber die Regierungsgewalt, wie in der Republik, über ein Parlament vom Volke ausging. Der Prozeß der Ablösung der Monarchien war – von der Ausnahme Japan abgesehen, wo der Tennō sich weiter behauptete – im wesentlichen 1918 mit der Abdankung Kaiser Wilhelms II. und des Verzichts des österreichisch-ungarischen Kaisers Karl „auf jeden Anteil an den Regierungsgeschäften" beendet; Österreich-Ungarn zerfiel, in Deutschland wurde die Republik ausgerufen. Die Oktoberrevolution in Rußland hatte aber bereits ein Jahr zuvor mit dem Sturz des Zarismus und dem Ziel der Errichtung eines kommunistischen Gemeinwesens eine neue Herrschaftsalternative aufgestellt und damit für neuen ideologischen Konfliktstoff gesorgt. An die Stelle des Gegensatzes von Monarchie und Republik trat nun der Gegensatz von Kapitalismus und Kommunismus, von parlamentarischer Demokratie und „Diktatur des Proletariats".

Weder aus Gründen der Rivalität zwischen Mächten noch aufgrund des ideologischen Streites über Ordnungsvorstellungen für Staat und Gesellschaft ist es also gerechtfertigt, vom Mächtedualismus der USA und der Sowjetunion und dem Ost-West-Konflikt als einer qualitativ neuen Lage in der Weltpolitik zu sprechen. Neu ist dagegen die Entwicklung der Atombombe und der Interkontinentalraketen, die dazu führt, daß gerade den mächtigsten

Ländern die Hände gebunden sind, wenn es um die Entscheidung zum Krieg geht. In einer Situation, in der ein vernichtender Angriffskrieg unweigerlich den ebenso vernichtenden Gegenschlag auslöst und in der keine Aussicht mehr besteht, das gegnerische Potential mit einem Erstschlag *(first-strike)* auszuschalten, weil der Gegner über eine unverwundbare Zweitschlagsfähigkeit *(second-strike capability)* verfügt, entfällt für die nuklearen Großmächte der Krieg als Instrument zur Fortsetzung ihrer Politik mit anderen Mitteln. An seine Stelle tritt der Zwang zur Kriegsverhütung, der zur Entspannung führt, weil sie die Kriegsverhütung erleichtert. Der Kalte Krieg hat zwar bewiesen, daß Kriegsverhütung im Atomzeitalter auch unter Bedingungen der Konfrontation möglich ist, wenn sich die Gegner zumindest über die Notwendigkeit der Vermeidung eines Nuklearkrieges einig sind. Allerdings sind die Risiken einer Politik begrenzter Konfrontation nicht vollständig kalkulierbar, da das Verhalten überforderter Politiker und Militärs in extremen Grenzsituationen nicht vorhersehbar ist. Es bleibt ein Restrisiko, das um so höher zu veranschlagen ist, als es dabei um nichts Geringeres als um die Vernichtung der Menschheit geht. Selbst wer nicht wie Karl W. Deutsch der Überzeugung ist, daß die Gefahr eines Kriegsausbruchs nach den Regeln der kumulativen Wahrscheinlichkeit von Krisensituation zu Krisensituation größer und die Wahrscheinlichkeit eines Erfolges der Politik der Abschreckung im Sinne der Kriegsverhütung von Mal zu Mal geringer wird, muß daher am Sinn einer auf Konfrontation bedachten Politik der Stärke zweifeln, weil diese, wie die Erfahrung des Kalten Krieges ebenfalls gezeigt hat, zu einer Häufung von Konflikten führt, die Verantwortlichen vor schwierige Entscheidungen stellt und damit immer wieder Kriegsgefahr heraufbeschwört. Eine Politik der Entspannung kann Krisen vorbeugen oder beseitigen und Kriegsgefahr mindern. Deshalb ist Entspannung vernünftig. Deshalb gibt es vernünftigerweise zur Entspannung keine Alternative. Entspannung ist somit „das Ergebnis eines technologischen Durchbruchs … , keine Modeangelegenheit, sondern Ausdruck eines lebenswichtigen Interesses, das nur dann verändert werden könnte, wenn einer der beiden Kontrahenten eine technologisch neue Dimension erreichte, die ihm die Überlegenheit über den anderen zu einem tragbaren Risiko als möglich erscheinen ließe".[3]

Die Spannbreite der Beziehungen zwischen den Großmächten ist also gering geworden, seit das nukleare Patt in den sechziger Jahren der Weltpolitik immer sichtbarer seinen Stempel aufgedrückt hat. Ein Krieg zwischen Ost und West ist ebenso unwahrscheinlich wie Verständigung und völlige Aussöhnung. Die Beziehungen bewegen sich auf dem schmalen Grat zwischen begrenzter Konfrontation und begrenzter Kooperation, zwischen Kaltem Krieg und Entspannungspolitik. Da es realistische Alternativen nicht gibt, ist eine am *status quo* orientierte Erstarrung des Ost-West-Verhältnisses eingetreten, die man auch mit einer Beruhigung und Abschwächung des Ost-West-Konflikts verwechseln kann. Die Verringerung der Spannungen bedeutet indessen nicht das Ende des system- und machtpolitischen Gegensatzes, sondern nur seine kontrollierte Unterordnung unter gemeinsame Verhaltensgrundsätze. Es kennzeichnet die Kompliziertheit der Entspannungspolitik, daß in ihr Elemente der Konfrontation und der Kooperation gleichzeitig enthalten sind, daß es ein „Nebeneinander von Konflikt und Kooperation, reduziertem Konflikt und begrenzter Kooperation"[4] gibt. Beispiele dafür sind die Parallelität von Rüstung und Entspannung, das Nebeneinander von Wettrüsten und Rüstungskontrollverhandlungen, von Entspannung und machtpolitischer und ideologischer Auseinandersetzung: 1970 begannen die USA und die Sowjetunion mit den SALT-Verhandlungen, obwohl der Vietnam-Krieg noch andauerte und der von den USA angestrebte „ehrenhafte Frieden" noch keineswegs in Sicht war; 1974/75 unterstützte die Sowjetunion aktiv die Kommunistische Partei Portugals bei ihrem Kampf um die Macht in einem Land, das immerhin Mitglied der NATO war und damit unzweideutig zur westlichen Einflußsphäre gehörte, und ermunterte Kuba, massive Truppeneinheiten zur Unterstützung der marxistischen Befreiungsbewegung MPLA nach Angola zu entsenden, obwohl die Verhandlungen der Konferenz über Sicherheit und Zusammenarbeit in Europa sich in der entscheidenden Schlußphase befanden und die Sowjetunion an westlicher Wirtschaftshilfe interessiert war. Daß diese Elemente der Konfrontation die Entspannungspolitik zwar belasteten, sie jedoch nicht scheitern ließen, zeigt, daß offenbar möglich ist, was Henry A. Kissinger auf die Formel brachte, es komme darauf an, „die Realität der Konkurrenz mit dem Imperativ der Koexistenz" zu vereinbaren.[5]

Aber gab es nicht auch während des Kalten Krieges schon Koexistenz – zumindest eine stillschweigende Respektierung von Einflußsphären? George F. Kennan behauptet ja sogar, die Vorstellung, es habe Anfang der siebziger Jahre einen einschneidenden politischen Wandel zwischen den USA und der Sowjetunion gegeben, sei ein Märchen, das die Nixon-Administration aus innenpolitischen Gründen in die Welt gesetzt habe und das von der westlichen Presse bereitwillig aufgegriffen und ausgeschmückt worden sei. Es habe wohl eine Verbesserung im Ost-West-Verhältnis gegeben, nicht aber eine allgemeine Abmachung, die gegenseitigen Beziehungen zwischen Ost und West fundamental zu ändern und sie auf eine völlig neue Grundlage zu stellen.[6] Ähnlich argumentierte auch der amerikanische Präsident Gerald R. Ford, der aus Enttäuschung über das Verhalten der Sowjets im Vorfeld des Präsidentschaftswahlkampfes 1976 erklärte, er wolle das Wort „Entspannung" – im Englischen die französische Vokabel *détente* – nicht mehr benutzen. Dies war vielleicht nur ein Streit um Worte, zeigt aber, wie nahe Konfrontation und Kooperation im Ost-West-Verhältnis beieinander liegen und wie klein der Sprung vom Kalten Krieg zur Entspannungspolitik (und zurück!) im Grunde ist. Sicherlich hat Kennan recht, wenn er sagt, daß sich die Ost-West-Beziehungen nicht „fundamental" geändert haben. Der Wandel, der durch die Entspannungspolitik eingetreten ist, ist ein Wandel in den politischen Beziehungen, nicht aber ein Wandel in den Grundlagen des Ost-West-Verhältnisses. Der technologische Durchbruch, der die Entspannungspolitik ausgelöst hat, bezieht sich lediglich darauf, im Interesse des eigenen Überlebens den Ausbruch eines Nuklearkrieges zu verhüten. Ob dies in einer Atmosphäre begrenzter Konfrontation oder begrenzter Kooperation geschieht, bleibt dem politischen Willen und Verhalten der Staaten überlassen.

Die Entspannung muß also täglich neu erstritten werden. Gefahren drohen ihr vor allem von zwei Seiten: von den Problemzonen der Dritten Welt, wo zwischen den Großmächten noch keine Einflußsphären abgesteckt und die politischen Verhältnisse im Umbruch begriffen sind, und von der innergesellschaftlichen und innenpolitischen Entwicklung in Ost und West her, wo die Entspannungspolitik den oppositionellen Parteien, Gruppen und Strömungen mehr Spielraum verschafft und sie ermuntert hat, die etablierten politischen Systeme und Herrschaftsverhältnisse in Frage zu stellen und herauszufordern.

In der Dritten Welt ist die Gefahr dramatischer Zuspitzung von Konflikten besonders groß, weil unkontrollierbare regionale Interessen mit Bemühungen der Großmächte zusammentreffen, den eigenen Einflußbereich möglichst auszudehnen und gegnerische Versuche der Einflußerweiterung zurückzuweisen. In diesen Teilen der Dritten Welt – besonders im Süden Afrikas, im Mittleren Osten, im Indischen Ozean und in Südostasien – herrschen ähnliche Bedingungen wie nach dem Zweiten Weltkrieg in weiten Teilen Europas und Asiens – vielleicht mit dem Unterschied, daß die Richtung, die diese Länder politisch einschlagen werden, jetzt noch offener ist als damals, was zugleich größere Unsicherheit in diesen Ländern und ein verstärktes Engagement beider Machtblöcke heraufbeschwört. Da der *status quo* hier nicht festgeschrieben ist und sich auch schwer festschreiben läßt, ist für Ost und West die Versuchung groß, nach politischem Zugewinn zu streben. Die Entspannungsdoktrinen beider Seiten enthalten für solche Fälle ein ausdrückliches Bekenntnis zur Auseinandersetzung der unterschiedlichen Systeme und einen Verzicht auf Koexistenz. Andererseits können politische Umwälzungen in der Dritten Welt durchaus die Stabilität des Ost-West-Verhältnisses untergraben und die politische Atmosphäre zwischen Ost und West vergiften. Wenn dies geschieht, ist auch die Entspannung in Europa und zwischen den USA und der Sowjetunion in Gefahr. Langfristig müssen also Ost und West hinsichtlich ihrer Auseinandersetzung in der Dritten Welt zu Verhaltensabsprachen kommen, um die Entspannung zu sichern. Vorrangig ist dabei das Problem der Rüstungslieferungen, die nicht nur den Ländern der Dritten Welt hohe Militärlasten aufbürden und sie daran hindern, ihre wirtschaftlichen und sozialen Entwicklungsprobleme besser zu lösen, sondern diese Länder auch erst in den Stand versetzen, Konflikte gegeneinander mit modernen Waffen auszutragen, und damit zu einer gefährlichen Eskalation der Spannungen innerhalb der Dritten Welt und zwischen Ost und West beitragen.[7] Eine größere Zurückhaltung der Großmächte bei Waffenlieferungen in die Dritte Welt und bei der Unterstützung regionaler Interessen ist daher ein Hauptanliegen der Entspannungspolitik für die Zukunft. Angesichts der Realitäten des Ost-West-Gegensatzes ist dies jedoch eine schwere, vielleicht unlösbare Aufgabe.

Die zweite Gefahr droht der Entspannungspolitik von ihren inneren Voraussetzungen her: der innen- und blockpolitischen Stabilität der Systeme. Die Entspannungspolitik selbst trägt dazu bei, diese Stabilität zu untergraben. Die gegenseitige Anerkennung von Staaten, die sich zuvor als aggressiv, kriegslüstern, revanchistisch und imperialistisch bezeichnet haben, als Verhandlungs- und Vertragspartner, der plötzlich selbstverständlich gewordene Umgang zwischen Ost und West und die größere Freizügigkeit für Menschen, Informationen und Meinungen führen zum Abbau von Feindbildern und vergrößern den Spielraum für innere Systemopposition. Den politischen Bedingungen in ihren Ländern entsprechend, organisiert sich die Opposition in den osteuropäischen Ländern in außerparlamentarischen Menschen- und Bürgerrechtsbewegungen im politischen Untergrund, bis sie sich hinreichend konstituiert hat, um mit Stellungnahmen, Programmen und Forderungen an die Öffentlichkeit zu treten. In westlichen Ländern verfügt die Systemopposition – in der Regel kommunistische Parteien – häufig über eine parlamentarische Basis, die sie in den siebziger Jahren zum Teil erheblich vergrößern konnte, vor allem in Italien und Frankreich. Bis Ende der siebziger Jahre erwuchs der Entspannungspolitik hieraus noch keine konkrete Bedrohung, aber langfristig ist insbesondere in Osteuropa eine Entwicklung nicht auszuschließen, die die dortigen Machthaber zwingt, aus Gründen der Machterhaltung zu einem politischen Kurs zurückzukehren, der außenpolitische Abriegelung und Konfrontation mit innerer Konsolidierung verbindet. Das Problem, daß Entspannung Auflockerung bewirkt, Auflockerung aber gleichzeitig zur Zerstörung der Grundlagen der Entspannung beiträgt, ist ein durch Verträge nicht lösbares Dilemma. Keine Seite wird sich bereitfinden, einen Verzicht auf inneren Systemwandel beim Gegner zu proklamieren und sich womöglich zu verpflichten, dem Gegner bei der Abwehr und Verhinderung solchen Wandels zu helfen. Behutsamkeit in der Unterstützung oppositioneller Gruppierungen ist das einzige, was man erwarten kann. Darüber hinaus muß man hoffen, daß der unvermeidliche Wandel sich auf eine solche Weise vollzieht, daß die Rückwirkungen auf die Entspannungspolitik gering bleiben.

Die Zukunft der Entspannungspolitik hängt also davon ab, ob es gelingt, für den Bereich der Dritten Welt, der bisher nicht den Regeln eines kontrollierten Konfliktaustrags unterworfen ist, entsprechende Regeln zu vereinbaren und ihn damit in den Entspannungsprozeß einzubeziehen, und ob der Systemwandel in Ost und West so geordnet verläuft, daß die Stabilität des

Ost-West-Verhältnisses dadurch nicht ernstlich in Gefahr gerät. Trotz der Unsicherheit, ob dies gelingen wird, kann man mit einiger Zuversicht in die Zukunft blicken, weil es eine vernünftige Alternative zur Entspannung nicht gibt, so daß selbst bei einer vorübergehenden Stärkung der konfrontativen Elemente des Ost-West-Konflikts früher oder später eine Rückkehr zur Entspannung zu erwarten ist – nicht aufgrund der Eigengesetzlichkeit und des Durchsetzungsvermögens der Entspannungspolitik, sondern weil die Prinzipien des Atomzeitalters eine Politik interessengebundener Kooperation zur Ausschaltung von Kriegsrisiken stärker begünstigen als eine Politik kalkulierter Konfrontation, die sich stets am Rande eines Atomkrieges bewegt.

Chronologie

1939

1. 9.   Deutscher Angriff auf Polen. Beginn des Zweiten Weltkrieges.

1941

22. 6.   Deutscher Angriff auf die Sowjetunion.

12. 7.   Unterzeichnung eines britisch-sowjetischen Abkommens über ein gemeinsames Vorgehen im Krieg gegen Deutschland.

30./31. 7.   Unterredung des US-Beauftragten Harry Hopkins mit der sowjetischen Regierung in Moskau.

9.–12. 8.   Atlantikkonferenz zwischen den USA und Großbritannien vor Neufundland.

14. 8.   Verkündung der Atlantik-Charta durch US-Präsident Franklin D. Roosevelt und den britischen Premierminister Winston S. Churchill von Bord der Schiffe „Augusta" und „Prince of Wales" im Nordatlantik.

28. 9.–1. 10. Erste Dreierkonferenz der USA, Großbritanniens und der Sowjetunion in Moskau (Vereinbarung von Material- und Rohstofflieferungen).

7. 12.   Japanischer Angriff auf die amerikanische Pazifik-Flotte in Pearl Harbor/Hawaii. Kriegseintritt der USA.

12. 12.   Deutsche Kriegserklärung an die USA.

1943

14.–26. 1.   Konferenz von Casablanca zwischen Roosevelt und Churchill (Forderung nach bedingungsloser Kapitulation Deutschlands).

15. 5.   Auflösung der Kommunistischen Internationale.

28. 11.–1. 12. Konferenz von Teheran zwischen Roosevelt, Churchill und Stalin (Beratung über Zusammenarbeit in und nach dem Kriege).

1944

12. 9.   Unterzeichnung des Londoner Protokolls zwischen den USA, Großbritannien und der Sowjetunion über die Besatzungszonen in Deutschland und die Verwaltung von Groß-Berlin.

9.–18. 10.   Besprechung zwischen Churchill, Eden und Stalin in Moskau (Festlegung von Einflußsphären in Osteuropa und auf dem Balkan).

1945

4.–11. 2.   Konferenz von Jalta zwischen Roosevelt, Churchill und Stalin (Aufteilung Deutschlands in Besatzungszonen, Polen-Frage).

12. 4.	Tod Roosevelts. Harry S. Truman neuer Präsident der USA.
25. 4.	Zusammentreffen amerikanischer und sowjetischer Truppen bei Torgau an der Elbe.
8. 5.	Bedingungslose Kapitulation Deutschlands.
26. 6.	Unterzeichnung der Charta der Vereinten Nationen.
16. 7.	Zündung der ersten amerikanischen Atombombe.
17. 7.–2. 8.	Potsdamer Konferenz zwischen Stalin, Truman und Churchill (für Churchill ab 29. 7. Clement R. Attlee).
6. 8.	Abwurf der ersten amerikanischen Atombombe (Hiroshima).
9. 8.	Abwurf der zweiten amerikanischen Atombombe (Nagasaki).
21. 8.	Aufhebung des Leih-Pacht-Systems (lend-lease) durch die USA.
2. 9.	Bedingungslose Kapitulation Japans. Ende des Zweiten Weltkrieges.
10. 9.–2. 10.	Außenministerkonferenz der USA, Großbritanniens und der Sowjetunion in London (Vorbereitung eines Friedensvertrages mit Deutschland, Streit über Vorgehen der Sowjetunion in Bulgarien und Rumänien).
24. 10.	Charta der Vereinten Nationen tritt in Kraft.
15. 11.	Verabschiedung einer Atom-Charta durch die USA und Kanada (Vorschlag einer Kontrolle aller Kernenergievorhaben durch die UNO).
16.–26. 12.	Außenministerkonferenz der USA, Großbritanniens und der Sowjetunion in Moskau (Vorbereitung von Friedensverträgen mit Italien, Rumänien, Bulgarien, Ungarn und Finnland, keine Einigung in Fragen der Reparations- und Deutschland-Politik).

1946

25. 4.–12. 7.	Außenministerkonferenz der USA, Großbritanniens, Frankreichs und der Sowjetunion in Paris (amerikanischer Vorschlag eines Zusammenschlusses der Besatzungszonen in Deutschland und Vorbereitung eines Friedensvertrages von der Sowjetunion abgelehnt).
14. 6.	Baruch-Plan der USA (Befürwortung sämtlicher Kernenergievorhaben durch die UNO, von der Sowjetunion abgelehnt).
24. 6.	Gründung der Atomenergiekommission der UNO.
29. 7.–15. 10.	Pariser Friedenskonferenz (Erarbeitung von Verträgen mit ehemaligen Verbündeten Deutschlands).
6. 9.	Stuttgarter Rede des amerikanischen Außenministers James F. Byrnes (Neuorientierung der westlichen Besatzungspolitik, Betonung der Vorläufigkeit der Oder-Neiße-Grenze).
4. 11.–11. 12.	Außenministerkonferenz der USA, Großbritanniens, Frankreichs und der Sowjetunion in New York (Vertagung der Deutschland-Frage bis zur Moskauer Konferenz, Behandlung der auf der Pariser Friedenskonferenz vorbereiteten Verträge).

1947

13. 2.	Gründung der UN-Kontrollkommission für herkömmliche Rüstung.
10. 3.–24. 4.	Außenministerkonferenz der USA, Großbritanniens, Frankreichs und der Sowjetunion in Moskau (scharfe Auseinandersetzungen in der Reparations- und Deutschland-Frage).

12. 3.	Verkündung der Truman-Doktrin.
5. 6.	Rede des amerikanischen Außenministers George C. Marshall in der Harvard Universität (Verkündung des Marshall-Plans).
30. 9.	Gründung des Kommunistischen Informationsbüros. Schdanow-Rede (Verkündung der „Zwei-Lager-Theorie").
31. 10.	Unterzeichnung des GATT-Abkommens in Genf (Herabsetzung der Zolltarife und Abbau anderer Handelsschranken, Beseitigung von Handelsdiskriminierungen).
25. 11.–15. 12.	Außenministerkonferenz der USA, Großbritanniens, Frankreichs und der Sowjetunion in London (Differenzen in allen wesentlichen Punkten, der sowjetische Außenminister Wjatscheslaw Molotow spricht von „Versklavung" Deutschlands mit Hilfe des Marshall-Plans und von einem „imperialistischen Krieg", der insgeheim vorbereitet werde).

1948

23. 2.–7. 6.	Londoner Sechsmächtekonferenz der USA, Großbritanniens, Frankreichs, Belgiens, Luxemburgs und der Niederlande (Verhandlungen über die Errichtung eines westdeutschen Staates und über die Einbeziehung der Westzonen in die Marshall-Plan-Hilfe).
25. 2.	Kommunistische Machtübernahme in der Tschechoslowakei.
17. 3.	Unterzeichnung des Brüsseler Fünfmächtevertrages zwischen Großbritannien, Frankreich, Belgien, Luxemburg und den Niederlanden (Zusicherung gegenseitigen Beistands für den Fall eines Angriffs).
20. 3.	Auszug der Sowjetunion aus dem Alliierten Kontrollrat aus Protest gegen die Londoner Sechsmächtekonferenz.
24. 3.	Unterzeichnung der „Charta von Havanna" durch 53 Länder aus Ost und West (allgemeines Zoll- und Handelsabkommen, von keinem Land ratifiziert).
20. 6.	Währungsreform in den drei Westzonen Deutschlands.
23. 6.	Währungsreform in der Sowjetischen Besatzungszone Deutschlands. Versuch ihrer Übertragung auf ganz Berlin von Kommandanten der drei Westsektoren Berlins vereitelt.
24. 6.	Einführung der westdeutschen Währung auch in den drei Westsektoren Berlins. Beginn der Berliner Blockade.
26. 6.	Errichtung einer Luftbrücke zur Versorgung West-Berlins.
28. 6.	Ausschluß Jugoslawiens aus dem Kominform.
10. 12.	Unterzeichnung der Allgemeinen Erklärung der Menschenrechte.

1949

4. 4.	Unterzeichnung des Nordatlantikvertrages (Gründung der NATO).
4. 5.	Unterzeichnung des Jessup-Malik-Abkommens (Beendigung der Berliner Blockade).
12. 5.	Aufhebung der Blockade Berlins
23. 5.	Verkündung des Grundgesetzes der Bundesrepublik Deutschland.
23. 5.–20. 6.	Außenministerkonferenz der USA, Großbritanniens, Frankreichs und der Sowjetunion in Paris (Differenzen in der Deutschlandfrage).

23. 9.	Zündung der ersten sowjetischen Atombombe.
1. 10.	Gründung der Volksrepublik China.
7. 10.	Erklärung der Sowjetischen Besatzungszone Deutschlands zur Deutschen Demokratischen Republik.

1950

26. 1.	Abkommen der Bundesrepublik Deutschland mit den USA über den Beitritt der Bundesrepublik zum Europäischen Wiederaufbau-Programm.
11.–13. 5.	Westliche Außenministerkonferenz der USA, Großbritanniens und Frankreichs in London (Eingliederung der Bundesrepublik in das westliche Bündnissystem und deutsche Wiederbewaffnung erwogen).
25. 6.	Beginn des Korea-Krieges.
20. 7.	Bundesrepublik Deutschland wird assoziiertes Mitglied des Europa-Rates.
12.–18. 9.	Westliche Außenministerkonferenz der USA, Großbritanniens und Frankreichs in New York (Beratung über Korea-Krieg, Forderung nach deutscher Wiederbewaffnung im Rahmen einer Koalitionsarmee).
4. 11.	Unterzeichnung der (Europäischen) Konvention zum Schutze der Menschenrechte und Grundfreiheiten.

1951

26. 10.	Einrichtung des „Amtes Blank" zur Vorbereitung der Wiederbewaffnung der Bundesrepublik.

1952

11. 1.	Bildung der UN-Abrüstungskommission (Ziele: Unterbreitung von Vorschlägen für die Regulierung, Begrenzung und ausgewogene Reduzierung aller Streitkräfte und Rüstungen, die Beseitigung von Massenvernichtungsmitteln und die internationale Kontrolle der Atomenergie).
6. 2.	Auflösung der UN-Kontrollkommission für herkömmliche Rüstung.
11. 2.	Auflösung der UN-Atomenergiekommission.
10. 3.	Stalin-Note (sowjetisches Angebot zur Wiedervereinigung und Wiederbewaffnung Deutschlands um den Preis der Neutralisierung).
9. 4.	Wiederholung des sowjetischen Angebots.
26. 5.	Unterzeichnung des Vertrages über die Europäische Verteidigungsgemeinschaft (EVG) in Paris.

1953

5. 3.	Tod Stalins.
6. 3.	Georgij M. Malenkow wird sowjetischer Ministerpräsident.
16./17. 6.	Volksaufstand in der DDR („17. Juni").
10. 7.	Entmachtung Lawrentij P. Berijas (hingerichtet am 23. 12. 1953).
27. 7.	Waffenstillstand von Panmunjon. Ende des Korea-Krieges.
13. 9.	Nikita S. Chruschtschow wird Erster Sekretär der KPdSU.

1954

25. 1.–18. 2. Außenministerkonferenz der USA, Großbritanniens, Frankreichs und der Sowjetunion in Berlin (Beratung über die deutsche Frage, den österreichischen Staatsvertrag und die Entwicklung in Korea und Indochina, sowjetischer Vorschlag der Schaffung eines gesamteuropäischen kollektiven Sicherheitssystems).

26. 4.–21. 7. Genfer Konferenz über Korea und Indochina (Scheitern der Korea-Verhandlungen, Schlußerklärung über den Indochina-Konflikt).

11. 6. Vorlage eines britisch-französischen Phasenplans zur Abrüstung vor dem Fünfmächte-Unterausschuß der UN-Abrüstungskommission (am sowjetischen Widerstand gegen Inspektionen auf sowjetischem Territorium gescheitert).

30. 8. Scheitern des EVG-Vertrages in der französischen Nationalversammlung.

23. 10. Unterzeichnung der Pariser Verträge (Bildung der Westeuropäischen Union unter Einbeziehung Italiens und der Bundesrepublik, Übertragung des Oberbefehls und der Kontrollbefugnisse über die kontinentaleuropäischen Streitkräfte an die NATO, Aufnahme der Bundesrepublik in die NATO).

1955

8. 2. Ablösung Malenkows als sowjetischer Ministerpräsident durch Nikolai Bulganin.

5. 5. Inkrafttreten der Pariser Verträge. Bundesrepublik Deutschland wird Mitglied der NATO.

14. 5. Unterzeichnung des Warschauer Vertrages über Freundschaft, Zusammenarbeit und gegenseitigen Beistand („Warschauer Pakt").

15. 5. Unterzeichnung des österreichischen Staatsvertrages.

27. 5.–2. 6. Besuch Chruschtschows und Bulganins in Jugoslawien zur Aussöhnung mit Tito.

7. 6. Sowjetische Einladung an Bundeskanzler Konrad Adenauer zu politischen Gesprächen nach Moskau.

18.–23. 7. Gipfelkonferenz der USA (Dwight D. Eisenhower), Großbritanniens (Anthony Eden), Frankreichs (Edgar Faure) und der Sowjetunion (Chruschtschow und Bulganin) in Genf über die Deutschland-Frage und die europäische Sicherheit. Zeichen der Ost-West-Entspannung („Geist von Genf").

21. 7. Vorlage des Eden-Plans zur Schaffung einer Rüstungskontroll- und -inspektionszone in Mitteleuropa und zur Wiedervereinigung Deutschlands.

9.–13. 9. Adenauer in Moskau.

13. 9. Aufnahme diplomatischer Beziehungen zwischen der Bundesrepublik Deutschland und der Sowjetunion.

27. 10.–16. 11. Außenministerkonferenz der USA, Großbritanniens, Frankreichs und der Sowjetunion in Genf über die Deutschland-Frage sowie über Fragen der Abrüstung und europäischen Sicherheit.

1956

14.–25. 2.	XX. Parteitag der KPdSU (Entstalinisierung, Abkehr von der Doktrin der Unvermeidbarkeit von Kriegen, Verkündung der Doktrin der friedlichen Koexistenz).
27. 3.	Gromyko-Plan zur Schaffung einer Rüstungsbegrenzungs- und -inspektionszone in Mitteleuropa.
28./29. 6.	Unruhen in Polen.
19. 10.	Politische Umorientierung in Polen. Konstantin Rokossowskij, sowjetischer Marschall polnischer Abstammung und seit 1949 polnischer Verteidigungsminister, tritt zurück. Zeichen größerer Unabhängigkeit Polens von der Sowjetunion („Polnischer Oktober").
21. 10.–11. 11.	Ungarn-Aufstand (Niederschlagung durch sowjetische Truppen).
29. 10.–2. 11.	Suez-Krieg (britisch-französische Aktion gegen Ägypten und Krieg zwischen Israel und seinen arabischen Nachbarn).
17. 11.	Sowjetunion erklärt sich mit begrenzten Luftinspektionen zur Überwachung von Rüstungskontrollvereinbarungen einverstanden.

1957

11. 1.	Rede des britischen Labour-Politikers Hugh Gaitskell in der Harvard Universität (Vorlage eines Disengagement-Plans für Europa).
29. 7.	Gründung der Internationalen Atomenergie-Organisation (IAEA) mit Sitz in Wien.
3. 10.	Vorschlag des polnischen Außenministers Adam Rapacki zur Errichtung einer atomwaffenfreien Zone in Mitteleuropa (Rapacki-Plan).
4. 10.	Start des „Sputnik", des ersten künstlichen Erdsatelliten der Sowjetunion.
Nov.	George F. Kennan entwirft in seinen „Reith Lectures" in Oxford seine Vorstellungen eines Disengagement in Europa.
14.–16. 11.	Moskauer Konferenz der kommunistischen Parteien (Verurteilung des jugoslawischen „Revisionismus", Anzeichen eines sowjetisch-chinesischen Konflikts).

1958

14. 2.	Erneute Vorlage des Rapacki-Plans zur Errichtung einer atomwaffenfreien Zone in Mitteleuropa.
23. 4.	Gemeinsamer Disengagement-Plan der Labour Party und des britischen Gewerkschaftskongresses auf der Grundlage der Gaitskell-Vorschläge vom 11. 1. 1957.
10. 11.	Berlin-Ultimatum Chruschtschows (Forderung nach Beendigung des Viermächte-Status von Berlin).
27. 11.	Kündigung des Londoner Protokolls vom 12. 9. 1944 durch die Sowjetunion. Forderung nach einer „Freien Stadt Westberlin".
31. 12.	Gemeinsame Antwort der Westmächte auf Chruschtschows Berlin-Ultimatum. Ablehnung von Verhandlungen unter Druck.

1959

8. 1.	Charles de Gaulle wird erster Präsident der V. Republik in Frankreich.
16. 2.	Fidel Castro wird nach gewaltsamem Sturz der Regierung Batista Ministerpräsident Kubas.
11. 5.–5. 8.	Außenministerkonferenz der USA, Großbritanniens, Frankreichs und der Sowjetunion in Genf (Verhandlungen über Abrüstung, europäische Sicherheit, die deutsche Frage und Berlin ergebnislos).
15.–27. 9.	Besuch Chruschtschows in den USA.
1. 12.	Unterzeichnung des Antarktis-Vertrages (Verbot von Atomversuchen, Raketen- und Militärstützpunkten in der Antarktis, in Kraft getreten am 23. 6. 1961).

1960

13. 2.	Zündung der ersten französischen Atombombe in der Sahara.
16./17. 5.	Gipfelkonferenz der USA, Großbritanniens, Frankreichs und der Sowjetunion in Paris scheitert, da Chruschtschow der Konferenz unter Hinweis auf den Abschuß eines amerikanischen U-2-Aufklärungsflugzeuges über der Sowjetunion fernbleibt.
27. 6.	Auszug der Ostblock-Delegierten aus der UN-Abrüstungskommission unter Hinweis auf U-2-Zwischenfall. Unterbrechung der Beratungen für zwei Jahre.
8. 11.	Wahl John F. Kennedys zum Präsidenten der USA.

1961

6. 1.	Rede Chruschtschows über sowjetische Unterstützung nationaler Befreiungskriege.
20. 1.	Amtseinführung Kennedys.
15.–17. 4.	Gescheiterter Invasionsversuch von Exil-Kubanern mit Unterstützung der USA in der Schweinebucht auf Kuba.
3./4. 6.	Treffen zwischen Kennedy und Chruschtschow in Wien.
13. 8.	Beginn des Berliner Mauerbaus.

1962

14. 3.	Wiederaufnahme der Abrüstungsverhandlungen der UN-Abrüstungskommission in Genf.
8. 6.	Unterzeichnung einer amerikanisch-sowjetischen Vereinbarung über gemeinsame friedliche Nutzung des Weltraums auf dem Gebiet der Meteorologie, der Bestimmung des geomagnetischen Feldes und der Fernmeldesatellitentechnik.
4. 7.	Rede Präsident Kennedys in Philadelphia (Entwicklung eines Programms für eine Zusammenarbeit zwischen den USA und einem Vereinigten Westeuropa: „Hantel-Konzeption").
14.–28. 10.	Kuba-Krise.

1963

14. 1.	De Gaulle lehnt EWG-Beitritt Großbritanniens ab.
27. 2.	USA schlagen Aufstellung einer multilateralen Atomflotte der NATO vor (MLF-Projekt).
8. 3.	Verschärfung des sowjetisch-chinesischen Konflikts. China fordert von der Sowjetunion die Rückgabe der in den „ungleichen Verträgen" abgetretenen Gebiete.
20. 6.	Unterzeichnung einer amerikanisch-sowjetischen Vereinbarung über die Errichtung eines „Heißen Drahtes" – einer direkten Fernschreibverbindung – zwischen dem Weißen Haus und dem Kreml.
5. 8.	Unterzeichnung eines Abkommens zwischen den USA, Großbritannien und der Sowjetunion über die teilweise Beendigung der Kernwaffenversuche in der Atmosphäre, im Weltraum und unter Wasser (in Kraft getreten am 10. 10. 1963).
16. 10.	Rücktritt Adenauers.
17. 10.	Ludwig Erhard neuer Bundeskanzler.
22. 11.	Ermordung Präsident Kennedys. Vizepräsident Lyndon B. Johnson wird sein Nachfolger.

1964

15. 10.	Sturz Chruschtschows. Kollektive Führung (Breschnew, Kossygin und ab 9. 12. 1965 Podgorny) tritt an die Spitze der Sowjetunion.
16. 10.	Zündung der ersten chinesischen Atombombe.

1966

1. 7.	Austritt Frankreichs aus der militärischen Integration der NATO.
4.–6. 7.	Bukarester Tagung des Politischen Beratenden Ausschusses des Warschauer Paktes (Vorschlag einer europäischen Sicherheitskonferenz).
1.–12. 8.	Plenum des Zentralkomitees der Kommunistischen Partei Chinas. Proklamation der „Großen Proletarischen Kulturrevolution".
30. 11.	Rücktritt Erhards.
1. 12.	Kurt Georg Kiesinger neuer Bundeskanzler.

1967

27. 1.	Unterzeichnung des Vertrages über die friedliche Erforschung und Nutzung des Weltraums in Washington, London und Moskau (in Kraft getreten am 10. 10. 1967). Verbot, Massenvernichtungsmittel und vor allem Kernwaffen in Erdumlauf zu bringen und auf Himmelskörpern oder im Weltraum zu stationieren.
31. 1.	Aufnahme diplomatischer Beziehungen zwischen der Bundesrepublik Deutschland und Rumänien.
14. 2.	Unterzeichnung des Vertrages von Tlatelolco zur Errichtung einer kernwaffenfreien Zone in Lateinamerika.
24.–26. 4.	Karlsbader Konferenz der kommunistischen und Arbeiterparteien Eu-

ropas (Wiederholung des Vorschlages zur Einberufung einer europäischen Sicherheitskonferenz).

17. 6. Zündung der ersten chinesischen Wasserstoffbombe.

23. 6. Treffen zwischen Präsident Johnson und dem sowjetischen Ministerpräsidenten Kossygin in Glassboro/USA.

14. 12. Bericht des Nordatlantikrats über die künftigen Aufgaben der Allianz (Harmel-Bericht). Formulierung der „Zwei-Pfeiler-Doktrin" über militärische Sicherheit und Entspannung.

1968

31. 3. Verzicht Johnsons auf eine weitere Präsidentschaftskandidatur.

24./25. 6. Tagung des NATO-Ministerrats in Reykjavik/Island.

25. 6. Erklärung des NATO-Ministerrats über beiderseitige und ausgewogene Truppenverminderung („Signal von Reykjavik").

1. 7. Unterzeichnung des Vertrages über die Nichtverbreitung von Kernwaffen in Washington, London und Moskau (in Kraft getreten am 5. 3. 1970).

20./21. 8. Einmarsch von Truppen des Warschauer Paktes in die Tschechoslowakei. Ende des „Prager Frühlings".

29. 8.–28. 9. Konferenz der Nichtkernwaffenstaaten in Genf (Resolution über Gewaltverzicht, Schaffung kernwaffenfreier Zonen, nukleare Abrüstung, Sicherungssystem der IAEA, Zugang zu Material und Information der Kerntechnologie im Rahmen der IAEA).

12. 11. Verkündung der Breschnew-Doktrin über die begrenzte Souveränität sozialistischer Länder.

1969

20. 1. Richard M. Nixon als Nachfolger Johnsons neuer Präsident der USA.

2. 3. Gefechte zwischen sowjetischen und chinesischen Grenztruppen am Ussuri.

17. 3. Verabschiedung des „Budapester Appells" als Ergebnis einer Tagung des Politischen Beratenden Ausschusses des Warschauer Paktes in Budapest. Vorschlag einer Konferenz über Sicherheit und Zusammenarbeit in Europa.

1.–24. 4. IX. Parteitag der KPCh. Offizielle Beendigung der chinesischen Kulturrevolution.

28. 4. Rücktritt de Gaulles.

15. 6. Georges Pompidou neuer französischer Staatspräsident.

28. 9. Wahl des 6. Deutschen Bundestages. Mehrheit für SPD und FDP ermöglicht Bildung einer sozial-liberalen Koalition.

22. 10. Willy Brandt neuer Bundeskanzler.

17. 11. Beginn der SALT-Vorgespräche in Helsinki.

8. 12. Beginn von Sondierungsgesprächen zwischen der Bundesrepublik Deutschland und der Sowjetunion über einen Gewaltverzicht und eine Verbesserung des deutsch-sowjetischen Verhältnisses.

1970

18. 2.	Verkündung der Nixon-Doktrin (Abbau des außenpolitischen Überengagements der USA).
26. 3.	Beginn von Viermächte-Verhandlungen zwischen den USA, Großbritannien, Frankreich und der Sowjetunion über die Lage Berlins.
16. 4.	Beginn der SALT-Verhandlungen in Genf.
12. 8.	Unterzeichnung des Moskauer Vertrages zwischen der Bundesrepublik Deutschland und der Sowjetunion in Moskau.
7. 12.	Unterzeichnung des Warschauer Vertrages zwischen der Bundesrepublik Deutschland und Polen in Warschau.

1971

11. 2.	Unterzeichnung des Vertrages über das Verbot der Anbringung von Kernwaffen und anderen Massenvernichtungswaffen auf dem Meeresboden und im Meeresuntergrund in Moskau, London und Washington (in Kraft getreten am 18. 5. 1972).
10. 4.	Beginn einer Reise amerikanischer Tischtennis-Spieler durch China („Pingpong-Diplomatie").
3. 5.	Rücktritt Walter Ulbrichts als Erster Sekretär des Zentralkomitees der SED. Nachfolger Erich Honecker.
9.–11. 7.	Geheimbesuch des Sicherheitsberaters Präsident Nixons, Henry A. Kissinger, in Peking.
3. 9.	Unterzeichnung des Viermächteabkommens zwischen den USA, Großbritannien, Frankreich und der Sowjetunion über Berlin.
30. 9.	Unterzeichnung eines amerikanisch-sowjetischen Abkommens zur Verbesserung des „Heißen Drahtes".
30. 9.	Unterzeichnung eines amerikanisch-sowjetischen Abkommens zur Verminderung der Gefahr des Ausbruchs eines Nuklearkrieges infolge eines nuklearen Unfalls.
17. 12.	Unterzeichnung des Transitabkommens zwischen der Bundesrepublik Deutschland und der DDR über die Rechtssicherheit und Abfertigung von Reisenden und Gütern zwischen der Bundesrepublik und West-Berlin.

1972

22. 1.	Unterzeichnung der Urkunden für den EWG-Beitritt Großbritanniens, Irlands, Dänemarks und Norwegens.
21.–28. 2.	Besuch Nixons in China.
9. 4.	Unterzeichnung einer Konvention über das Verbot der Entwicklung, Herstellung und Lagerung bakteriologischer (biologischer) und Toxin-Waffen sowie über die Vernichtung solcher Waffen (in Kraft getreten am 26. 3. 1975) in Genf.
22.–30. 5.	Besuch Nixons in der Sowjetunion.
25. 5.	Unterzeichnung eines amerikanisch-sowjetischen Abkommens zur Vermeidung von Zwischenfällen auf und über dem offenen Meer.

26. 5.	Unterzeichnung des SALT-Vertrages zwischen den USA und der Sowjetunion über die Begrenzung ballistischer Raketenabwehrsysteme (in Kraft getreten am 3. 10. 1972) in Moskau.
26. 5.	Unterzeichnung eines SALT-Interimsabkommens zwischen den USA und der Sowjetunion über Maßnahmen zur Begrenzung strategischer Angriffswaffen (in Kraft getreten am 3. 10. 1972) in Moskau.
26. 5.	Unterzeichnung eines Protokolls zum amerikanisch–sowjetischen Abkommen über die Vermeidung von Zwischenfällen auf und über dem offenen Meer.
26. 5.	Unterzeichnung des Verkehrsvertrages zwischen der Bundesrepublik Deutschland und der DDR über den gegenseitigen Wechsel- und Transitverkehr.
6. 10.	Amnestie in der DDR ermöglicht etwa 2000 Häftlingen in DDR-Gefängnissen Entlassung und Übersiedlung in die Bundesrepublik.
8. 11.	Briefwechsel zwischen den Regierungen der Bundesrepublik Deutschland und der DDR über die Arbeitsmöglichkeiten für Journalisten.
21. 11.	Beginn der Vorgespräche zur zweiten Runde der SALT-Verhandlungen in Genf.
22. 11.	Beginn der KSZE-Vorgespräche in Helsinki.
21. 12.	Unterzeichnung des Grundlagenvertrages zwischen der Bundesrepublik Deutschland und der DDR zur Normalisierung der gegenseitigen Beziehungen.

1973

27. 1.	Unterzeichnung eines Waffenstillstandsabkommens zwischen den USA, Nordvietnam und der Nationalen Befreiungsfront Südvietnams in Paris.
31. 1.	Beginn der MBFR-Vorgespräche in Wien.
21. 2.	DDR erläßt Verordnung über die Tätigkeit von Publikationsorganen anderer Staaten und deren Korrespondenten in der DDR (Möglichkeit zur Kontrolle und Einschränkung der Berichterstattung).
26. 2.–2. 3.	Pariser Vietnam-Konferenz.
18.–22. 5.	Besuch Breschnews in der Bundesrepublik Deutschland.
8. 6.	Abschluß der KSZE-Vorgespräche in Helsinki.
18.–25. 6.	Besuch Breschnews in den USA.
22. 6.	Unterzeichnung eines amerikanisch-sowjetischen Abkommens zur Verhinderung eines Nuklearkrieges.
28. 6.	Abschluß der MBFR-Vorgespräche in Wien.
3.–8. 7.	Eröffnungssitzung der KSZE auf der Ebene der Außenminister in Helsinki.
18. 9.	Beginn der zweiten Phase der KSZE in Genf.
25. 9.	Beginn der SALT-II-Verhandlungen in Genf.
6.–25. 10.	Yom-Kippur-Krieg zwischen Israel und seinen arabischen Nachbarn. Ölboykott und –verteuerung der arabischen Ölförderländer.
30. 10.	Beginn der MBFR-Konferenz in Wien.
11. 12.	Unterzeichnung des Vertrages über die gegenseitigen Beziehungen zwischen der Bundesrepublik Deutschland und der Tschechoslowakei

（Nichtigkeitserklärung des Münchener Abkommens vom 29. 9. 1938, gegenseitiger Gewaltverzicht) in Prag.

1974

4. 2.	Erleichterungen für die Arbeit ausländischer Fernsehteams in der Sowjetunion.
2. 4.	Tod Pompidous.
25. 4.	Staatsstreich der Armee in Portugal. Sturz der Regierung Marcello Caetano.
6. 5.	Rücktritt Brandts.
16. 5.	Helmut Schmidt neuer Bundeskanzler.
19. 5.	Valéry Giscard d'Estaing neuer französischer Staatspräsident.
27. 6.–3. 7.	Besuch Nixons in der Sowjetunion.
15. 7.	Staatsstreich der Nationalgarde auf Zypern (von Griechenland gesteuert).
20. 7.	Landung türkischer Truppen auf Zypern.
8. 8.	Rücktritt Nixons als Folge der Watergate-Affäre.
9. 8.	Gerald R. Ford, unter Nixon Vizepräsident, wird neuer amerikanischer Präsident.
14. 8.	Austritt Griechenlands aus der militärischen Integration der NATO.
23./24. 12.	Gipfeltreffen zwischen Ford und Breschnew in Wladiwostok zur Vorbereitung eines SALT-II-Abkommens.

1975

3. 1.	Jackson-Amendment (Verknüpfung handelspolitischer Vorteile für die Sowjetunion mit der Auswanderung jüdischer Sowjet-Bürger durch den amerikanischen Kongreß).
11. 1.	Kündigung des amerikanisch-sowjetischen Handelsabkommens von 1972 durch die Sowjetunion.
15. 1.	Unterzeichnung des Abkommens von Alvor (Übergangsregelung für die Unabhängigkeit Angolas).
März	Ausbruch von Kämpfen zwischen den Befreiungsbewegungen in Angola um die Macht nach der Unabhängigkeit. Militärische Intervention Kubas zugunsten der marxistischen, moskau-orientierten MPLA.
17. 4.	Kapitulation der Regierung Lon Nol in Kambodscha. Sieg der Guerilla-Armee der Roten Khmer.
25. 4.	Sieg der Sozialistischen Partei bei Wahlen in Portugal. Anhaltende Auseinandersetzungen zwischen gemäßigten Kräften und der von der Sowjetunion unterstützten Kommunistischen Partei Portugals.
29. 4.	Überstürzte Evakuierung amerikanischer Staatsbürger aus Südvietnam.
30. 4.	Kapitulation Südvietnams.
21. 7.	Ende der zweiten Phase der KSZE in Genf.
30. 7.–1. 8.	Gipfeltreffen zum Abschluß der KSZE in Helsinki.
1. 8.	Unterzeichnung der KSZE-Schlußakte in Helsinki.
9. 10.	Unterzeichnung mehrerer Abkommen zwischen der Bundesrepublik Deutschland und Polen über Renten- und Unfallversicherung, pau-

schale Abgeltung von Rentenansprüchen und Gewährung eines Finanzkredits.

1.–4. 12.   Besuch Präsident Fords in China.

1976

7. 7.   Erlaß des Präsidiums des Obersten Sowjets der UdSSR zur Erweiterung der Interviewmöglichkeiten für ausländische Korrespondenten.
9. 9.   Tod Mao Zedongs. Hua Guofeng wird Maos Nachfolger.
2. 11.   Jimmy Carter gewinnt Präsidentschaftswahlen in den USA gegen Präsident Ford.
22. 12.   Ausweisung des ARD-Korrespondenten Lothar Loewe aus der DDR.

1977

20. 1.   Amtseinführung Carters.
8. 3.   Angebliche Weisung des DDR-Ministerpräsidenten Willi Stoph, Ausreiseanträge als „grundsätzlich rechtswidrig" zu betrachten.
22./23. 9.   Gespräche des sowjetischen Außenministers Gromyko in Washington (Bekräftigung beider Seiten, am ABM-Vertrag vom 26. 5. 1972 festzuhalten, Abgabe einseitiger Erklärungen, das am 3. 10. 1977 auslaufende Interimsabkommen über Maßnahmen zur Begrenzung strategischer Angriffswaffen weiter einzuhalten, Einigung über Eckdaten eines SALT-II-Abkommens).
4. 10.   Eröffnung des KSZE-Folgetreffens in Belgrad (Untersuchung des Fortgangs des Entspannungsprozesses in Europa, Versuch einer Zwischenbilanz der KSZE, Meinungsverschiedenheiten in der Frage der Menschenrechte und Freizügigkeit).

1978

10. 1.   Schließung des Büros des Nachrichtenmagazins „Der Spiegel" in Ost-Berlin durch DDR-Behörden.
9. 3.   Beendigung des KSZE-Folgetreffens in Belgrad mit der Verabschiedung eines „Abschließenden Dokuments".
2. 5.   Inkrafttreten eines Handelsabkommens zwischen der Europäischen Gemeinschaft und der Volksrepublik China.

1979

1. 1.   Aufnahme diplomatischer Beziehungen zwischen den USA und der Volksrepublik China.
24. 1.   Eröffnung einer erweiterten UN-Abrüstungskonferenz unter Beteiligung Frankreichs und – als Beobachter – Chinas.
29. 1.–4. 2.   Besuch des stellvertretenden chinesischen Ministerpräsidenten Deng Xiaoping in den USA.
11. 4.   DDR erläßt neue Durchführungsbestimmungen zur Korrespondenten-Verordnung vom 21. 2. 1973 und schränkt die Möglichkeit freier journalistischer Berichterstattung erheblich ein.

14. 5.	Ausweisung des ZDF-Korrespondenten Peter van Loyen aus der DDR.
8. 6.	Bekanntgabe der Entscheidung des amerikanischen Präsidenten Carter, die landgebundenen Interkontinentalraketen der USA in den achtziger Jahren schrittweise durch mobile „MX"-Raketen zu ersetzen.
15.–18. 6.	Gipfeltreffen zwischen Breschnew und Carter in Wien.
16. 6.	Übergabe einer Erklärung Breschnews an Carter über die Begrenzung der Reichweite und Produktion des sowjetischen „Backfire"-Bombers.
18. 6.	Unterzeichnung des SALT-II-Vertrages zwischen den USA und der Sowjetunion über die Begrenzung strategischer Offensivwaffen.
18. 6.	Unterzeichnung eines Protokolls zum Vertrag zwischen den USA und der Sowjetunion über die Begrenzung strategischer Offensivwaffen.
18. 6.	Unterzeichnung einer gemeinsamen Erklärung der USA und der Sowjetunion über Prinzipien und Grundzüge nachfolgender Verhandlungen über die Begrenzung strategischer Waffen.
18. 6.	Unterzeichnung einer Übereinkunft zwischen den USA und der Sowjetunion zur Schaffung einer Datenbasis über die Zahlen strategischer Offensivwaffen.
18. 6.	Unterzeichnung übereinstimmender Erklärungen und Verständigungen betr. den Vertrag zwischen den USA und der Sowjetunion über die Begrenzung strategischer Offensivwaffen.

Anmerkungen

Einleitung

1. Vgl. Heinz Duchhardt, *Gleichgewicht der Kräfte, Convenance, Europäisches Konzert. Friedenskongresse und Friedensschlüsse vom Zeitalter Ludwigs XIV. bis zum Wiener Kongreß*, Darmstadt 1976, passim, hier bes. S. 1 ff; Theodor Schieder, Europäische Friedensschlüsse von Wien bis Versailles, in: *Entspannung, Sicherheit, Frieden*, hrsg. von Alfred Domes, Köln 1968, S. 33 ff; Kurt von Raumer, Friedensrufe und Friedenspläne seit der Renaissance. Zur Geistesgeschichte einer großen Idee, in: *Der geplante Frieden*, hrsg. von Heide Streiter-Buscher, Bergisch Gladbach 1972, S. 29 ff. Zur Betrachtung des Friedensproblems aus philosophischer Sicht vgl. Carl Friedrich von Weizsäcker, *Der Garten des Menschlichen. Beiträge zur geschichtlichen Anthropologie*, 5. Aufl., München und Wien 1978, S. 35 ff.
2. Vgl. Duchhardt, a.a.O. (s. Anm. 1), S. 195; Winfried Baumgart, *Vom Europäischen Konzert zum Völkerbund. Friedensschlüsse und Friedenssicherung von Wien bis Versailles*, Darmstadt 1974; Henry A. Kissinger, *Großmacht Diplomatie. Von der Staatskunst Castlereaghs und Metternichs*, Düsseldorf und Wien 1962 (engl.: *A World Restored. Castlereagh, Metternich and the Restoration of Peace, 1812–1822*, London 1957).
3. Vgl. Baumgart, a.a.O. (s. Anm. 2), S. 144 ff; John H. Herz, *Staatenwelt und Weltpolitik. Aufsätze zur internationalen Politik im Nuklearzeitalter*, Hamburg 1974.
4. Vgl. Duchhardt, a.a.O. (s. Anm. 1), S. 68 ff; Baumgart, a.a.O. (s. Anm. 2), S. 144 f.
5. Vgl. Morton A. Kaplan, Variationen zu sechs Modellen des internationalen Systems, in: Daniel Frei (Hrsg.), *Theorien der internationalen Beziehungen*, München 1973, S. 232 ff; Morton A. Kaplan, *System und Process in International Politics*, New York 1957.
6. Vgl. Baumgart, a.a.O. (s. Anm. 2), S. 117 ff und S. 125 ff.
7. Vgl. ebd., S. 140; Alfred Pfeil, *Der Völkerbund. Literaturbericht und kritische Darstellung seiner Geschichte*, Darmstadt 1976.
8. Werner Pfeifenberger, Vereinte Nationen, in: Wichard Woyke (Hrsg.), *Handwörterbuch Internationale Politik*, Opladen 1977, S. 319.

1. Ost-West-Konflikt und Kalter Krieg

1. Vgl. hierzu die umfangreiche Studie von Ernst Nolte, *Deutschland und der Kalte Krieg*, München und Zürich 1974.
2. Zu den Motiven und Hintergründen der Politik Franklin D. Roosevelts während des Zweiten Weltkrieges vgl. Wolfgang J. Helbich, *Franklin D. Roosevelt*, Berlin 1971, S. 213 ff.
3. Vgl. John Lukacs, *Konflikte der Weltpolitik nach 1945. Der Kalte Krieg*, München 1970, S. 23; Louis J. Halle, *The Cold War as History*, New York u.a. 1975 (Paperback-Ausgabe), S. 68. Die Verhandlungen darüber im Oktober 1944 fanden in

Moskau statt. Während der Gespräche schob Churchill Stalin einen Zettel zu, auf dem er folgende Angaben über die Einflußverteilung notiert hatte: „Rumänien: Rußland 90%, Die anderen 10%; Griechenland: Großbritannien (im Einvernehmen mit den USA) 90%, Rußland 10%; Jugoslawien 50–50%; Ungarn: 50–50%; Bulgarien: Rußland 75%, Die anderen 25%." Stalin bestätigte, indem er den Zettel mit einem großen Haken versah und ihn Churchill wieder zuschob. Vgl. Winston S. Churchill, *Der Zweite Weltkrieg*, Bd. VI. 1 (Triumph und Tragödie – Dem Sieg entgegen), Stuttgart 1954, S. 269.

4. Milovan Djilas, *Gespräche mit Stalin*, Frankfurt a.M. 1962, S. 146.

5. Churchill, a.a.O. (s. Anm. 3), S. 164. Das Telegramm Churchills datiert vom 14. August 1944. Churchill hielt sich zu dieser Zeit in Italien auf, wohin er sich zu einem Besuch der Armee General Alexanders begeben hatte.

6. Ebd., S. 175.

7. Vgl. Nolte, a.a.O. (S. Anm. 1), S. 171.

8. Vgl. ebd., S. 172; Max Walter Clauss, *Der Weg nach Jalta. Präsident Roosevelts Verantwortung*, Heidelberg 1952.

9. Vgl. Winston S. Churchill, *Der Zweite Weltkrieg*, Bd. VI. 2 (Triumph und Tragödie – Der eiserne Vorhang), Stuttgart 1954, S. 91 ff.

10. Ebd., S. 258.

11. Andreas Hillgruber, *Deutsche Geschichte 1945–1972*, Frankfurt a.M. 1974, S. 25.

12. Bodo Scheurig in der Einleitung zu Walther von Seydlitz, *Stalingrad. Konflikt und Konsequenz. Erinnerungen*, Oldenburg und Hamburg 1977, S. 8.

13. Vgl. Peter Kleist, *Zwischen Hitler und Stalin 1939–1945*, Bonn 1950, S. 246.

14. Vgl. ebd., S. 266f.

15. Vgl. Nolte, a.a.O. (s. Anm. 1), S. 218ff. Schon die ersten Begegnungen zwischen den Truppen der Westmächte und den sowjetischen Soldaten hatten die „Fremdheit der Welten" (Ernst Nolte) deutlich gemacht, die sich jetzt auch auf der obersten politischen Ebene auswirkte.

16. Zit. nach: Thilo Vogelsang, *Das geteilte Deutschland*, 5. erw. Aufl., München 1973, S. 29.

17. Vgl. Lukacs, a.a.O. (s. Anm. 3), S. 20f und S. 36.

18. Special Message to the Congress on Greece and Turkey: The Truman Doctrine. March 12, 1947, in: *Public Papers of the Presidents of the United States: Harry S. Truman. Containing the Public Messages, Speeches, and Statements of the President. January 1 to December 31, 1947*, Washington D.C. 1963, S. 178 (Übers. d. Verf.).

19. Vgl. George F. Kennan („X"), The Sources of Soviet Conduct, in: *Foreign Affairs*, Vol. 25, Nr. 4, 1947, S. 566ff.

20. The Truman Doctrine, a.a.O. (s. Anm. 18), S. 178 (Übers. d. Verf.).

21. A.A. Schdanow, Über die internationale Lage, in: *Tägliche Rundschau*, 24. Oktober 1947.

2. Lockerung der Konfrontation in den fünfziger Jahren

1. Vgl. Thomas Weingartner, *Die Außenpolitik der Sowjetunion seit 1945. Eine Einführung*, Düsseldorf 1973, S. 32ff.

2. Rede des Vorsitzenden des Ministerrats der UdSSR, G. M. Malenkow, auf der Sitzung des Obersten Sowjets der UdSSR am 8. August 1953, in: *Neue Zeit* (Beilage), 12. August 1953, zit. nach: Weingartner, a. a. O. (s. Anm. 1), S. 102 f.
3. Vgl. Wichard Woyke/Klaus Nieder/Manfred Görtemaker, *Sicherheit für Europa? Die Konferenz von Helsinki und Genf,* Opladen 1974, S. 61 ff.
4. Rede Chruschtschows am 8. März 1963 auf dem Treffen führender Funktionäre von Partei und Regierung mit Literatur- und Kunstschaffenden, in: *Neues Deutschland,* 14. März 1963.
5. Ebd.
6. Ernst Nolte, *Deutschland und der Kalte Krieg,* München und Zürich 1974, S. 347.
7. Waldemar Besson, *Die Außenpolitik der Bundesrepublik. Erfahrungen und Maßstäbe,* Frankfurt a.M. u.a. 1973, S. 157. – Hier besteht eine Parallele zur Entwicklung Ende der sechziger Jahre, als nach der militärischen Disziplinierung der Tschechoslowakei durch die Invasion vom 21. August 1968 der Zusammenhalt des Ostblocks wieder gefestigt war und auf dieser konsolidierten Grundlage Entspannungspolitik betrieben wurde.
8. Vgl. *Europa-Archiv,* 9. Jg. (1955), S. 8122.
9. Nolte, a. a. O. (s. Anm. 6), S. 356.
10. Zu dieser Kontroverse vgl. Wolfgang Leonhard, *Sowjetideologie heute* (Bd. II: Die politischen Lehren), Frankfurt a.M. 1962, S. 226 ff; V. N. Jegorow, *Friedliche Koexistenz und revolutionärer Prozeß,* Ost-Berlin 1972; Richard Löwenthal, *Chruschtschow und der Weltkommunismus,* Stuttgart 1963, S. 26 ff. Nach sowjetischer Auffassung war bereits das „Dekret über den Frieden" vom 26. Oktober (8. November) 1917 ein erster Beweis für die Friedensliebe und Koexistenzbereitschaft der Sowjetunion. Vgl. *Sechs Jahrzehnte Kampf um Frieden und Sicherheit in Europa. Eine Dokumentation zu den Initiativen der Sowjetunion und der anderen Teilnehmerstaaten des Warschauer Vertrages für die kollektive Gewährleistung der europäischen Sicherheit,* zusammengestellt und eingeleitet von Ernst Laboor, Ost-Berlin 1977, S. 8 ff und S. 57.
11. N. S. Chruschtschow, *Rechenschaftsbericht des Zentralkomitees der KPdSU an den 20. Parteitag,* Ost-Berlin 1956, S. 38 und S. 41.
12. Vgl. ebd., S. 38 ff.
13. Vgl. Leonhard, a. a. O. (s. Anm. 10), S. 230 ff.
14. Vgl. ebd., S. 238.
15. Ebd., S. 241.
16. Chruschtschow, a. a. O. (s. Anm. 11), S. 41 ff.
17. *New York Times,* 7. Oktober 1957.
18. Vgl. Offener Brief des Zentralkomitees der KPdSU an alle Parteiorganisationen und an alle Kommunisten der Sowjetunion (vom 15. Juli 1963), in: Edward Crankshaw, *Moskau-Peking oder Der neue Kalte Krieg,* Reinbek 1963, S. 193 f.
19. Zit. nach Nolte, a. a. O. (s. Anm. 6), S. 367.
20. Vgl. Besson, a. a. O. (s. Anm. 7), S. 167.
21. Ebd., S. 168.
22. Vgl. hierzu auch Helmut Schmidt, *Verteidigung oder Vergeltung. Ein deutscher Beitrag zum strategischen Problem der NATO,* 5. Aufl., Stuttgart 1968, S. 175. – Eine ausgezeichnete Zusammenfassung der Disengagement-Debatte bietet Hans-Gert Pöttering, *Adenauers Sicherheitspolitik 1955–1963. Ein Beitrag zum deutsch-*

amerikanischen Verhältnis. Mit einem Vorwort von Hans-Adolf Jacobsen, Düsseldorf 1975, S. 134ff.
23. Vgl. George F. Kennan, *Rußland, der Westen und die Atomwaffe,* Frankfurt a.M. 1958, S. 76ff.
24. Vgl. Besson, a.a.O. (s. Anm. 7), S. 193f.
25. Vgl. *Europa-Archiv,* 12. Jg. (1958), S. 10 483f.
26. So Außenminister Heinrich von Brentano am 28. März 1956 – also noch im Vorfeld der Abrüstungsdiskussion – in einem mahnenden Brief an Bundeskanzler Konrad Adenauer. Zit nach: Arnulf Baring, *Sehr verehrter Herr Bundeskanzler! Heinrich von Brentano im Briefwechsel mit Konrad Adenauer 1949–1964,* Hamburg 1974, S. 185f.
27. Vgl. Weingartner, a.a.O. (s. Anm. 1), S. 40; ferner die Rede Chruschtschows im Moskauer Sportpalast am 10. November 1958, in: *Neues Deutschland,* 11. November 1958, sowie die Note der sowjetischen Regierung an die amerikanische Regierung vom 27. November 1958, in: *Europa-Archiv,* 13. Jg. (1958), S. 11 306ff.
28. Vgl. Elie Abel, *13 Tage vor dem 3. Weltkrieg. Dokumentation und Hintergründe der Krise, die die Welt an den Rand der atomaren Vernichtung führte,* Wien und München o.J. (am: *The Missile Crisis,* Philadelphia und New York 1966).

3. *Die Wende zur Entspannungspolitik 1962–1969*

1. Interkontinentalraketen sind Raketen mit einer Reichweite von mehr als 4.000 englischen Meilen (*statute miles*).
2. Vgl. Zbigniew Brzezinski, How The Cold War Was Played, in: *Foreign Affairs,* Vol. 51, Nr. 1, 1972, S. 192.
3. Vgl. V. Sokolovskij/M. Čeredničenko, Nekotorye voprosy sovetskogo voennogo stroitel'stva v poslevoennyj period (Einige Fragen des sowjetischen militärischen Aufbaus während der Nachkriegsperiode), in: *Voenno-istoričeskij žurnal,* Vol. VII, Nr. 3, März 1965, zit. nach: Helmut Dahm, *Abschreckung oder Volkskrieg. Strategische Machtplanung der Sowjetunion und Chinas im internationalen Kräfteverhältnis,* Olten und Freiburg i.Br. 1968, S. 235.
4. Martin Geiling, *Außenpolitik und Nuklearstrategie. Eine Analyse des konzeptionellen Wandels der amerikanischen Sicherheitspolitik gegenüber der Sowjetunion 1945–1963,* Köln und Wien 1975, S. 168.
5. Ebd., S. 169.
6. Vgl. Dieter Senghaas, *Rüstung und Militarismus,* Frankfurt a.M. 1972, S. 110f.
7. Vgl. ebd., S. 134f.
8. Dwight D. Eisenhower, *Die Jahre im Weißen Haus 1953–1956,* Düsseldorf und Wien 1964, S. 498.
9. Ebd.
10. Die modernen amerikanischen ICBM-Raketen vom Typ „Minuteman III", die ab 1970 eingeführt wurden, verfügen über Sprengköpfe von 3×170 KT (MIRV), die SLBM-Raketen „Poseidon C 3", die ab 1971 eingeführt wurden, über Sprengköpfe von 10×50 KT (MIRV).
11. Die amerikanischen SLBM-Raketen „Polaris" und „Poseidon" haben eine Reichweite von jeweils 2.880 englischen Meilen (*statute miles*).

12. Vgl. *The Military Balance*, hrsg. vom International Institute for Strategic Studies, London 1959–1978; *World Armaments and Disarmament. SIPRI Yearbook 1976*, hrsg. vom Stockholm International Peace Research Institute, Stockholm 1976, S. 24.
13. Vgl. *The Military Balance 1974–75*, hrsg. vom International Institute for Strategic Studies, London 1974, S. 75.
14. Der volle Wortlaut des Briefwechsels zwischen den Zentralkomitees der KPdSU und der chinesischen Kommunistischen Partei ist abgedruckt in: Edward Crankshaw, *Moskau-Peking oder Der neue Kalte Krieg*, Reinbek 1963, S. 147–223.
15. Vgl. Vladimir Dedijer, *Stalins verlorene Schlacht. Erinnerungen 1948 bis 1953*, Wien u.a. 1970; Wolfgang Leonhard, *Die Dreispaltung des Marxismus. Ursprung und Entwicklung des Sowjetmarxismus, Maoismus und Reformkommunismus*, Düsseldorf und Wien 1970; *Communism in Europe. Continuity, Change, and the Sino-Soviet Dispute*, 2 Bde., Cambridge, Mass. 1964 und 1966.
16. Vgl. H.-J. Wagener, Zur parametrischen Erfassung des Produktivitätsfortschritts (im Druck), zit. nach: *Sowjetunion*, hrsg. vom Koordinierungsausschuß deutscher Osteuropa-Institute (Länderberichte Osteuropa I), München 1974, S. 201.
17. Vgl. US-Zahlungsbilanz 1964–1973, zit. nach: *Die Zeit*, 12. Oktober 1973.
18. Wilhelm Treue, *Wirtschaftsgeschichte der Neuzeit*, Bd. II, 3. erw. Aufl., Stuttgart 1973, S. 313.
19. Vgl. Wichard Woyke/Klaus Nieder/Manfred Görtemaker, *Sicherheit für Europa? Die Konferenz von Helsinki und Genf*, Opladen 1974, S. 61 ff.
20. Erklärung der Teilnehmerstaaten des Warschauer Vertrags vom 6. Juli 1966 zur europäischen Sicherheit, in: *Europa-Archiv*, 21. Jg. (1966), S. D 417.
21. Vgl. ebd., S. D 420 ff.
22. Vgl. Woyke/Nieder/Görtemaker, a.a.O. (s. Anm. 19), S. 62 ff; Thomas Weingartner, *Die Außenpolitik der Sowjetunion seit 1945. Eine Einführung*, Düsseldorf 1973.
23. Vgl. Woyke/Nieder/Görtemaker, a.a.O. (s. Anm. 19), S. 77 f; Erklärung der auf der Konferenz in Karlsbad vertretenen kommunistischen und Arbeiter-Parteien Europas vom 26. April 1967, in: *Europa-Archiv*, 22. Jg. (1967), S. D 259 ff.
24. Vgl. Weingartner, a.a.O. (s. Anm. 22), S. 48.
25. Ebd.
26. Vgl. Erklärung der Teilnehmerstaaten des Warschauer Vertrags vom 6. Juli 1966 zur europäischen Sicherheit, a.a.O. (s. Anm. 20), S. D 417 f; Appell der Budapester Konferenz der Staaten des Warschauer Vertrags an alle europäischen Länder vom 17. März 1969, in: *Europa-Archiv*, 24. Jg. (1969), S. D 151 ff.
27. Ebd., S. D 152.
28. Vgl. Erklärung der Konferenz der Außenminister der Mitgliedstaaten des Warschauer Vertrags in Prag am 30. und 31. Oktober 1969 betr. europäische Sicherheitskonferenz, in: *Europa-Archiv*, 24. Jg. (1969), S. D 552.
29. Vgl. *Verteidigung im Bündnis. Planung, Aufbau und Bewährung der Bundeswehr 1950–1972*, hrsg. vom Militärgeschichtlichen Forschungsamt, München 1975, S. 175 f; Henry A. Kissinger, *Was wird aus der westlichen Allianz?*, Wien und Düsseldorf 1965, S. 44 ff und S. 153 ff.
30. Vgl. Verteidigung im Bündnis, a.a.O. (s. Anm. 29), S. 177 f. Zur Politik de Gaulles gegenüber den USA vgl. Maurice Couve de Murville, *Außenpolitik 1958–1969*,

München 1973, S. 38ff. Zur Verteidigungskonzeption de Gaulles vgl. Wichard Woyke, *Opposition und Verteidigungspolitik im gaullistischen Frankreich 1958–1973,* Opladen 1975, S. 50ff.

31. Vgl. Roger Morgan, *Washington und Bonn. Deutsch-amerikanische Beziehungen seit dem Zweiten Weltkrieg,* München 1975, S. 120f.

32. Vgl. J. Robert Schaetzel, *Ein Bündnis geht aus den Fugen. Amerika und die europäische Gemeinschaft. Mit einem Nachwort von Walter Hallstein,* Düsseldorf und Wien 1977, passim. Einen sehr guten Überblick über die Entwicklung in den sechziger Jahren bietet Alfred Grosser, *Das Bündnis. Die westeuropäischen Länder und die USA seit dem Krieg,* München und Wien 1978, S. 259ff.

33. Vgl. Bericht des Rats über die künftigen Aufgaben der Allianz (Anhang zu: Kommuniqué über die Ministertagung des Nordatlantikrats vom 13. bis zum 14. Dezember 1967 in Brüssel), in: *Europa-Archiv,* 23. Jg. (1968), S. D 75.

34. Vgl. ebd., S. D 75f.

35. Ebd.

36. Ebd., S. D 76.

37. Vgl. ebd.

38. Vgl. Wichard Woyke, *Die NATO in den siebziger Jahren. Eine Bestandsaufnahme,* Opladen 1977, S. 50f; Erklärung der Außenminister und Vertreter der am NATO-Verteidigungsprogramm beteiligten Länder über beiderseitige und ausgewogene Truppenverminderung (Anhang zu: Kommuniqué über die Ministertagung des Nordatlantikrats am 24. und 25. Juni 1968 in Reykjavik), in: *Europa-Archiv,* 23. Jg. (1968), S. D 360.

39. Vgl. ebd.

40. Bericht des Rats über die künftigen Aufgaben der Allianz, a.a.O. (s. Anm. 33), S. D 77.

41. Vgl. ebd.

42. Erklärung der Außenminister und Vertreter der am NATO-Verteidigungsprogramm beteiligten Länder über beiderseitige und ausgewogene Truppenverminderung, a.a.O. (s. Anm. 38), S. D 360.

43. Ebd.

44. Ebd.

45. Ebd.

46. Richard Löwenthal, Hat Entspannung eine Zukunft?, in: *Die Zeit,* 2. April 1976.

47. Vgl. Henry A. Kissinger, *Amerikanische Außenpolitik,* Düsseldorf und Wien 1969, bes. S. 69ff. Zur Person und Politik Kissingers vgl. Marvin Kalb/Bernhard Kalb, *Kissinger,* Frankfurt a.M. u.a. 1974; Stephen Graubard, *Kissinger. Zwischenbilanz einer Karriere,* Hamburg 1974.

48. Vgl. Hans J. Morgenthau, *Macht und Frieden. Grundlegung einer Theorie der internationalen Staatenwelt,* Gütersloh 1963; Joseph Frankel, *Nationales Interesse,* München 1971.

49. Interview Chruschtschows mit dem Chefredakteur der ägyptischen Zeitung „Al Ahram", Mohammed Hassanei Heykal, 18. November 1957, zit. nach: Wolfgang Leonhard, *Sowjetideologie heute* (Bd. II: Die politischen Lehren), Frankfurt a.M. 1962, S. 233.

50. Ebd.

4. Entspannung zwischen den USA und der Sowjetunion

1. Das Europäische Konzert im 19. Jahrhundert nach dem Wiener Kongreß umfaßte zunächst nur die vier Großmächte England, Rußland, Österreich und Preußen, nicht jedoch das ebenfalls zu den Großmächten zählende Frankreich. Erst auf der Aachener Zusammenkunft von 1818 trat Frankreich dem Europäischen Konzert bei, das sich damit zur „Pentarchie der Großmächte" erweiterte. Im Pariser Friedensvertrag von 1856 wurde die Türkei als sechste Macht in das Europäische Konzert aufgenommen. Die peripheren Länder USA und Japan spielten in diesem Mächtesystem im 19. Jahrhundert noch keine Rolle. Vgl. Winfried Baumgart, *Vom Europäischen Konzert zum Völkerbund. Friedensschlüsse und Friedenssicherung von Wien bis Versailles*, Darmstadt 1974, S. 1 f.

2. Vgl. Marshall D. Shulman, What Does Security Mean Today?, in: *Foreign Affairs*, Vol. 49, Nr. 4, 1971, S. 607 ff.

3. Vgl. Henry A. Kissinger, *Amerikanische Außenpolitik*, Düsseldorf und Wien 1969, S. 78 ff.

4. Vgl. John H. Herz, *Staatenwelt und Weltpolitik. Aufsätze zur internationalen Politik im Nuklearzeitalter*, Hamburg 1974, S. 77.

5. Vgl. Eibert H. Bunte, *Die atomare Herausforderung*, München 1969, S. 160.

6. Vgl. ebd. Bunte verweist jedoch darauf, daß es keinen Schaden-Schwellwert gibt, sondern daß sich die Wirkung der Strahlung summiert. Insofern wäre es auch falsch, jegliches Risiko zu leugnen. Aber die Proportionen wurden in der Diskussion in den fünfziger Jahren gelegentlich verzerrt dargestellt. Dazu Bunte (S. 160 ff): „Es wäre gewiß angebracht gewesen, wenn man das in den fünfziger Jahren, als die Versuchsexplosionen ihren Höhepunkt erreichten, einmal klar ausgesprochen hätte. Daß man es unterlassen hat, dafür waren politische Gründe maßgebend. Vielleicht befürchtete man eine nachteilige Auswirkung auf die Bemühungen, die auf den Stopp aller Versuchsexplosionen abzielten. Möglicherweise hätten dann die Verantwortlichen mit einem Hinweis auf die Leuchtzifferblätter gesagt, wie man denn nur soviel Wesens darum machen könne. Sollte das tatsächlich der Grund gewesen sein, so muß gesagt werden, daß es dennoch nicht richtig war. Auch ohne zu verschweigen, daß es um äußerst geringe Mengen ging, hätte man erklären können, daß in Anbetracht der Summationswirkung das Risiko zu groß und ein Ende der Versuchsexplosionen daher anzuraten sei. Stattdessen hat man sich darauf beschränkt, kurze amtliche Mitteilungen herauszugeben, in denen vom Gehalt des Regenwassers, der Luft, der Milch oder des Gemüses an radioaktiver Strahlung die Rede war, die in Picocurie angegeben wurde. Wie groß ein Picocurie ist, wurde nicht gesagt. So ist es nicht verwunderlich, wenn eine plötzliche Steigerung der ursprünglichen Menge um 40 oder 50% eine alarmierende Wirkung haben mußte, obwohl das in Wirklichkeit wenig zu bedeuten hatte ... Ein Picocurie entspricht ... einer Menge Materie, in der pro Minute im Mittel 2,2 Atome unter Aussendung von Strahlung in stabile Formen übergehen. Das ist also praktisch so gut wie nichts. Und wenn eine Menge, die so gut wie nichts ist, um 50% oder gar um das Doppelte oder Dreifache zunimmt, dann ist sie noch immer fast nichts. Auch das hätte damals einmal deutlich gesagt werden müssen. Was einmal geschehen ist, kann nicht mehr rückgängig gemacht werden, und es hat keinen Sinn, nachträglich darüber Betrachtungen anzustellen. Glücklicherweise

sieht es zur Zeit so aus, als ob das Problem des Fallout in Kürze aus der Welt geschafft wird, wenigstens, wenn es bei der Zustimmung Moskaus bleibt."

7. Vgl. Vertrag über ein Verbot der Kernwaffenversuche in der Atmosphäre, im Weltraum und unter Wasser vom 5. August 1963, in: *Europa-Archiv,* 18. Jg. (1963), S. D 407f.

8. Vgl. ebd.

9. Vgl. Vertrag über die Nichtverbreitung von Kernwaffen vom 1. Juli 1968, in: *Europa-Archiv,* 23. Jg. (1968), S. D 321ff.

10. Vgl. *World Armaments and Disarmament. SIPRI Yearbook 1976,* hrsg. vom Stockholm International Peace Research Institute, Stockholm 1976, S. 416f.

11. Willy Brandt, Rede auf der Konferenz der Nichtkernwaffenstaaten in Genf am 3. September 1968, in: Willy Brandt, *Der Wille zum Frieden. Perspektiven der Politik,* Frankfurt a.M. 1973, S. 205.

12. Unterzeichnung des Antarktis-Vertrages zur Garantie der Nicht-Militarisierung der Antarktis und Verbot von Kernexplosionen am 1. Dezember 1959 (Inkrafttreten am 23. Juni 1961). Unterzeichnung der Vereinbarung über die Errichtung einer direkten Nachrichtenverbindung zwischen Washington und Moskau am 20. Juni 1963 (Inkrafttreten am gleichen Tag). Unterzeichnung des Weltraum-Vertrages mit dem Verbot, Massenvernichtungsmittel und vor allem Kernwaffen in Erdumlauf zu bringen oder auf Himmelskörpern zu installieren, am 27. Januar 1967 (Inkrafttreten am 10. Oktober 1967). Unterzeichnung des Vertrages von Tlatelolco zur Errichtung einer atomwaffenfreien Zone in Lateinamerika am 14. Februar 1967 (Inkrafttreten in den einzelnen Ländern unterschiedlich je nach Ratifizierung). Vgl. Curt Gasteyger, Abrüstung und neue Konfliktformen, in: *Nationalzeitung* (am Wochenend), 24. Juni 1972.

13. Vgl. *Keesing's Archiv der Gegenwart,* 1968, S. 14 025 D 3 und S. 14 025 D 4.

14. Eine ausführliche Analyse und Kritik der SALT-Verhandlungen und der Moskauer Rüstungskontrollabkommen vom Mai 1972 unternimmt Dieter Senghaas, *Aufrüstung durch Rüstungskontrolle. Über den symbolischen Gebrauch von Politik,* Stuttgart u.a. 1972. Es ist übrigens völkerrechtlich bemerkenswert, daß diese Abkommen auf sowjetischer Seite von Leonid I. Breschnew in seiner Eigenschaft als Generalsekretär des Zentralkomitees der KPdSU und nicht von einem Repräsentanten des Staates, etwa von Ministerpräsident Alexej N. Kossygin oder Nikolai Podgorny, als Vorsitzender des Präsidiums des Obersten Sowjets Staatsoberhaupt der Sowjetunion, unterzeichnet wurden. Die Frage blieb bislang weitgehend undiskutiert, ob dadurch die staats- und völkerrechtliche Zuordnung und Gültigkeit der Abkommen in irgendeiner Form berührt oder beeinträchtigt wird.

15. Vgl. Interimsabkommen zwischen den Vereinigten Staaten und der Sowjetunion vom 26. Mai 1972 über bestimmte Maßnahmen hinsichtlich der Begrenzung strategischer Angriffswaffen, in: *Europa-Archiv,* 27. Jg. (1972), S. D 396f.

16. Vgl. Protokoll zu dem Interimsabkommen zwischen den Vereinigten Staaten und der Sowjetunion über bestimmte Maßnahmen hinsichtlich der Begrenzung strategischer Angriffswaffen, in: *Europa-Archiv,* 27. Jg. (1972), S. D 397f.

17. Vgl. *The Military Balance 1978–79,* hrsg. vom International Institute for Strategic Studies, London 1978, S. 83.

18. Vgl. Abram Chayes/Jerome B. Wiesner (Hrsg.), *Raketenkrieg. Expertenmeinungen zum antiballistischen Raketen-Abwehrsystem (ABM),* Berlin 1970.

19. Vgl. Vertrag zwischen den Vereinigten Staaten und der Sowjetunion vom 26. Mai 1972 über die Begrenzung der Systeme zur Abwehr ballistischer Flugkörper, in: *Europa-Archiv*, 27. Jg. (1972), S. D 392 ff. Zur Kritik vgl. Senghaas, a. a. O. (s. Anm. 14), bes. S. 21 ff.

20. Vgl. Johan Holst/William Schneider (Hrsg.), *Why ABM?*, New York 1969; William Kintner (Hrsg.), *Safeguard. Why the ABM Makes Sense*, New York 1969.

21. Senghaas, a. a. O. (s. Anm. 14), S. 22.

22. Vgl. Gemeinsames Kommuniqué über die Gespräche zwischen dem Generalsekretär des ZK der Kommunistischen Partei der Sowjetunion, Leonid Breschnew, und dem Präsidenten der Vereinigten Staaten, Gerald R. Ford, bei Wladiwostok am 23. und 24. November 1974, in: *Europa-Archiv*, 30. Jg. (1975), S. D 92 ff; Gemeinsame amerikanisch-sowjetische Erklärung vom 24. November 1974 zu den Verhandlungen über eine Begrenzung der strategischen Rüstungen, in: *Europa-Archiv*, 30. Jg. (1975), S. D 95 f; Pressekonferenz des Präsidenten der Vereinigten Staaten, Gerald R. Ford, am 2. Dezember 1974 (Auszüge betr. die SALT-Übereinkunft von Wladiwostok), in: *Europa-Archiv*, 30. Jg. (1975), S. D 100.

23. Vgl. *Der Spiegel*, Nr. 49, 2. Dezember 1974.

24. David Aaron, Wladiwostok und danach: Krise der Entspannung?, in: *Europa-Archiv*, 30. Jg. (1975), S. 116.

25. Vgl. Lothar Ruehl, Schlägt die Technik die Diplomaten?, in: *Die Zeit*, 19. Juli 1974; Harry G. Gelber, Der Einfluß neuer Militär-Technologien auf die internationalen Beziehungen, in: *Europa-Archiv*, 32. Jg. (1977), S. 339 ff; Christoph Bertram, *Arms Control and Technological Change: Elements of a New Approach*, Adelphi Paper Nr. 146, London 1978.

26. Vgl. hierzu den Briefwechsel zwischen Henry A. Kissinger und Senator Henry M. Jackson, die Erklärung der sowjetischen Nachrichtenagentur TASS zu verschiedenen Bestimmungen des im amerikanischen Kongreß behandelten Handelsgesetzes, den Text des Handelsgesetzes sowie die Erklärung Kissingers zur Annullierung des amerikanisch-sowjetischen Handelsabkommens, alle in: *Europa-Archiv*, 30. Jg. (1975), S. D 104 ff.

27. Vgl. *Strategic Survey 1975*, hrsg. vom International Institute for Strategic Studies, London 1976, S. 107.

28. Vgl. Richard Burt, The Cruise Missile and Arms Control, in: *Survival*, Januar/Februar 1976, S. 10 ff.

29. Vgl. Marion Gräfin Dönhoff, Mit Volldampf in den Fehlstart, in: *Die Zeit*, 8. April 1977.

30. Vgl. *Strategic Survey 1977*, hrsg. vom International Institute for Strategic Studies, London 1978, S. 95; Lothar Ruehl, Schneckentempo in Genf, in: *Die Zeit*, 27. Mai 1977; Pressekonferenz des Präsidenten der Vereinigten Staaten, Jimmy Carter, am 26. Mai 1977 (Auszug betr. SALT), in: *Europa-Archiv*, 32. Jg. (1977), S. D 309.

31. Vgl. Kommuniqué über die Gespräche des sowjetischen Außenministers, Andrej Gromyko, mit Vertretern der amerikanischen Regierung in Washington am 22. und 23. September 1977, mit Erklärung zur Frage der strategischen Rüstungen, in: *Europa-Archiv*, 33. Jg. (1978), S. D 333.

32. Vgl. Richard Burt, The Scope and Limits of SALT, in: *Foreign Affairs*, Juli 1978, S. 751 ff; Wolfgang Pordzik, SALT II im Kreuzfeuer der Kritik. Zur inneramerika-

nischen Kontroverse über die Sicherheitspolitik der Regierung Carter, in: *Europa-Archiv*, 33. Jg. (1978), S. 517f; Wortlaut des SALT-II-Abkommens zit. nach: US State Department, *Text of SALT Agreements*, Fernschreiben an die US-Botschaften und alle diplomatischen Missionen der USA vom 18. Juni 1979.

33. Paul Nitze berechnete, daß die Sowjetunion in den achtziger Jahren in einem entwaffnenden Erstschlag theoretisch bis zu 90% des amerikanischen *Minuteman*-Potentials vernichten könne. Vgl. Paul Nitze, *Analysis of the Current Status and Implications of the SALT II Negotiations*, hrsg. vom Committee on the Present Danger, Washington 1978. Dies besagt allerdings nicht viel, denn das amerikanische SLBM-Potential ist ebensowenig durch einen Erstschlag zu vernichten wie das auf interkontinentalen Bombern stationierte Nuklearpotential. Selbst bei einer 100prozentigen Ausschaltung der *Minuteman*-Raketen würde die verbleibende Kapazität der USA noch zu einer vielfachen Zerstörung der Sowjetunion ausreichen. Wichtiger als die Frage der praktischen Realisierbarkeit und des tatsächlichen Nutzens einer Vernichtung des amerikanischen ICBM-Potentials durch einen sowjetischen Erstschlag ist daher die psychologische Wirkung, die von einer solchen theoretischen Fähigkeit der Sowjetunion ausgehen könnte. Ob Nitzes Prognosen überhaupt zutreffen, ist jedoch, wie bei allen Voraussagen in diesem Bereich, fragwürdig.

34. Vgl. *World Armaments and Disarmament. SIPRI Yearbook 1974*, hrsg. vom Stockholm International Peace Research Institute, Stockholm 1974, S. 448 ff.

35. Vgl. Theodore C. Sorensen, *Kennedy*, München 1966, S. 637ff; Robert F. Kennedy, *Dreizehn Tage oder Die Verhinderung des Dritten Weltkrieges*, Reinbek 1970 (am: *Thirteen Days. A. Memoir of the Cuban Missile Crisis*, New York 1969).

36. Vgl. Abkommen zwischen den Vereinigten Staaten und der Sowjetunion zur Verhinderung eines Atomkrieges vom 22. Juni 1973, in: *Europa-Archiv*, 28. Jg. (1973), S. D 418.

37. Ebd., S. D 418f.

5. Sicherheit und Entspannung in Europa

1. Nordatlantikvertrag vom 4. April 1949, in: *Bundesgesetzblatt*, 1955 II, S. 289.

2. Vertrag über Freundschaft, Zusammenarbeit und gegenseitigen Beistand zwischen der Volksrepublik Albanien, der Volksrepublik Bulgarien, der Ungarischen Volksrepublik, der Deutschen Demokratischen Republik, der Volksrepublik Polen, der Rumänischen Volksrepublik, der Union der Sozialistischen Sowjetrepubliken und der Tschechoslowakischen Republik vom 14. Mai 1955, in: *Gesetzblatt der DDR*, 1955 I, S. 382.

3. Zum Ost-West-Streitkräftevergleich und zur Analyse der Rüstungsentwicklung während der Entspannungspolitik vgl. Manfred Görtemaker, *Der gebändigte Kontinent. Verteidigung und Entspannung in Europa. Analyse und Dokumente*, Bonn 1979.

4. Richard Löwenthal, Vom kalten Krieg zur Ostpolitik, in: *Die zweite Republik. 25 Jahre Bundesrepublik Deutschland – eine Bilanz*, hrsg. von Richard Löwenthal und Hans-Peter Schwarz, Stuttgart 1974, S. 604.

5. Vgl. Peter Bender, *Die Ostpolitik Willy Brandts oder Die Kunst des Selbstverständlichen*, Reinbek 1972, S. 33 ff.

6. Vgl. Gerhard Wettig, *Die Sowjetunion, die DDR und die Deutschland-Frage*

1965–1976. Einvernehmen und Konflikt im sozialistischen Lager, Stuttgart 1976, S. 72.

7. Vgl. ebd., S. 73 f.
8. Brief zur deutschen Einheit, in: *Bulletin,* 1970, Nr. 107, S. 1058.
9. Vertrag zwischen der Bundesrepublik Deutschland und der Union der Sozialistischen Sowjetrepubliken, in: *Bulletin,* 1970, Nr. 107, S. 1057.
10. Vgl. Vertrag zwischen der Bundesrepublik Deutschland und der Volksrepublik Polen über die Grundlagen der Normalisierung ihrer gegenseitigen Beziehungen, in: *Bulletin,* 1970, Nr. 161, S. 1694f; Vertrag über die Grundlagen der Beziehungen zwischen der Bundesrepublik Deutschland und der Deutschen Demokratischen Republik, in: *Bulletin,* 1972, Nr. 155, S. 1842f.
11. Ebd., S. 1842.
12. Vgl. ebd. Zum Gesamtkomplex der deutschen Ostpolitik vgl. Klaus Erdmenger, *Das folgenschwere Mißverständnis. Bonn und die sowjetische Deutschlandpolitik 1949–1955,* Freiburg i.Br. 1967; Egbert Jahn/Volker Rittberger (Hrsg.), *Die Ostpolitik der BRD. Triebkräfte, Widerstände, Konsequenzen,* Opladen 1974; Günther Schmid, *Die Deutschlandpolitik der Regierung Brandt/Scheel,* München 1975; Dettmar Cramer, *Deutschland nach dem Grundvertrag,* Stuttgart 1973; William E. Griffith, *The Ostpolitik of the Federal Republic of Germany,* Cambridge, Mass. 1978. Eine ausführliche Dokumentation der rechtlichen Grundlagen der Ost- und Deutschlandpolitik bietet Ingo von Münch (Hrsg.), *Dokumente des geteilten Deutschland. Quellentexte zur Rechtslage des Deutschen Reiches, der Bundesrepublik Deutschland und der Deutschen Demokratischen Republik,* 2 Bde., Stuttgart 1974 und 1976.
13. Viermächte-Abkommen, in: *Bulletin,* 1971, Nr. 127, S. 1360.
14. Kommuniqué der NATO-Ministerratstagung am 3. und 4. Dezember 1970 in Brüssel, in: *Keesing's Archiv der Gegenwart,* 1970, S. 15 921.
15. Zur Vorgeschichte der KSZE vgl. Wichard Woyke/Klaus Nieder/Manfred Görtemaker, *Sicherheit für Europa? Die Konferenz von Helsinki und Genf,* Opladen 1974, S. 61ff.
16. Vgl. Schlußempfehlungen der Konsultationen für die Konferenz über Sicherheit und Zusammenarbeit in Europa in Helsinki vom 8. Juni 1973, in: *Europa-Archiv,* 28. Jg. (1973), S. D 369ff.
17. Vgl. ebd.
18. Vgl. ebd., S. D 370f.
19. Schlußakte der Konferenz über Sicherheit und Zusammenarbeit in Europa vom 1. August 1975, in: *Europa-Archiv,* 30. Jg. (1975), S. D 439.
20. Ebd., S. D 439ff.
21. Vgl. ebd., S. D 446f.
22. Vgl. ebd., S. D 446.
23. Vgl. ebd.
24. Ebd., S. D 446f.
25. Vgl. ebd., S. D 447.
26. Derartige Vorwürfe wurden z.B. in der Bukarester Deklaration des Politischen Beratenden Ausschusses des Warschauer Paktes im Juli 1966 und in der Karlsbader Erklärung der Konferenz der kommunistischen und Arbeiter-Parteien Europas im April 1967 erhoben. Vgl. Erklärung der Teilnehmerstaaten des Warschauer Ver-

trags vom 6. Juli 1966 zur europäischen Sicherheit, in: *Europa-Archiv*, 21. Jg. (1966), S. D 416ff; Erklärung der auf der Konferenz in Karlsbad vertretenen kommunistischen und Arbeiter-Parteien Europas vom 26. April 1967, in: *Europa-Archiv*, 22. Jg. (1967), S. D 260f.

27. Vgl. *Völkerrechtliche Verträge. Textausgabe*, hrsg. von Friedrich Berber, München 1973, S. 149ff.

28. Schlußakte der Konferenz über Sicherheit und Zusammenarbeit in Europa, a.a.O. (s. Anm. 19), S. D 447.

29. Ebd.

30. Vgl. Gerhard Wettig, *Frieden und Sicherheit in Europa. Probleme bei der Konferenz für Sicherheit und Zusammenarbeit in Europa (KSZE) und bei der wechselseitigen Truppenreduzierung in Europa (MBFR)*, Stuttgart 1975, S. 170ff.

31. Abschlußkommuniqué der vorbereitenden Konsultationen über die gegenseitige Verminderung von Streitkräften und Rüstungen in Mitteleuropa vom 31. Januar bis zum 28. Juni 1973 in Wien, in: *Europa-Archiv*, 28. Jg. (1973), S. D 514.

32. *Neue Zürcher Zeitung*, 19. Juli 1974.

33. Vgl. Erklärung der Minister der am Integrierten NATO-Verteidigungsprogramm beteiligten Länder vom 27. Mai 1970 über beiderseitige und ausgewogene Truppenverminderung, in: *Europa-Archiv*, 25. Jg. (1970), S. D 318f. In der Erklärung hieß es (S. D 319), „beiderseitige Truppenverminderungen müßten mit den lebenswichtigen Sicherheitsinteressen des Bündnisses (der NATO, d. Verf.) vereinbar sein und sich nicht zum militärischen Nachteil einer Seite auswirken, wobei Unterschiede, die aus geographischen und sonstigen Umständen erwachsen, zu berücksichtigen sind". Vgl. hierzu auch Helga Haftendorn, *Abrüstungs- und Entspannungspolitik zwischen Sicherheitsbefriedigung und Friedenssicherung. Zur Außenpolitik der BRD 1955–1973*, Düsseldorf 1974.

34. Vgl. Günter Poser, *Militärmacht Sowjetunion 1977. Daten – Tendenzen – Analyse*, München und Wien 1977, S. 29ff; Emil Obermann (Hrsg.), *Verteidigung. Idee, Gesellschaft, Weltstrategie, Bundeswehr. Ein Handbuch*, Stuttgart 1970, S. 413ff und S. 477ff; *Weißbuch 1975/1976. Zur Sicherheit der Bundesrepublik Deutschland und zur Entwicklung der Bundeswehr*, hrsg. vom Bundesminister der Verteidigung, Bonn 1976, S. 17ff.

35. Vgl. Lothar Ruehl, Die Wiener Verhandlungen über Truppenverminderung in Ost und West, in: *Europa-Archiv*, 29. Jg. (1974), S. 513.

36. Vgl. ebd.

37. Vgl. *The Military Balance 1974–75*, hrsg. vom International Institute for Strategic Studies, London 1974, S. 101; Mutual Force Reductions in Europe, in: *World Armaments and Disarmament. SIPRI Yearbook 1974*, hrsg. vom Stockholm International Peace Research Institute, Stockholm 1974, S. 30ff.

38. Vgl. Mutual Force Reductions in Europe, a.a.O. (s. Anm. 37), S. 30.

39. Vgl. K. Perevoščikov, in: *Isvestija*, 22. August 1974.

40. Zit. ebd.

41. Vgl. Mutual Force Reductions in Europe, a.a.O. (s. Anm. 37), S. 30; Lothar Ruehl, Stoßrichtung: Westeuropa. Die Wiener Verhandlungen sind in einer kritischen Phase, in: *Die Zeit*, 5. April 1974.

42. Vgl. Ausführungen des Botschafters der DDR bei der MBFR-Konferenz, Oeser, in: *Neue Zürcher Zeitung*, 27. September 1975.

43. Vgl. *Frankfurter Rundschau*, 8. April 1976; Lothar Ruehl, Moskau spielt mit verdeckten Karten, in: *Die Zeit*, 26. Dezember 1975; *Süddeutsche Zeitung*, 17. Dezember 1975.
44. Erklärung Slawomir Dabrowas in einer Plenarsitzung der MBFR-Konferenz in der Wiener Hofburg, zit. nach: *Frankfurter Rundschau*, 8. April 1976.
45. Ebd.
46. Vgl. *The Military Balance 1978–79*, hrsg. vom International Institute for Strategic Studies, London 1978, S. 108 ff.
47. Vgl. Ulrich Albrecht u. a., Forschungsführer Militär und Rüstungsindustrie, in: *Technologie und Politik. aktuell-Magazin*, Nr. 4, Reinbek 1976, S. 152 ff.

6. *Ost-West-Handel und Ost-West-Kooperation*

1. Vgl. Gunnar Adler-Karlsson, Der Circulus Vitiosus der Autarkie im Ost-West-Handel, in: *Koexistenz zwischen Ost und West. Konflikt, Kooperation, Konvergenz*, hrsg. von Hans Mayrzedt und Helmut Romé, Wien u. a. 1967, S. 248.
2. Vgl. A. Baykov, *Soviet Foreign Trade*, Princeton, N. J., App. Table VII, zit. nach: Hanns-Dieter Jacobsen, *Die wirtschaftlichen Beziehungen zwischen Ost und West. Strukturen, Formen, Interessen, Auswirkungen*, Reinbek 1975, S. 131. Etwa 95 % der sowjetischen Industrie sollen damals von westlichen Lieferungen profitiert haben. Vgl. ebd., S. 130 f und Anthony C. Sutton, *Western Technology and Soviet Economic Development 1917–1930*, Stanford, Cal. 1968.
3. Vgl. Rudolf Nötel, Die Rolle der Vereinten Nationen im Ost-West-Handel, in: Koexistenz zwischen Ost und West, a. a. O. (s. Anm. 1), S. 261.
4. Vgl. Adler-Karlsson, a. a. O. (s. Anm. 1), S. 249.
5. Ebd., S. 250.
6. Ebd.
7. Vgl. *Der deutsche Osthandel zu Beginn des Jahres 1978*, hrsg. vom Bundesministerium für Wirtschaft, Bonn 1978 (im folgenden zit. als BMWI), S. 11. Grundsätzlich dazu: Gunnar Adler-Karlsson, *Der Fehlschlag. 20 Jahre Wirtschaftskrieg zwischen Ost und West*, Wien 1971.
8. Vgl. Schlußakte der Konferenz über Sicherheit und Zusammenarbeit in Europa vom 1. August 1975, in: *Europa-Archiv*, 30. Jg. (1975), S. D 448.
9. Vgl. ebd., S. D 449 ff.
10. Vgl. ebd., S. D 452.
11. Vgl. ebd., S. D 453.
12. Vgl. ebd., S. D 454.
13. Vgl. ebd., S. D 455.
14. Vgl. BMWI, a. a. O. (s. Anm. 7), S. 26. Zum Außenhandel der DDR bzw. zum Innerdeutschen Handel vgl. *Handbuch DDR-Wirtschaft*, hrsg. vom Deutschen Institut für Wirtschaftsforschung Berlin, Reinbek 1977, S. 250 ff und S. 264 ff.
15. Vgl. Jan Stankovsky, Folgewirkungen der KSZE für den Ost-West-Handel und industrielle Kooperation, in: *Grünbuch zu den Folgewirkungen der KSZE*, hrsg. von Jost Delbrück, Norbert Ropers und Gerda Zellentin, Köln 1977, S. 288. Von der gesamten Industrieproduktion der Welt entfielen 1970 etwa 55 % auf die westlichen Industrieländer und 38 % auf die Länder Osteuropas. Die Zahlen basieren auf

Angaben des *Monthly Bulletin of Statistics* der Vereinten Nationen. Zit. nach: Jacobsen, a.a.O. (s. Anm. 2), S. 98.

16. Vgl. ebd., S. 100.
17. Vgl. Stankovsky, a.a.O. (s. Anm. 15), S. 289.
18. Vgl. Jacobsen, a.a.O. (s. Anm. 2), S. 101.
19. Im 3. Quartal 1974 betrugen die amerikanischen Ost-Exporte weniger als 0,5 Milliarden US-Dollar; bis zum 4. Quartal 1975 hatten sie sich mit etwa 1,3 Milliarden US-Dollar fast verdreifacht, im 3. Quartal 1977 lagen sie wieder unter 0,5 Milliarden US-Dollar. Die Einfuhr der USA aus den Staatshandelsländern veränderte sich dagegen in diesem Zeitraum kaum und bewegte sich zwischen 0,2 und 0,3 Milliarden US-Dollar. Zahlenangaben nach Unterlagen der OECD, zit. nach: BMWI, a.a.O. (s. Anm. 7), S. 30.
20. Vgl. Jacobsen, a.a.O. (s. Anm. 2), S. 105.
21. Vgl. Stankovsky, a.a.O. (s. Anm. 15), S. 291.
22. Vgl. Jacobsen, a.a.O. (s. Anm. 2), S. 105.
23. Vgl. Stankovsky, a.a.O. (s. Anm. 15), S. 291.
24. Der Katalog der Probleme und Versäumnisse ist lang. Auf einer Landwirtschaftstagung des Zentralkomitees der KPdSU im Juli 1970 wurden folgende Ursachen für das Zurückbleiben der sowjetischen Landwirtschaft hinter der allgemeinen Wirtschaftsentwicklung genannt: „Mangel an Landmaschinen, Transportmitteln und Mineraldünger, zu geringe Bodenmeliorationen, unzureichende Versorgung der Viehwirtschaft mit Futter, Zurückbleiben der Verarbeitungsindustrie sowie ein noch immer niedriges Niveau der Wirtschaftsführung in vielen Kolchosen und Sowchosen." Zit. nach: *Sowjetunion,* hrsg. vom Koordinierungsausschuß deutscher Osteuropa-Institute (Länderberichte Osteuropa I), München 1974, S. 212.
25. Vgl. Stankovsky, a.a.O. (s. Anm. 15), S. 293.
26. Vgl. ebd., S. 296.
27. Zur Abgrenzung und Definition der verschiedenen Bereiche vgl. Peter Knirsch, Vom Ost-West-Handel zur Wirtschaftskooperation?, in: *Europa-Archiv,* 28. Jg. (1973), S. 61ff; Stankovsky, a.a.O. (s. Anm. 15), S. 295; Horst Lange-Prollius, *Praxis des Ostwesthandels. Die Wirtschaftsbeziehungen 1977–1990,* Düsseldorf und Wien 1977. Lange-Prollius, der sich mit dieser umfangreichen Studie über Tendenzen, Möglichkeiten und Probleme des Ost-West-Handels besonders an Praktiker wendet, an Geschäftsleute in Deutschland, Österreich und der Schweiz und die Repräsentanten im sozialistischen Außenhandel sowie an die Endkunden in den Industriewerken, Handelshäusern und Dienstleistungsunternehmen im sozialistischen Wirtschaftsbereich, schreibt, für den Geschäftspartner im Westen bedeute ein Kooperationsangebot – mehr als Kompensation – das äußerste Angebot seines Unternehmens, um dort zu dem Auftrag zu gelangen, wo anders keine Chance bestanden hätte: „Kooperation bedeutet das Umschlagen von Ostwesthandel in Ostwestwirtschaftsbeziehungen. Für den konservativen Exporteur ist Kooperation ein Einbruch in seine traditionelle Exportstrategie, ein wettbewerbsverzerrendes Element." (S. 57)
28. Vgl. Klaus Bolz, Industrielle Kooperation zwischen Ost und West. Situation, Erfahrungen, Probleme, Aussichten, in: *Entspannung ohne Frieden. Versäumnisse europäischer Politik,* hrsg. von Annemarie Große-Jütte und Rüdiger Jütte. Mit einem Vorwort von Wolf Graf von Baudissin, Frankfurt a.M. 1977, S. 191.

29. Stankovsky, a.a.O. (s. Anm. 15), S. 295.
30. Vgl. ebd.; Samuel Pisar, *Praxis des Osthandels*, Frankfurt a.M. und New York 1973, bes. S. 16 ff. Pisar gibt hier (S. 16f) eine nüchterne Einschätzung der Grenzen der Handelsbeziehungen, wenn er auch die Möglichkeiten der Bildung gemeinsamer Unternehmen *(joint ventures)* wohl überschätzt: „Während der klassische Warenaustausch unweigerlich einen Plafond erreicht, limitiert durch den Mangel an harter Währung und die Tatsache, daß der Osten nicht in der Lage ist, dem Weltmarkt einen reicher ausgestatteten Export-Warenkorb anzubieten, dürften gemeinsame Unternehmen, sowohl in der Produktion als auch im Marketing oder bei Dienstleistungen, vermutlich die ideologischen Hindernisse überwinden, um zum dynamischten Sektor des Austauschs zwischen Planwirtschaften und Marktwirtschaften zu werden."
31. Vgl. BMWI, a.a.O. (s. Anm. 7), S. 11; *Der Tagesspiegel,* 24. und 26. November 1978.
32. Vgl. Stankovsky, a.a.O. (s. Anm. 15), S. 303.
33. Vgl. BMWI, a.a.O. (s. Anm. 7), S. 14.
34. Vgl. Knirsch, a.a.O. (s. Anm. 27), S. 62 f. Zu den praktischen Möglichkeiten der Kooperationspolitik vgl. Lange-Prollius, a.a.O. (s. Anm. 27), S. 57 ff mit Beiträgen über industrielle Kooperation, dem Beispiel eines Kooperationsvertrages (S. 71 f), Ost-West-Kooperation im Rahmen einer Marketing-Konzeption und die Marketing-Landschaft im Ost-West-Handel sowie über die juristische Problematik von Wirtschaftsbeziehungen zwischen der Europäischen Gemeinschaft und dem CO-MECON. Eine polemisch-kritische Einschätzung der Ost-West-Kooperation gibt der Wirtschaftswissenschaftler und Generalsekretär des Internationalen Bundes der Chemiearbeiter in Genf, Charles Levinson, *Wodka Cola. Die gefährliche Kehrseite der wirtschaftlichen Zusammenarbeit zwischen Ost und West,* Reinbek 1978.
35. Vgl. Jacobsen, a.a.O. (s. Anm. 2), S. 109f.
36. Vgl. Stankovsky, a.a.O. (s. Anm. 15), S. 300.
37. Jacobsen, a.a.O. (s. Anm. 2), S. 110.
38. Vgl. Stankovsky, a.a.O. (s. Anm. 15), S. 296.
39. Vgl. ebd., S. 299.
40. Vgl. ebd., S. 297.
41. Vgl. ebd., S. 298. Lange-Prollius schätzt jedoch, es müsse damit gerechnet werden, daß etwa ein Drittel aller Geschäfte im Ost-West-Handel in den achtziger Jahren über Kooperationsvereinbarungen laufen werde oder damit verknüpft sei. Vgl. Lange-Prollius, a.a.O. (s. Anm. 27), S. 57.
42. Vgl. BMWI, a.a.O. (s. Anm. 7), S. 13.
43. Vgl. Stankovsky, a.a.O. (s. Anm. 15), S. 301.
44. Vgl. BMWI, a.a.O. (s. Anm. 7), S. 15.
45. Vgl. *Neue Zürcher Zeitung,* 21. Juni 1978. Ein Jahr zuvor, Ende 1976, wurde noch eine Größenordnung „zwischen 30 und 40 Milliarden Dollar für den ganzen RGW-Bereich" angenommen. Vgl. Curt Gasteyger, Europa zwischen Helsinki und Belgrad, in: *Europa-Archiv,* 32. Jg. (1977), S. 3; *Neue Zürcher Zeitung,* 14. Dezember 1976.
46. Vgl. BMWI, a.a.O. (s. Anm. 7), S. 15.
47. Vgl. ebd.
48. Vgl. ebd., S. 16.

49. Tatsächlich verringerte sich das Handelsbilanzdefizit der Staatshandelsländer 1977 um etwa 25% gegenüber 1976 auf 6,1 Milliarden US-Dollar (1975: 10,5 Milliarden US-Dollar) bei einem Handelsvolumen von insgesamt etwa 57 Milliarden US-Dollar im Jahre 1977. Vgl. BMWI, a.a.O. (s. Anm. 7), S. 16.

50. Vgl. ebd., S. 14.

51. Vgl. Jacobsen, a.a.O. (s. Anm. 2), S. 134ff.

52. Vgl. Friedemann Müller, Sicherheitspolitische Aspekte der Ost-West-Wirtschaftsbeziehungen, in: Grünbuch zu den Folgewirkungen der KSZE, a.a.O. (s. Anm. 15), S. 278.

53. Vgl. ebd., S. 279; Gasteyger, a.a.O. (s. Anm. 45), S. 4ff; Alexander Wolynski, Die Wirtschaftshilfe des Westens für die UdSSR, in: *Beiträge zur Konfliktforschung*, H. 4, 1976, S. 5–26; Anthony C. Sutton, *Western Technology and Soviet Economic Development 1945–1965*, Stanford, Cal. 1973.

54. Vgl. BMWI, a.a.O. (s. Anm. 7), S. 12.

7. *Freizügigkeit für Menschen, Informationen und Meinungen*

1. Vgl. Appell der Budapester Konferenz der Staaten des Warschauer Vertrags an alle europäischen Länder vom 17. März 1969, in: *Europa-Archiv*, 24. Jg. (1969), S. D 151ff.

2. Die amerikanische Delegation in Helsinki hatte bereits demonstrativ im Hotel ihre Abreise vorbereiten lassen.

3. Schlußempfehlungen der Konsultationen für die Konferenz über Sicherheit und Zusammenarbeit in Europa in Helsinki vom 8. Juni 1973, in: *Europa-Archiv*, 28. Jg. (1973), S. D 374.

4. Vgl. ebd., S. D 374ff.

5. Vgl. ebd.

6. Vgl. Gerhard Wettig, *Der Kampf um die freie Nachricht*, Zürich 1977, S. 9. Teil I dieses Buches ist wortgleich mit: Gerhard Wettig, Freiheit oder Unfreiheit im Äther. Auseinandersetzungen in der UNO und auf der KSZE, in: *Aus Politik und Zeitgeschichte* (Beilage zur Wochenzeitung „Das Parlament"), H. B 23/76, 5. Juni 1976, S. 3–22. Generalsekretär Leonid I. Breschnew rechtfertigte den Einmarsch 1971 auf dem XXIV. Parteitag der KPdSU mit den Worten: „Die tschechoslowakischen Ereignisse haben erneut daran erinnert, daß in den Ländern, die den Weg des Aufbaus des Sozialismus beschritten haben, die in diesem oder jenem Maße noch vorhandenen inneren antisozialistischen Kräfte unter bestimmten Bedingungen aktiv werden und sogar zu direkten konterrevolutionären Aktionen übergehen können, wobei sie auf Unterstützung von außen, durch den Imperialismus, rechnen, der seinerseits immer bereit ist, sich mit solchen Kräften zusammenzutun … Unter Berücksichtigung eines Ersuchens von Partei- und Staatsfunktionären, von Kommunisten und Werktätigen der Tschechoslowakei und angesichts der Gefahren, die für die Errungenschaften des Sozialismus in diesem Lande entstanden waren, haben wir damals gemeinsam mit den sozialistischen Bruderländern den Entschluß gefaßt, der Tschechoslowakei zur Verteidigung des Sozialismus internationalistische Hilfe zu leisten. Unter den außergewöhnlichen Bedingungen, die von den Kräften des Imperialismus und der Konterrevolution geschaffen worden waren, zwangen uns dazu unsere Klassenpflicht, die Sorge um die Interessen

unserer Staaten, um das Schicksal des Sozialismus und des Friedens in Europa."
In: Rechenschaftsbericht des Zentralkomitees der KPdSU an den XXIV. Parteitag
der KPdSU, vorgetragen von Leonid I. Breschnew am 30. März 1971, Teil I (Die
internationale Stellung der UdSSR. Die außenpolitische Tätigkeit der KPdSU.),
zit. nach: Leonid Breschnew, *Über die Politik der Sowjetunion und die internationale Lage. Reden und Schriften*, Köln 1973, S. 74 f.

7. János Kádár, Erster Sekretär des Zentralkomitees der Kommunistischen Partei
Ungarns, bezeichnete diesen Vorgang als „Assoziierung". Wörtlich erklärte er:
„In ideologischer und politischer Hinsicht sind wir, um in der bekannten Terminologie zu sprechen, ‚assoziiert'. Alle wissen, auf wessen Seite wir stehen: Wir
marschieren in einer Kampfformation mit der Sowjetunion, mit den Staaten des
Warschauer Vertrages, mit den sozialistischen Staaten, mit allen fortschrittlichen,
antiimperialistischen Kräften, und wir werden von diesem gemeinsamen Weg auch
in Zukunft nicht abgehen." In: Rede auf dem XXIV. Parteitag der Kommunistischen Partei der Sowjetunion am 1. April 1971, zit. nach: János Kádár, *Reden und
Schriften 1964–1971*, Ost-Berlin 1972, S. 658.

8. Vgl. Rede Breschnews auf der XIV. Moskauer städtischen Parteikonferenz am
29. März 1968, in: L. I. Brežnev, *Leninskim kursom. Reči i stat'i*, Bd. 2, Moskau
1973, S. 200 ff; J. S. Nowopaschin, *Strategie der „friedlichen Einmischung". Kritik
bürgerlicher Konzeptionen über den realen Sozialismus*, Ost-Berlin 1974 (russ:
Moskau 1972), bes. S. 173 ff.

9. So Nowopaschin im Vorwort zur deutschen Ausgabe seines Buches. Vgl. ebd.,
S. 6.

10. Vgl. ebd. Wörtlich heißt es dort (S. 6 f): „Der mit Beginn der 70er Jahre eingeleitete Eintritt der zwischenstaatlichen Beziehungen in eine neue Entwicklungsetappe, die tiefgreifende Wende in der gesamten internationalen Lage bedeuten
jedoch nicht, daß der Kampf zwischen den beiden diametral entgegengesetzten
sozialen Systemen beendet ist. Die Gegner des Sozialismus haben sich auch unter
den neuen Bedingungen nicht mit der Existenz und Entwicklung der sozialistischen Gesellschaft abgefunden. Sie streben nach wie vor danach, die Positionen
des Sozialismus zu schwächen, und nutzen dazu jede Form des Klassenkampfes
zwischen den beiden Systemen – die politische, ökonomische und ideologische. In
dem Maße jedoch, in dem das zugunsten des Sozialismus veränderte Kräfteverhältnis alle Versuche des Imperialismus, militärischen, ökonomischen und politischen Druck auszuüben, zur Aussichtslosigkeit verurteilt, *wächst die Bedeutung
des Kampfes an der ideologischen Front*." (Hervorhebung d. Verf.)

11. Irži Gendrih, Ob ukreplenii edinstva socialističeskogo obščestva, in: *Kommunist*,
44. Jg. (1967), Nr. 6, S. 89.

12. Rede auf der gemeinsamen Festsitzung des Zentralkomitees der KPdSU, des
Obersten Sowjets der UdSSR und des Obersten Sowjets der RSFSR anläßlich des
fünfzigsten Jahrestages der Bildung der Union der Sozialistischen Sowjetrepubliken im Kongreßpalast des Kreml am 21. Dezember 1972, in: Breschnew, Über die
Politik der Sowjetunion und die internationale Lage, a. a. O. (s. Anm. 6), S. 208 f
(russ. L. I. Brežnev, *Leninskim kursom. Reči i stat'i*, Bd. 4, Moskau 1974, S. 77.)

13. Vgl. Klaus Blech, Die KSZE als Schritt im Entspannungsprozeß. Bemerkungen zu
allgemeinen Aspekten der Konferenz, in: *Europa-Archiv*, 30. Jg. (1975), S. 681.
Dort heißt es: „... Spannungen finden ihren Ausdruck zwar immer noch in zwi-

schenstaatlichen Interessengegensätzen; sie gehen aber zum größten und entscheidenden Teil auf die das Ost-West-Verhältnis bestimmenden Unterschiede politischer Wertvorstellung und gesellschaftlicher Systeme zurück und verschärfen sich durch die Unvereinbarkeit ideologischer Wahrheitsansprüche. Sie betreffen deshalb nicht nur die Staaten, sondern wirken unmittelbar auf die Gesellschaften ein, derart, daß auch der einzelne Mensch sie schmerzhaft zu spüren bekommt. Von ihrer Minderung oder gar Beseitigung kann daher mit Recht nur dann gesprochen werden, wenn auch die Menschen dies als Erleichterung ihrer Lage empfinden."

14. Vgl. Nowopaschin, a. a. O. (s. Anm. 8), S. 174.
15. Gordon Skilling, National or International?, in: *International Journal*, H. 1, 1959/60, S. 48.
16. Helmut Sonnenfeldt war ein Vertrauter des amerikanischen Außenministers Henry A. Kissinger und Counselor im State Department. Vor einer Versammlung amerikanischer Europa-Botschafter in London machte Sonnenfeldt in einem Vortrag im Dezember 1975 einige umstrittene Bemerkungen zur amerikanischen Osteuropa-Politik, die daraufhin als „Sonnenfeldt-Doktrin" diskutiert wurden. Die umstrittenen Passagen des Sonnenfeldt-Vortrages lauteten: „Die Unfähigkeit der Sowjets, in Osteuropa Loyalität zu wecken, ist unglückselig, denn Osteuropa liegt im Bereich ihres natürlichen Interesses ... Im Hinblick auf Osteuropa liegt es in unserem langfristigen Interesse, die Ereignisse dort zu beeinflussen, ... damit sie nicht früher oder später explodieren und den dritten Weltkrieg auslösen ... Deshalb muß unsere Politik eine Entwicklung anstreben, die das Verhältnis zwischen den Osteuropäern und den Sowjets organischer macht ... Deshalb muß es unsere Politik sein, auf die deutlich sichtbaren Aspirationen Osteuropas nach einem autonomeren Dasein im Rahmen eines starken geopolitischen Einflusses Moskaus einzugehen." Zit. nach: *Die Zeit*, 16. April 1976.
17. Vgl. Gerhard Wettig, *Frieden und Sicherheit in Europa. Probleme bei der Konferenz für Sicherheit und Zusammenarbeit in Europa (KSZE) und bei der wechselseitigen Truppenreduzierung in Europa (MBFR)*, Stuttgart 1975, S. 78; Gerhard Wettig, Freiere Begegnungen und Dialoge zwischen Ost und West. Zur Problematik einer umfassenden Koexistenz in Europa, in: *Aus Politik und Zeitgeschichte* (Beilage zur Wochenzeitung „Das Parlament"), H. B 11/75, 15. März 1975, S. 3–37.
18. Vgl. Schlußakte der Konferenz über Sicherheit und Zusammenarbeit in Europa vom 1. August 1975, in: *Europa-Archiv*, 30. Jg. (1975), hier bes. S. D 467–483.
19. Blech, a. a. O. (s. Anm. 13), S. 690.
20. Ebd., S. 685.
21. Vgl. Schlußakte der Konferenz über Sicherheit und Zusammenarbeit in Europa, a. a. O. (s. Anm. 18), S. D 467.
22. Vgl. ebd., S. D 467 ff.
23. Vgl. ebd., S. D 469 f.
24. Ebd., S. D 470.
25. Vgl. ebd., S. D 470 ff.
26. Ebd., S. D 472.
27. Vgl. ebd.
28. Vgl. ebd., S. 472 f.
29. Vgl. ebd., S. 473 ff.
30. Vgl. ebd., S. 479 ff.

31. Erklärung des Bundeskanzlers der Bundesrepublik Deutschland, Helmut Schmidt, am 30. Juli 1975, in: *Europa-Archiv*, 30. Jg. (1975), S. D 550.
32. Gerhard Henze, Neue Aufgaben der Entspannungspolitik. Freizügigkeit und verbesserte Informationsmöglichkeit als Ziel der KSZE, in: *Europa-Archiv*, 30. Jg. (1975), S. 576.
33. Vgl. Wettig, Frieden und Sicherheit in Europa, a.a.O. (s. Anm. 17), S. 99.
34. Vgl. *Sowjetunion*, hrsg. vom Koordinierungsausschuß deutscher Osteuropa-Institute (Länderberichte Osteuropa I), München 1974, S. 34.
35. Vgl. Reinhard Lohrmann, Die KSZE-Beschlüsse zur Familienzusammenführung, zu Verwandtenbesuchen und zu Eheschließungen zwischen Angehörigen verschiedener Staaten, in: *Grünbuch zu den Folgewirkungen der KSZE*, hrsg. von Jost Delbrück, Norbert Ropers und Gerda Zellentin, Köln 1977, S. 431.
36. Vgl. Hans-Peter Schwarz, *Zwischenbilanz der KSZE*, Stuttgart 1977, S. 41. Schwarz verweist (ebd., S. 41f) auf den ersten Semiannual Report des amerikanischen Präsidenten an die US-Kongreß-Kommission für Sicherheit und Zusammenarbeit in Europa, wonach 1976 im State Department im Rahmen der Familienzusammenführung insgesamt 57 Auswanderungsfälle aus Bulgarien, 46 aus der Tschechoslowakei, 33 aus der DDR, 937 aus Polen, 750 aus Ungarn und 112 aus der Sowjetunion anhängig waren. Vgl. U.S. Congress. House. Committee on International Relations, *First Semiannual Report by the President to the Commission on Security and Cooperation in Europe*, Report transmitted to the Committee on International Relations, 94th Congress, 2d sess, Washington, December 1976.
37. Vgl. Schwarz, a.a.O. (s. Anm. 36), S. 40; Lohrmann, a.a.O. (s. Anm. 35), S. 437. Bei den Abkommen handelte es sich im einzelnen um das Abkommen zwischen der Bundesrepublik Deutschland und der Volksrepublik Polen über Renten- und Unfallversicherung vom 9. Oktober 1975, um eine Vereinbarung über die pauschale Abgeltung von Rentenansprüchen vom 9. Oktober 1975 sowie um das Abkommen zwischen der Regierung der Bundesrepublik Deutschland und der Regierung der Volksrepublik Polen über die Gewährung eines Finanzkredits vom 9. Oktober 1975. In einem von Bundesaußenminister Hans-Dietrich Genscher und dem polnischen Außenminister Stefan Olszowski gemeinsam unterzeichneten Protokoll stellte die polnische Seite fest, „daß in den Jahren 1971 bis 1975 auf der Grundlage der ‚Information der Regierung der Volksrepublik Polen‘ von 1970 etwa 65 000 Personen die Ausreisegenehmigung für den ständigen Aufenthalt in der Bundesrepublik Deutschland und der Deutschen Demokratischen Republik erhalten haben", ferner, „daß sie auf Grund der Untersuchungen der zuständigen polnischen Behörden in der Lage ist zu erklären, daß etwa 120000 bis 125000 Personen im Laufe der nächsten vier Jahre die Genehmigung ihres Antrages zur Ausreise erhalten werden". Zit. nach: *Dokumentation zur Entspannungspolitik der Bundesregierung*, hrsg. vom Presse- und Informationsamt der Bundesregierung, 6. Aufl., Bonn 1978, S. 59.
38. Vgl. Lohrmann, a.a.O. (s. Anm. 35), S. 436.
39. Vgl. Schwarz, a.a.O. (s. Anm. 36), S. 71. Ein Bericht des Bundesministeriums für innerdeutsche Beziehungen nennt folgende Fälle, bei denen die Bundesregierung Bemühungen unternahm, um zur Entlassung aus der „Staatsbürgerschaft der DDR" und zur Genehmigung der Ausreise zu Angehörigen in die Bundesrepublik und nach West-Berlin beizutragen: Verlobte; Eheleute; in der DDR lebende Kin-

der, deren Zusammenführung mit ihren Eltern oder Elternteilen bisher noch nicht möglich war; sonstige Familienangehörige in der DDR, die eine Zusammenführung mit ihren Familien anstrebten; Familien, die zu Angehörigen auszureisen wünschten. Ein Sonderfall waren die Bemühungen der Bundesregierung um politische Häftlinge in der DDR, die das Ziel hatten, eine vorzeitige Entlassung aus der DDR-Haft zu erreichen und darüber hinaus für Bewohner der DDR die Genehmigung zur anschließenden Übersiedlung in die Bundesrepublik und nach West-Berlin zu erwirken. Nach Angaben des gleichen Berichts konnte auf diese Weise seit 1970 mehr als 9000 Personen geholfen werden, die aus politischen Gründen in der DDR inhaftiert waren. Rund 2000 der Genannten wurde die vorzeitige Haftentlassung und die Übersiedlung in die Bundesrepublik durch die vom Staatsrat der DDR am 6. Oktober 1972 verkündete Amnestie ermöglicht. Vgl. *Die Entwicklung der Beziehungen zwischen der Bundesrepublik Deutschland und der Deutschen Demokratischen Republik 1969–1976. Bericht und Dokumentation,* hrsg. vom Bundesministerium für innerdeutsche Beziehungen, Bonn 1977 (im folg. zit. als „Bericht und Dokumentation 1969–1976"), S. 46. Dem Bericht zufolge wurden als Ergebnis der Bemühungen um Familienzusammenführung seit 1970 (bis Ende 1976) „mehr als 16000 Ausreisegenehmigungen von den Behörden in der DDR erteilt" (ebd.).

40. Vgl. *Der Spiegel,* 2. Mai 1977.
41. Vgl. Martin Kriele, *Die Menschenrechte zwischen Ost und West,* Köln 1977, bes. S. 53 ff; U.S. Congress. House. Committee on International Relations, *Congress and Foreign Policy 1976,* Washington 1977, S. 43–46 und S. 163–169; U.S. Congress. House. Committee on International Relations, *Anti-Semitism and Reprisals Against Jewish Emigration in the Soviet Union,* Hearing, 94th Cong., 2d sess., May 27, 1976, Washington 1976. Zur Situation in Osteuropa vgl. *Menschenrechte. Ein Jahrbuch zu Osteuropa,* hrsg. von Jiři Pelikan und Manfred Wilke, Reinbek 1977.
42. Vgl. Eugeniusz Guz, Einige Bemerkungen aus polnischer Sicht zum Thema „Informations-, Meinungs- und kultureller Austausch", in: *Aus Politik und Zeitgeschichte* (Beilage zur Wochenzeitung „Das Parlament"), H. B 38/75, 20. September 1975, S. 4.
43. Vgl. ebd.
44. Vgl. *Die Entwicklung der Beziehungen zwischen der Bundesrepublik Deutschland und der Deutschen Demokratischen Republik. Bericht und Dokumentation,* hrsg. vom Bundesministerium für innerdeutsche Beziehungen, Bonn 1973 (im folg. zit. als „Bericht und Dokumentation 1973"), S. 31.
45. Vgl. Bericht und Dokumentation 1969–1976, a.a.O. (s. Anm. 39), S. 33.
46. Vgl. ebd., S. 34f.
47. Vgl. ebd., S. 36; *Zahlenspiegel. Bundesrepublik Deutschland/Deutsche Demokratische Republik – Ein Vergleich,* hrsg. vom Bundesministerium für innerdeutsche Beziehungen, Bonn 1978, S. 97.
48. Vgl. Bericht und Dokumentation 1969–1976, a.a.O. (s. Anm. 39), S. 34.
49. Vgl. Zahlenspiegel, a.a.O. (s. Anm. 47), S. 101.
50. Vgl. Bericht und Dokumentation 1969–1976, a.a.O. (s. Anm. 39), S. 29.
51. Vgl. ebd., S. 28.
52. S. Boch, Ein Jahr nach Helsinki, in: *IPW-Berichte,* H. 8, 1976, S. 12.

53. Allgemeine Erklärung der Menschenrechte, verkündet von der Generalversammlung der Vereinten Nationen am 10. Dezember 1948, in: *Sartorius II* (Internationale Verträge – Europarecht), Loseblattsammlung, Stand 1. März 1976, Nr. 50.

54. Vgl. Grundgesetz für die Bundesrepublik Deutschland vom 23. Mai 1949, in: *Sartorius I* (Verfassungs- und Verwaltungsgesetze der Bundesrepublik), Loseblattsammlung, Stand 1. Mai 1978, Nr. 1.

55. Wladimir I. Lenin, Was tun? Brennende Fragen unserer Bewegung, in: W. I. Lenin, *Ausgewählte Werke*, Bd. I, Ost-Berlin 1966, S. 147.

56. *Iskra*, Nr. 4, 1902, zit. nach: Lenin, Ausgewählte Werke, a.a.O. (s. Anm. 55), S. 289.

57. Presse, Funk und Fernsehen in der DDR, in: *Panorama DDR*, Dokumentation, 7 VII 16/1.10., Ost-Berlin o.J. (1977), S. 1 und S. 3. In Artikel 27 der DDR-Verfassung vom 7. Oktober 1974 heißt es: „(1) Jeder Bürger der Deutschen Demokratischen Republik hat das Recht, *den Grundsätzen dieser Verfassung gemäß* seine Meinung frei und öffentlich zu äußern. Dieses Recht wird durch kein Dienst- oder Arbeitsverhältnis beschränkt. Niemand darf benachteiligt werden, wenn er von diesem Recht Gebrauch macht. (2) Die Freiheit der Presse, des Rundfunks und des Fernsehens ist gewährleistet." Zit. nach: *Neues Deutschland*, 28. September 1974 (Hervorhebung d. Verf.).

58. Vgl. Wettig, Der Kampf um die freie Nachricht, a.a.O. (s. Anm. 6), S. 10f.

59. M. Michajlov, Zapovedi mirnogo sosuščestvovanija, in: *Nedelja*, 11. bis 17. August 1975, zit. nach: Wettig, Der Kampf um die freie Nachricht, a.a.O. (s. Anm. 6), S. 47.

60. Ebd., S. 49.

61. Vgl. Gerhard Wettig, Die Verwirklichung der KSZE-Schlußakte durch die UdSSR und die DDR, in: *Deutschland-Archiv*, 10. Jg. (1977), S. 411f.

62. Vgl. Wettig, Der Kampf um die freie Nachricht, a.a.O. (s. Anm. 6), S. 59f.

63. Vgl. Bericht und Dokumentation 1973, a.a.O. (s. Anm. 44), S. 43. Aus kommunistischen Ländern bezog die DDR 1975 insgesamt 3730 Titel mit 550000 Exemplaren, davon allein 1600 Titel mit 305000 Exemplaren aus der Sowjetunion. Vgl. *Neue Zeit* (Ost-CDU), Ost-Berlin, 27. Januar 1975.

64. Vgl. Guz, a.a.O. (s. Anm. 42), S. 9.

65. Der Bezug von DDR-Zeitungen in der Bundesrepublik war bis zum 1. April 1968 von einem – in der Regel nicht besonders streng gehandhabten – Genehmigungsverfahren abhängig. Mit Inkrafttreten des 8. Strafrechtsänderungsgesetzes am 1. April 1968 wurden dem Bezug von in der DDR frei verkäuflichen Zeitungen zunächst befristet und ab 1. April 1971 unbefristet keine Einschränkungen mehr auferlegt. Trotz zunächst starker Nachfrage westlicher Zeitungshändler wurden von der DDR jedoch im wesentlichen nicht mehr Zeitungen und Zeitschriften geliefert als vorher. 1970 wurden monatlich etwa 2800 Abonnenten von Tageszeitungen (davon 1640 Bezieher des *Neuen Deutschland*) und etwa 2000 Abonnenten von DDR-Zeitschriften beliefert. (Mitteilung des Presse- und Informationsamtes der Bundesregierung, 26. Oktober 1978.)

66. Vgl. Bericht und Dokumentation 1969–1976, a.a.O. (s. Anm. 39), S. 57.

67. Mitteilung des Presse- und Informationsamtes der Bundesregierung, 26. Oktober 1978.

68. Vgl. *Die Zeit*, 14. August 1964.

69. Wettig, Der Kampf um die freie Nachricht, a.a.O. (s. Anm. 6), S. 61. Einen guten Überblick über die Thematik mit vielen interessanten Einzelangaben bietet Henning von Löwis of Menar, Die Rolle des Rundfunks im Ost-West-Konflikt, in: *Handbuch der deutschen Außenpolitik*, hrsg. von Hans-Peter Schwarz, München und Zürich 1975, S. 533–553. Dort auch weitere Literaturhinweise.

70. Vgl. *Horizont* (Wochenzeitung für internationale Politik und Wirtschaft), Ost-Berlin, Nr. 19, 1978. Dort hieß es, Radio Free Europe, Radio Liberty, British Broadcasting Corporation (BBC), Voice of America (Stimme Amerikas), RIAS Berlin, Deutsche Welle, Deutschlandfunk, Sender Freies Berlin (SFB), die in der Arbeitsgemeinschaft der Rundfunkanstalten Deutschlands (ARD) zusammengeschlossenen Rundfunk- und Fernsehsender sowie das Zweite Deutsche Fernsehen seien „integrierte Teile des Systems der Aggression im Äther".

71. Vgl. Wettig, Der Kampf um die freie Nachricht, a.a.O. (s. Anm. 6), S. 61. Wettig stützt seine Aussagen u.a. auf *Radio Liberty's Audiences in the U.S.S.R. A Behavioral Study*, Material prepared by the Audience Research and Program Evaluation Division of Radio Liberty, Mai 1973; *The First Annual Report of the Board of International Broadcasting as Submitted to the President of the United States and to the United States Congress*, 30. Oktober 1974; *The Board of International Broadcasting. Second Annual Report*, 30. Oktober 1975. Untersuchung des Massachusetts Institute of Technology zit. nach: *Der Tagesspiegel*, 8. März 1979.

72. Vgl. *Neues Deutschland*, 29. Mai 1973.

73. *Neues Deutschland*, 6. August 1975.

74. Vgl. Joachim Krause, Arbeitsbedingungen für Journalisten nach der KSZE, in: Grünbuch zu den Folgewirkungen der KSZE, a.a.O. (s. Anm. 35), S. 413f. Der Aufsatz von Krause (S. 411–429) bietet einen guten, teilweise auf Gesprächen mit betroffenen Journalisten beruhenden Überblick über die Verhältnisse in den einzelnen Ostblockländern.

75. Vgl. ebd., S. 418f und S. 421f.

76. *Neues Deutschland*, 23. Dezember 1976; *Frankfurter Allgemeine Zeitung*, 24. Dezember 1976.

77. Vgl. Krause, a.a.O. (s. Anm. 74), S. 420.

78. Vgl. *Neues Deutschland*, 17. November 1977, 10. und 11. Januar 1978. Am 10. Januar 1978 richtete der Leiter der Hauptabteilung Presse im Ministerium für Auswärtige Angelegenheiten der DDR, Wolfgang Meyer, ein Schreiben an die Redaktion des *Spiegel*, in dem er die Schließung des *Spiegel*-Büros begründete. In dem Schreiben hieß es wörtlich: „Ihr Blatt hat in den letzten Monaten die Deutsche Demokratische Republik und ihre Verbündeten böswillig verleumdet und vorsätzlich den Versuch unternommen, durch erfundene Nachrichten und Berichte die Beziehungen zwischen der Deutschen Demokratischen Republik und der Bundesrepublik Deutschland zu vergiften. Eine besondere Rolle ist dabei offensichtlich dem von Ihnen gemeinsam mit dem Bundesnachrichtendienst der BRD fabrizierten üblen Machwerk ‚Bruch in der SED‘ zugedacht. In ihm werden in besonders infamer Weise das Staatsoberhaupt und andere führende Persönlichkeiten der DDR verleumdet. Die von Ihnen vorgenommenen Veröffentlichungen, insbesondere das letztgenannte Pamphlet, sind unvereinbar mit den in der Verordnung über die Tätigkeit von Publikationsorganen anderer Staaten und deren Korrespondenten in der DDR vom 21. Februar 1973 enthaltenen Festlegungen, auf denen die

Zulassung Ihres Korrespondentenbüros in der Hauptstadt der DDR beruht ...
Das Ministerium für Auswärtige Angelegenheiten der Deutschen Demokratischen
Republik sieht sich daher veranlaßt, die Genehmigung zur Eröffnung Ihres Büros
in der Hauptstadt der DDR, Berlin, aufzuheben und das Büro mit sofortiger
Wirkung zu schließen." Zit. nach: *Neues Deutschland*, 11. Januar 1978. Der polnische Journalist Eugeniusz Guz wies darauf hin, daß die Arbeitsbedingungen von
Journalisten in Osteuropa differenziert zu beurteilen seien. In einem Aufsatz,
a. a. O. (s. Anm. 42), S. 16 und S. 18 f, schrieb er: „Auch das unzweifelhaft kompli-
zierte Gebiet der Arbeitserleichterungen für Journalisten, über das hart in Genf
verhandelt wurde, ist kein Neuland mehr. Für Journalisten, die aus den sozialistischen Ländern berichten, gibt es keine Zensur. Auch die Einreise in diese Länder
wird ihnen nicht verweigert. Von maßgeblichen bundesdeutschen Behörden
wurde mir bestätigt, daß es in den letzten Jahren Visumschwierigkeiten nur in
Ausnahmefällen gegeben habe und das nur ,in ganz geringen Fällen, wo äußerst
spezifische Gründe vorlagen' ... Ich bin weit davon entfernt, das Problem der
Arbeitsbedingungen für Journalisten zu verharmlosen. Das verbietet mir schon
die berufliche Kollegialität. Nicht von ungefähr gehörte das Dokument über die
Arbeitsbedingungen der Journalisten zu den letzten Texten, über die man sich in
Genf einigte. Es ist selbstverständlich notwendig, sich Gedanken zu machen, wie
man die Arbeit der Presse erleichtern kann. Andererseits sollte man mit dem
Klageruf auch nicht übertreiben und nicht die Sache so darstellen, als wären hier
die Journalisten überhaupt ohne Schuld, wenn sie die Erwartungen ihrer Redaktion nicht befriedigen ... Sicherlich kann man hier manches an Gegenargumenten
vorbringen, und ich schreibe hier auch kein Lob auf unsere Massenmedien, die
nota bene auch bei uns kritisch beurteilt werden. Es geht auch nicht darum, sich
hier zu streiten, welche Presse besser ist, denn das führt zu nichts. Mir geht es
einzig und allein darum, hinzuweisen, daß man hier mit großer Selbstsicherheit
und Überheblichkeit immer mit dem Finger auf die sozialistischen Staaten zeigt
und dabei vergißt, daß die immer komplizierter werdende Wirklichkeit der Massenmedien niemandem ein Recht zu Pauschalurteilen gibt."

79. Krause, a. a. O. (s. Anm. 74), S. 417.
80. Vgl. Marion Gräfin Dönhoff/Rudolf W. Leonhard/Theo Sommer, *Reise in ein
    fernes Land. Bericht über Kultur, Wirtschaft und Politik der DDR*, Hamburg
    1965.
81. Briefwechsel vom 8. November 1972 über Arbeitsmöglichkeiten für Journalisten,
    in: *Bulletin*, 1972, Nr. 155, S. 1851 f.
82. Vgl. Bericht und Dokumentation 1969–1976, a. a. O. (s. Anm. 39), S. 55; Krause,
    a. a. O. (s. Anm. 74), S. 422.
83. Vgl. *Neues Deutschland*, 5. Januar 1977.
84. Vgl. Krause, a. a. O. (s. Anm. 74), S. 423.
85. Vgl. *Gesetzblatt der DDR*, Teil I, Nr. 10, 1. März 1973, S. 99 f.
86. Vgl. *Neues Deutschland*, 14. April 1979; *Der Tagesspiegel*, 15. April 1979.
87. Heiner Treinen, Probleme des Kulturaustausches zwischen Staaten mit unter-
    schiedlichen Gesellschaftsordnungen, in: Grünbuch zu den Folgewirkungen der
    KSZE, a. a. O. (s. Anm. 35), S. 463.
88. Vgl. Die Partei fordert Rechtgläubigkeit, in: *Ost-Probleme*, 15. Jg. (1963), Nr. 10,
    S. 290–304 (Auszug aus: *Pravda*, 10. März 1963); Das Juniplenum der KPdSU, in:

Ost-Probleme, 15. Jg. (1963), Nr. 15, S. 450–457 (Auszug aus: *Isvestija*, 23. Juni 1963).

89. Henze, a.a.O. (s. Anm. 32), S. 570.

90. Vgl. Schwarz, a.a.O. (s. Anm. 36), S. 45. Im Bereich Belletristik erschienen 1974–76 in der Sowjetunion als Buch oder in Zeitschriften 14 Arbeiten westdeutscher Autoren, umgekehrt in der Bundesrepublik 22 Werke sowjetischer Autoren. Vgl. Peter Hübner, Literatur aus der Bundesrepublik in der UdSSR und sowjetische Literatur in der Bundesrepublik Deutschland 1974 bis 1976, in: *Berichte des Bundesinstituts für ostwissenschaftliche und internationale Studien*, H. 14, 1977, S. 2.

91. Vgl. Guz, a.a.O. (s. Anm. 42), S. 9f.

92. Vgl. *DDR-Handbuch*, hrsg. vom Bundesministerium für innerdeutsche Beziehungen, Köln 1975, S. 177.

93. Vgl. Bericht und Dokumentation 1969–1976, a.a.O. (s. Anm. 39), S. 50. Insgesamt erschienen 1974 in der DDR 5 697 Titel mit einer Gesamtauflage von 127,2 Millionen Exemplaren, darunter 861 Übersetzungen aus mehr als 40 Sprachen mit 15,2 Millionen Exemplaren. Der Anteil der Belletristik einschließlich Kinder- und Jugendliteratur betrug 1 717 Titel mit 39,6 Millionen Exemplaren, darunter 479 Übersetzungen mit einer Auflage von 10,4 Millionen Exemplaren. Vgl. *Tribüne* (Organ des Bundesvorstandes des FDGB), Ost-Berlin, 9. September 1975.

94. Nach der amtlichen Statistik des Börsenvereins des Deutschen Buchhandels wurden 1975 Bücher im Wert von 6,5 Millionen DM aus der Bundesrepublik und West-Berlin in die DDR geliefert und Bücher im Wert von 15,4 Millionen DM von dort bezogen. In den Bezügen waren allerdings auch die – im einzelnen nicht quantifizierten – Bücher enthalten, die aufgrund von Druckaufträgen westdeutscher und West-Berliner Verlage an DDR-Druckereien aus der DDR bezogen wurden. Vgl. Bericht und Dokumentation 1969–1976, a.a.O. (s. Anm. 39), S. 50.

95. Vgl. ebd., S. 56.

96. Zu den Zielen und Ergebnissen der Verhandlungen in diesem Bereich vgl. Henze, a.a.O. (s. Anm. 32), S. 567ff.

97. Vgl. Guz, a.a.O. (s. Anm. 42), S. 13.

98. Vgl. ebd., S. 14.

99. Vgl. Doris Schenk, Die wissenschaftlichen Beziehungen zwischen der Bundesrepublik Deutschland und der UdSSR, in: *Aus Politik und Zeitgeschichte* (Beilage zur Wochenzeitung „Das Parlament"), H. B 36/73, 8. September 1973, S. 29.

100. Vgl. Guz, a.a.O. (s. Anm. 42), S. 14.

101. Vgl. *Süddeutsche Zeitung*, 2. Juli 1975.

102. Vgl. Guz, a.a.O. (s. Anm. 42), S. 13.

103. Vgl. ebd., S. 15.

8. *Hat die Entspannungspolitik eine Zukunft?*

1. Vgl. Richard Löwenthal, Hat Entspannung eine Zukunft?, in: *Die Zeit*, 2. April 1976.

2. Ebd.

3. Egon Bahr, Die Entspannung hat erst begonnen, in: *Die Zeit*, 26. März 1976.

4. Ebd.

5. Vgl. Die Entspannungsdoktrin der Vereinigten Staaten. Erklärung des amerikanischen Außenministers, Henry A. Kissinger, vor dem Außenpolitischen Ausschuß des Senats am 19. September 1974 über die Politik gegenüber der Sowjetunion, in: *Europa-Archiv*, 29. Jg. (1974), S. D 463.

6. Vgl. George F. Kennan, Sind alle Russen 2,50 Meter groß?, in: *Die Zeit*, 27. Februar 1976.

7. Vgl. Helga Haftendorn, Der internationale Rüstungstransfer. Motive, Folgen, Kontrollmöglichkeiten, in: *Europa-Archiv*, 33. Jg. (1978), S. 331 ff.

Bibliographie

I. Dokumentationen, Vertragssammlungen, Reden- und Schriftensammlungen, amtliche Publikationen

Die unheilige Allianz. Stalins Briefwechsel mit Churchill 1941–1945. Mit einer Einleitung und Erläuterungen zum Text von Manfred Rexin, Reinbek 1964.
Die Atlantische Gemeinschaft. Grundlagen und Ziele der Organisation des Nordatlantikvertrages. Eine Dokumentation, Bonn 1972.
Berber, Friedrich (Hrsg.): Völkerrechtliche Verträge, Textausgabe, München 1973.
Board of International Broadcasting: The First Annual Report of the Board of International Broadcasting as Submitted to the President of the United States and to the United States Congress, Washington 1974.
Board of International Broadcasting: Second Annual Report of the Board of International Broadcasting as Submitted to the President of the United States and to the United States Congress, Washington 1975.
Brandt, Willy: Der Wille zum Frieden. Perspektiven der Politik, Frankfurt a. M. 1973.
Breschnew, Leonid: Über die Politik der Sowjetunion und die internationale Lage. Reden und Schriften, Köln 1973.
Brežnev, L. I,: Leninskim kursom. Reči i stat'i, 4 Bde., Moskau 1973/74.
Briefwechsel Stalins mit Churchill, Attlee, Roosevelt und Truman 1941–45, Berlin 1961 (Übersetzung aus dem Russischen).
Bundesminister der Verteidigung (Hrsg.): Weißbuch 1970. Zur Sicherheit der Bundesrepublik Deutschland und zur Lage der Bundeswehr, Bonn 1970.
Bundesminister der Verteidigung (Hrsg.): Weißbuch 1973/1974. Zur Sicherheit der Bundesrepublik Deutschland und zur Entwicklung der Bundeswehr, Bonn 1974.
Bundesminister der Verteidigung (Hrsg.): Weißbuch 1975/1976. Zur Sicherheit der Bundesrepublik Deutschland und zur Entwicklung der Bundeswehr, Bonn 1976.
Bundesministerium für innerdeutsche Beziehungen (Hrsg.): Die Entwicklung der Beziehungen zwischen der Bundesrepublik Deutschland und der Deutschen Demokratischen Republik. Bericht und Dokumentation, Bonn 1973.
Bundesministerium für innerdeutsche Beziehungen (Hrsg.): Die Entwicklung der Beziehungen zwischen der Bundesrepublik Deutschland und der Deutschen Demokratischen Republik 1969–1976. Bericht und Dokumentation, Bonn 1977.
Bundesministerium für innerdeutsche Beziehungen (Hrsg.): Zahlenspiegel. Bundesrepublik Deutschland/Deutsche Demokratische Republik – Ein Vergleich, Bonn 1978.
Bundesministerium für Wirtschaft (Hrsg.): Der deutsche Osthandel zu Beginn des Jahres 1978, Bonn 1978.
Chruschtschow, N. S.: Rechenschaftsbericht des Zentralkomitees der KPdSU an den 20. Parteitag, Ost-Berlin 1956.
Deuerlein, Ernst (Hrsg.): Potsdam 1945. Quellen zur Konferenz der „Großen Drei", München 1965.

Documents on International Affairs. 1939–1946; 1951; 1953; 1955; 1956; 1957; 1958; 1959; 1960; 1961, hrsg. von J. W. Wheeler-Bennett u. a., London 1951 ff.

Dokumentation zur Abrüstung und Sicherheit. 1943–1959; 1960–1963; 1964–1965; 1966; 1967; 1968; 1969; 1970; 1971, zusammengestellt von Heinrich von Siegler, Bonn u. a. 1966 ff.

Dokumentation zur Deutschlandfrage. Von der Atlantik-Charta 1941 bis zur Berlin-Sperre 1961, zusammengestellt von Heinrich von Siegler, 2. erw. Aufl., 3 Bde., Bonn u. a. 1970.

Dokumente zur Deutschlandpolitik der Sowjetunion, hrsg. vom Deutschen Institut für Zeitgeschichte, Berlin 1957 ff.

Dokumenty vnešnej politiki SSSR (Dokumente zur Außenpolitik der UdSSR), Moskau 1957 ff.

Europa-Archiv, Oberursel 1946 ff.

Fischer, Alexander (Hrsg.): Teheran – Jalta – Potsdam. Die sowjetischen Protokolle von den Kriegskonferenzen der „Großen Drei", Köln 1968.

Foreign Relations of the United States. Diplomatic Papers, hier: 1941 ff, Washington 1958 ff.

Foreign Relations of the United States. Diplomatic Papers: The Conferences of Malta and Yalta 1945, Washington 1955.

Hirsch, Kurt (Hrsg.): Deutschlandpläne. Dokumente und Materialien zur deutschen Frage, München 1967.

Institut für Internationale Politik und Wirtschaft der DDR (Hrsg.): Dokumente zur Abrüstung 1917–1976, Ost-Berlin 1978.

Jacobsen, Hans-Adolf/Mallmann, Wolfgang/Meier, Christian (Hrsg.): Sicherheit und Zusammenarbeit in Europa (KSZE). Analyse und Dokumentation, Köln 1973.

Jacobsen, Hans-Adolf/Mallmann, Wolfgang/Meier, Christian (Hrsg.): Sicherheit und Zusammenarbeit in Europa (KSZE). Analyse und Dokumentation 1973–1975, Köln 1976.

Jacobsen, Hans-Adolf/Mallmann, Wolfgang/Meier, Christian (Hrsg.): Sicherheit und Zusammenarbeit in Europa (KSZE). Analyse und Dokumentation 1973–1978, Köln 1978.

Kádár, János: Reden und Schriften 1964–1971, Ost-Berlin 1972.

Kosygin, A. N.: Izbrannye reči i stat'i, Moskau 1974.

Laboor, Ernst (Hrsg.): Sechs Jahrzehnte Kampf um Frieden und Sicherheit in Europa. Eine Dokumentation zu den Initiativen der Sowjetunion und der anderen Teilnehmerstaaten des Warschauer Vertrages für die kollektive Gewährleistung der europäischen Sicherheit, Ost-Berlin 1977.

Matthey, Ferdinand (Hrsg.): Entwicklung der Berlin-Frage 1944–1971, Berlin und New York 1972.

Münch, Ingo von (Hrsg.): Dokumente des geteilten Deutschland. Quellentexte zur Rechtslage des Deutschen Reiches, der Bundesrepublik Deutschland und der Deutschen Demokratischen Republik, 2 Bde., Stuttgart 1974 und 1976.

Münch, Ingo von (Hrsg.): Ostverträge I. Deutsch-sowjetische Verträge, Berlin und New York 1971.

Münch, Ingo von (Hrsg.): Ostverträge II. Deutsch-polnische Verträge, Berlin und New York 1971.

The Papers of General Lucius D. Clay. Germany 1945–1949, hrsg. von Jean Edward Smith, 2 Bde., Bloomington u. a. 1974.

Presse- und Informationsamt der Bundesregierung (Hrsg.): Dokumentation zur Entspannungspolitik der Bundesregierung, 6. Aufl., Bonn 1978.

Presse- und Informationsamt der Bundesregierung (Hrsg.): Sicherheit und Zusammenarbeit in Europa. KSZE-Dokumentation, Bonn 1975.

Public Papers of the Presidents of the United States: Harry S. Truman, Washington 1963.

Rhode, Gotthold/Wagner, Wolfgang (Hrsg.): Quellen zur Entstehung der Oder-Neiße-Linie, Stuttgart 1959.

Sartorius, Bd. I: Verfassungs- und Verwaltungsgesetze der Bundesrepublik, München o. J. (Loseblattsammlung).

Sartorius, Bd. II: Internationale Verträge – Europarecht, München o. J. (Loseblattsammlung).

Schramm, Friedrich-Karl/Riggert, Wolfram-Georg/Friedel, Alois (Hrsg.): Sicherheitskonferenz in Europa. Dokumentation 1954–1972. Die Bemühungen um Entspannung und Annäherung im politischen, militärischen, wirtschaftlichen, wissenschaftlich-technologischen und kulturellen Bereich, Frankfurt a. M. 1972.

Strategie und Abrüstungspolitik der Sowjetunion. Ausgewählte sowjetische Studien und Reden. Mit einer Einführung von Curt Gasteyger (Schriften des Forschungsinstituts der Deutschen Gesellschaft für Auswärtige Politik, hrsg. von Hans-Adolf Jacobsen u. a.), Frankfurt a. M. und Berlin 1964.

United States Arms Control and Disarmament Agency (Hrsg.): Documents on Disarmament 1960 ff, Washington 1961 ff.

U. S. Congress. House. Committee on International Relations: Anti-Semitism and Reprisals Against Jewish Emigration in the Soviet Union. Hearing, 94th Cong., 2d sess., May 27, 1976, Washington 1976.

U. S. Congress. House. Committee on International Relations: Congress and Foreign Policy 1976, Washington 1977.

U. S. Congress. House. Committee on International Relations: First Semiannual Report by the President to the Commission on Security and Cooperation in Europe. Report transmitted to the Committee on International Relations, 94th Cong., 2d sess., Washington, December 1976.

Volle, Hermann/Wagner, Wolfgang (Hrsg.): KSZE. Konferenz über Sicherheit und Zusammenarbeit in Europa in Beiträgen und Dokumenten aus dem Europa-Archiv, Bonn 1976.

Volle, Hermann/Wagner, Wolfgang (Hrsg.): Das Belgrader KSZE-Folgetreffen. Der Fortgang des Entspannungsprozesses in Europa. In Beiträgen und Dokumenten aus dem Europa-Archiv, Bonn 1978.

II. Memoiren

Acheson, Dean: Present at the Creation. My Years in the State Department, New York 1969.

Adenauer, Konrad: Erinnerungen 1945–1953, Stuttgart 1965.

Adenauer, Konrad: Erinnerungen 1953–1955, Stuttgart 1966.

Adenauer, Konrad: Erinnerungen 1955–1959, Stuttgart 1967.

Adenauer, Konrad: Erinnerungen 1959–1963. Fragmente, Stuttgart 1968.

Berežkov, V. M.: Gody diplomatičeskoj služby, Moskau 1972 (dt.: Jahre im diplomatischen Dienst, Ost-Berlin 1976).

Brandt, Willy: Begegnungen und Einsichten. Die Jahre 1960–1975, Hamburg 1976.

Byrnes, James F.: In aller Offenheit, Frankfurt a.M. o.J. (1947).

Churchill, Winston S.: Der Zweite Weltkrieg, 6 Bde., Stuttgart 1950–1954 (Nachdruck).

Clay, Lucius D.: Entscheidung in Deutschland, Frankfurt a.M. 1950.

Couve de Murville, Maurice: Außenpolitik 1958–1969, München 1973.

Dedijer, Vladimir: Stalins verlorene Schlacht. Erinnerungen 1948 bis 1953, Wien u.a. 1970.

Djilas, Milovan: Gespräche mit Stalin, Frankfurt a.M. 1962.

Eisenhower, Dwight D.: Die Jahre im Weißen Haus 1953–1956, Düsseldorf und Wien 1964.

Johnson, Lyndon B.: Meine Jahre im Weißen Haus, München u.a. 1972.

Kennan, George F.: Memoiren. 1950–1963, Frankfurt a.M. 1973.

Kleist, Peter: Zwischen Hitler und Stalin 1939–1945, Bonn 1950.

Leonhard, Wolfgang: Die Revolution entläßt ihre Kinder, Köln und Berlin 1955.

Seydlitz, Walther von: Stalingrad. Konflikt und Konsequenz. Erinnerungen, Oldenburg und Hamburg 1977.

Stettinius, Edward: Roosevelt and the Russians. The Yalta Conference, New York 1949.

Truman, Harry S.: Memoiren, 2 Bde., Bern 1955 und 1956.

III. Darstellungen und Analysen

Abel, Elie: 13 Tage vor dem 3. Weltkrieg. Dokumentation und Hintergründe der Krise, die die Welt an den Rand der atomaren Vernichtung führte, Wien und München o. J. (am.: The Missile Crisis, Philadelphia und New York 1966).

Adler-Karlsson, Gunnar: Der Fehlschlag. 20 Jahre Wirtschaftskrieg zwischen Ost und West, Wien 1971.

Albrecht, Ulrich u.a.: Durch Kooperation zum Frieden? Probleme gesamteuropäischer Sicherheit und Zusammenarbeit, München 1974.

Alperovitz, Gar: Atomare Diplomatie – Hiroshima und Potsdam, München 1965.

Andrén, Nils/Birnbaum, Karl E. (Hrsg.): Beyond Détente: Prospects for East-West Co-operation and Security in Europe, Leyden 1976.

Arbatow, G. A.: Ideologischer Klassenkampf und Imperialismus, Ost-Berlin 1972.

Aron, Raymond: Einführung in die Atomstrategie, Köln und Berlin 1964.

Aron, Raymond: Die imperiale Republik. Die Vereinigten Staaten von Amerika und die übrige Welt seit 1945, Stuttgart und Zürich 1975 (frz.: République impériale. Les État-Unis dans le monde 1945 à 1972, Paris 1972).

Autorenkollektiv: Sowjetische Außenpolitik und europäische Sicherheit, Ost-Berlin 1973.

Baring, Arnulf: Außenpolitik in Adenauers Kanzlerdemokratie. Bonns Beitrag zur Europäischen Verteidigungsgemeinschaft, München und Wien 1969.

Baring, Arnulf: Sehr verehrter Herr Bundeskanzler! Heinrich von Brentano im Briefwechsel mit Konrad Adenauer 1949–1964, Hamburg 1974.

Bauer, Karl: Deutsche Verteidigungspolitik 1945–1967. Dokumente und Kommentare, 4. Aufl., Boppard 1968.

Baumann, Gerhard: Sicherheit. Deutsche Friedenspolitik im Bündnis, Darmstadt 1970.

Baumgart, Winfried: Vom Europäischen Konzert zum Völkerbund. Friedensschlüsse und Friedenssicherung von Wien bis Versailles, Darmstadt 1974.

Baykov, A.: Soviet Foreign Trade, Princeton, N. J. 1946.

Baylis, John u. a.: Contemporary Strategy. Theories and Policies, London 1975.

Beaufre, André: Abschreckung und Strategie, Berlin 1966.

Beaufre, André: Totale Kriegskunst im Frieden. Einführung in die Strategie, Berlin 1964.

Bechhoefer, Bernhard C.: Postwar Negotiations for Arms Control, Washington 1961.

Bender, Peter: Die Ostpolitik Willy Brandts oder Die Kunst des Selbstverständlichen, Reinbek 1972.

Bertram, Christoph: Arms Control and Technological Change: Elements of a New Approach, Adelphi Paper Nr. 146, London 1978.

Bertram, Christoph/Holst, Johan (Hrsg.): New Strategic Factors in the North Atlantic, Oslo 1977.

Besson, Waldemar: Die Außenpolitik der Bundesrepublik. Erfahrungen und Maßstäbe, München 1970.

Bielfeldt, Carola u. a.: Frieden in Europa? Zur Koexistenz von Rüstung und Entspannung, Reinbek 1973.

Blumenwitz, Dieter u. a.: Die KSZE und die Menschenrechte. Politische und rechtliche Überlegungen zur zweiten Etappe, Berlin 1977.

Brandon, Henry: The Retreat of American Power, Garden City 1973.

Brandt, Willy: Friedenspolitik in Europa, 3. Aufl., Frankfurt a. M. 1971.

Brennan, Donald G. (Hrsg.): Strategie der Abrüstung, Gütersloh 1962.

Brodie, Bernhard: Escalation and the Nuclear Option, Princeton, N. J. 1966.

Brodie, Bernhard: Strategy in the Missile Age, Princeton, N. J. 1959.

Brown, Neville: European Security 1972–1980, London 1972.

Buchan, Alastair: Der Krieg in unserer Zeit. Wandlungen und Perspektiven. Politik, Strategie und Technik. Gefahren und Kontrolle, München 1968.

Buchan, Alastair: The Multilateral Force: A Historical Perspective, Adelphi Paper Nr. 13, London 1964.

Buchan, Alastair (Hrsg.): Eine Welt von Nuklearmächten? Die Problematik der Atomsperre, Berlin 1968.

Bull, Hedley: The Control of the Arms Race. Disarmament und Arms Control in the Missile Age, London 1961.

Bunte, Eibert H.: Die atomare Herausforderung, München 1969.

Calleo, David P.: The Atlantic Phantasy: The US, NATO and Europe, Baltimore 1970.

Carstens, Karl/Mahncke, Dieter (Hrsg.): Westeuropäische Verteidigungskooperation, München u. a. 1972.

Chayes, Abram/Wiesner, Jerome B. (Hrsg.): Raketenkrieg. Expertenmeinungen zum antiballistischen Raketen-Abwehrsystem (ABM), Frankfurt a. M. und Berlin 1970.

Clauss, Max Walter: Der Weg nach Jalta. Präsident Roosevelts Verantwortung, Heidelberg 1952.

Communism in Europe. Continuity, Change, and the Sino-Soviet Dispute, 2 Bde., Cambridge, Mass. 1964 und 1966.

Cramer, Dettmar: Deutschland nach dem Grundvertrag, Stuttgart 1973.

Crankshaw, Edward: Moskau-Peking oder Der neue Kalte Krieg, Reinbek 1963.

Csizmas, Michael: Der Warschauer Pakt, Bern 1972.

Czempiel, Ernst-Otto: Das amerikanische Sicherheitssystem 1945–1949, Berlin 1966.

Dahm, Helmut: Abschreckung oder Volkskrieg. Strategische Machtplanung der Sowjetunion und Chinas im internationalen Kräfteverhältnis, Olten und Freiburg i. Br. 1968.

Dallin, David J.: Sowjetische Außenpolitik nach Stalins Tod, Köln und Berlin 1961.

Davison, Phillips W.: Die Blockade von Berlin. Modellfall des Kalten Krieges, Frankfurt a.M. 1959.

Delbrück, Jost/Ropers, Norbert/Zellentin, Gerda (Hrsg.): Grünbuch zu den Folgewirkungen der KSZE, Köln 1977.

Dettke, Dieter: Allianz im Wandel, Bonn 1976.

Deuerlein, Ernst: Deklamation oder Ersatzfrieden? Die Konferenz von Potsdam 1945, Stuttgart u.a. 1970.

Deuerlein, Ernst: Die Einheit Deutschlands, Bd. I: Darstellung und Dokumente 1941–49, Frankfurt a.M. und Berlin 1961.

Deutsches Institut für Wirtschaftsforschung Berlin (Hrsg.): Handbuch DDR-Wirtschaft, Reinbek 1977.

Domes, Alfred (Hrsg.): Entspannung, Sicherheit, Frieden, Köln 1968.

Dönhoff, Marion Gräfin/Leonhard, Rudolf W./Sommer, Theo: Reise in ein fernes Land. Bericht über Kultur, Wirtschaft und Politik der DDR, Hamburg 1965.

Duchhardt, Heinz: Gleichgewicht der Kräfte, Convenance, Europäisches Konzert. Friedenskongresse und Friedensschlüsse vom Zeitalter Ludwigs XIV. bis zum Wiener Kongreß, Darmstadt 1976.

Erdmenger, Klaus: Das folgenschwere Mißverständnis. Bonn und die sowjetische Deutschlandpolitik 1949–1955, Freiburg i. Br. 1967.

Erickson, John: Zum Frühstück in München, Düsseldorf und Wien o.J. (engl.: Soviet Military Power, London 1971).

Falk, Richard A./Mendlovitz, Saul H. (Hrsg.): Regional Politics and World Order, San Francisco 1973.

Feis, Herbert: Churchill, Roosevelt, Stalin. The War They Waged and the Peace They Sought, Princeton, N.J. 1957.

Feis, Herbert: From Trust to Terror. The Onset of the Cold War 1945–1950, New York 1970.

Feis, Herbert: Zwischen Krieg und Frieden. Das Potsdamer Abkommen, Frankfurt a.M. 1962 (am.: Between War and Peace. The Potsdam Conference, Princeton, N.J. 1960).

Fleming, D.F.: The Cold War and its Origins 1917–1960, 2 Bde., Garden City and New York 1961.

Forndran, Erhard: Probleme der internationalen Abrüstung. Die internationalen Bemühungen um Abrüstung und kooperative Rüstungssteuerung 1962–1968. Mit einer Einführung von Ulrich Scheuner, Frankfurt a.M. und Berlin 1970.

Forndran, Erhard: Rüstungskontrolle. Friedenssicherung zwischen Abschreckung und Abrüstung, Düsseldorf 1970.

Frankel, Joseph: Nationales Interesse, München 1971.

Frei, Daniel (Hrsg.): Theorien der internationalen Beziehungen, München 1973.

Fried, Edward R./Stanley, Timothy W.: US Troops in Europe. Issues, Costs and Choices, Washington 1971.

Gaddis, John L.: The United States and the Origins of the Cold War. 1941–1947, New York und London 1972.

Gallois, Pierre Marie: Der paradoxe Frieden, Stuttgart 1968 (frz.: Les Paradoxes de la Paix, Paris 1967).

Galtung, Johan/Senghaas, Dieter (Hrsg.): Kann Europa abrüsten? Friedenspolitische Optionen für die siebziger Jahre, München 1973.

Garthoff, Raymond L.: Soviet Military Doctrine, Glencoe, Ill. 1953.

Gasteyger, Curt: The American Dilemma. Bipolarity or Atlantic Cohesion?, Adelphi Paper Nr. 24, London 1966.

Gasteyger, Curt: Die beiden deutschen Staaten in der Weltpolitik, München 1976.

Geiling, Martin: Außenpolitik und Nuklearstrategie. Eine Analyse des konzeptionellen Wandels der amerikanischen Sicherheitspolitik gegenüber der Sowjetunion 1945–1963, Köln und Wien 1975.

Gimbel, John: Amerikanische Besatzungspolitik in Deutschland 1945–1949, Frankfurt a. M. 1971 (am.: The American Occupation of Germany. Politics and the Military 1945–49, Stanford, Calif. 1968).

Gimbel, John: The Origins of the Marshall Plan, Stanford, Calif. 1976.

Görtemaker, Manfred: Der gebändigte Kontinent. Verteidigung und Entspannung in Europa. Analyse und Dokumente, Bonn 1979.

Gotto, Klaus u. a.: Konrad Adenauer. Seine Deutschland- und Außenpolitik 1945–1963. Mit einem Vorwort von Hans Maier, München 1975.

Graubard, Stephen: Kissinger. Zwischenbilanz einer Karriere, Hamburg 1974.

Green, Philipp E.: Deadly Logic. The Theory of Nuclear Deterrence, Columbus, Ohio 1967.

Grewe, Wilhelm G.: Spiel der Kräfte in der Weltpolitik. Theorie und Praxis der internationalen Beziehungen, Düsseldorf 1970.

Griffith, William E.: The Ostpolitik of the Federal Republic of Germany, Cambridge, Mass. 1978.

Große-Jütte, Annemarie/Jütte, Rüdiger (Hrsg.): Entspannung ohne Frieden. Versäumnisse europäischer Politik. Mit einem Vorwort von Wolf Graf von Baudissin, Frankfurt a. M. 1977.

Grosser, Alfred: Das Bündnis. Die westeuropäischen Länder und die USA seit dem Krieg, München und Wien 1978.

Haftendorn, Helga: Abrüstungs- und Entspannungspolitik zwischen Sicherheitsbefriedigung und Friedenssicherung. Zur Außenpolitik der BRD 1955–1973, Düsseldorf 1974.

Halle, Louis J.: The Cold War as History, New York 1967 (Paperback-Ausgabe 1975).

Halperin, Morton H.: Contemporary Military Strategy, London 1972.

Halperin, Morton H.: Defense Strategies for the Seventies, Boston 1971.

Hamm, Harry/Kun, Joseph: Das rote Schisma, Köln 1963.

Hänisch, Werner/Krüger, Joachim: Europa auf dem Wege zu Frieden, Sicherheit und Zusammenarbeit, Frankfurt a. M. 1973.

Hanrieder, Wolfram F.: Die stabile Krise. Ziele und Entscheidungen der bundesrepublikanischen Außenpolitik 1949–1969, Düsseldorf 1971.

Helbich, Wolfgang J.: Franklin D. Roosevelt, Berlin 1971.

Hepp, Marcel: Der Atomsperrvertrag. Die Supermächte verteilen die Welt, Stuttgart 1968.

Herz, John H.: International Politics in the Atomic Age, New York 1959.

Herz, John H.: Staatenwelt und Weltpolitik. Aufsätze zur internationalen Politik im Nuklearzeitalter, Hamburg 1974.

Hillgruber, Andreas: Deutsche Geschichte 1945–1972, Frankfurt a.M. 1974.

Hoensch, Jörg K.: Sowjetische Osteuropa-Politik 1945–1975, Düsseldorf 1977.

Hoffmann, Stanley: Gulliver's Troubles oder die Zukunft des internationalen Systems, Bielefeld 1970.

Holst, Johan: Security, Order, and the Bomb. Nuclear Weapons in the Politics and Defence Planning of Non-Nuclear Weapon States, Oslo 1972.

Holst, Johan/Schneider, William (Hrsg.): Why ABM?, New York 1969.

Horowitz, David: Kalter Krieg. Hintergründe der US-Außenpolitik von Jalta bis Vietnam, 2 Bde., Berlin 1969.

Hunt, Kenneth: NATO without France: The Military Implications, Adelphi Paper Nr. 32, London 1966.

Hunter, Robert: Sicherheit für Europa, Zürich und Köln 1971.

Ipsen, Knut: Rechtsgrundlagen und Institutionalisierung der atlantisch-westeuropäischen Verteidigung, Hamburg 1967.

Issraelian, Viktor: Die Antihitlerkoalition. Die diplomatische Zusammenarbeit zwischen der UdSSR, den USA und England während des zweiten Weltkrieges 1941–1945, Moskau 1975.

Istorija vnešnej politiki SSSR 1917–1976 (Geschichte der Außenpolitik der UdSSR 1917–1976), 2 Bde., Moskau 1976 und 1977.

Jacobsen, Hanns-Dieter: Die wirtschaftlichen Beziehungen zwischen Ost und West. Strukturen, Formen, Interessen, Auswirkungen, Reinbek 1975.

Jacobsen, Hans-Adolf (Hrsg.): Mißtraurische Nachbarn. Deutsche Ostpolitik 1919–1970. Dokumentation und Analyse, Düsseldorf 1970.

Jahn, Egbert (Hrsg.): Sozioökonomische Bedingungen der sowjetischen Außenpolitik, Frankfurt a.M. und New York 1975.

Jahn, Egbert/Rittberger, Volker (Hrsg.): Die Ostpolitik der BRD. Triebkräfte, Widerstände, Konsequenzen, Opladen 1974.

Jegorow, Valeri N.: Friedliche Koexistenz und revolutionärer Prozeß, Ost-Berlin 1972.

Kahn, Herman: Eskalation, Berlin 1966 (am.: On Escalation. Metaphorse and Scenarios, New York 1965).

Kahn, Herman: On Thermonuclear War, Princeton, N.J. 1960.

Kaiser, Karl: Die europäische Herausforderung und die USA. Das atlantische Verhältnis im Zeitalter weltpolitischer Strukturveränderungen, München 1973.

Kaiser, Karl u.a. (Hrsg.): Sicherheitspolitik vor neuen Aufgaben, Frankfurt a.M. 1977.

Kalb, Marvin/Kalb, Bernhard: Kissinger, Frankfurt a.M. und Berlin 1974.

Kaplan, Morton A.: System and Process in International Politics, New York 1957.

Kaufmann, William W. (Hrsg.): Military Power and National Security, Princeton, N.J. 1956.

Kennan, George F.: Rußland, der Westen und die Atomwaffe, Frankfurt a.M. 1958.

Kennedy, Robert F.: Dreizehn Tage oder Die Verhinderung des Dritten Weltkrieges,

Reinbek 1970 (am.: Thirteen Days. A Memoir of the Cuban Missile Crisis, New York 1969).

Kiersch, Gerhard/Seidelmann, Reimund (Hrsg.): Sicherheit und Entspannung in Europa. Die Antwort des demokratischen Sozialismus, Frankfurt a. M. und Köln 1977.

Kintner, William (Hrsg.): Safeguard. Why the ABM Makes Sense, New York 1969.

Kissinger, Henry A.: Amerikanische Außenpolitik, Düsseldorf und Wien 1969.

Kissinger, Henry A.: Die Entscheidung drängt, Düsseldorf 1961.

Kissinger, Henry A.: Großmacht Diplomatie. Von der Staatskunst Castlereaghs und Metternichs, Düsseldorf und Wien 1962 (engl.: A World Restored. Castlereagh, Metternich and the Restoration of Peace. 1812–1822, London 1957).

Kissinger, Henry A.: Kernwaffen und Auswärtige Politik. Mit einer Einleitung von Helmut Schmidt, 2. Aufl., München und Wien 1974.

Kissinger, Henry A.: Was wird aus der westlichen Allianz?, Wien und Düsseldorf 1965.

Klein, Jean: L'entreprise du désarmement depuis 1945, Paris 1964.

Kohler, Beate: Der Vertrag über die Nichtverbreitung von Kernwaffen und das Problem der Sicherheitsgarantien, Frankfurt a. M. 1972.

Kolko, Gabriel: The Limits of Power. The World and United States Foreign Policy 1945–1954, New York 1972.

Kolko, Gabriel: The Politics of War. Allied Diplomacy and the World Crisis of 1943–1945, London 1969.

Kolkowicz, Roman: The Soviet Union and Arms Control. A Superpower Dilemma, Baltimore und London 1970.

Kolkowicz, Roman: The Warsaw Pact, Arlington 1967.

Korbonsky, Andrzei: The Warsaw Pact, New York 1969.

Kriele, Martin: Die Menschenrechte zwischen Ost und West, Köln 1977.

Kusnezow, Wladlen: Internationale Entspannungspolitik. Aus sowjetischer Sicht, Wien 1975.

LaFeber, Walter: America, Russia, and the Cold War 1945–1971, 2. Aufl., New York u. a. 1972.

LaFeber, Walter (Hrsg.): The Origins of the Cold War 1941–1947. A Historical Problem with Interpretations and Documents, New York u. a. 1971.

Lange-Prollius, Horst: Praxis des Ostwesthandels. Die Wirtschaftsbeziehungen 1977–1990, Düsseldorf und Wien 1977.

Legault, Albert/Lindsay, George: Dynamik des nuklearen Gleichgewichts, Frankfurt a. M. 1973.

Lenin, W. I.: Ausgewählte Werke, 3 Bde., Ost-Berlin 1966.

Leonhard, Wolfgang: Am Vorabend einer neuen Revolution? Die Zukunft des Sowjetkommunismus, München u. a. 1975.

Leonhard, Wolfgang: Die Dreispaltung des Marxismus. Ursprung und Entwicklung des Sowjetmarxismus, Maoismus und Reformkommunismus, Düsseldorf und Wien 1970.

Leonhard, Wolfgang: Sowjetideologie heute, Bd. II: Die politischen Lehren, Frankfurt a. M. 1962.

Levinson, Charles: Wodka Cola. Die gefährliche Kehrseite der wirtschaftlichen Zusammenarbeit zwischen Ost und West, Reinbek 1978.

Löwenthal, Richard: Chruschtschow und der Weltkommunismus, Stuttgart 1963.

Löwenthal, Richard/Schwarz, Hans-Peter (Hrsg.): Die zweite Republik. 25 Jahre Bundesrepublik Deutschland – eine Bilanz, Stuttgart 1974.

Lukacs, John: Konflikte der Weltpolitik nach 1945. Der Kalte Krieg, München 1970 (am.: A History of the Cold War, Garden City 1961).

Mahncke, Dieter: Nukleare Mitwirkung. Die Bundesrepublik in der atlantischen Allianz 1954–1970, Berlin 1972.

Mark, David E.: Die Einstellung der Kernwaffenversuche. Probleme und Ergebnisse der bisherigen Verhandlungen. Mit einer Einführung von Fritz Erler und einer ausgewählten Dokumentation, Frankfurt a.M. und Berlin 1965.

Mayrzedt, Hans/Romé, Helmut (Hrsg.): Koexistenz zwischen Ost und West. Konflikt – Kooperation – Konvergenz, Wien u.a. 1967.

McArdle Kelleher, Catherine: Germany and the Politics of Nuclear Weapons, New York und London 1975.

McGeehan, Robert: The German Rearmament Question. American Diplomacy and European Defense after World War II, Urbana, Ill. 1971.

Meissner, Boris: Rußland, die Westmächte und Deutschland. Die sowjetische Deutschlandpolitik 1943–53, 2. Aufl., Hamburg 1954.

Meissner, Boris/Rhode, Gotthold: Grundfragen sowjetischer Außenpolitik, Stuttgart 1970.

Militärgeschichtliches Forschungsamt (Hrsg.): Verteidigung im Bündnis. Planung, Aufbau und Bewährung der Bundeswehr 1950–1972, München 1975.

Möller, Walter/Vilmar, Fritz: Sozialistische Friedenspolitik für Europa. Kein Frieden ohne Gesellschaftsreform in West und Ost, Reinbek 1972.

Morgan, Roger: Washington und Bonn. Deutsch-amerikanische Beziehungen seit dem Zweiten Weltkrieg, München 1975.

Morgenthau, Hans J.: Macht und Frieden. Grundlegung einer Theorie der internationalen Staatenwelt, Gütersloh 1963.

Morray, Joseph P.: From Yalta to Disarmament. Cold War Debate, London 1962.

Moulton, Harland B.: From Superiority to Parity. The United States and the Strategic Arms Race 1961–1971, Westport und London 1973.

Murray, Thomas E.: Nuclear Policy for War and Peace, Cleveland, Ohio 1960.

Nerlich, Uwe: Der NV-Vertrag in der Politik der Bundesrepublik, Eggenberg 1973.

Nitze, Paul: Analysis of the Current Status and Implications of the SALT II Negotiations, hrsg. vom Committee on the Present Danger, Washington 1978.

Noack, Paul: Das Scheitern der Europäischen Verteidigungsgemeinschaft. Entscheidungsprozesse vor und nach dem 30. August 1954, Düsseldorf 1977.

Nolte, Ernst: Deutschland und der Kalte Krieg, München und Zürich 1974.

Nowopaschin, J. S.: Strategie der „friedlichen Einmischung". Kritik bürgerlicher Konzeptionen über den realen Sozialismus, Ost-Berlin 1974 (russ.: Moskau 1972).

Obermann, Emil (Hrsg.): Verteidigung. Idee, Gesellschaft, Weltstrategie, Bundeswehr. Ein Handbuch, Stuttgart 1970.

Osgood, Robert E.: Alliances and American Foreign Policy, Baltimore u.a. 1971.

Osgood, Robert E.: NATO – The Entangling Alliance, Chicago 1962.

Pelikan, Jiři/Wilke, Manfred (Hrsg.): Menschenrechte. Ein Jahrbuch zu Osteuropa, Reinbek 1977.

Pfeil, Alfred: Der Völkerbund. Literaturbericht und kritische Darstellung seiner Geschichte, Darmstadt 1976.

Pisar, Samuel: Praxis des Osthandels, Frankfurt a. M. und New York 1973.

Planck, Charles R.: Sicherheit in Europa. Die Vorschläge für Rüstungsbeschränkung und Abrüstung 1955–1965, München 1968.

Pommerening, Horst: Der chinesisch-sowjetische Grenzkonflikt. Das Erbe der ungleichen Verträge, Olten und Freiburg i. Br. 1968.

Poser, Günter: Militärmacht Sowjetunion 1977. Daten – Tendenzen – Analyse, München und Wien 1977.

Pöttering, Hans-Gert: Adenauers Sicherheitspolitik 1955–1963. Ein Beitrag zum deutsch-amerikanischen Verhältnis. Mit einem Vorwort von Hans-Adolf Jacobsen, Düsseldorf 1975.

Quester, George H.: Nuclear Diplomacy. The First Twenty-five Years, New York 1970.

Quester, George H.: The Politics of Nuclear Proliferation, Baltimore u. a. 1973.

Radio Liberty. Audience Research and Program Evaluation Division: Radio Liberty's Audiences in the U.S.S.R. A Behavioral Study, München 1973.

Rasch, Harold: Politik mit dem Osten. Von der Abschreckung zum Frieden, Frankfurt a. M. 1970.

Rau, Eugen: Koexistenz und Revolution. Zur Dialektik sozialistischer Aktion, Köln 1973.

Richardson, James L.: Deutschland und die NATO. Strategie und Politik im Spannungsfeld zwischen Ost und West, Köln und Opladen 1967.

Rosecrance, R. N. (Hrsg.): The Dispersion of Nuclear Weapons. Strategy and Politics, New York 1964.

Rosi, Eugene J. (Hrsg.): American Defense and Détente. Readings in National Security Policy, New York und Toronto 1973.

Rostow, Walt W.: The Diffusion of Power 1957–1972. An Essay in Recent History, New York 1972.

Ruehl, Lothar: Machtpolitik und Friedensstrategie. Einführung General Steinhoff, Hamburg 1974.

Rüstung und Abrüstung im Atomzeitalter. Ein Handbuch, hrsg. vom Stockholm International Peace Research Institute (SIPRI), Reinbek 1977.

Sawkin, W. J.: Grundprinzipien der operativen Kunst und Taktik, Ost-Berlin 1973 (russ.: Moskau 1972).

Schaetzel, J. Robert: Ein Bündnis geht aus den Fugen. Amerika und die europäische Gemeinschaft. Mit einem Nachwort von Walter Hallstein, Düsseldorf und Wien 1977.

Schelling, Thomas C.: Arms and Influence, New Haven, Conn. 1966.

Schmid, Günther: Die Deutschlandpolitik der Regierung Brandt/Scheel, München 1975.

Schmidt, Helmut: Strategie des Gleichgewichts. Deutsche Friedenspolitik und die Weltmächte, Frankfurt a. M. u. a. 1970.

Schmidt, Helmut: Verteidigung oder Vergeltung. Ein deutscher Beitrag zum strategischen Problem der NATO, Stuttgart 1961.

Schubert, Klaus von: Wiederbewaffnung und Westintegration. Die innere Auseinandersetzung um die militärische und außenpolitische Orientierung der Bundesrepublik 1950–1952, 2. Aufl., Stuttgart 1972.

Schwarz, Hans-Peter: Vom Reich zur Bundesrepublik. Deutschland im Widerstreit der außenpolitischen Konzeptionen in den Jahren der Besatzungsherrschaft 1945–1949, Neuwied und Berlin 1966.

Schwarz, Hans-Peter: Zwischenbilanz der KSZE, Stuttgart 1974.

Schwarz, Hans-Peter (Hrsg.): Handbuch der deutschen Außenpolitik, München und Zürich 1975.

Schwarz, Hans-Peter/Haftendorn, Helga (Hrsg.): Europäische Sicherheitskonferenz, Opladen 1970.

Schwarz, Klaus-Dieter (Hrsg.): Sicherheitspolitik. Analysen zur politischen und militärischen Sicherheit, 2. erw. Aufl., Bad Honnef-Erpel 1977.

Seabury, Paul: The Rise and Decline of the Cold War, New York und London 1967.

Selucky, Radoslav: Economic Reform in Eastern Europe, New York 1972.

Senghaas, Dieter: Abschreckung und Frieden. Studien zur Kritik organisierter Friedlosigkeit, Frankfurt a. M. 1972.

Senghaas, Dieter: Aufrüstung durch Rüstungskontrolle. Über den symbolischen Gebrauch von Politik, Stuttgart u. a. 1972.

Senghaas, Dieter: Rüstung und Militarismus, Frankfurt a. M. 1972.

Sholtow, A. S.: Militärische Theorie und militärische Praxis, Ost-Berlin 1972 (russ.: Moskau 1969).

Singer, David: Deterrence, Arms Control, and Disarmament, Columbus, Ohio 1962.

Sokolowski, W. D.: Militär-Strategie, 3. Aufl., Köln 1969.

Sorensen, Theodore C.: Kennedy, München 1966.

Sowjetunion, hrsg. vom Koordinierungsausschuß deutscher Osteuropa-Institute (Länderberichte Osteuropa I), München 1974.

Stanley, Timothy W.: NATO in Transition. The Future of the Atlantic Alliance, New York 1965.

Steffens, Rolf: Die Praxis des Osthandels, Hamburg 1973.

Streiter-Buscher, Heide (Hrsg.): Der geplante Frieden, Bergisch Gladbach 1972.

Sutton, Anthony C.: Western Technology and Soviet Economic Development 1917–1930, Stanford, Cal. 1968.

Sutton, Anthony C.: Western Technology and Soviet Economic Development 1945–1965, Stanford, Cal. 1973.

Treue, Wilhelm: Wirtschaftsgeschichte der Neuzeit, 2 Bde., 3. erw. Aufl., Stuttgart 1973.

Ulam, Adam B.: Expansion and Coexistence. The History of Soviet Foreign Policy 1917–67, New York und Washington 1968.

Vogelsang, Thilo: Das geteilte Deutschland, 5. erw. Aufl., München 1973.

Volle, Hermann/Duisberg, Claus-Jürgen: Probleme der internationalen Abrüstung. Die Bemühungen der Vereinten Nationen um internationale Abrüstung und Sicherheit 1945–1961. Mit einer Einführung von Ulrich Scheuner, 2 Bde., Frankfurt a. M. und Berlin 1964.

Weingartner, Thomas: Die Außenpolitik der Sowjetunion seit 1945. Eine Einführung, Düsseldorf 1973.

Weizsäcker, Carl Friedrich von: Der Garten des Menschlichen. Beiträge zur geschichtlichen Anthropologie, 5. Aufl., München und Wien 1978.

Weizsäcker, Carl Friedrich von (Hrsg.): Kriegsfolgen und Kriegsverhütung, München 1970.

Wettig, Gerhard: Entmilitarisierung und Wiederbewaffnung in Deutschland

1943–1955. Internationale Auseinandersetzungen um die Rolle der Deutschen in Europa, München 1967.

Wettig, Gerhard: Europäische Sicherheit. Das Europäische Staatensystem in der sowjetischen Außenpolitik 1966–72, Düsseldorf 1972.

Wettig, Gerhard: Frieden und Sicherheit in Europa. Probleme bei der Konferenz für Sicherheit und Zusammenarbeit in Europa (KSZE) und bei der wechselseitigen Truppenreduzierung in Europa (MBFR), Stuttgart 1975.

Wettig, Gerhard: Der Kampf um die freie Nachricht, Zürich 1977.

Wettig, Gerhard: Die Sowjetunion, die DDR und die Deutschland-Frage 1965–1976. Einvernehmen und Konflikt im sozialistischen Lager, Stuttgart 1976.

Williams, William A.: Die Tragödie der amerikanischen Diplomatie, Frankfurt a.M. 1973.

Willms, Bernhard: Entspannung und friedliche Koexistenz, München 1974.

Wolfe, Thomas W.: Soviet Power and Europe 1945–1970, Baltimore und London 1970.

Wolfe, Thomas W.: Sowjetische Militärstrategie, Köln und Opladen 1967.

Woyke, Wichard: Die NATO in den siebziger Jahren. Eine Bestandsaufnahme, Opladen 1977.

Woyke, Wichard: Opposition und Verteidigungspolitik im gaullistischen Frankreich 1958–1973, Opladen 1975.

Woyke, Wichard (Hrsg.): Handwörterbuch Internationale Politik, Opladen 1977.

Woyke, Wichard/Nieder, Klaus/Görtemaker, Manfred: Sicherheit für Europa? Die Konferenz von Helsinki und Genf, Opladen 1974.

Yergin, Daniel: Shattered Peace. The Origins of the Cold War and the National Security State, Boston 1977.

Zellentin, Gerda: Intersystemare Beziehungen in Europa. Bedingungen der Friedenssicherung, Leyden 1970.

Zellentin, Gerda (Hrsg.): Annäherung, Abgrenzung und friedlicher Wandel in Europa, Boppard 1976.

IV. Periodika und politische Jahrbücher

Aus Politik und Zeitgeschichte. Beilage zur Wochenzeitung „Das Parlament".
Beiträge zur Konfliktforschung.
Berichte des Bundesinstituts für ostwissenschaftliche und internationale Studien, Köln.
Bulletin des Presse- und Informationsamtes der Bundesregierung, Bonn.
Deutschland-Archiv.
Europa-Archiv.
Foreign Affairs.
Frankfurter Allgemeine Zeitung.
Frankfurter Rundschau.
Horizont. Wochenzeitung für internationale Politik und Wirtschaft, Ost-Berlin.
International Journal.
Die Internationale Politik. Jahrbücher des Forschungsinstituts der Deutschen Gesellschaft für Auswärtige Politik. 1955; 1956–1957; 1958–1960; 1961; 1962; 1963; 1964–1965; 1966–1967; 1968–1969; 1970–1972, München und Wien 1958–1978.
IPW-Berichte.
Iskra.

Isvestija.
Keesing's Archiv der Gegenwart.
Kommunist.
The Military Balance, hrsg. vom International Institute for Strategic Studies, London 1959 ff.
Nationalzeitung.
Nedelja.
Neues Deutschland.
Neue Zeit (Ost-CDU), Ost-Berlin.
Neue Zürcher Zeitung.
New York Times.
Ost-Probleme.
Panorama DDR.
Pravda.
Der Spiegel.
Strategic Survey, hrsg. vom International Institute for Strategic Studies, London (jährlich).
Süddeutsche Zeitung.
Survival.
Der Tagesspiegel.
Tägliche Rundschau.
Technologie und Politik. aktuell-Magazin.
Tribüne. Organ des Bundesvorstandes des FDGB, Ost-Berlin.
World Armaments and Disarmament. SIPRI Yearbook, hrsg. vom Stockholm International Peace Research Institute, Stockholm 1969 ff.
Die Zeit.

Personenregister

Über den Autor

Manfred Görtemaker, Dr. phil., Dipl.-Pol. – Studium der Politischen Wissenschaft, Geschichte, Soziologie und Publizistik in Münster und Berlin, journalistische Tätigkeit für verschiedene Tageszeitungen, freier Mitarbeiter des WDR und NDR, 1975–77 Wissenschaftlicher Assistent am Institut für Internationale Politik und Regionalstudien des Otto-Suhr-Instituts (Fachbereich Politische Wissenschaft) der Freien Universität Berlin, seit 1977 Wissenschaftlicher Assistent am Friedrich-Meinecke-Institut (Fachbereich Geschichtswissenschaften) der FU.
Veröffentlichungen u.a.: Sicherheit für Europa? Die Konferenz von Helsinki und Genf (zus. mit Wichard Woyke und Klaus Nieder), Opladen 1974; Zwei zaghafte Riesen? Deutschland und Japan seit 1945 (hrsg. zus. mit Arnulf Baring, Masamori Sase und Ulrich Lins), Stuttgart und Zürich 1977; Der gebändigte Kontinent. Verteidigung und Entspannung in Europa. Analyse und Dokumente, Bonn 1979; Aufsätze zu Fragen der Sicherheitspolitik und Zeitgeschichte.

Bücher zur Zeitgeschichte

Benno Zündorf
Die Ostverträge

Die Verträge von Moskau, Warschau, Prag,
das Berlin-Abkommen und die Verträge mit der DDR.
1979. Etwa 350 Seiten. Paperback

Hans Georg Lehmann
Der Oder-Neiße-Konflikt

1979. 294 Seiten mit 18 Abbildungen, darunter 3 Karten. Paperback

Hans Georg Lehmann
In Acht und Bann

Politische Emigration, NS-Ausbürgerung und
Wiedergutmachung am Beispiel Willy Brandts.
1976. 387 Seiten mit 21 Abbildungen und einer Dokumentation.
Paperback

Raymond Poidevin/Jacques Bariéty
Zwischen Revanche und Verständigung

Die französisch-deutschen Beziehungen 1815–1975.
Aus dem Französischen von Johannes Haas-Heye.
1979. Etwa 430 Seiten mit 8 Karten und
4 Tabellen im Text. Leinen

Alfred M. de Zayas
Die Anglo-Amerikaner und die Vertreibung der Deutschen

Vorgeschichte, Verlauf, Folgen.
Mit einem Vorwort von Robert Murphy.
3., durchgesehene Auflage 1978. 300 Seiten mit 31 Abbildungen,
4 Karten und einem Dokumentenanhang. Paperback

Verlag C. H. Beck München